W0070984

ALexanDer
Fest
verLaG

John Gray

Die falsche Verheißung

Der globale Kapitalismus
und seine Folgen

Aus dem Englischen von
Klaus Binder und Bernd Leineweber

Alexander Fest Verlag

Inhalt

1 Von der Großen Transformation zum freien Weltmarkt

Der Zusammenbruch des globalen Marktes wäre ein trauma-
tisches Ereignis mit unvorstellbaren Folgen. Und doch kann
ich mir das leichter vorstellen als eine Fortsetzung des
gegenwärtigen Regimes.   GEORGE SOROS [1]

Der Ursprung der Katastrophe liegt im utopischen Bemühen
des ökonomischen Liberalismus, ein selbstreguliertes
Marktsystem zu errichten.   KARL POLANYI [2]

Mitte des 19. Jahrhunderts wurde England Gegenstand eines folgenreichen sozialen Experiments. Es ging um einen grundsätzlichen Umbau der Gesellschaft. Das Wirtschaftsleben sollte befreit
werden und keinerlei politischen Kontrolle mehr unterliegen. Das
Mittel dazu war die neugeschaffene Institution des freien Marktes.
Gleichzeitig zerschlug man die in gesellschaftliche Zusammenhänge eingebundenen Märkte, die in England jahrhundertelang
funktioniert hatten. Der freie Markt brachte eine bislang unbekannte Art der Ökonomie hervor, in deren Rahmen die Preise aller
Güter, die der Arbeitskraft eingeschlossen, ohne Rücksicht auf soziale Folgen neu bestimmt wurden. In der Vergangenheit hatte die
Notwendigkeit, den inneren Zusammenhalt der Gesellschaft zu
schützen, dem Wirtschaftsleben Grenzen gesetzt. Es entfaltete und
vollzog sich innerhalb regulierter Märkte. Deren Zerschlagung und
Ablösung durch deregulierte, von gesellschaftlichen Bedürfnissen
unabhängige Märkte war Ziel des Experiments, das in England auf

dem Höhepunkt der Viktorianischen Ära unternommen wurde. Den Bruch, den die Schaffung des freien Marktes im englischen Wirtschaftsleben hervorrief, hat man »Great Transformation« genannt.[3] Eine ganz ähnliche Transformation wird heute von solch transnationalen Vereinigungen wie Welthandelsorganisation, Internationaler Währungsfonds oder Organisation für wirtschaftliche Zusammenarbeit und Entwicklung angestrebt. Mit ihrem alles umwälzenden Projekt folgen sie dem Vorbild des letzten großen aufklärerischen Regimes der Welt, nämlich dem der Vereinigten Staaten. Der Aufklärung verpflichtete Denker wie Thomas Jefferson, Thomas Paine, John Stuart Mill und Karl Marx zweifelten nicht daran, daß die Übernahme abendländischer Institutionen und Werte in der einen oder anderen Form die Zukunft aller Nationen der Welt bestimmen werde. Kulturelle Vielfalt war für sie kein Dauerzustand im Leben der Menschheit, sondern eine Entwicklungsstufe auf dem Weg zu einer universalen Zivilisation. All diese Denker verfochten das Entstehen einer solchen einzigen weltumspannenden Zivilisation, die die vielfältigen Traditionen und Kulturen der Vergangenheit in einer neuen, auf Vernunft gründenden Weltgemeinschaft aufheben sollte.[4]

Die Vereinigten Staaten sind heute die letzte Großmacht, die ihre Politik gemäß diesen aus der Aufklärung stammenden Thesen konzipiert. Der »demokratische Kapitalismus«, heißt es im »Washington Consensus«, werde bald weltweit Akzeptanz finden, der freie Weltmarkt Realität sein. Die bislang bestehenden Wirtschaftskulturen und -systeme hätten sich in ihrer Vielfalt überlebt und würden sich, so behauptet man, in einen einzigen, universellen und freien Markt auflösen.

Von solchen Überzeugungen und Vorstellungen angetrieben, haben transnationale Organisationen versucht, das Wirtschaftsleben unterschiedlichster Gesellschaften in den freien Markt hineinzuzwingen. Sie haben Maßnahmenkataloge entworfen, deren Endziel der Zusammenschluß aller Ökonomien in einem einzigen Weltmarkt ist. Auch wenn es sich dabei um ein utopisches Vorhaben handelt, das sich nie und nimmer verwirklichen läßt, hat allein die Verfolgung dieses Ziels bereits zu sozialer Entwurzelung, zu ökonomischer und politischer Instabilität geführt, und das in großem Umfang.

In den Vereinigten Staaten hat der freie Markt in einem Maß zum Zusammenbruch gesellschaftlicher Bindungen beigetragen wie in keinem anderen entwickelten Land. So ist die Familie hier schwächer als überall sonst. Zugleich stützt man die soziale Ordnung durch eine Politik der Masseninhaftierung: Vom postkommunistischen Rußland einmal abgesehen, macht kein anderer fortgeschrittener Industriestaat Gefängnishaft in einem solchen Grad zum Mittel von Kontrolle und Herrschaft. Freier Markt, Zerfall von Familie und Gemeinschaft, der Einsatz strafrechtlicher Sanktionen als letzter Versuch, den Kollaps der Gesellschaft zu vermeiden – all das gehört untrennbar zusammen.

Der freie Markt hat einen lange anhaltenden Wirtschaftsboom erzeugt, von dem allerdings die Mehrheit der Amerikaner kaum profitiert. Die soziale Ungleichheit in den Vereinigten Staaten läßt sich eher mit der in den Ländern Lateinamerikas vergleichen als mit dem Gefälle irgendeiner europäischen Gesellschaft. Aber solche unmittelbaren Auswirkungen des freien Marktes haben die Verve, mit der ihn seine Anhänger unterstützen, nicht mindern können – er bleibt die heilige Kuh amerikanischer Politik und wird inzwischen sogar mit dem Anspruch der USA, Vorbild für eine Universalzivilisation zu sein, gleichgesetzt. So haben sich das Projekt der Aufklärung und der freie Markt auf schicksalhafte Weise miteinander verwoben.

Ein allumfassender Weltmarkt ist wahrscheinlich das aufklärerische Projekt einer Weltzivilisation in seiner letzten Gestalt; er ist jedoch nicht die einzige Variante desselben in unserem mit falschen Utopien reich gesegneten Jahrhundert. Die ehemalige Sowjetunion verkörperte ein rivalisierendes Utopia, das einer Weltzivilisation, in der die Märkte durch zentrale Planung ersetzt worden sind. Was diese untergegangene Utopie an Menschenleben gekostet hat, läßt sich kaum beziffern. Millionen fanden den Tod durch totalitären Terror, durch allgegenwärtige Korruption und apokalyptische Umweltzerstörung. Unermeßliches Leid war der Preis des sowjetischen Projekts – und doch konnte es Rußland nicht die versprochene Modernisierung bringen. Am Ende der Sowjetära war Rußland in mancher Hinsicht weiter von Modernität entfernt als in der ausgehenden Zarenzeit.

Das Utopia des freien Weltmarkts forderte keine Menschenopfer in einer dem Kommunismus vergleichbaren Zahl, im Lauf der Zeit allerdings mag es durchaus ähnliches Leid verursachen. Schon jetzt hat es hundert Millionen chinesischer Kleinbauern zu Wanderarbeitern gemacht, hat es in den Industrieländern dazu geführt, daß zig Millionen Menschen von Arbeitsprozeß und gesellschaftlicher Partizipation ausgeschlossen wurden, hat es in der postkommunistischen Welt anarchieähnliche Bedingungen entstehen lassen, unter denen die Machtübernahme des organisierten Verbrechens droht und die Zerstörung unserer Umwelt rasch fortschreitet.

Obwohl ein freier Weltmarkt mit jeder Form von Planwirtschaft unvereinbar ist, sind die Gemeinsamkeiten beider Utopien grundlegender als ihre Unterschiede. In ihrem Vernunfts- und Effizienzkult, in ihrer Mißachtung der Geschichte und all der Lebensweisen, die sie der Verelendung oder Auslöschung überantworten, verkörpern sie jene rationalistische Hybris und jenen Kulturimperialismus, die durch die Geschichte hindurch als zentrale Denktraditionen der Aufklärung gelten können.

Der freie Weltmarkt basiert auf der Annahme, daß Modernisierung der Wirtschaft überall das gleiche bedeutet. Deren Globalisierung – die weltweite Ausbreitung industrieller Produktionsweisen in miteinander verbundenen Marktwirtschaften – begreift man als unaufhaltsamen Fortschritt einer singulären Spielart des westlichen Kapitalismus: der freie Markt nach amerikanischem Vorbild.

Der tatsächliche Lauf der Dinge belegt eher das Gegenteil: Ökonomische Modernisierung reproduziert das amerikanische System des freien Marktes keineswegs in aller Welt – im Gegenteil, Modernisierung wirkt dem freien Markt entgegen. Sie bringt lokale, spezifische Formen des Kapitalismus hervor, die kaum etwas mit den westlichen Modellen gemein haben. Die Marktwirtschaften Ostasiens heben sich stark voneinander ab, China und Japan verkörpern verschiedene Varianten des Kapitalismus. Und genauso unterscheidet sich wiederum der russische Kapitalismus grundlegend vom chinesischen. Das einzige, was diese neuen Spielarten des Kapitalismus verbindet, ist, daß sie sich keinem westlichen Modell verpflichtet fühlen.

Das Entstehen eines einzigen globalen Wirtschaftssystems ist nicht gleichbedeutend mit der Verbreitung westlicher Werte und Institutionen unter dem Rest der Menschheit. Vielmehr markiert dies das Ende der Epoche westlicher Hegemonie. Die originär modernen Wirtschaftssysteme Englands, Westeuropas und Nordamerikas sind keine Vorbilder für die neuen Kapitalismen, die der globale Markt hervorgebracht hat: Die meisten Länder, die ihre Ökonomie dem angelsächsischen Modell des freien Marktes nachzubilden versuchen, werden keine tragfähige Modernisierung zustande bringen. Die zeitgenössische Utopie des einen globalen Marktes geht davon aus, daß das Wirtschaftsleben einer jeden Nation nach dem Bild des freien amerikanischen Marktes umgestaltet werden kann. Und das obwohl der freie Markt die auf Roosevelts New Deal aufgebaute liberale kapitalistische Zivilisation der USA, die Grundlage für den amerikanischen Nachkriegswohlstand, zerstört hat. Der Fall der Vereinigten Staaten illustriert jedoch nur eine generelle Wahrheit: Überall dort, wo man in spätmodernen Gesellschaften deregulierten Märkten zum Durchbruch verhilft, bringen diese neue Spielarten des Kapitalismus hervor.

Ebensowenig fördert das Zusammenwachsen der Weltwirtschaft die allgemeine Ausbreitung der westlich liberalen Demokratie. In Rußland ist eine Zwitterform entstanden, eine demokratische Regierung mit einer starken Präsidialmacht als Angelpunkt. Die Regierungen von Singapur und Malaysia haben den universellen Geltungsanspruch der liberalen Demokratie zurückgewiesen und ökonomische Modernisierung und Wachstum erreicht, ohne den gesellschaftlichen Zusammenhalt preiszugeben. In einem endgültig postkommunistischen China könnte eine ähnliche Regierungsform entstehen.

Das globale Wirtschaftssystem verhilft keinem einzelnen Herrschaftstyp zu weltweiter Geltung – auch nicht dem »demokratischen Kapitalismus«. Es fördert neue Herrschaftsformen, wie es auch neue Spielarten des Kapitalismus hervorbringt. Die Weltwirtschaft, wie sie sich gegenwärtig im Aufbau befindet, wird die Zukunft des freien Marktes nicht sichern können. Sie wird zwischen den verbleibenden sozialen Marktwirtschaften und den freien Märkten einen Wettbewerb auslösen, in dessen Zuge sich die gesellschaftlich geregelten Märkte entweder grundlegend erneuern oder aber untergehen. Paradoxerweise werden die freien Marktwirtschaften jedoch nicht als Sieger aus diesem Kräftemessen hervorgehen, denn auch sie verformt der weltweite Wettbewerb bis zur Unkenntlichkeit.

Die Regierungen jener Länder, die über freie, deregulierte Märkte verfügen, haben in den achtziger und neunziger Jahren etliche ihrer Zielsetzungen verfehlt. Nach fast zwei Jahrzehnten Regierung Thatcher befanden sich in Großbritannien Steuern und Staatsausgaben wieder auf dem Niveau von 1979, als die Labour Party die Macht abgeben mußte, wenn nicht sogar darüber.

Länder mit freien Märkten folgen in ihrer Politik dem Vorbild des Laissez-faire – jener Periode in der Mitte des 19. Jahrhunderts, in der Regierungen vorgaben, sich nicht ins Wirtschaftsleben einzumischen. In Wirklichkeit aber kann ein nach dem Laissez-faire-

Prinzip operierendes Wirtschaftssystem – also eines, in dem es weder politische noch gesellschaftliche Möglichkeiten gibt, die deregulierten Märkte zu steuern – nicht noch einmal eingeführt werden. Selbst in seiner Blütezeit trug dieses System seinen Namen zu Unrecht, war es doch mit staatlichem Zwang errichtet worden und hing seine Funktionsfähigkeit stets von Macht und Autorität der jeweiligen Regierung ab. Als der Erste Weltkrieg ausbrach, existierte der freie Markt in seiner extremsten Form schon gar nicht mehr; er war den Bedürfnissen der Menschen, das Verlangen nach persönlicher Freiheit eingeschlossen, nicht gerecht geworden.

Die heutige Politik des deregulierten Marktes hat weder die Staatsapparate verkleinern noch die gesellschaftlichen Institutionen wiedereinsetzen können, welche diese Form des Marktes in der Hochzeit des Viktorianismus stützten. Sie hat aber sehr wohl neue Ungleichheiten geschaffen beziehungsweise alte verschärft: im Einkommen, im Wohlstand, im Zugang zum Arbeitsmarkt und in der Lebensqualität – Ungleichheiten, die denen in der so viel ärmeren Welt um die Mitte des 19. Jahrhunderts in nichts nachstehen.

Im England jener Zeit löste der Schaden, den der befreite Markt anderen gesellschaftlichen Einrichtungen und dem menschlichen Wohlergehen zufügte, politische Gegenbewegungen aus, die das Marktsystem radikal verändern sollten. Nachdem man den Markt erst einmal in freier Aktion erlebt hatte, kam es zu einer ganzen Reihe von Gesetzesinitiativen. Man regulierte ihn aufs neue, um so die Folgen für andere gesellschaftliche Institutionen und für die Menschen zu mildern. Das viktorianische Laissez-faire hat deutlich werden lassen, daß soziale Balance und freier Markt nicht lange gleichzeitig zu haben sind.

England verfügte schon vor und auch nach dem kurzen Experiment des viktorianischen Laissez-faire über eine Marktwirtschaft. Die Märkte waren aber jeweils so reguliert, daß sie der gesellschaftlichen Stabilität möglichst wenig zuwiderliefen. Der freie Markt war nur während der Phasen des Laissez-faire, also im England

Mitte des 19. Jahrhunderts und in verschiedenen Weltteilen in den Achtzigern und Neunzigern unseres Jahrhunderts, die beherrschende gesellschaftliche Institution.

Die gelenkten Marktwirtschaften der Nachkriegszeit gingen nicht aus einer Reihe stufenartiger Reformen hervor, vielmehr entstanden sie in der Folge schwerer sozialer, politischer und militärischer Auseinandersetzungen. Es war der Imperativ des Krieges und nationalen Überlebenskampfes, welcher der Sozialordnung der Vorkriegszeit jegliche Grundlage entzog und dazu führte, daß die Theorien von Keynes und Beveridge in Großbritannien bestimmend wurden.

Im England des 19. Jahrhunderts kollidierte der befreite Markt mit dem Bedürfnis der Menschen nach wirtschaftlicher Sicherheit. Im 20. Jahrhundert dann ging die liberalisierte internationale Wirtschaftsordnung gewaltsam zugrunde, nämlich an den Kriegen und Diktaturen der dreißiger Jahre. Dieser Zusammenbruch war die Vorbedingung für den Wohlstand und die politische Stabilität der Nachkriegszeit. In den Dreißigern zeigte die Institution des freien Marktes eine Instabilität, die offensichtlich bereits in ihr selbst angelegt ist. Sie versank in Chaos, und es sieht ganz so aus, als ob es dem freien Weltmarkt unserer Zeit genauso ergehen wird.

Es ist ausgeschlossen, daß Großbritannien zum keynesianischen Wirtschaftsmanagement zurückkehrt, daß die USA den New Deal der Roosevelt-Ära wiederbeleben oder daß die europäischen Länder – Norwegen und Dänemark ausgenommen – noch einmal jenes Niveau der Sozialstaatlichkeit erreichen, mit dem man die Sozialdemokratie und die Christdemokratie Europas gemeinhin verbindet.

Die Regierungen einiger Staaten mögen die ihnen noch verbleibende Bewegungsfreiheit für die Entwicklung einer Politik nutzen, die die Anforderungen des Weltmarktes mit der Notwendigkeit, den gesellschaftlichen Zusammenhalt zu schützen, in einen gewissen Einklang bringt. Doch der Spielraum für Reformen ist so gering, daß keiner dieser Staaten vergangene Zeiten wird zurückholen können.

Die transnationalen Organisationen, die heute die Weltwirtschaft beherrschen, sind Träger einer postkeynesianischen Orthodoxie. Auf der Ebene der Einzelstaaten, so sagen sie, sei die Steuerung der Nationalökonomie durch Bedarfskontrolle weder möglich noch erstrebenswert. Alles, was freie Märkte zur Koordination der wirtschaftlichen Aktivität benötigten, sei ein fester Währungs- und Steuerrahmen. Die keynesianische Politik der Nachkriegszeit lehnen sie deshalb als überflüssig, gar schädlich ab. Auch auf globaler Ebene stabilisieren sich freie Märkte nach Ansicht der transnationalen Organisationen selbst. So bedürften sie keiner Oberaufsicht, die wirtschaftlichen und sozialen Auflösungstendenzen entgegensteuert.

In Wirklichkeit bedroht die ökonomische Globalisierung – die weltweite Verbreitung industrieller Produktionsformen und neuer Technologien, gefördert durch uneingeschränkte Mobilität des Kapitals und Freiheit des Handels – sehr wohl die Stabilität eines einheitlichen Weltmarkts, wie er zur Zeit von transnationalen Organisationen unter amerikanischer Führung geschaffen wird. Das zentrale Paradoxon unserer Tage kann folgendermaßen zugespitzt werden: Statt sie zu stärken, unterminiert die Globalisierung des Wirtschaftssystems die gegenwärtige weltweite Herrschaft des Laissez-faire. Der heutige Weltmarkt kann die soziale Sprengkraft, die auf die höchst unterschiedliche ökonomische Entwicklung der verschiedenen Gesellschaften und innerhalb derselben zurückzuführen ist, nicht entschärfen. Rasches Wachstum, ebenso rascher Verfall von Industrien und Vermögen, plötzliche Verschiebungen in Produktion und Kapitalfluß, schließlich das Glücksspiel der Währungsspekulation – wo es derart zugeht, werden politische Gegenbewegungen auf den Plan gerufen, die die Grundregeln des freien Weltmarkts in Frage stellen.

Der freie Weltmarkt von heute unterliegt keiner politischen Kontrolle; solche *checks and balances* aber waren es, die seinen Vorgänger im viktorianischen England haben dahinwelken lassen. Für Bürger von Staaten, die eine innovative und erfindungsreiche Politik betreiben, kann er erträglicher gestaltet werden, doch solch marginale Reformen können den freien Weltmarkt nicht wirklich stabilisieren. Die derzeitige Herrschaft des Laissez-faire wird kaum so lange währen wie die Belle Époque, die 1870 begann und 1914 in den Schützengräben des Ersten Weltkriegs endete.

Die Befreiung des Marktes im frühviktorianischen England

Der freie Markt entfaltete sich in Großbritannien Mitte des 19. Jahrhunderts nicht zufällig. Er war auch nicht der Endpunkt eines längeren ungesteuerten Entwicklungsprozesses, wie uns das mythische Geschichtsbild der Neuen Rechten glauben machen möchte. Nein, der freie Markt war ein Produkt der Macht und staatlichen Handelns. Staatliches Eingreifen war in Japan, Rußland, Deutschland und – während der Jahrzehnte des amerikanischen Protektionismus – in den USA ein zentraler Faktor der ökonomischen Entwicklung.

Laissez-faire ist keine notwendige Bedingung erfolgreicher Industrialisierung oder eines gesicherten Wirtschaftswachstums. Die politischen Institutionen, die in weiten Teilen der Welt am stetigen Wachstum und an der raschen Industrialisierung mitwirkten, waren die Institutionen des sich entwickelnden kapitalistischen Staates. England, in dem Laissez-faire, Freihandel und Industrialisierung zusammentrafen, bildet einen Sonderfall.

Und tatsächlich waren auch im England des 19. Jahrhunderts staatliche Interventionen unerläßlich für eine Ökonomie des Laissez-faire. So war eine Voraussetzung für freie Märkte die Umwandlung von Gemeindeland in Privateigentum gewesen, und zwar unter

Einsatz der Staatsgewalt, durch Einhegung, eine Politik, die seit dem Bürgerkrieg bis in die frühe Viktorianische Zeit verfolgt wurde. Durch die private Aneignung des Gemeindelandes verlagerte sich der Schwerpunkt der Besitzverhältnisse in der Landwirtschaft Englands von Häuslern und Freibauern zu den Großgrundbesitzern des späten 18. und frühen 19. Jahrhunderts. Ideologen wie Hayek, dessen wohlklingender Theorie zufolge sich die Marktwirtschaft langsam, stetig und ohne größeren staatlichen Einfluß entwickelt hat, verallgemeinern nicht nur aufs Geratewohl einen Sonderfall, sie stellen diesen auch noch falsch dar. Barrington Moore zur Geschichte der Einhegungen: »Es war letzten Endes das Parlament, das den Prozeß der Einhegungen kontrollierte. Formell waren die Prozeduren, vermittels derer ein Gutsbesitzer eine Einhegung durch Parlamentsbeschluß durchsetzte, öffentlich und demokratisch. In Wirklichkeit beherrschten die großen Grundbesitzer die Prozedur von Anfang bis Ende ... Die Zeitspanne, in der diese Veränderungen am schnellsten und durchgreifendsten vonstatten gingen, ist nicht völlig eindeutig abzugrenzen ... Sie erreichten wohl während der Napoleonischen Kriege ihre größte Geschwindigkeit, um dann nach 1832 auszulaufen, zu welchem Zeitpunkt sie, zusammen mit anderen Faktoren, das ländliche England bereits bis zur Unkenntlichkeit verändert hatten.«[5]

Es wäre übertrieben, mit Barrington Moore anzunehmen, daß die Einhegung die kleinbäuerliche Gesellschaft Englands zu einer Marktwirtschaft umgeformt hat. Die Marktwirtschaft ist einige hundert Jahre älter als die Einhegungsbewegung. Diese freilich trug dazu bei, daß der Agrarkapitalismus des 19. Jahrhunderts mit seinen großen Landgütern entstehen konnte. Der freie Markt der Viktorianischen Ära war das Produkt eines über mehrere Generationen ausgeübten staatlichen Zwangs: Das Parlament hatte alte Eigentumsrechte an Grund und Boden abgeschafft und durch neue ersetzt.

Der englische Staat, in dem auf diese Weise ein freier Markt geschaffen wurde, war vordemokratisch, anders als die meisten Staaten, in denen er gegenwärtig durchgesetzt wird. Das Wahlrecht war eingeschränkt, die überwältigende Mehrheit der Bevölkerung von politischer Mitwirkung ausgeschlossen. Man kann sogar bezweifeln, daß es unter wirklich demokratischen Bedingungen überhaupt je zu einer freien Marktwirtschaft gekommen wäre. Historische Tatsache jedenfalls ist, daß mit dem Eintritt der breiten Volksmassen ins politische Leben die völlig uneingeschränkte Marktwirtschaft allmählich verschwand. Wie die klügeren Ideologen der Neuen Rechten durchaus zugeben, ist sie unvereinbar mit einem demokratischen System.

Heute, gegen Ende des 20. Jahrhunderts, besteht das Experiment des freien Marktes in dem Versuch, mittels demokratischer Institutionen zu erreichen, daß die demokratische Kontrolle der Wirtschaft gravierend eingeschränkt wird beziehungsweise bleibt. Allein das Faktum, daß das Entstehen einer freien Marktwirtschaft im Viktorianismus vordemokratische Verhältnisse voraussetzte, sagt einiges über die politische Legitimität aus, die diese Wirtschaftsweise heute besitzen kann.

Die wichtigste Maßnahme, um die Märkte zu befreien, war die Beseitigung der sogenannten Corn Laws, das heißt die Abschaffung der Getreidezölle, auf der der Freihandel mit landwirtschaftlichen Produkten gründete. Das Corn Law von 1815 war Ergebnis einer protektionistischen Gesetzgebung gewesen, die in unterschiedlicher Form bis ins 17. Jahrhundert zurückreicht. Als es 1846 außer Kraft gesetzt wurde, hatten die Verfechter des Freihandels einen folgenreichen Sieg errungen.

Den Interessen der Grundbesitzer lief die Abschaffung der Getreidezölle zuwider, der Triumph des Laissez-faire-Denkens war ihre Niederlage. Der Grundsatz, daß die Marktwirtschaft politischer Kontrolle bedarf, wenn man den gesellschaftlichen Zusammenhalt sichern will, war bis zu diesem Zeitpunkt – und erst recht bei den Tories – ein Glaubensartikel des politischen *common sense*; der

Freihandel hingegen kaum mehr als eine radikale Theorie. Das sollte sich nun ändern. Freihandel wurde in England fortan zum Glaubensartikel sämtlicher politischer Klassen, entsprechend galt Protektionismus als haarsträubende Häresie – und das bis zu den Katastrophen der dreißiger Jahre dieses Jahrhunderts.

Kaum weniger bedeutsam für die Herausbildung des freien Marktes war die Reform der Armengesetzgebung. Der Poor Law Act von 1834 hatte schwerwiegende Folgen. Er setzte das Existenzminimum niedriger an als das unterste Lohnniveau und stigmatisierte die Empfänger staatlicher Unterstützung, die nur in besonderen Härtefällen und unter äußerst entwürdigenden Bedingungen gewährt wurde. Das wiederum schwächte die Institution der Familie. Das Gesetz etablierte die Herrschaft des Laissez-faire, die das Individuum allein für sein Wohlergehen verantwortlich machte und seine jeweilige Gemeinschaft nicht länger in die Pflicht nahm. Eric Hobsbawm hat Hintergrund, Charakter und Auswirkungen dieser Reform des Wohlfahrtswesens sehr genau beschrieben: »Die herkömmliche Ansicht, die immer noch, obschon entstellt, in allen Schichten der Landbevölkerung und in den internen Gruppenbeziehungen der Arbeiterklasse galt, war die, daß ein Mensch das Recht habe, seinen Lebensunterhalt zu verdienen, und wenn er dazu nicht fähig war, einen Anspruch besitze, von der Gemeinschaft, in der er lebte, unterstützt zu werden. Die Meinung der mittelständischen liberalen Ökonomen war die, daß alle Leute die Arbeit akzeptieren müßten, die der Markt anbot, wo und gegen welche Bezahlung er sie anbot, und daß jeder vernünftig Handelnde durch seine persönlichen oder durch freiwillige kollektive Sparmaßnahmen und Versicherungen für Unfall, Krankheit und Alter Vorsorge treffen würde. Der Restbestand von Paupers konnte zwar nicht dem Hungertod ausgesetzt werden, aber man sollte ihnen nicht mehr als das absolute Minimum zukommen lassen – vorausgesetzt, daß es weniger war als der niedrigste Lohn, der geboten wurde –, und unter den entmutigendsten Bedingungen. Die Armengesetze dienten weniger dazu, den Unglücklichen zu helfen, als vielmehr dazu, die sich selbst schuldig bekennenden Versager der Gesellschaft zu brandmarken ... Es hat kaum jemals unmenschlichere Gesetze gegeben als das Armengesetz von 1834, welches jedwede Hilfe ›weniger erstrebenswert‹ machte als den niedrigsten Lohn, sie auf das gefängnisartige Armenhaus (*work house*) beschränkte, dabei Männer, Frauen und Kinder zwang, sich voneinander zu trennen, und die Armen für ihr Elend bestrafte.«[6]

Zur Mitte des Viktorianismus waren mindestens zehn Prozent der englischen Bevölkerung von diesem System betroffen. Es sollte bis zum Ausbruch des Ersten Weltkriegs in Kraft bleiben. Die Reform des Armenrechts zielte vor allem darauf, die Verantwortung für die wirtschaftliche Sicherheit und die Absicherung im Unglücksfall von der Gemeinschaft auf das Individuum zu übertragen und Arbeiter dazu zu zwingen, Arbeit zu jedem Lohn anzunehmen, den der Markt bestimmte. Das gleiche Prinzip ist in vielen Reformen des Sozialstaats wirksam, die die Wiedereinrichtung des freien Marktes im ausgehenden 20. Jahrhundert stützen sollen.

Wie im viktorianischen England erwiesen sich auch in der Ära der Neuen Rechten die unbeabsichtigten Folgen etablierter Regelungen des Sozialstaats als so schwerwiegend, daß dessen Reform politisch unvermeidbar und wünschenswert schien. Das im 19. Jahrhundert angewandte System, Armenfürsorge durch Lohnzuschüsse aus der Gemeindesteuer zu finanzieren, konnte sich nicht unbegrenzt tragen. In den achtziger Jahren unseres Jahrhunderts entsprachen einige Institutionen des von Beveridge begründeten Wohlfahrtsstaats nicht länger den spätmodernen Familien- und Arbeitsstrukturen. Man riskierte, die Armut eher zu institutionalisieren als sie zu überwinden. Die politischen Planer der Neuen Rechten machten sich diese Gefahr zunutze, um die Sozialleistungen den Bedürfnissen deregulierter Märkte anzupassen.

Nicht weniger wichtig als die Armenrechtsreform um 1850 waren gesetzgeberische Maßnahmen, die sicherstellen sollten, daß die

Löhne allein durch den Markt festgesetzt werden. David Ricardo brachte die orthodoxe Sichtweise klassischer Ökonomen auf den Punkt, als er schrieb: »Löhne [sollten] der gerechten und freien Konkurrenz des Marktes überlassen bleiben und niemals durch Eingriffe der Gesetzgebung kontrolliert werden.«[7]

Unter Berufung auf solche kanonisch gewordenen Äußerungen aus dem Geist des Laissez-faire wurden um 1830 das Lehrlingsstatut (Statute of Apprentices, erlassen nach der Pestepidemie im 14. Jahrhundert) sowie alle anderen Lohnkontrollen außer Kraft gesetzt. Sogar die Fabrikgesetze von 1833, 1844 und 1847 rüttelten nicht an der Laissez-faire-Orthodoxie. »Die Treue zum Prinzip der Nichteinmischung in die Vertragsfreiheit zwischen Meister und Bedienstetem reichte so weit, daß die Legislative sich nicht direkt in das Verhältnis von Arbeitgebern und männlichen Erwachsenen einmischte ... Während des nächsten halben Jahrhunderts ließen sich noch immer, wenn auch mit abnehmender Plausibilität, Argumente für die Unverletzlichkeit des Nichteinmischungsprinzips finden.«[8]

Die Beseitigung des Schutzes der Landwirtschaft und die Errichtung des Freihandels, die Reform der Armengesetzgebung mit dem Ziel, die Armen zur Annahme von Arbeit zu zwingen, und die Aufhebung aller verbliebenen Lohnkontrollen waren die drei entscheidenden Schritte für den Aufbau des freien Marktes in England. So wurde aus der Marktwirtschaft der dreißiger Jahre des 19. Jahrhunderts der deregulierte freie Markt der Viktorianischen Zeit, welcher allen späteren neoliberalen Politikformen als Vorbild dienen sollte.

Die Reform wohlfahrtsstaatlicher Institutionen, die untere Schichten nötigt, jede Art von Arbeit anzunehmen, die Abschaffung von Lohntarifen und anderen Einkommenskontrollen sowie die Öffnung der Volkswirtschaften für den unregulierten freien Welthandel sind zentrale und grundlegende Elemente weltweiter neoliberaler Politik in den achtziger und neunziger Jahren unseres

Jahrhunderts. Stets bildet ein deregulierter Arbeitsmarkt das Herzstück der freien Märkte. In Großbritannien, in den USA, in Neuseeland und in Ländern, die wie Mexiko von den transnationalen Finanzinstitutionen zu Strukturanpassungen gezwungen wurden, ist das Ergebnis ein nahezu völlig unbehinderter Markt, auf dem man Arbeit wie eine ganz gewöhnliche Ware handelt.

In vielerlei Hinsicht war die Einrichtung des freien Marktes im England des 19. Jahrhunderts ein historischer Sonderfall. Doch wie sein zeitgenössisches Gegenstück hätte auch das englische »Projekt« nicht so weit vorangetrieben werden können, wäre es nicht mit tiefgreifenden Wandlungsprozessen von Wirtschaft und Technik einhergegangen.

Die Politik des freien Marktes machte sich eine jahrhundertelange Entwicklung zunutze, in deren Verlauf die Marktkräfte zu den beherrschenden Kräften des gesellschaftlichen Lebens werden sollten. Tauschhandel auf Märkten hatte es seit jeher gegeben, auch eine Marktwirtschaft im engeren Sinne existierte in England bereits seit einigen hundert Jahren. Aber es war dieser historische Wendepunkt, an dem erst der wirklich freie Markt entstand, der seinerseits eine Marktgesellschaft schuf.

Wie Karl Polanyi angemerkt hat, ist »die Beherrschung des Wirtschaftssystems durch den Markt [letztlich] von ungeheurer Bedeutung für die Gesamtstruktur der Gesellschaft: Sie bedeutet nicht weniger als die Behandlung der Gesellschaft als Anhängsel des Marktes. Die Wirtschaft ist nicht mehr in die sozialen Beziehungen eingebettet, sondern die sozialen Beziehungen sind in das Wirtschaftssystem eingebettet.«[9]

In vormodernen, traditionellen Gesellschaften haben Preise oft den Rang von Konventionen, viele Güter können weder gekauft noch verkauft werden, der Tausch ist an Orte und Verwandtschaftsverhältnisse geknüpft, kurz: »den« Markt als eigene gesellschaftliche und kulturelle Institution gibt es noch gar nicht.

In Marktgesellschaften hingegen unterscheidet sich die Wirtschaftsaktivität nicht nur von allen anderen Äußerungen des sozialen Lebens, sie prägt auch das gesellschaftliche Ganze und beherrscht es manchmal sogar. Zwar entstanden in einigen nordwesteuropäischen Ländern der frühen Neuzeit Märkte, die sich in unterschiedlichem Maß von den Beschränkungen des Mittelalters zu befreien vermochten. Doch zur gesellschaftlichen Institution wurde der freie Markt allein in England. Die Länder Kontinentaleuropas waren Marktwirtschaften, aber keine Marktgesellschaften, und so ist es bis heute geblieben. Wo sich Marktgesellschaften herausschälten, geschah dies, so Polanyi, nicht aufgrund von Zufällen oder unbeeinflußter Evolution, sondern durch wiederholte und systematische politische Intervention: »Der Schritt, der einzelne Märkte in eine Marktwirtschaft und geregelte Märkte in einen selbstregulierenden Markt verwandelt, ist von entscheidender Bedeutung ... Im neunzehnten Jahrhundert [glaubte man] naiverweise, daß eine solche Entwicklung das natürliche Ergebnis der Ausbreitung der Märkte sei. Man erkannte nicht, daß die Verwandlung der Märkte in ein selbstregulierendes System ... nicht das Ergebnis einer den Märkten innewohnenden, natürlichen Tendenz ... war, sondern vielmehr die Auswirkung der durchaus künstlichen Anreize, die dem Gesellschaftskörper appliziert wurden, um mit einer Situation fertigzuwerden, die wiederum von dem nicht weniger künstlichen Phänomen der Maschine geschaffen worden war.«[10]

Hier sind freilich einige Einschränkungen der marxistischen Position Polanyis angebracht, was wiederum eine gründliche Betrachtung der außergewöhnlichen gesellschaftlichen Bedingungen im England des frühen 19. Jahrhunderts voraussetzt. Im Gegensatz zu den kontinentaleuropäischen Ländern konnte England in Fragen des Grundeigentums auf eine hochindividualistische Rechtskultur zurückblicken. Land wurde schon lange als Ware gehandelt, auch kannte man bereits die Mobilität der Arbeitskraft, die in vielen anderen europäischen Staaten verbreitete Unbeweglichkeit des Dorflebens dagegen kaum noch. Das Familienleben glich eher dem moderner Klein- als dem vormoderner Großfamilien. Kurzum, England war keine bäuerliche Gesellschaft mehr.

Insofern muß man wohl Alan Macfarlane zustimmen, der darauf beharrt, daß »eine der wichtigsten Theorien der ökonomischen Anthropologie falsch ist, nämlich die, daß wir in England zwischen dem 16. und dem 19. Jahrhundert die Great Transformation von einer nicht marktorientierten, kleinbäuerlichen Gesellschaft, in der die Ökonomie in soziale Beziehungen ›eingebettet‹ ist, zu einem modernen kapitalistischen Marktsystem beobachten können, in dem Wirtschaft und Gesellschaft voneinander getrennt sind. Eine solche Sichtweise drückt sich am deutlichsten im Werk von Karl Polanyi aus ... Als Adam Smith die klassische Ökonomie begründete und dabei vom rationalen, ›ökonomischen‹ Menschen ausging, den er in seiner Beschreibung wie einen universellen, altbekannten Typus behandelte, habe er sich geirrt. Laut Polanyi war ein solcher Mensch, aller rituellen, politischen und sozialen Bedürfnisse ledig, nämlich gerade erst in Erscheinung getreten ... In Wirklichkeit hat Smith recht und Polanyi unrecht, zumindest was England betrifft. Den ›Homo oeconomicus‹ und die Marktgesellschaft hatte es in England schon Jahrhunderte gegeben, bevor Smith seine Schriften verfaßte. Polanyis Erkenntnis, Smith hätte in einem ganz besonderen sozialen Umfeld geschrieben, ist [jedoch] richtig. Wir müssen uns nur klarmachen, daß England in vielerlei Hinsicht und wahrscheinlich seit langem anders war als jede sonstige Agrargesellschaft, die wir kennen.«[11]

Der freie Markt war – und blieb – eine angelsächsische Ausnahmeerscheinung, und seine Blütezeit sollte nur etwa eine Generation andauern. Wären Wirtschaftsleben und Besitzverhältnisse im England des 19. Jahrhunderts nicht schon lange durch und durch individualistisch strukturiert gewesen, hätte er überhaupt nie geschaffen werden können. Das Experiment des gesellschaftlichen Umbaus erfolgte also unter außerordentlich günstigen Umständen. Fügt man die obigen Überlegungen Polanyis Darstellung der Great

Transformation hinzu, läßt sie sich um so besser auf heutige Verhältnisse übertragen. Sie bringt nun erst die ganze Hybris zutage, die mit dem Versuch verknüpft ist, *eine* gesellschaftliche Institution weltweit durchsetzen zu wollen; eine gesellschaftliche Institution zudem, welche in der Geschichte des Kapitalismus lediglich ein Intermezzo darstellte – einmal im 19. Jahrhundert, im englischen Paradefall, und dann noch einmal in den achtziger Jahren unseres Jahrhunderts, als Konsequenz der neoliberalen Politik in Großbritannien, den USA, Australien und Neuseeland.

Bei genauerer historischer Betrachtung kann es kaum verwundern, daß der freie Markt, wenn auch nur für einen geringen Zeitraum, allein in angelsächsischen Ländern existierte. Wie Macfarlane festhält, »waren die einzigen Gebiete, in denen es nie Kleinpächter gegeben hat, englische Kolonien: Australien, Neuseeland, Kanada und Nordamerika«[12]. In diesen Gesellschaften war der Industrialisierung eine vom agrarischen Individualismus geprägte Kultur und Ökonomie vorausgegangen. Dadurch reifte hier eine Form des Wirtschaftslebens heran, in der es für kurze Zeit freie Märkte geben konnte, allerdings nicht ohne außergewöhnliche rechtliche, soziale und ökonomische Bedingungen und auch nicht ohne den rücksichtslosen Machteinsatz eines starken Staates. Selbst in diesem für ihn günstigen Umfeld kam der freie Markt viele Menschen teuer zu stehen, wirkte er so zerstörerisch auf das gesellschaftliche Leben, daß er sich nicht auf Dauer etablieren ließ. Nicht sein Auftauchen, wohl aber sein Verschwinden war Folge einer allmählichen geschichtlichen Entwicklung, vorangetrieben von ohne übergreifenden Plan tätigen demokratischen politischen Institutionen.

In streng ökonomischen Begriffen – Wachstum von Produktivität und Nationaleinkommen – war die Viktorianische Zeit eine Zeit des Booms. Doch die sozialen Kosten, die dieser Boom verursachte, erwiesen sich als politisch nicht vertretbar.[13] In dem Grad, in dem die demokratischen Partizipationsmöglichkeiten der Bevölkerung erweitert wurden, mehrten sich die staatlichen Eingriffe in den

Wirtschaftsprozeß. Zwischen 1870 und 1914 schränkte man mit einer Reihe von Maßnahmen die Freiheit des Marktes zugunsten des gesellschaftlichen Zusammenhalts und zuweilen auch der wirtschaftlichen Effizienz ein. Um 1870 kam es mit dem Education Act zu einer »offen interventionistischen« Bildungsreform.[14] Obwohl nicht das Ergebnis einer umfassenden und bewußten Planung, sollte sie der Episode des englischen Laissez-faire bis zur Jahrhundertwende ein Ende gesetzt haben. Noch vor Ausbruch des Ersten Weltkriegs waren die Fundamente des Wohlfahrtsstaats in Großbritannien gelegt.

Der Freihandel überlebte bis zu dem Zeitpunkt, an dem die Wirkung der Großen Depression spürbar wurde, und er dauerte noch als Dogma fort, auch wenn sich seine Kraft als Ideologie schon längst erschöpft hatte. Er wurde erst aufgegeben, als unübersehbar war, daß Großbritannien seinen relativen Vorteil im internationalen Handel einbüßte. Corelli Barnett hat das folgendermaßen beschrieben: »Nur durch eine neue große Krise, die Weltwirtschaftskrise, konnte schließlich das Tabu der liberalen Wirtschaftsdoktrin in Großbritannien durchbrochen werden. Den Freihandel gab man 1931 auf, fast hundert Jahre, nachdem er Großbritannien auf einen Weg geführt hatte, wo es für sein bloßes Überleben von Überseemärkten und -rohstoffen abhängig wurde.«[15]

Mitte des 19. Jahrhunderts hatte sich Großbritannien aus mehreren Gründen für den Freihandel entschieden, unter anderem wegen der Kostenvorteile, die es als erstes industrialisiertes Land auf dem Weltmarkt erwarten konnte – eine Überlegung, auf die der enorme Einfluß des Laissez-faire-Gedankens zu wesentlichen Teilen zurückzuführen ist.

Die Doktrin des Laissez-faire wurde von den Theorien der sogenannten New Liberals – wie Hobhouse, Hobson, Bosanquet, Green oder Keynes – abgelöst, welche die Zeit für gekommen hielten, die Marktkräfte mittels staatlicher Macht einzudämmen, um die Armut zu lindern und das Wohlfahrtswesen zu fördern. Zu Beginn unseres Jahrhunderts fanden die New Liberals in Lloyd George den ersten und bedeutendsten politischen Architekten für ihre Ideen. Dem nur langsamen Vorankommen der Sozialgesetzgebung im letzten Viertel des 19. Jahrhunderts folgte nun ein großer Schritt in Richtung Wohlfahrtsstaat. Ideologie wie Politik des freien Marktes standen fortan in keinem guten Licht mehr. Die mit ihm verbundene wirtschaftliche Unsicherheit wurde zum Thema der Parteien in der sich kräftig entwickelnden Demokratie, und in der Folge verloren die Anhänger des Laissez-faire politisch erheblich an Einfluß.

Gleichwohl blieb die klassisch liberale Illusion vom freien Markt als selbstregulierendem System auch in der Zwischenkriegszeit lebendig. Sie stand Pate für die deflationären Kürzungen der Staatsausgaben, welche die Wirtschaftskrise verschärft haben. Nicht einmal das Anwachsen der faschistischen Bewegungen, die in der ökonomischen Entwurzelung der Zwischenkriegszeit ihren Nährboden fanden, konnte den Glauben an selbstregulierende Märkte erschüttern. Erst die Katastrophe des Zweiten Weltkriegs versetzte der ökonomischen Orthodoxie den Stoß, den sie brauchte, um keynesianisches Ideengut zu akzeptieren.

Die staatlich gelenkten Wirtschaftssysteme, wie sie sich nach 1945 herausbildeten, verdanken sich jedoch keiner bewußten Abkehr vom Laissez-faire. Vielmehr entsprangen sie der Angst, die die wirtschaftlichen Zusammenbrüche und Diktaturen hinterlassen hatten, die zum Zweiten Weltkrieg führten; auch die strikte Weigerung der britischen Wähler, zu einer früheren Gesellschaftsordnung zurückzukehren, spielte eine Rolle.

In den achtziger und neunziger Jahren dann erlebte das Laissez-faire-Denken ein ebenso anachronistisches wie geisterhaftes Comeback. Geringere Produktivität und wachsende Konflikte zwischen Unternehmertum und Gesellschaft nahm der Internationale Währungsfonds 1976 zum Anlaß, in die Organisation der britischen Ökonomie einzugreifen. Letztlich war dies der Auslöser dafür, daß der Konsens der an Keynes orientierten Wirtschaftspartner zerbrach, und 1979 war es dann soweit: Margaret Thatcher kam an die Macht.

Deren Regierung entsprach dem Zeitgeist, und auf einige Probleme fand sie Antworten, die der Bedürfnislage in England tatsächlich Rechnung trugen. In den ersten Jahren gelang den Tories, was Labour nie geschafft hatte, nämlich den Abbau des britischen Korporatismus voranzutreiben und so das Fundament für eine generelle Modernisierung der Wirtschaft zu legen. Allerdings sollte aus einer notwendigen Reaktion auf ein spezifisch englisches Dilemma bald eine universelle Ideologie werden. Thatcher avancierte zur Ikone des freien Weltmarkts, und allerorten eiferte man ihrer Politik nach.

Nun dominierten Deregulierung und Marktorientierung. Doch deren Herrschaft wird wahrscheinlich das gleiche Schicksal zuteil wie dem freien Markt im England des 19. Jahrhunderts. Nur wird es heute schwerer sein als damals, die von den freien Märkten verursachten sozialen Kosten aufzufangen. Nationale Regierungen können auf ihre Volkswirtschaften längst nicht mehr so einen Druck ausüben wie früher. Wenn die soziale Marktwirtschaft also überleben oder wieder aufgebaut werden soll, setzt das neue und flexiblere Institutionen voraus.

Bedroht ist die politische Stabilität des freien Marktes auf nationaler wie auf globaler Ebene durch die große und immer noch wachsende wirtschaftliche Ungleichheit. Man kann sich schwer vorstellen, wie die von Amerika geführten Großmächte, von denen der heutige Weltmarkt abhängt, einer längeren Schwächeperiode der Weltwirtschaft die Stirn bieten könnten. Und so wie gegenwärtig Politik betrieben wird, wäre es sogar durchaus möglich, daß es zu einem Zusammenbruch der Weltwirtschaft käme. Wer glaubt, schwerwiegende politische Irrtümer wiederholten sich nicht im Lauf der Geschichte, hat deren wichtigste Lehre nicht begriffen – daß nämlich keine Lektion allzu lange sitzt. So befinden wir uns heute wieder mitten in einem Experiment, in einem utopischen Umbau der Gesellschaft, dessen Ergebnis wir eigentlich schon voraussehen können.

Die falsche Verheißung des freien Weltmarktes

Der Politik des Laissez-faire, die zur Großen Transformation führte, lag die Annahme zugrunde, daß die Freiheit des Marktes natürlich, politische Einschränkungen desselben dagegen künstlich seien. In Wahrheit jedoch sind freie Märkte Kunstprodukte staatlicher Macht; sie existieren nur so lange, wie der Staat verhindern kann, daß sich das menschliche Bedürfnis nach Sicherheit und Schutz vor wirtschaftlichen Risiken politisch Gehör verschafft.

Fehlt ein starker Staat, der sich einem liberalen Wirtschaftsprogramm verpflichtet fühlt, werden Märkte unweigerlich von einer Unzahl von Restriktionen und Reglementierungen in ihrer freien Entfaltung behindert. Diese ergeben sich spontan, als Reaktion auf besondere soziale Probleme, nicht als Elemente umfassender Planung. Die Parlamentarier, die in den sechziger und siebziger Jahren des vorigen Jahrhunderts Fabrikgesetze erließen, taten das nicht mit der Absicht, Gesellschaft oder Wirtschaft systematisch zu erneuern. Sie reagierten auf die Probleme des Arbeitslebens – Verletzungsgefahr, Verelendung, Ineffizienz – in dem Maße, wie sie ihrer gewahr wurden. Das Absterben des Laissez-faire war eine unbeabsichtigte Nebenfolge dieser unkoordinierten Maßnahmen.

Märkte, auf denen Beschränkungen herrschen, sind in jeder Gesellschaft die Norm, freie Märkte dagegen das Ergebnis von Planung und politischem Druck. Laissez-faire kann nur Resultat eines zentral und systematisch umgesetzten Willens sein. Der freie Markt ist, anders als die Denker der Neuen Rechten uns weismachen wollen, kein Geschenk einer zwangsläufigen Entwicklung. Er ist, ganz im Gegenteil, das Produkt von gezielten gesellschaftlichen Eingriffen und unnachgiebigem politischem Wollen. Im England des 19. Jahrhunderts konnte er nur bestehen, weil funktionierende demokratische Institutionen fehlten, und er bestand auch nur so lange, wie sie fehlten. Demokratie und freier Markt sind keine Verbündeten, sondern Gegenspieler.

Das natürliche Pendant der freien Marktwirtschaft ist eine Politik der Unsicherheit. Wenn »Kapitalismus« zugleich »freier Markt« bedeutet, dann könnte nichts irriger sein als die Behauptung, die Zukunft gehöre dem »demokratischen Kapitalismus«. Geht nämlich das demokratische politische Leben seinen Gang, kann der freie Markt kaum Bestand haben: Die von ihm verursachten sozialen Kosten lassen sich in keiner Demokratie lange legitimieren. Dies alles läßt sich anhand der Geschichte Großbritanniens modellhaft zeigen, und das ist den weitsichtigeren unter den neoliberalen Denkern, die den freien Markt zu einer weltweiten Einrichtung machen wollen, durchaus bewußt.

Die Staaten, die sich um die Mitgliedschaft in der Welthandelsorganisation (WTO) bewerben, mögen zwar souverän sein, gleichwohl ist es diese Organisation – und nicht die Gesetzgebung eines souveränen Staates –, die festlegt, was als freier Handel und was als dessen Einschränkung gilt. Der Markt und seine Spielregeln sollen so gegen denkbare Revisionen, gegen demokratisch gefaßte Beschlüsse immunisiert werden.

Die Aufgabe transnationaler Organisationen wie der WTO ist es, das Vordringen des freien Marktes in das Wirtschaftsleben möglichst aller Gesellschaften zu fördern. Also versucht man, diese zur Befolgung jener Regeln zu zwingen, die den freien Markt aus den reglementierten, ins Gesellschaftsgefüge eingebundenen Märkten herauslösen. Transnationale Organisationen können sich das jedoch nur deshalb leisten, weil sie nicht unmittelbar dem Druck eines demokratisch-politischen Lebens ausgesetzt sind.

Polanyi beschreibt die Gesetzgebung des 19. Jahrhunderts auf eine Weise, die ohne Einschränkung auf das zeitgenössische Projekt des freien Weltmarkts zutrifft: »Es darf nichts geben, das die Bildung von Märkten behindert, auch darf keine Einkommensbildung zugelassen werden, die nicht durch Verkäufe entsteht. Weiter darf es kein Eingreifen in die Anpassung der Preise an geänderte Marktbedingungen geben, ganz gleich, ob es sich um den Preis von Waren, Arbeitskraft, Boden oder Geld handelt. Es muß daher nicht nur Märkte für alle Elemente der Wirtschaft geben, sondern es darf auch keine Maßnahme oder Politik zugelassen werden, die das Geschehen auf diesen Märkten beeinflussen würde. Es dürfen daher weder der Preis noch Angebot oder Nachfrage festgesetzt oder geregelt werden; zulässig sind nur solche Richtlinien und Maßnahmen, die die Selbstregelung des Marktes sichern, indem Verhältnisse geschaffen werden, die den Markt zur einzigen wirksamen Kraft im wirtschaftlichen Bereich machen.«[16]

Die Vorstellung, der Markt könne alles regulieren, vom Preisgefüge über die Güterverteilung bis hin zu den gesellschaftlichen Verhältnissen, ist eine Phantasie, die sich niemals realisieren läßt – im Namen einer bloßen Wunschvorstellung also haben transnationale Körperschaften überall auf der Welt, in völlig verschiedenen Ländern, für wirtschaftliche Entwurzelung, soziales Chaos und politische Instabilität gesorgt.

Die Neuerfindung des freien Marktes Ende des 20. Jahrhunderts führte in den betroffenen Staaten zu tiefen Spaltungen. Die aufgekündigten gesellschaftlichen und politischen Kompromisse – der Konsens unter Beveridge in Großbritannien und der New Deal Roosevelts in den USA – können nicht noch einmal erreicht werden. Die sozialen Marktwirtschaften Kontinentaleuropas lassen sich nicht erneuern, zumindest nicht als erkennbare Spielarten der sozialdemokratischen oder christdemokratischen Schöpfungen aus der Nachkriegszeit. Wer glaubt, man könne ohne weiteres zur »politischen Normalität« der Wirtschaftsorganisation jener Epoche zurückkehren, der macht sich selbst und anderen etwas vor.

Gleichwohl konnte der freie Markt nicht die hegemoniale Macht erlangen, die man für ihn anstrebte. In allen demokratischen Staaten ist seine politische Vorherrschaft brüchig und wird früher oder später verlorengehen, kann er doch ausgedehnte Perioden wirtschaftlichen Mißerfolgs nur schwer überstehen. In Großbritannien haben die unbeabsichtigten Folgen neoliberaler Politik die Machtposition der Neuen Rechten erheblich geschwächt: Der Koalition von Wählerinteressen und Wirtschaftsinteressen, welche die Neue Rechte zu ihrer Unterstützung ins Leben gerufen hatte, wurde die Basis genommen, teils durch die Konsequenzen neokonservativer Politik selbst, teils durch Kräfte, die in der Weltwirtschaft insgesamt wirksam sind. Die Neue Rechte hatte ihren Wählern die Chance sozialen Aufstiegs versprochen. Mit der Zeit jedoch zerstörte sie die gesellschaftlichen Strukturen, die man zur Erfüllung solcher Versprechungen braucht. Darüber hinaus erlegte die Regierung all jenen, die ein Eigenheim erwerben wollten, hohe Kosten und Risiken auf. Wenn jemand zusehen muß, wie die an sein Haus- oder Grundbesitz geknüpften Belastungen dessen Wert zu übersteigen beginnen, dann wird er wohl kaum Enthusiasmus für ein System der Deregulierung verspüren, das ihn erst in diese Schwierigkeiten gebracht hat. Der erdrutschartige Sieg der Labour Party im Mai 1997 war insofern auch eine Folge der sich selbst unterminierenden Politik der Neuen Rechten, der Tories.

Die heutige Entwurzelung des gesellschaftlichen und wirtschaftlichen Lebens geht jedoch nicht allein auf den freien Markt zurück. Hinzu kommt nämlich, daß die technologischen Innovationen westlicher Industrieländer überall kopiert werden. Die regulierte Nachkriegswirtschaft hätte in keinem Fall überleben können, selbst wenn es nicht zur neuerlichen Politik des freien Marktes gekommen wäre – die Fortschritte der Technik, die der traditionellen Vollbeschäftigungspolitik ein Ende setzten, hätten dafür schon gesorgt. Insbesondere Informationstechnologien bringen Bewegung in die gesellschaftliche Arbeitsteilung. Viele Berufe verschwinden, und keine Stelle ist mehr absolut sicher. Nie seit der Industriellen

Revolution war die gesellschaftliche Arbeitsteilung so instabil wie heute. Die globalen Märkte übertragen nun diese Instabilität auf sämtliche Volkswirtschaften der Welt und machen damit eine Politik der Unsicherheit zum universellen Phänomen.

In einer Zeit, in der die Weltökonomie die wirtschaftliche Sicherheit eines Großteils der Menschheit gefährdet, ja untergräbt, kann der freie Markt nicht überdauern. Die Herrschaft des Laissez-faire ruft mit Sicherheit Gegenbewegungen auf den Plan, die versuchen werden, die neuen Zwänge abzuschütteln. Solche Bewegungen, seien sie populistisch oder rassistisch, fundamentalistisch oder neokommunistisch, werden nur wenige ihrer selbstgesteckten Ziele erreichen. Doch die brüchigen Strukturen, die das globale Laissez-faire tragen, können sie ohne weiteres zerstören. Wenn das Weltwirtschaftsleben nicht in Form eines universellen freien Marktes organisiert werden kann, aber auch eine globale Regulierung keinen gangbaren Ausweg bietet, was bleibt dann? Ist die spätmoderne Anarchie unser historisches Schicksal?

Was wir zunächst brauchen, ist eine Reform der Weltwirtschaft, damit sich diese mit der Vielfalt von Kulturen, Regierungssystemen und Marktwirtschaften dauerhaft vereinbaren läßt. Der freie globale Markt gehört zu einer Welt, in der die westliche Hegemonie gesichert scheint. Wie alle anderen Spielarten der aufklärerischen Utopie einer einheitlichen Zivilisation geht auch diese von einer Vormachtstellung des Westens aus. Sie paßt nicht in eine pluralistische Welt, in der keine Macht die Hoffnung haben kann, die frühere Hegemonie Großbritanniens, der USA oder anderer westlicher Staaten zu übernehmen. Sie entspricht nicht den Erfordernissen einer Zeit, da die westlichen Institutionen und Werte keine universelle Geltung mehr beanspruchen können. Schließlich erstickt sie die vielgesichtigen Kulturen der Welt, ja macht es ihnen unmöglich, sich gemäß ihrer jeweiligen Geschichte, ihrer Ausgangsbedingungen und spezifischen Bedürfnisse zu modernisieren.

Das Wirken des freien Weltmarkts bringt souveräne Staaten in Opposition zueinander und stürzt sie in geopolitische Auseinandersetzungen um schwindende Rohstoffe. Die Philosophie des Laissez-faire, die jegliche politische Intervention in den Wirtschaftsprozeß verurteilt, zwingt Staaten dazu, um Ressourcen zu streiten, für deren Erhalt keine Institution mehr Sorge trägt. Darüber hinaus läuft eine als freier Weltmarkt organisierte globale Ökonomie auch dem Sicherheitsbedürfnis zuwider, das jeder Mensch hat. Weltweit finden Regierungen ihre *raison d'être* darin, Bürger vor Unsicherheit zu schützen, und die Herrschaft des Laissez-faire, die politische und wirtschaftliche Instabilität begünstigt, hindert sie daran, dieser Beschützerrolle gerecht zu werden.

In entwickelten Ökonomien, die unter einer kompetenten, einfallsreichen Regierung stehen, mögen noch Mittel und Wege gefunden werden, die Risiken, welche die Weltmärkte für die Bürger bergen, zu verringern; in ärmeren Ländern dagegen führt das weltweite Laissez-faire dazu, daß fundamentalistische Regime an die Macht gelangen, es treibt hier also den Zerfall des modernen Staatswesens voran. Weder auf globaler noch auf nationaler Ebene fördert der freie Markt Stabilität und Demokratie. Ein globaler demokratischer Kapitalismus läßt sich ebensowenig verwirklichen wie der Weltkommunismus.

2 Experimente mit den freien Märkten

Der Zugang zu den freien Märkten wurde durch eine
enorme Zunahme eines ständigen, zentral organisierten und
kontrollierten Interventionismus geöffnet und offengehalten.

KARL POLANYI[1]

Am Morgen des 20. Dezember 1994 fand eines der weltweit ambitioniertesten Experimente mit der freien Marktwirtschaft ein abruptes Ende. Nur drei Wochen nach seinem Amtsantritt verkündete der mexikanische Präsident Ernesto Zedillo die Abwertung der Landeswährung. Amerikanische Investoren, die ihre Guthaben in Fonds – betreut von Unternehmen wie Fidelity, Scudder, Goldman Sachs oder Salomon Brothers – angelegt hatten, verloren über dreißig Milliarden Dollar. Auf dem mexikanischen Aktienmarkt büßten mexikanische Firmen schätzungsweise siebzig Millionen Dollar an Wert ein. Außerdem wurden bis Ende 1995 zwischen zweihundertfünfzigtausend und einer Million Arbeitsplätze abgebaut. Es kam zu einer Kapitalflucht in bis dahin unbekanntem Ausmaß. Die jährliche Inflationsrate schnellte auf über fünfzig Prozent nach oben, Hypotheken- und Darlehenszinsen stiegen weit über die Inflationsrate, und dies wiederum ruinierte zahllose Unternehmen und Banken. Zuletzt drohte sogar einigen Bundesstaaten der Bankrott.[2]

An jenem Tag brach nicht nur eine Währung zusammen, sondern ein ganzes Modell wirtschaftlicher Entwicklung. Vor der Abwertung war das mexikanische Experiment »rückständigen« Ländern in aller Welt als nachahmenswertes Beispiel empfohlen worden.

Angeregt durch den »Washington Consensus« – die feste Überzeugung, daß freie Märkte und eine minimale Regierungstätigkeit weltweit erreichbar und erstrebenswert seien –, hatten transnationale Organisationen versucht, in Mexiko eine Spielart der amerikanischen freien Marktwirtschaft einzuführen. Im Großbritannien von Margaret Thatcher und in Neuseeland, das eine Labour-Regierung hatte, verfolgte man in den achtziger Jahren ähnliche Ziele. Trotz großer Unterschiede zwischen den Staaten glichen sich die Ergebnisse: Dem jeweiligen Experiment war bestenfalls ein äußerst geringer Teilerfolg beschieden, gleichwohl brachte es für die betroffenen Gesellschaften unumkehrbare Veränderungen mit sich.

Ein einheitlicher freier Weltmarkt ist vor allem ein *politisches* Projekt des späten 20. Jahrhunderts. Man muß sich das in Erinnerung rufen und sich zugleich unmißverständlich klarmachen, daß dieses politische Projekt lediglich vorübergehender Natur ist, während die Globalisierung des wirtschaftlichen und kulturellen Lebens, die zu Beginn der Neuzeit in Europa einsetzte, noch jahrhundertelang andauern wird. Für die Menschheit der ausgehenden Moderne hat sich die Globalisierung längst als ein historisches Schicksal erwiesen, deren Motor die unerbittlich voranschreitende, immer schneller werdende Technologieentwicklung ist. Die technikbedingte Modernisierung der Weltwirtschaft wird unabhängig vom Schicksal des freien Weltmarkts anhalten. Daß die ökonomische Vernetzung zunimmt, hat nichts mit den Orthodoxien des Internationalen Währungsfonds zu tun. Nur eine ökologische Katastrophe könnte sie bremsen oder verlangsamen.

Doch die Konsequenzen dieser weltweiten Ausbreitung moderner Produktions- und Kommunikationsmittel sind praktisch das Gegenteil dessen, was der »Washington Consensus« voller Zuversicht erwartet. Sie werden letztlich zu einer radikalen Umgestaltung der amerikanischen freien Marktwirtschaft führen, nicht zu deren weltweiten Nachahmung. Es wird eher zu einer internationalen Anarchie kommen als zu einer Neuauflage des angeblich so harmonischen Systems des 19. Jahrhunderts; und es wird Spielarten des Kapitalismus geben, die mit der freien Marktwirtschaft nicht viel gemein haben. Die erfolgreichsten Ökonomien des 21. Jahrhunderts werden nicht die sein, die ihrer eigenen Kultur den amerikanischen freien Markt aufzwingen, sondern jene, die aus eigener Kraft Modernisierungspfade entdecken und verfolgen.

In Großbritannien, Neuseeland und Mexiko, wo die neoliberale Ideologie etwa zur selben Zeit zu Einfluß gelangte, fanden die bemerkenswertesten Experimente mit der freien Marktwirtschaft unter den Bedingungen des ausgehenden 20. Jahrhunderts statt. Hier erkennt man im Kontext einer nationalen politischen Kultur beispielhaft die Ironien und Paradoxien des freien Marktes. In allen drei Fällen löste die Tatsache, daß korporatistische Wirtschaftsstrukturen unhaltbar geworden waren, das Experiment aus; und in jedem dieser Länder war die ökonomische Globalisierung Katalysator für die neoliberalistische Vorgehensweise. Doch die Politik der Unsicherheit trieb, angeheizt durch eine alle Grenzen überschreitende Weltwirtschaft, die ursprünglich hinter dem Experiment stehende Interessenkoalition auseinander und traf damit auch jene politischen Kräfte, denen es seine Existenz überhaupt erst verdankte. So hat der freie Markt nicht nur den Staat zur Erreichung seiner Ziele benutzt, sondern zugleich dessen Institutionen geschwächt. In Großbritannien, Neuseeland und Mexiko hat die Politik der freien Marktwirtschaft ihre Legitimität verloren und gleichzeitig Ökonomie und Gesellschaft in einer Weise verändert, die sich durch demokratische Entscheidungen nicht revidieren läßt.

Das Experiment unter Margaret Thatcher

Nicht nur wegen seiner Erfolge, sondern auch wegen der Gründe seines Scheiterns ist der von der Regierung Thatcher unternommene Versuch, in Großbritannien am Ende des 20. Jahrhunderts den freien Markt zu neuem Leben zu erwecken, lehrreich. Zum einen wollte sie mit ihrer Politik die britische Wirtschaft zu einer dringend nötigen Modernisierung zwingen; zum anderen aber die englischen Institutionen nach einem Modell verändern, das ein für allemal der Vergangenheit angehört. Diese beiden Aspekte des Thatcherismus sind eng, ja untrennbar miteinander verknüpft.

Margaret Thatcher konnte drei aufeinanderfolgende Wahlen für sich entscheiden und jeweils genügend Stimmen für ihre politischen Schlüsselmaßnahmen gewinnen: Schwächung der Gewerkschaftsmacht, Reduzierung der städtischen Sozialwohnungen, Senkung der direkten Steuern. Die Zerschlagung des wirtschaftlich-gesellschaftlichen Konsenses der Nachkriegszeit bewirkte jedoch einen tiefgehenden Wandel der Labour Party, die mit ihrem erdrutschartigen Sieg vom Mai 1997 erneut an die Macht kam.

Der Thatcherismus war kein politisches Projekt, das von Beginn an über eine klare Kernideologie verfügte. Bereits die Labour-Regierung unter James Callaghan hatte erste Schritte unternommen, den britischen Korporatismus abzubauen; im Herbst 1976 verkündete sie angesichts der drückenden Zwangsmaßnahmen des Internationalen Währungsfonds, daß sich Vollbeschäftigung nicht mehr durch keynesianisches Wirtschaftsmanagement erreichen lasse. Doch sie bewirkte erst einmal nur diese Distanzierung vom politischen Konsens der Nachkriegszeit, die Struktur der industriellen Beziehungen konnte sie nicht reformieren.

Der Thatcherismus war zunächst eine Reaktion auf ein rein britisches Problem. Der größte Eifer galt einer Reform der Gewerkschaften. Margaret Thatcher begriff, daß der britische Korporatismus – die Koordination der Wirtschaftspolitik durch das Kräftedreieck aus Regierung, Arbeitgebern und Gewerkschaften – zu einem Konfliktherd für die Industrie geworden war. Hier lag die Quelle des Zwists über die Verteilung des Nationaleinkommens, weshalb der Korporatismus als Instrument zur Schaffung von Wohlstand und als Garant gesellschaftlichen Zusammenhalts ausgedient hatte.

Der Thatcherismus der achtziger Jahre kann zu einem wesentlichen Teil als Ausdruck ebendieser Erkenntnis verstanden werden.

Jedenfalls war die Ära Thatcher zu Beginn durch keine kohärente politische Doktrin geprägt. Möglicherweise ist der Begriff des Thatcherismus sogar eine Erfindung der Linken. Eine Handvoll scharfsichtiger Marxisten – insbesondere Martin Jacques, Herausgeber der Zeitschrift *Marxism Today*, die eine Pionierstellung einnahm – bemerkten als erste, daß die Regierung Thatcher einen *irreparablen* Bruch mit der sozialdemokratisch geprägten Nachkriegszeit bewirkt hatte.

Doch als Thatcher gestürzt wurde, war das Denken und Handeln ihrer Regierung von einer unausgegorenen »neokonservativen« Ideologie durchdrungen, die zu so folgenschweren Maßnahmen wie der Kopfsteuer führte. Margaret Thatcher und ihre Berater waren in einem Klima von Torheit und Anmaßung gefangen, das sie Warnsignale aus Öffentlichkeit und Wirtschaft nicht wahrnehmen ließ; ihre Politik – nicht nur die Kopfsteuer, sondern, viel entscheidender, auch Großbritanniens Beziehungen zur Europäischen Union – bestimmten ideologische, nicht praktische Gesichtspunkte.

Die Regierung John Major, die 1990 folgte, mäßigte diese Vorgaben nicht, sie wandte sie lediglich mechanischer an. So wurde das britische Schienennetz von achtzig privaten Unternehmen übernommen, eine Maßnahme, die außer einigen Rentiers, deren Portfolio Aktien von Firmen aus der Eisenbahnbranche enthielt, niemanden erfreute und den ohnehin schon vorhandenen Unmut der Wähler nur noch verstärken sollte. Das Projekt Wiedererrichtung des freien Marktes kam mit Thatchers Sturz nicht an sein Ende, nein, es erhielt sogar noch einmal erheblichen Auftrieb. Großbritannien war damit für fast zwei Jahrzehnte einer Politik des freien Marktes ausgeliefert.

Und wie stand es mit den Heiligtümern der Neuen Rechten? Der britische Staatsapparat war nicht schlanker geworden. Er verschlang ebensoviel ökonomische Ressourcen des Landes wie in den siebziger Jahren – und weit mehr als etwa unter der Labour-Regierung von 1945. Die Steuerbelastung der meisten Familien war gegen Ende der Ära Thatcher größer als zu deren Beginn. Wenn sie auch auf anderen Gebieten, beispielsweise der Begrenzung der Gewerkschaftsmacht, ihre Ziele – unterstützt durch einen Umschwung der Wirtschaftslage – erreichte, so hat Margaret Thatcher doch im großen und ganzen selbst die Voraussetzungen für ihre Niederlage geschaffen.

Die Veränderungen, zu denen sie die britischen Institutionen zwang, bedrohten letztlich ihre eigene Partei. Wenn Parteien so gut wie jeden Bereich des gesellschaftlichen und wirtschaftlichen Lebens revolutionären Wandlungsprozessen unterwerfen, können sie sich diesen selbst kaum entziehen. Zwar sprach sich Thatcher gegen jede Verfassungsreform aus, doch waren die Institutionen des britischen Staates – aufgrund unbeabsichtigter Nebenfolgen der neokonservativen Politik – dennoch Gegenstand eines tiefgreifenden Umbruchs. Am auffälligsten dabei war der ungeheure Machtzuwachs der Regierung. Wie A. V. Dicey mit Blick auf das 19. Jahrhundert festgestellt hat, waren »die überzeugten Anhänger des Laissez-faire« schon immer der Auffassung, »daß die Verbesserung und Stärkung des Staatsapparats eine notwendige Voraussetzung für die Erreichung ihrer Ziele sei«[3].

Diese Haltung war keine britische Verirrung, sondern vielmehr die lokale Ausprägung eines allgemeinen Paradoxons. Unter normalen Umständen sind Märkte in das gesellschaftliche Leben eingebettet, werden durch vermittelnde Institutionen in ihre Grenzen verwiesen, durch stillschweigende Übereinkünfte im Zaum gehalten. Zu jenen zwischen Individuen und Marktkräften vermittelnden Institutionen gehörten lange Zeit und an oberster Stelle Gewerkschaften und Berufsverbände. Ein freier Markt setzt aber deren Schwächung oder Zerstörung voraus, weil sie partikulare Produzenteninteressen vertreten und damit dem freien Konsumenten im Wege stehen. Den Kampf gegen diese mächtigen vermittelnden Institutionen vermag nur ein starker Staat aufzunehmen. So war dessen Zentralisierung unter Thatcher nicht etwa ein politischer Irrtum, sondern, ganz im Gegenteil, ein wesentlicher Teil des Versuchs, den freien Markt zu installieren.

Die britische Verfassung, wie sie 1979 bestand, war schon bald nach Thatchers Amtsübernahme bis zur Unkenntlichkeit entstellt. Die Schranken zwischen den staatlichen Institutionen, zwischen Regierung und Conservative Party, in der Zeit vor Thatcher durch ungeschriebene Konventionen gesichert, verloren an Trennschärfe und Stabilität. Wo man sich der Neutralität der Bürokratie einst sicher war, erschien sie plötzlich zweifelhaft. Die Institutionen des sogenannten Quango-Staats, der sich auf »quasi-autonomous non-governmental organizations« stützt, wurden nach und nach durch Tory-Leute kolonisiert, vermittelnde Körperschaften dem Besitzstand der Tory-Nomenklatura einverleibt. Vom Vertrauensverhältnis zwischen Regierenden und Regierten, eine unverzichtbare Legitimitätsbedingung in einer nicht schriftlich fixierten Verfassung, blieb nur eine vage Erinnerung. Das Ergebnis war schließlich eine gründlich aus dem Gleichgewicht geratene Verfassung, die eine Wahlniederlage der Konservativen nicht überleben konnte.

Die Thatcher-Regierung ist für einschneidende Veränderungen in der britischen Gesellschaft und ihren Institutionen verantwortlich, und manche davon lassen sich, wie gesagt, nicht rückgängig machen. Dabei sind die vielen Privatisierungen nicht am schwerwiegendsten und folgenreichsten. Deren erste hatte ja noch die Labour Party eingeleitet, als Denis Healey den Verkauf von Anteilen an British Petroleum ankündigte. In den Anfängen des Thatcherismus spielte Privatisierung sogar kaum eine Rolle; im Wahlprogramm von 1979 wird sie überhaupt nicht erwähnt. Zum ersten Mal las man davon 1982: Die fehlenden Mittel für eine Modernisierung der britischen Telekommunikationsindustrie hatten die Regierung gezwungen, einen damals revolutionären Schritt zu wagen – die Privatisierung einer der wichtigsten öffentlichen Einrichtungen. Diese wegweisende Maßnahme wurde allein von der Logik der Ereignisse diktiert: Einem Industriezweig, der vergeblich auf die dringend benötigte Finanzspritze seitens der öffentlichen Hand gewartet hatte, blieb nur der Weg auf den Kapitalmarkt, und dafür mußte er eben privatisiert werden. Es ist eine der vielen Ironien jener Ära, daß die Privatisierung von British Telecom so erfolgreich verlief, daß das Unternehmen die technologische Modernisierung schließlich aus eigenen Mitteln finanzieren konnte. 1983 war im Tory-Wahlprogramm von Privatisierung dann ausdrücklich die Rede.

Die Liste dessen, was der Staat einst besaß und was in den folgenden Jahren neoliberaler Politik privatisiert wurde, ist lang und eindrucksvoll. 1979 waren Kohle, Stahl, Gas, Elektrizität, Wasser, die Eisenbahn, Fluglinien, die Telekommunikation, Atomkraft und Schiffbau ganz oder teilweise im Besitz der Regierung; beträchtliche Anteile hatte sie auch an der Ölindustrie, dem Bankwesen, der Schiffahrt und dem Straßenlastverkehr. 1997 war all das fast vollständig in privaten Händen; zudem konnten sich weit über eine Million Mieter von Wohnungen, die ehemals der Stadt oder der Gemeinde gehörten, jetzt deren Eigentümer nennen.

Daneben legte man in großem Stil lokale Behörden und intermediäre Institutionen auf nationaler Ebene zusammen. National Health Service, Schulen, Universitäten, Gefängnisse, Justizverwaltung und Polizeibehörden – alles wurde reorganisiert, der Kontrolle demokratisch gewählter örtlicher Regierungsinstanzen entzogen und ungewählten »quasi-autonomous non-governmental organizations« (Quangos) beziehungsweise sogenannten Next Step Agencies unterstellt, Einrichtungen, die, wenn überhaupt, nur der Zentralregierung Rechenschaft ablegen mußten. 1995 beschäftigten die Quangos nicht nur mehr Menschen, sie gaben auch mehr Geld aus als die örtlichen Behörden. Und nicht zuletzt führte man in allen öffentlichen Diensten Marktmechanismen ein – obligatorischer Angebotswettbewerb, leistungs- und profitabhängige Bezahlung und ähnliches.

Diese »Nationalisierung Großbritanniens«[4] unter Thatcher verlief parallel zu den auf dem Arbeitsmarkt stattfindenden Veränderungen. Die Beschränkung der Gewerkschaftsmacht und die Entwicklung hin zu einem individualistischeren Arbeitsmarkt gehörten zu den wenigen eindeutigen Zielen aus Thatchers erster Amtszeit. Zusammen mit der monetaristischen Verpflichtung auf Preisstabilität, und zwar ungeachtet ihrer sozialen und ökonomischen Folgen, sollte diese Zielvorgabe das Ende des breiten gesellschaftlichen Konsenses der britischen Nachkriegsära besiegeln.

Auf Vorstellungen von Keynes und Beveridge beruhend, verstand dieser nicht nur Vollbeschäftigung als unverzichtbare Bedingung eines stabilen Wohlfahrtsstaats, er verpflichtete den Staat auch explizit, Vollbeschäftigung systematisch zu fördern und als vorrangige Aufgabe zu betrachten. Die Regierung Thatcher kam dem nicht mehr nach, und das war mehr als ein Wechsel der Wirtschaftsdoktrin von Keynes zu Friedman, nämlich eine fundamentale Verschiebung im Verständnis des Staates und seiner Funktion. Der dafür maßgebliche Text war nicht etwa Hayeks *Constitution of Liberty*, sondern John Hoskyns' *Stepping Stones*, eine – nie veröffentlichte – Anleitung zum Umgang mit Gewerkschaftsmacht und zur Schaffung eines freien Arbeitsmarktes.[5]

Die Thatcheristen meinten, der Staat müsse lediglich einen Rahmen von Regeln und Bestimmungen garantieren, innerhalb dessen sich der freie Markt, der Arbeitsmarkt eingeschlossen, selbst reguliert. Wer von solchen Voraussetzungen ausgeht, schreibt den Gewerkschaften eine neue Rolle zu, schwächt sie besonders in ihrer Funktion, zwischen Arbeitern und Markt zu vermitteln. Entsprechend wurde die Arbeitsgesetzgebung geändert. Vorbild für all das war der amerikanische Arbeitsmarkt mit seiner hohen Mobilität, seiner Lohnflexibilität – vor allem nach unten – und seinen geringen Arbeitskosten.

Der explosionsartige Anstieg von Teilzeitarbeit und Subunternehmertum läßt sich zumindest teilweise auf diese Politik zurückführen. Für immer mehr Arbeiter rückte eine kontinuierliche Laufbahn, ein fester Beruf in unerreichbare Ferne. Viele, die nur über eine geringe Qualifikation verfügten, konnten mit dem spärlichen Gehalt noch nicht einmal ihre Familie ernähren. Die typischen Armutskrankheiten wie Tuberkulose oder Rachitis kehrten zurück.[6] Die ehemalige Mittelschicht sah sich genötigt, ein Arbeitsleben als »portfolio person« zu akzeptieren, als flexible Arbeitskraft ohne längere Bindung an eine bestimmte Firma oder Institution. So kommt eine Untersuchung aus dem Jahr 1996 zu dem Schluß: »Die traditionelle Karriere ... gibt es nicht mehr. Sie ist ein für allemal Vergangenheit.«[7]

Gleichzeitig kürzte man sämtliche Sozialleistungen, und die Arbeitslosenunterstützung, wie etwa 1996 die *Job Seekers Allowance*, wurde bewußt so zurechtgeschnitten, daß ihre Empfänger gezwungen waren, Arbeit nach marktdiktierten Tarifen anzunehmen. Man fühlt sich an die Armenrechtsreform von 1830 erinnert, die eine ganz ähnliche Stoßrichtung hatte: Die Arbeitnehmer sollten ihre Verhandlungsmacht verlieren.

Der Grundwiderspruch des freien Marktes ist, daß er genau jene gesellschaftlichen Institutionen schwächt, von denen er zuvor abhängig war – die Familie kann hier als Musterbeispiel dienen. Der Niedergang der traditionellen Familienstruktur verschärfte sich unter der Regierung Thatcher dramatisch. 1979 waren vierundsiebzig Prozent der Frauen zwischen achtzehn und neunundvierzig Jahren verheiratet, wenig später nur noch einundsechzig Prozent; gleichzeitig stieg der Anteil der Frauen, die unverheiratet mit einem Partner zusammenleben, von elf auf zweiundzwanzig Prozent. Die Rate unehelicher Geburten verdoppelte sich in den Achtzigern. Gab es 1979 noch zwölf Prozent alleinerziehende Eltern, so waren es 1992 bereits einundzwanzig Prozent, wobei die Zahl unverheirateter alleinerziehender Mütter am stärksten zunahm.

1991 kam in Großbritannien auf zwei Eheschließungen eine Scheidung – die höchste Scheidungsrate unter allen EU-Ländern, nur mit der in den Vereinigten Staaten vergleichbar.[8] Ist es ein Zufall, daß außer Großbritannien kein anderes Land der EU seinen Arbeitsmarkt nach amerikanischem Vorbild dereguliert hat? In jenen Städten Großbritanniens, in denen Thatchers Deregulierungspolitik am erfolgreichsten war und die Arbeitslosenzahlen tatsächlich sanken, lagen die Scheidungsziffern entsprechend am höchsten.[9]

Noch auffälliger war das Entstehen einer neuen Unterschicht. Der Prozentsatz von britischen Haushalten – Rentnerhaushalte ausgenommen –, die völlig ohne Arbeit sind, in denen also kein Familienmitglied in der produktiven Wirtschaft tätig ist, stieg von 6,5 Prozent im Jahr 1975 auf 16,4 Prozent 1985 und auf 19,1 Prozent 1994.[10] Unter der Regierung Major setzte sich dieser Trend fort, ja verstärkte sich sogar. So nahm zwischen 1992 und 1997 die Zahl arbeitsloser Alleinerziehender um fünfzehn Prozent zu.[11]

Es ist traurige Wirklichkeit, daß heute in einem von fünf britischen Haushalten, die Rentnerhaushalte wieder nicht mitgerechnet, sämtliche Mitglieder keine Arbeit haben – ein Ausschluß aus dem gesellschaftlichen Leben, den man in dieser Größenordnung aus keinem anderen europäischen Land kennt und sich sonst nur in den Vereinigten Staaten findet. Die Bildung einer breiten Unterschicht ist unmittelbar auf die neoliberalen Wohlfahrtsreformen zurückzuführen, vor allem jene, die die Wohnsituation betreffen. Der Verkauf von Sozialwohnungen an deren Mieter wird oft als ein Erfolg der Thatcher-Politik gefeiert. In den achtziger Jahren mag das den Konservativen Stimmen gebracht haben, in den Neunzigern jedoch hat sich das Blatt gewendet. In sozialer und ökonomischer Hinsicht war die Reduzierung des Bestands an Sozialwohnungen eines der Hauptelemente für das Entstehen einer neoliberalen Abhängigkeitskultur. 1996/97 schätzte man das verteilte Wohngeld auf elf Milliarden Pfund: Das sind 1,5 Prozent des britischen Bruttoinlandsprodukts und über zehnmal mehr als die gesamten Ausga ben für Wohngeld in den Jahren 1979/80.[12] Anstelle der öffentlichen Förderung von Sozialwohnungen traten – in vielfacher Höhe – Mietzuschüsse und die Unterstützung bei Hypothekenzahlungen. Die Privatisierung von Sozialwohnungen hat die Abhängigkeit vieler Menschen von Sozialleistungen also nicht verringert, sondern dramatisch vergrößert.

Immer wieder fällt auf, wie sehr sich die Entwicklung Großbritanniens von der anderer europäischer Länder, die keine längere Periode neoliberaler Politik kennen, unterscheidet. Gleichzeitig verblüfft aber die unübersehbare Ähnlichkeit mit Trends in den USA. Selbst im Bereich des Strafvollzugs gibt es eine bemerkenswerte Parallele. Der Prozentsatz der inhaftierten Bevölkerung ist in Großbritannien deutlich höher als in irgendeinem anderen EU-Land – wenn auch noch viel niedriger als in den USA –, und er wächst schnell. 1995 gab es fünfzigtausend Häftlinge in England, beinahe ein Drittel mehr als 1992.

Die Kriminalitätsrate ist schwer zu ermitteln und ihre Interpretation bekanntlich heikel. Dennoch läßt sich ein allgemeiner Trend erkennen. 1970 sind in England und Wales ungefähr 1,6 Millionen Verbrechen aktenkundig geworden, 1981 waren es 2,8 Millionen,[13] Ende 1990 4,3 Millionen und 1992 5,6 Millionen, wobei der *British Crime Survey* Grund zu der Annahme gibt, daß die tatsächliche Zahl dreimal höher ist als die offiziell genannte.[14] Im selben Zeitraum nahmen die für die Strafverfolgung verwendeten Mittel kontinuierlich zu. So erhöhten sich zwischen 1978/79 und 1982/83 die Ausgaben für die Polizeikräfte inflationsbereinigt um fast ein Viertel, und die Zahl der Polizisten wuchs in Margaret Thatchers erster Amtszeit um beinahe zehntausend auf über hundertzwanzigtausend.[15] Insgesamt läßt all das eine klare Parallele zu der Entwicklung in Neuseeland und in den USA unter Ronald Reagan erkennen.

Eine vor wenigen Jahren erschienene soziologische Bestandsaufnahme bringt die Folgen des Thatcherismus auf den Punkt: »Was die Kriminalität im allgemeinen angeht, so legen die erhobenen Daten nahe, die vorherrschenden Verbrechenstypen und die zunehmende Gesetzlosigkeit des letzten Jahrzehnts mit den langfristigen Veränderungen in Verbindung zu bringen, die in Großbritannien vor fast zwanzig Jahren eingesetzt haben ..., etwa die Schwächung der traditionellen Bindekraft von Familien- und Gemeinschaftsleben oder der radikale Funktionswandel staatlicher Schulen, die sich fortan auf eine wettbewerbsorientierte – und dadurch soziale Gräben aufreißende – Aneignung von Wissen und Fähigkeiten konzentrierten. Die Rolle der viktorianischen Board School, die als Modell der Grundschulerziehung bis weit in dieses Jahrhundert Bestand hatte, ist vergessen ... Hinzu kommt, daß das buchstäbliche Verschwinden einer ganzen Reihe von zusätzlichen Trägern sozialer Kontrolle – von Parkwächtern über Busschaffner bis hin zu den *school attendance officers,* welche die Einhaltung der Schulpflicht überwachen – die Polizei zwingt, sich, ohne über die ausreichenden Mittel zu verfügen, allein mit dem Problem der Kriminalität auseinanderzusetzen ... Und daß man zunehmend auf das Verhängen von Haftstrafen zurückgreift, um soziale Probleme zu lösen, ist nicht nur extrem kostspielig, sondern letztlich auch unwirksam ... Kurz, hinter der Kriminalität in Großbritannien und in weiten Teilen der postindustriellen Welt steht eine allgemeine, viel tiefer reichende Misere.«[16]

Daß sich der Thatcherismus als politisches Projekt selbst das Wasser abgegraben hat, liegt an seinen unbeabsichtigten gesellschaftlichen Folgen. Eine Wirtschaftspolitik, die ganze Industriezweige und Nachbarschaften hinwegfegt, ermutigt auch Wähler, ihre angestammten Positionen zu verlassen. In Großbritannien waren Wählertreue und Klassenkultur stets ausgesprochen eng miteinander verbunden, so daß die Auflösung der alten Klassenkultur im Zuge der Politik Thatchers zugleich die lange bestehenden Parteibindungen schwächte. Zuerst brachte das der Regierung politische Vorteile, denn traditionelle Labour-Anhänger wechselten zu den Tories. Auf lange Sicht jedoch führte dies zum Machtverlust der Konservativen, weil ihr Rückhalt bei den Mittelschichten bröckelte. Thatchers Politik vergrößerte die wirtschaftliche Ungleichheit. Dem *Rowntree Report on Income and Wealth* zufolge nahm in England zwischen 1977 und 1990 die Ungleichheit stärker zu als in fast allen vergleichbaren Ländern. Seit 1979 profitierten die niedrigsten Einkommensgruppen nicht mehr vom Wirtschaftswachstum. Und nach 1977 stieg jener Bevölkerungsanteil, der weniger als die Hälfte des Durchschnittseinkommens bezieht, um das Dreifache.[17] 1984/85 verfügte das reichste Fünftel der Bevölkerung über dreiundvierzig Prozent des nationalen Nettoeinkommens: mehr als zu irgendeiner anderen Zeit nach dem Krieg.[18] In vielen Industrieländern wurden Maßnahmen ergriffen, die die soziale Kluft vertieften, doch nirgendwo, von Neuseeland abgesehen, geschah das schneller als in England.

In den Wahlen vom Mai 1997 hatten die Konservativen einen so geringen Stimmenanteil wie seit dem Great Reform Act von 1832 nicht mehr. Die Thatcher-Revolution war es, die die Tories ins Unglück stürzte. Dieses Debakel hatte viele Ursachen – politische Fehlentscheidungen, die hätten vermieden werden können, ebenso wie zufällige historische Umstände. Die Kopfsteuer ist ein klares Beispiel für eine vermeidbare Fehlentscheidung. Und die schrille nationalistische Rhetorik Thatchers, wenn es um die Europäische Union ging, war zwar kein grundlegender Wechsel ihrer Politik, doch sie alarmierte all jene Parteimitglieder, die eine proeuropäische Linie verfolgten. Auch die BSE-Krise erwies sich als ein Ergebnis schlechter Politik; daß sie ausgerechnet die Regierung Major erwischte, war allerdings Zufall.

Wie immer im politischen Leben spielte Glück eine große Rolle. Über die Westlands-Krise stürzte Thatcher beinahe, und dies hätte das Ende des britischen Experiments mit dem freien Markt sein können,[19] ähnlich wie ein größerer militärischer Rückschlag im Falkland-Krieg. Wie alle Politiker verließ sich Thatcher darauf, daß

ihr das Glück hold bleiben würde: Bis 1990, als sie ein Tory-Staats-
streich zu Fall brachte, klappte das auch.

Mit John Majors überraschendem Wahlsieg von 1992 erhielt der
Thatcherismus eine zweite Chance. Die Wählerschaft hatte inzwischen die Meinung übernommen, daß das Erscheinungsbild der
Ökonomie weniger vom geschickten Management der Regierung
abhängt als vielmehr von der Dynamik der Weltmärkte. Bis zu Beginn der achtziger Jahre hatten britische Regierungen versucht,
den Konjunkturzyklus an die Wahlperioden anzugleichen und die
Ökonomie durch Stop-and-go-Politik zu ihrem Vorteil zu beeinflussen. Ein Hauptziel der Neuen Rechten war es dann, Regierungs-
leistung und Wirtschaftsschwankungen im Wählerurteil voneinander abzukoppeln. Das von ihnen geschaffene öffentliche Klima
sollte der Regierung erlauben, die Verantwortung für die Wirtschaftslage auf die angebliche Eigengesetzlichkeit der Weltmärkte
abzuwälzen – eine erfolgreiche Strategie, wie die Wahlen von 1992
gezeigt haben. Doch war der Erfolg nur von kurzer Dauer und wi-
dersprüchlich in seinen Auswirkungen. Als Großbritannien 1993
aus dem Wechselkursmechanismus gedrängt wurde, eine Katastrophe für die Konservativen, brachten die Wähler Regierungs-
kompetenz und Wirtschaftsleistung durchaus wieder miteinander
in Verbindung. Gleichwohl blieb die von der Neuen Rechten in
den Achtzigern betriebene Trennung von Wirtschafts- und Regie-
rungskompetenz in den Köpfen der Wähler bestehen – so sehr, daß
die Konservativen vom Wirtschaftsboom Mitte der neunziger Jahre
kaum profitieren konnten.

Die Briten nehmen die Marktwirtschaft als gegeben hin. Wenn es
hier überhaupt jemals Sympathien für sozialistische Planwirt-
schaftsprojekte gab, dann ist es nun damit endgültig vorbei. Aber
die Öffentlichkeit möchte ebensowenig, daß unkontrollierte Märkte
das gesellschaftliche Leben bestimmen. Gewisse Güter – medizini-
sche Grundversorgung, Schulbildung, Schutz vor Kriminalität –
klagt sie als Bürgerrechte ein, die für alle gleichermaßen gelten

sollen. Der Privatisierung öffentlicher Einrichtungen wie der Wasserversorgung begegnet man mit Skepsis, setzt den Versuchen, öffentliche Dienste wie die Altenbetreuung weiterhin auf Markttauglichkeit zu trimmen, sogar Widerstand entgegen. Auch die Mobilität der Arbeitskraft, in den Vereinigten Staaten selbstverständlich, wird in England so nicht akzeptiert: Sechzig Prozent der Erwachsenen leben nicht weiter als acht Kilometer von ihrem Geburtsort entfernt – das ist im Verhältnis gesehen eine geringere Mobilität als im 19. Jahrhundert.

In England verhindern tiefverwurzelte Werte wie Fairneß und Hilfsbereitschaft die vollständige Einführung des freien Marktes. Insofern ist der Thatcherismus gescheitert. Die »Legitimität« des freien Marktes hat in dem Maß abgenommen, wie Thatcher mit ihrer Politik die Modernisierung der Gesellschaft vorantrieb. Glaubenssätze und Praktiken, die das Projekt des freien Marktes, wie in der Viktorianischen Ära, stützten, fehlten 1979 oder waren zumindest schwach ausgeprägt; und 1997 verloren die Konservativen nicht nur die Macht, sondern auch dramatisch an Überzeugungskraft. Was von ihren Positionen übrig war, ließ der freie Markt verpuffen. In Großbritannien sind die von der Deregulierungspolitik hervorgerufenen sozialen Verwerfungen mittlerweile Gegenstand der Kritik, und die politischen Chancen einer kompromißlosen Marktfreiheit haben sich verringert.

Die wirtschaftliche Restrukturierung Großbritanniens, die Thatcher durchgesetzt hat, wird wohl im großen und ganzen keine nachfolgende Regierung rückgängig machen können. Und das obwohl die Neue Rechte den langen wirtschaftlichen Niedergang des Landes nicht zu stoppen vermochte. Ebensowenig schuf sie, außer vielleicht in den Bereichen der Telekommunikation und der Unterhaltungsindustrie, jene »Unternehmenskultur«, von der ihre Ideologen so geschwärmt hatten. Doch gerade aufgrund Großbritanniens fortgesetzter wirtschaftlicher Schwäche, seiner Abhängigkeit von ausländischen Investitionen und den Weltkapitalmärkten, sind die

Nachfolgeregierungen jetzt nicht in der Lage, etwa die Privatisierungen zurückzunehmen oder der sozialen Ungleichheit mit Hilfe des Steuersystems entgegenzuwirken.

Die Geschichte hat die im Mai 1997 gewählte Labour-Regierung vor die Aufgabe gestellt, sozialdemokratische Werte in einer Zeit zu vertreten, in der die historischen Institutionen und politischen Leitideen der Sozialdemokratie verschwunden sind.[20] Tony Blairs Administration muß, als die erste postsozialdemokratische Administration Europas, eine deregulierte Marktwirtschaft mit der Notwendigkeit gesellschaftlichen Zusammenhalts versöhnen, und das in einem Klima, das zutiefst geprägt ist von der Politik des freien Marktes und dem unaufhaltsamen Vorwärtsschreiten der ökonomischen Globalisierung während der langen Thatcher-Ära.

Der Ruin des Konservativismus

Thatchers Wirtschaftspolitik zwang die britische Gesellschaft zu einem Gewaltmarsch in die Spätmoderne. Dieser modernisierende Aspekt des Thatcherismus ist bislang kaum angemessen verstanden worden. Der rückwärtsgewandte Charakter der liberalen Marktideologie trügt nämlich. Die Neukonstruktion des freien Marktes im spätmodernen England ließ die letzten Überbleibsel jener Sozialordnung verschwinden, die ihn im 19. Jahrhundert noch getragen hatte. Nicht nur die traditionelle Familienstruktur, auch eine von Respekt und Ehrerbietung geprägte Klassenkultur, die für den freien Markt unverzichtbar war, ist weitgehend ausgelöscht worden. Von seinen lautstarken Ideologen und engstirnigen Anhängern unbemerkt und auch unverstanden, modernisierte der Thatcherismus Großbritanniens deformierte Klassenkultur tiefgreifender, als es die Labour Party je versucht hatte.

Eine der vielen Ironien des Thatcherismus war sein Verhältnis zum Nationalstaat. Die neoliberale Wirtschaftspolitik nahm ihm fast vollständig die Möglichkeit, das nationale Wirtschaftsleben zu beeinflussen, obwohl die öffentliche Rhetorik des Thatcherismus diese ihrer realen Macht beraubte Institution gleichzeitig mit geradezu archaischer Autorität ausstattete. Dem Nationalstaat wurde höchste Bedeutung zugesprochen, die Nationalkultur als überlebenswichtig für die Gesellschaftsordnung hingestellt. Es war zur selben Zeit, daß die neoliberale Politik die britische Wirtschaft so weit wie nie zuvor für die Weltmärkte öffnete.

Man warb für uneingeschränkte ökonomische Globalisierung und hob zugleich die einzigartige Autorität und Notwendigkeit einer gemeinsamen Nationalkultur hervor. Ausgerechnet die neoliberalen Tories verdammten Großbritanniens Beziehungen zur EU als ein ärgerliches Hindernis für nationale Unabhängigkeit. Sonst behaupteten sie nämlich, daß keine Nationalregierung hoffen könne, gegen den Weltmarkt anzukommen. So wurde der unabhängige Nationalstaat just in dem historischen Moment glorifiziert, in dem man ihn für ökonomisch überholt erklärte.

Die vermittelnden Institutionen, auf die sich der freie Markt in der Viktorianischen Ära in England gestützt hatte, behinderten nun seinen Wiederaufbau im ausgehenden 20. Jahrhundert. Berufsverbände, örtliche Behörden oder stabile Familienstrukturen sah man jetzt als Störfaktoren für höhere Mobilität und größeren Individualismus an, mithin als Störfaktoren für den freien Markt. Wird dieser im spätmodernen Milieu rekonstituiert, dann gibt es nur eines: Man muß all jene Institutionen schwächen oder zerschlagen, denen in der Gesellschaft eine vermittelnde Funktion zukommt; und eben das geschah in Großbritannien. Es ist merkwürdig, daß es immer noch Menschen gibt, die den Zusammenhang von freiem Markt und gesellschaftlichem Ordnungsverlust leugnen. Selbst wenn der freie Markt als solcher stabil gehalten werden könnte, wird er auf Institutionen, die den sozialen Zusammenhalt gewährleisten sollen, zerstörerischen Einfluß haben. Keine Gesellschaft, die sich für den freien Markt entscheidet, kann dies verhindern.

Die Neukonstitution des freien Marktes läßt sich im Grunde nicht als konservatives politisches Projekt verstehen; immerhin geht es nicht um die Stärkung kultureller und institutioneller Kontinuitäten, sondern um den Bruch mit ihnen. Unter den gegebenen Umständen kann das Projekt der Rechten gar nicht auf die Erhaltung kultureller Traditionen hinauslaufen. Sie will, so sagen ihre Ideologen, den Fortschritt – aber einen Fortschritt ohne festes Ziel. Die scharfsichtigsten und aufrichtigsten Denker der Neuen Rechten haben Fortschritt denn auch folgerichtig als »Bewegung um der Bewegung willen« definiert.[21]

Jeder wahre Konservative muß darin Veränderungen sehen, die ohne Grund und ohne Zweck vorgenommen werden – mit anderen Worten: einen Ausdruck von Nihilismus. In seinem konkreteren Gebrauch, und das ist zweifellos der für Neoliberale eigentlich maßgebliche, bedeutet der Begriff »Fortschritt« unaufhörlicher sozialer Wandel, der den Bürgern durch die Erfordernisse des freien Marktes aufgezwungen wird. So ergeben sich schließlich unauflösbare Widersprüche, an denen das ganze Projekt scheitert.

Die permanente Revolution, die der freie Markt bewirkt, raubt der Vergangenheit ihre Autorität. Präzedenzfälle verlieren an Bedeutung, die Fäden der Erinnerung werden durchtrennt, vor Ort akkumuliertes Wissen in alle Winde zerstreut. Wenn und weil der individuellen Entscheidungsfreiheit Vorrang vor jedem gemeinsamen Gut eingeräumt wird, bekommen Bindungen etwas Widerrufliches, Provisorisches. Macht es in einer Kultur, in der die Möglichkeit freier Entscheidung der einzige unangefochtene Wert ist und in der Bedürfnisse für unstillbar gehalten werden, überhaupt noch einen Unterschied, ob man die Scheidung einreicht oder sein altes Auto gegen ein neues tauscht? Die Logik des freien Marktes, die sämtliche Beziehungen auf Konsumartikel reduziert, wird von seinen Ideologen hartnäckig geleugnet. Doch im Alltag jener Gesellschaften, die bereits vom freien Markt beherrscht werden, tritt sie nur allzu deutlich zutage.

»Wenn Demokratie und Kapitalismus dann am besten funktionieren, wenn sie mit kulturellen Traditionen gewürzt sind, welche nicht aus der Quelle des Liberalismus stammen, dann sollte deutlich sein«, so Francis Fukuyamas glatte Argumentation, »daß Modernität und Tradition auch über längere Zeiträume in einem stabilen Gleichgewicht nebeneinander bestehen können.«[22] Natürlich sind, wie schon Karl Marx und Max Weber erkannt haben, Modernität und Tradition nicht derart reibungslos miteinander zu versöhnen. Die Globalisierung der Spätmoderne arbeitet gegen jene Traditionen, die sie von der Frühmoderne geerbt hat. Macht sich ein spätmoderner Staat für den Weltmarkt stark, dann werden die ererbten Traditionen davongeblasen wie Staub. Und da hilft auch kein *social engineering*: Die Tories können das feine Netz aus Traditionen, das neue Technologien und unreglementierte Märkte zerrissen haben, nicht neu flechten.

Womöglich hätte man voraussehen können, daß von eingefleischten Konservativen geführte Regierungen in unserer Zeit als Schrittmacher einer gesellschaftlichen Zwangsmodernisierung fungieren. Nicht weniger absehbar war die Unfähigkeit neokonservativer Ideologen, das Dilemma zu begreifen, in dem sich die vom freien Markt beherrschten Gesellschaften befinden. Festzustellen, daß der individualistische Kapitalismus kulturelle Traditionen erfolgreicher zu unterlaufen vermag als jede Regierung, ist eine Verbeugung vor den Kräften des Marktes. Unverständlich, daß ebenjene Denker des rechten Flügels, die unbeirrt darauf beharren, daß der Staat im Wirtschaftsleben keine Macht haben dürfe, in ihn und seine Rolle als *social engineer,* als Gestalter der Gesellschaft, so große Hoffnungen setzen. Und noch absurder erscheint es, wenn die Denkmodelle der Neuen Rechten, die, nur denen des Vulgärmarxismus vergleichbar, davon ausgehen, daß ökonomische Veränderungen das menschliche Verhalten neu bestimmen, zugleich den enormen Einfluß der entfesselten Märkte auf Ehe, Familie und Verbrechensentwicklung übersehen.

Die Rechte steht heute vor dem Problem, daß der Kulturkonservativismus für sie keine Option mehr ist. Sie ist dazu verdammt, zwischen zwei Positionen zu schwanken: einerseits stärkt sie dem freien Markt den Rücken, ohne auf den Preis zu achten, den die Kultur dafür zahlen muß; andererseits gefällt sie sich jedoch in kulturelitären Schwärmereien. Es geht ihr wie dem freien Markt: Beiden ist es unmöglich, ein stabiles Gleichgewicht zu finden und zur Ruhe zu kommen. Ebenso unentwegt wie unsicher springen die Neokonservativen hin und her zwischen übertriebener Schwarzmalerei, wenn es um die Vergangenheit, und überschäumendem Optimismus, wenn es um die Zukunft geht. Zwar gefallen sie sich in ihrer Rolle als Stimme der Vergangenheit. Doch in Wirklichkeit sind sie durch ihren marktschreierischen Radikalismus und ihre dekadente Nostalgie unwiderruflich an das Chaos der Gegenwart gefesselt.[23]

Der reaktionäre Utopismus der Rechten ist ein kostspieliges und gefährliches Unterfangen. Frieden und Stabilität sind das letzte, was eine Gesellschaft erwarten kann, die sich von Neokonservativen regieren läßt. Vereinzelte politische Maßnahmen, die das traditionelle Familienleben stützen und die schlimmsten Auswüchse der Kriminalität unterdrücken sollen, können jene Institutionen und Gemeinschaftsstrukturen, die der freie Markt verwüstet hat, nicht wiederherstellen. Im vergeblichen Versuch, die Vergangenheit zurückzugewinnen, zerstört sie deren Relikte: das ist das Schicksal der Rechten in der Spätmoderne.

Kaum je ein Zukunftsszenario ist so trügerisch gewesen wie die von Herbert Marcuse oder Michel Foucault hartnäckig verfochtene, modische These, der Kapitalismus sei in der Lage, die Gesellschaft perfekt zu kontrollieren und zu beherrschen. Der Kapitalismus der Spätmoderne kann Menschen in High-Tech-Gefängnisse abschieben, er kann sie mit Videokameras an ihrem Arbeitsplatz oder mitten auf der Straße überwachen, aber er sperrt sie nicht in den ehernen Käfig der Bürokratie, sperrt sie auch nicht ausweglos in die winzige Nische, die ihnen die Arbeitsteilung läßt. Nein, der spätmoderne Kapitalismus überläßt die Menschen vielmehr einem Leben in Bruchstücken, einem Überfluß an sinnlosen Wahlmöglichkeiten. Die Dystopie, mit der wir uns konfrontiert sehen, ist nicht der Alptraum totalitärer Kontrolle. So wie er die flüchtigen Moden mit einem tiefsitzenden nihilistischen Reflex vermischt, entspricht *American Psycho* eher dem Gefühlszustand der Spätmoderne als Kafkas *Schloß*.

Nichts auf der Welt kann heute Traditionen gründlicher zersetzen als freie Märkte. Sie verklären das Neue und verramschen die Vergangenheit. Die Zukunft machen sie zu einer endlos ausgestrahlten Wiederholung der Gegenwart. Und die Gesellschaft, die sie hervorbringen, ist antinomisch und proletarisch.

Man hat freie Märkte oft deshalb kritisiert, weil sie in der Industrie zu einer viel zu kurzfristigen Betrachtungsweise von Investitionen führen.[24] An keiner Stelle jedoch ist die gewählte Perspektive so kurzfristig wie dort, wo es um die Demontage jener Werte geht, von denen freier Markt und Marktwirtschaft einmal abhängig gewesen sind. Diese Werte – Sparsamkeit, Bürgerstolz, Respekt, überhaupt die »familiären Werte« – sind inzwischen unrentable Museumsstücke. Man geht mit ihnen um, als seien sie auf dem Trödel erstandene Nippes-Figürchen, läßt sie von Zeit zu Zeit von den rechten Medien entstauben, um sie dann öffentlich zur Schau zu stellen; in einer auf das Flüchtige bauenden Ökonomie sind sie kaum von Nutzen. Wenn es also eine langlebige Ikone des freien Marktes in unserem ausgehenden 20. Jahrhundert geben wird, wird dies kaum Margaret Thatcher sein; eher schon Madonna.

Neuseeland:
eine zweite Große Transformation en miniature

Unter allen Versuchen dieses Jahrhunderts, einen freien Markt zu schaffen und ihn als gesellschaftliche Institution zu etablieren, ist das neoliberale Experiment in Neuseeland das ambitionierteste. Noch viel deutlicher als im Fall der Regierung Thatcher in Großbritannien erkennt man hier den Preis, der für die Neuerfindung des freien Marktes unter den Bedingungen des späten 20. Jahrhunderts gezahlt werden muß, und auch die Grenzen, an die man dabei stößt. Eine der vielen Konsequenzen der neoliberalen Politik in Neuseeland ist die Herausbildung einer Unterschicht – in einer Gesellschaft, die zuvor keine hatte.

Das neuseeländische Experiment ist das Projekt freier Markt unter Laborbedingungen: Eine stramme neoliberale Ideologie trieb ein radikales Reformprogramm voran, das jede wichtige soziale Institution von Grund auf neu gestaltete. Eingeleitet hat diese Reformen eine sozialdemokratische Partei, dann wurden sie auch von anderen politischen Strömungen getragen und waren damit für eine Weile unangreifbar. Eine konstitutionelle Tradition im Westminster-Stil, mit einem Ein-Kammer-Parlament, das keinerlei Beschränkungen durch die Verfassung unterworfen ist, erlaubte die weitreichendste Umformung eines ehemals interventionistischen Staates, die wir bislang verfolgen konnten.

So wurde eine der kompromißlosesten Sozialdemokratien der Welt zu einem neoliberalen Staat. Entsprechend tiefgreifend waren die Veränderungen, welche die neuseeländische Gesellschaft durchlief. Die Konsequenzen und Risiken dieses Experiments sind äußerst lehrreich. Es hat viele Ähnlichkeiten mit den Strukturanpassungsprogrammen, wie transnationale Institutionen sie den Regierungen in Entwicklungsländern als Kreditbedingungen aufgezwungen haben. Doch Neuseeland zählte nicht zur Dritten Welt, es war ein sozialdemokratischer Industriestaat. Hier hatte der Gesetzgeber in den Wirtschaftsprozeß eingegriffen, um den sozialen Zusammenhalt zu schützen, und zwar so weitgehend, wie es sonst nur noch in Schweden geschehen ist.

Anfang der achtziger Jahre mochte ein grundlegender politischer Richtungswechsel unvermeidbar geworden sein. Die Befürchtung, Neuseelands Wirtschaft könnte ihren Erste Welt-Status verlieren, war nicht völlig aus der Luft gegriffen. Wie im Fall des Thatcherismus war der Anstoß für das Experiment nicht doktrinärer, sondern pragmatischer Natur. Er ging weniger von der politischen Klasse, als vielmehr von der Beamtenschaft aus, nachdem das Finanzministerium festgestellt hatte, daß Neuseeland seine Position als Erste Welt-Land wirtschaftlich kaum noch halten könne. Das wiederum begriff man als Nebenfolge der ökonomischen Globalisierung, insbesondere der Herausbildung höchst erfolgreicher Ökonomien in ehemaligen Dritte Welt-Ländern wie Singapur.

Das neoliberale Restrukturierungsprogramm war nicht die einzige, nicht einmal die vielversprechendste Antwort auf den sich beschleunigenden, relativen wirtschaftlichen Abstieg Neuseelands. Aber wie in anderen Staaten, so erschien auch hier das Gedankengut der Neuen Rechten mit seinen radikalen Lösungen für ökonomische Probleme, die man nicht mehr länger sich selbst überlassen durfte, zunächst überzeugend.

In der Folge dieses Programms, von 1984 bis 1990 unter Labour-Regierungen um- und danach von der National Party fortgesetzt, ist Neuseelands Erbe einer egalitären Sozialdemokratie, einer keynesianischen Wirtschaftspolitik und einer ausgeprägten gesellschaftlichen Solidarität mit der Wurzel ausgerissen worden. Gegenwärtig kommt Neuseeland dem reinen neoliberalen Modell einer schlanken Regierung und einer befreiten Marktwirtschaft näher als jeder andere westliche Staat.

Kurz nach ihrem Antritt im Juli 1984 schaffte die Labour-Regierung die Wechselkurskontrollen ab und gab die Währung frei, auch die Preis-, Lohn-, Zinsraten-, Miet- und Kreditkontrollen entfielen.

Man stellte die Exportsubventionen ein, verbot Importlizenzen und senkte sämtliche Zolltarife. Der größte Teil des Staatseigentums und etliche staatliche Betriebe wurden privatisiert. An die Stelle des politischen Ziels der Vollbeschäftigung trat das monetaristische Ziel der Preisstabilität, ein entscheidender Bruch mit Neuseelands langjähriger keynesianischer Tradition. Diese Politik der Deregulierung, die den Staat »zurückdrängen« sollte, entsprach ziemlich genau dem, was die anderen Regierungen der Neuen Rechten, insbesondere die Regierung Thatcher in Großbritannien, taten.

Was allein Neuseeland vollbrachte, war die Streichung von Geldern für die Landwirtschaft – beinahe alle staatlichen Unterstützungs- und Schutzprogramme wurden zwischen 1984 und 1987 zurückgefahren. Als nicht weniger außergewöhnlich erwies sich die Deregulierung des Arbeitsmarktes, die über die Begrenzung der Gewerkschaftsmacht, wie sie die Regierung Thatcher in Großbritannien angestrebt hatte, weit hinausreichte. Bis zum Jahr 1991 war das System national verbindlicher Tarifverträge sowohl im öffentlichen wie im privaten Sektor vollständig durch individuelle Arbeitsverträge abgelöst. Dadurch entstand ein Arbeitsmarkt, der stärker von Marktmechanismen angetrieben wurde und individualistischer geprägt war als jeder andere. Man etablierte eine unabhängige Zentralbank und verpflichtete sie auf ein einziges Ziel: Preisstabilität.

Der Staat entledigte sich der Verantwortung für die generelle Beschäftigungsrate in der Wirtschaft. Tatsächlich wollten die Verfechter des freien Marktes in Neuseeland dem Staat alle Instrumente nehmen, mit denen er eine in irgendeiner Weise makroökonomisch ausgerichtete Politik hätte betreiben können – und das erreichten sie auch.

Der Druck auf den öffentlichen Dienst, sich dem neoliberalen Modell zu unterwerfen, war, mit Ausnahme von Chile, größer als überall sonst. Öffentliche Krankenhäuser wurden gewissermaßen zu Wirtschaftsunternehmen, die mit privaten Anbietern medizinischer Versorgung in Wettbewerb treten mußten. Man strukturierte das Erziehungswesen um und schob die Verantwortung für das Bildungsangebot auf die örtlichen *school boards* ab. Schulen mußten für ihre Dienste Gebühren erheben und ihr Budget durch kommerzielle Betätigung ergänzen. Ansprüche auf Sozialleistungen wurden rigoros beschnitten, die Bevölkerung in Wirtschaftsklassen eingeteilt, womit der Anspruch auf staatliche Zuschüsse kategorisch festgelegt war. Das Leistungsangebot des Staates wurde marktfähig gemacht, all seine sozialen Aufgaben und Verpflichtungen eingeschränkt. Gleichzeitig aber stiegen, wie Jane Kelsey dargelegt hat, die Ausgaben für Polizei, Gerichte und Gefängnisse.[25]

Kelsey beschreibt das Ergebnis des neuseeländischen Experiments folgendermaßen:»Das Resultat von zehn Jahren radikaler Strukturanpassung war eine zutiefst gespaltene Gesellschaft.«[26] Und etwas allgemeiner:»In weniger als einem Jahrzehnt war Neuseeland von einem Bollwerk wohlfahrtsstaatlichen Interventionismus zum Paradies eines jeden Neoliberalen geworden. Der Staat verfügte über keine echte ökonomische und politische Macht mehr. Im Lauf dieses Prozesses, den man auch als ›Privatisierung der Macht‹ bezeichnen könnte, wurden die Bürger vom politischen Marktplatz vertrieben und gänzlich zu Konsumenten auf dem ökonomischen.«[27] Es lassen sich viele Anhaltspunkte finden, die das untermauern. So lebten 1991 einer Schätzung zufolge 17,8 Prozent der neuseeländischen Bevölkerung unterhalb der Armutsgrenze.[28]

Der springende Punkt ist das Zusammentreffen zweier Faktoren: Nachdem das keynesianische Ziel der makroökonomischen Führung zugunsten monetärer Kriterien aufgegeben worden war, stieg die Zahl der Arbeitslosen; zugleich aber strich man nicht nur in großem Umfang Sozialleistungen, sondern reduzierte auch die Gruppe der Empfangsberechtigten. Ausgerechnet in jener Zeit also, in der das Ende der Vollbeschäftigung mehr und mehr Menschen in die Abhängigkeit der staatlichen Fürsorge zwang, baute man den Sozialstaat ab. Mit einem Schlag entstand eine Schicht, die es zuvor, als Neuseeland sich noch ein allgemeines Wohlfahrtssystem leistete, nie gegeben hatte: eine ökonomisch marginalisierte, von der Gesellschaft ausgeschlossene Unterklasse.

Für jeden, der mit der Theorie und Rhetorik der amerikanischen Rechten vertraut ist, von der Neuseelands neoliberale Revolutionäre besonders inspiriert waren, entbehrt dieses plötzliche Entstehen einer Unterschicht nicht der Ironie, hatte die Neue Rechte doch stets getönt, Armut sei auf die antriebshemmende Wirkung des Wohlfahrtsstaats zurückzuführen, keinesfalls auf den freien Markt. Die moralischen Gefahren, die vom Wohlfahrtsstaat ausgingen, seien allgemeiner Natur: die Folge unveränderlicher Gesetze der menschlichen Psyche – nicht anders natürlich als die Vorzüge und Tugenden des freien Marktes.[29]

Nun hat man sich mit solchen allgemeine Geltung beanspruchenden Thesen schon immer etwas schwergetan, wenn man über den Tellerrand der Vereinigten Staaten hinausblicken und die tatsächlichen Erfahrungen anderer Länder berücksichtigen sollte. Man hat mit ihnen nie die Wirklichkeit Kontinentaleuropas erfassen können, wo es seit langem eine weitaus umfassendere, viel dichtere soziale Absicherung gibt als in den USA und nirgends eine der amerikanischen vergleichbare Unterschicht entstand. Wo sind denn die gesetzlosen Unterschichten von Österreich oder Norwegen, von Ländern also, deren Sozialfürsorge so großzügig ist? Wo ist die Unterschicht in Kanada? Warum hat es sie im alten Neuseeland nicht gegeben, vor den Reformen? In der amerikazentrierten Welt der Neuen Rechten werden solche Fragen nicht gestellt, geschweige denn beantwortet.

In Neuseeland gelang den Theorien der amerikanischen Neuen Rechten etwas Seltenes und durchaus Erstaunliches – Selbstwiderlegung durch praktische Anwendung. Entgegen aller Voraussagen führte die Abschaffung nahezu sämtlicher Sozialleistungen und die Festlegung von Einkommensgruppen zur selektiven Vergabe von Sozialhilfe in eine neoliberale Armutsfalle. Die Unterschicht der späten Neunziger ist kein Produkt des Wohlfahrtsstaats und seiner moralischen Gefahren. Gewiß, es mag Keime für eine Kultur der Abhängigkeit gegeben haben, doch diese Abhängigkeit ging ja bis zu einem gewissen Grad auf neoliberale Wohlfahrtsreformen und deregulierte Arbeitsmärkte zurück. In Neuseeland wie in Großbritannien belegt das rasche Entstehen einer Unterschicht auf mustergültige Weise, daß der neoliberale Staat Armut schafft.

In Neuseeland nahm aber die ökonomisch bedingte Ungleichheit noch in einem weiteren Sinne zu. Eine Gesetzgebung, die dem Arbeitsmarkt individuell verhandelte Verträge aufzwingt, schwächte die Position der Arbeitnehmer gegenüber den Arbeitgebern erheblich. Gleichzeitig reduzierte man die Grenzsteuersätze, was besonders der Spitzensteuergruppe zugute kam und wodurch sich die Schere der Einkommensunterschiede in Neuseeland weiter öffnete als in jedem anderen westlichen Land.[30]

Bei der Kräfteverschiebung weg von den staatlichen hin zu den Marktinstitutionen handelte es sich nicht um einen spontanen Prozeß. Vielmehr war er wie in Queen Victorias England eine Folge systematischer staatlicher Machtanwendung. Es war die neuseeländische Spielart des parlamentarischen Absolutismus Englands, mit der man den Umbau von Wirtschaft und Gesellschaft bewußt vorantrieb: »Im Lauf eines Jahrzehnts revolutionierte eine starke staatliche Zentralmacht in fast völliger Mißachtung des demokratischen Prozesses und pluralistischer Politik, dafür aber mit Unterstützung einer privatwirtschaftlichen Elite, die Wirtschaft Neuseelands und das Leben seiner Bürger.«[31]

All das vollzog sich in mehreren Stufen: Zunächst fanden neoliberale Ideologen Gehör in der sozialdemokratischen Labour Party, bevor nach 1990 der neoliberale Politikentwurf von einem breiten Konsens getragen wurde, der die künftige Gangart bestimmte; bereits 1989 hatte man die Zentralbank des Landes ihrer demokratischen Rechenschaftspflicht entbunden und die Stabilisierung des Preisniveaus ohne Rücksicht auf die ökonomische Großwetterlage zu ihrer obersten Pflicht erklärt; man verkoppelte die neoliberale Wirtschaftspolitik so eng mit Neuseelands Gehorsam gegenüber den Bestimmungen des GATT-Abkommens und der Welthandelsorganisation, daß jede Opposition dagegen aussichtslos wurde.

Entscheidend aber war, daß man im Zuge der Neustrukturierung die neuseeländische Wirtschaft für unregulierte Kapitalströme öffnete – und dieser grenzüberschreitende Kapitalfluß bekam so etwas wie ein effektives Vetorecht gegenüber politischen Beschlüssen: Wo immer Entscheidungen Einfluß auf Wettbewerbsfähigkeit, Profite oder wirtschaftliche Stabilität haben mochten, ließen sie sich mit dem Hinweis auf drohende Kapitalflucht abschmettern. Damit wurden die neoliberalen Reformen politisch unangreifbar.

Die früheren sozialdemokratischen Positionen wurden so nicht nur demontiert, aufgegeben oder ins Gegenteil verkehrt, nein, sie waren gar keine Option mehr im demokratischen Entscheidungsprozeß – eine Revolution, die letztlich darauf hinauslief, die neoliberale Politik jeglicher demokratischen Verantwortung zu entheben.

In einem Staat mit einer breiter gefächerten Machtstruktur hätte die neoliberale Politik bei weitem nicht so wirkungsvoll sein können. Ein derart radikaler Wandel, wie es ihn in Neuseeland gegeben hat, ist etwa in Deutschland, wo die Bundespolitik durch die Macht der Landesregierungen entscheidend eingeschränkt wird, kaum vorstellbar. Insofern ähnelt das neuseeländische Experiment am ehesten der Great Transformation – und dem Thatcherismus der achtziger und neunziger Jahre.

Viele der Veränderungen im gesellschaftlichen und wirtschaftlichen Leben Neuseelands sind unumkehrbar – ganz so, wie es ihre Architekten gewollt hatten. Streng ökonomisch gesehen, erreichte das neoliberale Experiment viele seiner Ziele. Es erzwang nicht weniger als eine Neustrukturierung der Wirtschaft. Diese war gewiß notwendig, hätte aber auch ohne die von der neoliberalen Politik verursachten sozialen Flurschäden erreicht werden können.

Der höchste Preis, den das neuseeländische Experiment gefordert hat, ist der Verlust des gesellschaftlichen Zusammenhalts. Als politisches Nachbeben ist ein tiefgreifender Zerfallsprozeß zu beobachten; das Wahlsystem stößt bei den Bürgern zunehmend auf Ablehnung, und alle größeren Parteien haben sich bereits aufgesplittert.

Durch diese neue politische Lage wird das neuseeländische Projekt des freien Marktes unweigerlich an demokratischer Legitimation verlieren. Doch ist es mehr als zweifelhaft, daß die neoliberalen Reformen der achtziger und neunziger Jahre rückgängig gemacht werden – Neuseelands Abhängigkeit vom weltweiten Kapitalmarkt schließt das eigentlich aus. Die neoliberale Politik ist in Neuseeland so radikal und weitreichend gewesen, daß jede Regierung, selbst wenn sie auf die Unzufriedenheit der Bevölkerung eingehen wollte, nur über minimalen Handlungsspielraum verfügt.

Gewiß, es sieht so aus, als ob sich die Folgen des neuseeländischen Marktfundamentalismus im Laufe der nächsten Jahre ein wenig abmildern ließen. Fast alle politischen Parteien Neuseelands werden die neoliberale Rhetorik aufgeben. Die Gleichgültigkeit, mit der ökonomische Fundamentalisten den Verlust der sozialen Balance betrachten, löst immer größeren Unwillen aus. Die Kritik an den Exzessen des neoliberalen Experiments wird über kurz oder lang ein integraler Bestandteil des neuen politischen Konsenses sein. Doch die Grundstrukturen bleiben erhalten. Es wird in Neuseeland nicht zu einer Zurücknahme der Politik der Neuen Rechten kommen. Selbst eine allgemeine Nostalgie, die verbreitete Sehnsucht nach früheren Zeiten, wäre politisch folgenlos. Das Land und die Welt, in der es existieren muß, haben sich zu sehr verändert, als daß die Rückkehr zum »alten« Neuseeland ernsthaft in Angriff genommen werden könnte.

Mexiko: Marktreform
versus wirtschaftliche Entwicklung

Wenige Wochen nachdem Mexikos Währung abgewertet worden war und das Land kurz davor stand, seine Auslandsschulden nicht länger zahlen zu können, ließ Präsident Clinton ein 40-Milliarden-Dollar-Hilfspaket für die mexikanische Regierung schnüren – eine finanzielle Unterstützung, die wesentlich großzügiger war als alles, was die Vereinigten Staaten beispielsweise einzelnen Ländern der ehemaligen kommunistischen Welt hatten zukommen lassen. Außerdem sollte der Internationale Währungsfonds Mexiko achtzehn Milliarden Dollar vorschießen – die umfangreichste IWF-Rettungsaktion, die die Welt je erlebt hat. Zu Beginn des Jahres 1997 pries Präsident Clinton die Operation als beispiellosen Erfolg. Am 15. Januar zahlte Mexiko nämlich 12,5 Milliarden Dollar zurück, den Rest des Krisen-Kredits, den es im Februar 1995 erhalten hatte. Zur gleichen Zeit kündigte der mexikanische Finanzminister Guillermo Ortiz an, daß Mexiko mit dem IWF über ein neues Drei-Jahres-Kreditprogramm verhandeln werde.[32]

Es gab vier Gründe für den gewaltigen Umfang des amerikanischen Hilfsprogramms und für die ungewöhnliche Eile, mit der Präsident Clinton dieses im Januar 1995 auf den Weg brachte. Zunächst einmal hielt man es für notwendig, den »Tequila-Effekt« der Börsencrashs und Finanzkrisen einzudämmen, bevor er von Lateinamerika auf Osteuropa und Südostasien übergreifen konnte. Mexiko zu unterstützen erschien unerläßlich, wenn man eine ernste Gefahr für die Finanzeinrichtungen der Welt bannen wollte. Zweitens sollte das Nothilfeprogramm jene Amerikaner, die ihre Pensionsrücklagen in Mexiko investiert hatten, vor weiteren bedeutenden Verlusten schützen. Auch suchte man den Schaden für Salomon Brothers und vergleichbare amerikanische Firmen zu begrenzen. Drittens sollte die Rettungsoperation verhindern, daß die Verhältnisse in Mexiko noch instabiler würden. Da Präsident Clinton seine politische Zukunft an den Erfolg des Nordamerikanischen Freihandelsabkommens (NAFTA) knüpfte, das die USA und Mexiko 1992 unterzeichneten, hätten politische Unruhen in Mexiko seine Aussichten auf eine Wiederwahl im Jahre 1996 ernsthaft geschmälert. Mexiko ist von enormer strategischer Bedeutung für die Vereinigten Staaten. Nach Angaben des US-Handelsministeriums war es bereits ein Jahr nach der NAFTA-Ratifizierung einer der drei größten Handelspartner der USA, rangierte irgendwo zwischen Kanada und Japan. Es kaufte mehr amerikanische Waren ein als Rußland, China und der größte Teil Europas zusammen.

Mexiko teilt mit den Vereinigten Staaten eine über dreitausend Kilometer lange Grenze, die sich kaum kontrollieren läßt; sie ist ein riesiges Schlupfloch für illegale Einwanderer und für den Import von Drogen in die USA. Amerikanische Politstrategen fürchteten, daß ein Zusammenbruch der mexikanischen Wirtschaft den Strom illegaler mexikanischer Einwanderer hätte anschwellen lassen – mit schwerwiegenden, kaum zu bewältigenden Folgen für die USA. In fünfzehn bis zwanzig Jahren werden in den Vereinigten Staaten mehr Mexikaner leben als Schwarze. Schon heute sind sie eine starke politische Kraft.

Mexiko galt im Norden lange Zeit als ein lateinamerikanisches Land von erstaunlicher politischer Stabilität, als ein Land, in dem »nie etwas geschieht«. Die Rebellion der Maya-Urbevölkerung in Chiapas, die am Neujahrstag 1994 begann, änderte das schlagartig. Ein ökonomischer Kollaps in Mexiko hätte zum Katalysator weiterer Aufstände werden und zu einer Wiederholung der lateinamerikanischen Schuldenkrise von 1982 führen können, womöglich in größerem und schwerer kontrollierbarem Umfang. Kurz, ein politisches Debakel in Mexiko würde die USA unweigerlich in Mitleidenschaft ziehen.

Ein vierter Grund mag jedoch gewichtiger gewesen sein als alle anderen: Mexiko war ein Paradebeispiel der neoliberalen Marktreform. Es war für das amerikanische Streben, den freien Markt auf der ganzen Welt aufzubauen, ein Schauplatz erster Wahl. Seit Beginn der achtziger Jahre gab es hier eine politische Elite, die den transnationalen Finanzorganisationen und der dort fest verankerten amerikanischen Doktrin des freien Marktes Gehorsam leistete. Unter dem wachsamen Auge des Internationalen Währungsfonds hatte die von 1982 bis 1988 amtierende Regierung von Miguel de la Madrid ein neoliberales Sparprogramm gestartet, das eine Verringerung der Staatsausgaben ebenso vorsah wie Lohn- und Preiskontrollen und Privatisierung.[33]

Mit dem GATT-Beitritt 1985 zeigte sich, daß der modernisierungsfreudige Teil der Institutionalisierten Revolutionspartei (PRI), die Mexiko seit über sechs Jahrzehnten regierte, stärker geworden war als der rückwärtsgewandte. Mexikos Modernisierer hatten erkannt, daß die quasiautarke Wirtschaftspolitik der Vergangenheit künftig immer kostspieliger werden würde. Die Politik der Regierung unter Präsident Carlos Salinas de Gortari, der das Land von 1988 bis 1994 lenkte, wurde von amerikanischen Meinungsmachern aller Richtungen als Modellfall erfolgreicher Modernisierung gepriesen. Ende 1993 porträtierte das Nachrichtenmagazin *Newsweek* Mexiko in seiner so treffend betitelten Rubrik »Conventional Wisdom« und schrieb, es sei durch das Freihandelsabkommen ein »Staat des US-amerikanischen Sonnengürtels« geworden.[34]

Die Geschäftswelt und die politische Elite der USA blickten voller Zuversicht auf Mexiko. Sie kamen gar nicht auf den Gedanken, daß ökonomische Modernisierung für Mexiko auch etwas anderes heißen könnte als Assimilation an die amerikanische Wirtschaftskultur. Sie sahen die Abwertungskrise von 1994/95 als einen vorübergehenden Rückschlag im Prozeß der Verschwisterung zweier Länder unter einem amerikanischen Regime des freien Marktes. Mexiko wurde zu einem neoliberalen Experiment, dessen Scheitern man keinesfalls zulassen durfte.

Die Salinas-Regierung gab den seit Generationen verfolgten nationalistischen Protektionismus zugunsten eines Freihandelsabkommens mit den Vereinigten Staaten auf. Sie gestand damit nicht nur ein, daß Mexikos Halbautarkie nicht länger aufrechtzuerhalten war. Indem sie ihr eigenes politisches Schicksal an die Behauptung knüpfte, daß das neoliberale Modell der Wirtschaftsentwicklung in Mexiko greifen würde, spielte sie auch auf gefährliche Weise mit der Stabilität des Landes. Die zutiefst absurde Annahme, Mexiko, das sich, wie einer seiner scharfsinnigsten politischen Denker schrieb, von den USA radikal und substantiell unterscheidet,[35] könne in weniger als einem Jahrzehnt nach amerikanischem Muster modernisiert werden, stieß plötzlich auf allgemeine Zustimmung.

In den Zweigstellen, die die amerikanische Videotheken-Kette Blockbusters nun in Mexiko eröffnete, standen amerikanische und mexikanische Filme in den Regalen direkt nebeneinander.[36] Nur lateinamerikanische und europäische Filme wurden als ausländisch kategorisiert – ein anschauliches Beispiel für den Versuch, Mexiko und die USA in allen praktischen und kulturellen Dingen zu einer Einheit zu verschmelzen.

Wer davon überzeugt ist, daß sich die Institutionen des freien Marktes und die demokratische Regierungsform in einem natürlichen Gleichgewicht befinden, wird die politischen Risiken, welche die neoliberale Reform des Wirtschaftssystems birgt, kaum erkennen. Während man in den USA diese Risiken kaum in den Blick nahm, hatte man sie in Mexiko längst erfaßt. Das gilt zumindest für Präsident Carlos Salinas, den wichtigsten Architekten des freien Marktes in Mexiko.

In einem Ende 1991 veröffentlichten Interview machte er auf die fehlgeleitete Verkopplung von wirtschaftlicher Restrukturierung (Perestroika) und politischer Liberalisierung (Glasnost) im Reformprogramm des sowjetischen Präsidenten Gorbatschow aufmerksam. Genau darin könnte, so Salinas, die Ursache für den Zusammenbruch der Sowjetunion liegen: »Freiheiten der Art, die mit dem Begriff Glasnost gefaßt werden, gibt es in Mexiko seit Jahrzehnten …

Wenn man tiefgreifende Wirtschaftsreformen einführt, muß man sicherstellen, daß der dafür nötige politische Konsens vorhanden ist. Setzt man jedoch zur gleichen Zeit drastische politische Reformen durch, so kann es passieren, daß man am Ende ganz ohne Reform dasteht. Und wir wollen die Reform, kein innerlich zerrissenes Land.«[37] Diese Bemerkungen mögen erklären, warum Salinas das Freihandelsabkommen mit den USA bis Ende 1989 ablehnte; erst im im Februar 1990 erklärte er, er werde sich darum bemühen.[38] Offensichtlich erkannte Salinas, anders als seine amerikanischen Mentoren, sehr wohl das mit einer Marktreform verbundene politische Risiko.

Salinas Befürchtungen waren nicht unbegründet. Wie in anderen Ländern, wo man versucht hatte, einen freien Markt zu errichten, fiel auch in Mexiko die Regierung ihrem eigenen Experiment zum Opfer. In den Wahlen vom Juli 1997 verlor die PRI nicht nur das Bürgermeisteramt in der Hauptstadt des Landes an Cuauhtemoc Cardenas, einen Politiker der linksgerichteten PRD (Partei der Demokratischen Revolution), sondern auch die Mehrheit im Unterhaus des Kongresses. Die PRD und die konservative Partei der Nationalen Aktion (PAN) wurden im ganzen Land zu Oppositionskräften, mit denen man rechnen mußte. Die PRI beherrschte zwar nach wie vor den Senat und blieb stärkste Partei, doch hatte sie mehr Sitze verloren als in den gesamten achtundsechzig Jahren, die sie bereits an der Macht war.

Der Aufbau des freien Marktes ließ die schon lange in der mexikanischen Gesellschaft herrschenden wirtschaftlichen und sozialen Ungleichheiten noch deutlicher hervortreten. 1992 gingen achtunddreißig Prozent des Landeseinkommens an die reichsten zehn Prozent der Bevölkerung, an die ärmste Hälfte dagegen nur achtzehn Prozent. Zwei Drittel des Gesamteinkommens verteilten sich auf knapp ein Drittel der Mexikaner. Das ist selbst im Vergleich mit dem Amerika der Nach-Reagan-Ära, in dem zwanzig Prozent der Bevölkerung fünfundfünfzig Prozent des Nationaleinkommens einstreichen, erschreckend. Auf die ärmsten dreißig Prozent der Mexikaner entfallen nur etwa acht Prozent des Nationaleinkommens. Der Mindestlohn lag 1993 um die Hälfte niedriger als 1975.[39] Gleichzeitig rechnen viele Untersuchungen Mexiko zu den drei oder vier Ländern der Welt, in denen die meisten Superreichen leben. So macht das Vermögen von zwölf bestimmten Personen zusammen etwa zehn Prozent des Bruttojahresprodukts aus.[40]

Noch bezeichnender ist, daß es in Mexiko nur eine ganz kleine Mittelschicht gibt – wobei die neoliberale Politik sie in den letzten fünfzehn Jahren noch weiter hat schrumpfen lassen. Zwischen 1940 und 1980 sah es dagegen aufgrund des stetigen Wirtschaftswachstums so aus, als ob sich eine Mittelschicht würde etablieren können. Jorge Castaneda:»Natürlich gibt es in Mexiko eine Mittelschicht …, doch ist sie mit einem Viertel oder einem Drittel der Bevölkerung eine Minderheit. Die Mehrheit – arme Stadtbewohner, oft ausgeschlossen von allem, was für das moderne Leben in den USA und anderen Industrieländern charakteristisch ist (öffentliche Schulen, ein anständiges Gesundheits- und Wohnungswesen, geregelte Arbeit, soziale Absicherung, das Recht zu wählen, ein öffentliches Amt zu bekleiden oder bei Gerichtsverhandlungen als Mitglied einer Jury mitzuwirken und so weiter) – bleibt unter sich. Sie lebt, arbeitet, schläft und betet abseits der kleinen Gruppe der Superreichen und der großen, aber dennoch nicht allzu großen Mittelschicht … In den Jahrzehnten nach der mexikanischen Revolution, ungefähr bis Ende der Fünfziger, gab es Aufstiegschancen, soziale Durchmischung, gab es den Aufbruch einer neuen Elite von Geschäftsleuten und einer sich entwickelnden Mittelschicht. Doch mit Beginn der Achtziger war Mexiko wieder ein in drei Nationen gespaltenes Land: Die *Criollo*-Minderheit der Eliten und der oberen Mittelschicht, die wohlhabend war und stilvoll leben konnte; die große, arme *Mestizo*-Mehrheit; und die in tiefem Elend lebende Minderheit jener Gegend, die man in der Kolonialzeit die Indio-Republik genannt hatte – die Urbevölkerung von Chiapas,

Oaxaca, Michoacan, Guerrero, Peubla, Chihuahua und Sonora, heute bekannt als *el Mexico profundo*: tiefes Mexiko.«[41]

Die Marktreform in Mexiko Anfang der achtziger Jahre vergrößerte die wirtschaftliche Ungleichheit und brach die Mittelschicht, die sich in den Jahrzehnten zuvor gerade erst entwickelt hatte, erneut auf. Dieser Prozeß beschleunigte sich durch das Nordamerikanische Freihandelsabkommen und dann noch einmal durch das Sparprogramm nach der Abwertungskrise im Jahr 1994. Roderic Ai Camp schreibt dazu: »Von entscheidender Bedeutung für ein Land ist die Fähigkeit seiner Ökonomie, Chancen zum gesellschaftlichen Aufstieg zur Verfügung zu stellen und die Mittelschicht zu stärken. Ein großes Risiko des Sparprogramms von Präsident Zedillo ist, daß ... etliche Mexikaner Gefahr laufen, ihren Mittelschichtstatus zu verlieren. Und nicht nur das: Alles deutet darauf hin, daß es vielen auch unmöglich gemacht wird, aus der Arbeiterklasse in die Mittelschicht aufzusteigen.«[42]

Der gesellschaftliche Destabilisierungseffekt der neoliberalen Politik in Mexiko zeigt sich nicht nur im Schrumpfen des Mittelstands. Das Los der Ärmsten ist ebenfalls härter geworden. 1984, also bevor das neoliberale Projekt richtig in Schwung gekommen war, erwirtschaftete die arme Hälfte der Bevölkerung 20,7 Prozent des Nationaleinkommens, bis 1992 sank diese Zahl auf 18,4 Prozent.[43] Obwohl dazu keine Angaben vorliegen, gibt es kaum einen Zweifel, daß der Anteil der Ärmsten am gleichbleibenden oder sinkenden Nationaleinkommen Mexikos im Zeitraum 1995/96 noch weiter zurückgegangen ist.

Die vom NAFTA geförderte Öffnung des Handels hat dazu geführt, daß Mitte der neunziger Jahre der Lebensmitteleinkauf etwa zu vierzig Prozent in Supermärkten amerikanischen Stils getätigt wurde. Amerikanische Ketten wie Wal-Mart und K-mart haben Tausende kleine mexikanische Nachbarschaftsläden in den Konkurs getrieben.[44] Politische Maßnahmen der Wirtschaftsliberalisierung, wie etwa die Privatisierung traditioneller Pachtarrangements oder die Aufhebung der Preisstützung für landwirtschaftliche Produkte, ließen Landarbeiter und ländliche Gemeinden ungeschützt die drastischen Folgen von Marktschwankungen spüren, beispielsweise beim Einbruch der Kaffeepreise.

Das Sparprogramm, welches begonnen wurde, nachdem man das neoliberale Projekt mit der Abwertung von 1994 abgebrochen hatte, verschlimmerte nur die Situation der Armen, auf dem Land wie in der Stadt. 1995 schrumpfte die mexikanische Volkswirtschaft um sieben Prozent. Eine Million Arbeitsplätze gingen verloren – und das in einem Land, wo aufgrund des Bevölkerungswachstums und der Altersstruktur jährlich etwa eine Million Menschen auf den Arbeitsmarkt drängen. Nach Angaben der amerikanischen Rating-Agentur Standard and Poor's kostete die Bankenkrise, die auf die Abwertung folgte, das Land 1996 zwölf Prozent des Bruttoinlandsprodukts, mehr als zweimal soviel, wie die Privatisierung des Bankensystems 1991/92 eingebracht hatte. Inoffiziellen Schätzungen zufolge wurde ein Viertel der in Lohn und Brot stehenden Menschen arbeitslos, offen oder versteckt.[45]

Bis zu einem gewissen Grad rührt die Absurdität der neoliberalen Reform in Mexiko daher, daß etwa die Hälfte der Bevölkerung eine ausgeschlossene Unterschicht bildet. Von dem Wohlstand, den die Marktreformen gebracht haben, konnte die Mittelschicht nicht profitieren, geschweige denn die Unterwelt der Armen. Die sogenannten *Trickle-down*-Theorien der Wohlstandsverteilung sind schon in führenden Ländern der industrialisierten Welt, wie den USA und Großbritannien, reichlich unplausibel. In Mexiko jedoch sind sie bloße Phantasterei.

Die Indio- und Kleinbauernrevolte in Chiapas, die am 1. Januar 1994 mit Guerilla-Attacken auf die alte Kolonialstadt San Cristobal de las Casas begann, hatte viele lokale Ursachen. Die in ihrem Verlauf erhobenen Forderungen waren reformistisch, nicht revolutionär. Sie betrafen in erster Linie die ungerechten Pachtverhältnisse, unter denen die Maya-Ureinwohnerschaft zu leiden hatte.

Die Neujahrsrevolte der Zapatistischen Armee der Nationalen Befreiung (EZLN), so genannt in ehrerbietiger Erinnerung an den mexikanischen Revolutionär Emiliano Zapata, war aber auch ein Akt des Widerstands gegen den Neoliberalismus in Mexiko. Ohne Zweifel fehlte der EZLN ein umfassendes Programm. Ihr Führer, der geheimnisumwitterte Subcommandante Marcos, später als Professor Rafael Sebastian Guillen identifiziert, folgte einer Mischung aus maoistischen und postmodernen Ideen. Dennoch zeigte sich die Bewegung in der Lage, dem mexikanischen Staatsapparat Sand ins Getriebe zu streuen – auch wenn sie seine Macht nicht brechen konnte.

Hierin unterschieden sich die Zapatisten nicht von Guerillabewegungen in anderen lateinamerikanischen Staaten während der letzten zwanzig Jahre. Am 29. Dezember 1996 unterzeichneten die Guerillas der Armee der Nationalen Revolutionären Einheit Guatemalas (URNG) einen Friedensvertrag mit der Regierung von Präsident Alvaro Arzus. Damit beendeten sie einen Krieg, der seit seinem Beginn im November 1960 zwischen hundertfünfzig- und zweihundertfünfzigtausend Menschen das Leben gekostet und etwa eine Million Menschen zu Flüchtlingen gemacht hatte. Der Entschluß, den letzten großangelegten Guerillakrieg in Lateinamerika nicht länger fortzuführen, bedeutete aber nicht, daß die Mißstände, die ihn genährt hatten, beseitigt waren. Im Gegenteil, er belegte lediglich den Erfolg der Politik der verbrannten Erde, die der guatemaltekische Diktator General Efrain Rios Montt zu Beginn der achtziger Jahre betrieb. Kaum ein Beobachter glaubt, daß den Friedensvereinbarungen tatsächlich Maßnahmen gegen die Diskriminierung der Maya-Bevölkerungsmehrheit folgen. Und es wäre kühn zu erwarten, daß das Los der Zapatisten-Bewegung unter Subcommandante Marcos anders aussehen wird.

Parallel zu der seit 1982 andauernden Stagnation des Lebensstandards ist es durch den Versuch, in Mexiko einen freien Markt zu errichten, zur Fragmentierung jener Oligarchien gekommen, die das

Land sechzig Jahre lang regierten, ohne dabei funktionstüchtige demokratische Institutionen zu etablieren. Die Wahlerfolge der Opposition im Juli 1997 zeigen die Schwäche der PRI – sind bislang aber noch kein Beweis für die Stärke der Demokratie. Immerhin hat die Bestechlichkeit staatlicher Institutionen, die in der neoliberalen Periode ungeahnte Ausmaße annahm, der Demokratie in Mexiko gewaltige Hindernisse in den Weg gestellt.

Die Serie von Attentaten auf Personen des öffentlichen Lebens, die sich unter der Präsidentschaft von Carlos Salinas ereigneten, war symptomatisch für das Auseinanderbrechen jener Übereinkünfte, die das politische Leben Mexikos in der Vergangenheit bestimmt hatten. Es gibt keine Gewißheit darüber, ob diese Morde – am katholischen Kardinal Posadas im Mai 1993 am Flughafen Guadalajara; am von Salinas persönlich ausgesuchten Präsidentschaftskandidaten der PRI, Luis Donaldo Colosio, im März 1994 in Tijuana; an José Francisco Ruiz Massieu, Schwager von Präsident Salinas und Generalsekretär der PRI mit Anwartschaft auf das Amt des Mehrheitsführers, als die Regierung von Ernesto Zedillo im September 1994 antrat – das Werk von rückwärtsgewandten Mitgliedern der PRI waren, die den vorsichtigen Schritten hin zu einer politischen Liberalisierung feindselig gegenüberstanden, oder ob sie Drogenkartellen zuzuschreiben sind, die sich dafür rächten, daß die Salinas-Regierung einen insgeheim mit ihnen abgeschlossenen Nichtangriffspakt gelöst hatte.[46]

Im Februar 1995 wurde Raul Salinas, der Bruder des ehemaligen Präsidenten, inhaftiert und der Mittäterschaft bei der Ermordung von José Francisco Ruiz Massieu angeklagt; im November 1995 nahm die Schweizer Polizei Raul Salinas Ehefrau fest, als sie versuchte, über achtzig Millionen Dollar von einem Konto abzuheben, das ihr Ehemann unter einem Decknamen führte. Beides hat bei vielen Mexikanern den Verdacht verstärkt, daß der frühere Präsident und sein Bruder sich Vorteile aus der Vergabe von Privatisierungsaufträgen verschafften. Das scheinen auch Unterlagen zu bestätigen, die im Februar 1997 von *Proceso*, Mexiko Citys angesehener Wochenzeitung, veröffentlicht wurden (und deren Echtheit die Anwälte des ehemaligen Präsidenten bestritten). Daß die volle Wahrheit je ans Licht kommen wird, ist mehr als unwahrscheinlich.[47] Möglicherweise verwandelt sich Mexiko, wie andere Länder zuvor, in eine »Drogendemokratie«: Der oberste Drogenfahnder der mexikanischen Regierung wurde im Februar 1997 unter dem Vorwurf verhaftet, bei Mexikos mächtigstem Drogenbaron in Lohn zu stehen. Die Gefahr einer »Kolumbianisierung« der mexikanischen Politik ist sehr real.[48] So hat die neoliberale Wirtschaftspolitik, wesentliches Element eines Modernisierungsprogramms, zur Unterminierung der bestehenden politischen Strukturen beigetragen. Auf eben dieses Risiko hatte Präsident Carlos Salinas de Gortari frühzeitig hingewiesen.

Die amerikanische Unterstützung der neoliberalen Wirtschaftsreform in Mexiko gründete offenbar auf der Überzeugung, in Carlos Salinas einen echten Champion des freien Marktes gefunden zu haben. Schwer verständlich, wie man darauf kam. Wie konnte man glauben, daß Carlos Salinas – in einer politischen Kultur, in der die Täuschung zu den Tugenden zählt – ein wiedergeborener Neoliberaler, ein steuerpolitischer Quäker Chicagoer Glaubensrichtung geworden sei? Und doch wurde Salinas von den USA während seiner Amtszeit und noch kurze Zeit danach hartnäckig als potentieller Leiter der Welthandelsorganisation ins Spiel gebracht. Die amerikanischen Strategen waren blind für die Eigentümlichkeiten des politischen Lebens, das sie glaubten umformen zu können. Wider allen Augenschein müssen sie davon ausgegangen sein, daß sie es mit einer Kultur zu tun hatten, die sich von ihrer eigenen nicht radikal unterschied. Daß »Mexikos Herz ... indianisch, nicht europäisch ist«, wie der große Schriftsteller Octavio Paz festgestellt hat, verstanden sie nicht.[49] Und er hätte hinzufügen können, es stünde, soweit die mexikanische Kultur doch europäisch sei, zu erwarten, daß sie sich nicht als weniger resistent gegen amerikanische Werte erweise als eben Europa selbst. Falls die US-Politstrategen diese Unterschiede überhaupt bemerkt haben, dann nur als Beweis für Mexikos chronische Unterentwicklung. Der »Washington Consensus« ging ohne großes Federlesen davon aus, daß Mexiko, genau wie der Rest der Welt, bald so sein werde »wie wir«.

Die Folgen der Marktreform in Mexiko müssen selbst vom amerikanischen Standpunkt aus bedenklich erscheinen. Schließlich ist das oberste Interesse der Vereinigten Staaten in Mexiko die Erhaltung der politischen Stabilität. Und nun hat die neoliberale Politik dazu beigetragen, Mexiko von einem ungewöhnlich stabilen lateinamerikanischen Land in ein höchst problematisches zu verwandeln. So läuft die Wirtschaftsphilosophie, die die amerikanische Politik der letzten Jahre leitet, den strategischen Interessen der USA entgegen.

Die Fonds-Betreuer, die vor der Abwertung in Mexiko investierten, waren sich klar darüber, daß ihre hohen Profite an ihre hohe Risikobereitschaft gekoppelt waren. Das Nothilfeprogramm führte dazu, daß man die Gefahren dieser Vorgehensweise auf die mexikanische Wirtschaft ablud. Sie sahen jedoch nicht, daß das von ihnen eingegangene Risiko zu einem guten Teil der Absurdität eines Modernisierungsprogramms entsprang, welches das mexikanische Wirtschaftsleben zu einer Variante des amerikanischen freien Marktes ummodeln wollte.

Wie sich der mexikanische Staat nach dem Neoliberalismus entwickeln wird, ist ungewiß. Eine Rückkehr zum Wirtschaftsnationalismus ist ausgeschlossen. In Mexiko hat die Politik des freien Marktes – womöglich deutlicher als irgendwo sonst – versagt; dennoch sind der Gesellschaft, die sie verwüstet hat, nicht alle Handlungsoptionen genommen.

Die Folgen der Experimente
mit dem freien Markt

Daß die Politik des freien Marktes in drei so verschiedenen Ländern wie Mexiko, Neuseeland und Großbritannien in vielerlei Hinsicht zu vergleichbaren Ergebnissen führte, kann kein Zufall sein. Für die Mittelschichten dieser Länder wirkte sie wie ein Schraubstock. Eine kleine, ohnehin schon reiche Minderheit wurde noch reicher, die ausgeschlossene Unterschicht immer größer und ärmer. Die Macht des Staates wurde skrupellos genutzt, seine Institutionen nahmen Schaden und verloren erheblich an Legitimität. Die Koalitionen, die die Experimente zunächst politisch unterstützt hatten, zerfielen; die Gesellschaften spalteten sich. Die Politik des freien Marktes schuf jene Bedingungen, unter denen die Oppositionsparteien dann später arbeiten mußten.

Die Folgen für die Wirtschaftsleistung der drei Länder waren allerdings unterschiedlich. In Großbritannien steigerten die tiefgreifenden Strukturveränderungen die Wettbewerbsfähigkeit der Wirtschaft. Den fast hundert Jahre währenden ökonomischen Niedergang des Landes konnte das freilich nicht stoppen, und die sozialen Belastungen, die diese Veränderungen hervorriefen, waren immens. Auch in Neuseeland gelang es der neoliberalen Politik, einen wirtschaftlichen Strukturwandel herbeizuführen, der allerdings den gesellschaftlichen Zusammenhalt des Landes schwer in Mitleidenschaft zog. Und in Mexiko schließlich richtete die neoliberale Politik ungeheuren politischen und sozialen Schaden an, ohne der Ökonomie in irgendeiner Weise zu nutzen.

In allen drei Ländern mußten die Parteien, die dem Neoliberalismus zum Durchbruch verhalfen, enorme Machtverluste hinnehmen, wenn sie nicht gar auseinanderbrachen. In Neuseeland war die Unzufriedenheit mit der Zweiparteienkoalition derart groß, daß die politische Landschaft in Bewegung geriet und die beiden wichtigsten Parteien in verschiedene Lager zerfielen. In Mexiko büßte die PRI ihre Vormachtstellung ein, und in Großbritannien wurden umfangreiche Verfassungsreformen zu einem Kernpunkt des Labour-Programms.

Zugleich haben die Neoliberalen, solange sie an der Macht waren, dazu beigetragen, daß alte politische Gegensätze nicht offen aufeinanderprallten. National eingestelltes Torytum und Sozialdemokratie in Großbritannien, Wirtschaftsnationalismus und Protektionismus in Mexiko, die verschiedenen Spielarten des Keynesianismus in Neuseeland – alle diese politischen Traditionen und Programme sind unwiderruflich an ihr Ende gekommen. Der freie Markt, unterstützt von den gewaltigen technologischen Neuerungen und den strukturellen Umbrüchen der Weltwirtschaft, an deren Schwungkraft sich die Neoliberalen auch aus Eigeninteresse anhängten, hat die überkommenen ökonomischen und politischen Strategien so sehr verändert, daß sie in ihrer alten Form nicht wiederherzustellen oder zu gebrauchen sind.

Die Neue Rechte konnte sich an der Macht halten, weil sie auf die wirtschaftlichen und technischen Veränderungen setzte, von denen die ganze Welt erfaßt wurde. Auf dem Höhepunkt ihres Erfolgs gelang es den Befürwortern des freien Marktes, die Kräfte der ökonomischen Globalisierung für die Festigung ihrer Machtposition zu mobilisieren. Sobald die Globalisierung in ihre nächste Phase eintritt, wird wohl auch der freie Weltmarkt selbst ausgedient haben.

3 Was Globalisierung nicht ist

Auch wenn der Kapitalismus wirtschaftlich stabil ist und
vielleicht sogar an Stabilität gewinnt, so schafft er doch durch
die mit ihm verbundene Rationalisierung der geistigen
Fähigkeiten eine Mentalität und einen Lebensstil, die mit
seinen eigenen grundlegenden Bedingungen, Motiven und
gesellschaftlichen Institutionen unvereinbar sind.

JOSEPH SCHUMPETER[1]

»Globalisierung« kann vieles heißen. Zunächst ist damit die weltweite Verbreitung moderner Herstellungs- und Kommunikations-
techniken in den Bereichen Handel, Kapitalverkehr, Produktion
und Information gemeint. Diese Bewegungszunahme über nationale Grenzen hinweg rührt zum Teil daher, daß sich die neuen
Technologien mittlerweile auch in bislang vormodernen Gesellschaften durchgesetzt haben. Im Zeitalter der Globalisierung zu leben meint, daß heute fast jede Gesellschaft industrialisiert ist oder
sich zumindest auf dem Weg der Industrialisierung befindet.

Darüber hinaus bedeutet Globalisierung, daß fast alle Volkswirtschaften weltweit mit anderen Volkswirtschaften vernetzt sind. Es
gibt nur noch wenige Länder, die, wie Nordkorea, ihre Wirtschaft
abschotten. Die Nordkoreaner haben es geschafft, sich von den
Weltmärkten unabhängig zu halten – das freilich hatte seinen
Preis, ökonomisch und für die Menschen.

Globalisierung ist ein historischer Prozeß. Gleichwohl muß sich
das Wirtschaftsleben nicht notwendigerweise unter weltweit gleichen Bedingungen abspielen, ja, es muß nicht einmal im gleich hohen Maß integriert sein. »Globalisierung«, so hat es der englische

Politikwissenschaftler David Held auf den Punkt gebracht, »ist weder ein einziger Bedingungszusammenhang noch ein linearer Prozeß beziehungsweise ein Endpunkt des sozialen Wandels.«[2] Globalisierung ist also kein Endzustand, auf den sich alle Ökonomien zubewegen, auch keine universale, für alle Beteiligten gleiche Integration in eine weltweite Wirtschaftstätigkeit. Im Gegenteil, je mehr die Verbindungen zwischen den ökonomischen Vorgängen in aller Welt zunehmen, desto schärfer prägen sich die Unterschiede und Ungleichheiten zwischen den verschiedenen Ländern aus. Sich entwickelnde Länder der »Peripherie«, wie Mexiko, hängen immer mehr von Investitionen aus Wirtschaftsbereichen des »Zentrums« ab, beispielsweise aus den Vereinigten Staaten. So führt eine zunehmend globalisierte Ökonomie nicht nur dazu, daß hierarchische Wirtschaftsbeziehungen zwischen bestimmten Staaten aufgelockert werden – wie etwa die zwischen den westlichen Ländern und China –, sie verfestigt auch bestehende hierarchische Beziehungen oder schafft sogar gänzlich neue.

Selbst wenn die wirtschaftliche Globalisierung gegenwärtig ein enormes Tempo hat, heißt das noch lange nicht, daß das ökonomische Leben in *allen* seinen Aspekten und in jeder Gesellschaft immer sensibler auf die weltweite Wirtschaftstätigkeit reagiert. So schnell die Globalisierung auch voranschreiten mag – gewisse Dimensionen des Wirtschaftslebens einer Gesellschaft bleiben von den Weltmärkten unberührt. Daß es inzwischen für einige Waren Weltmarktpreise gibt, markiert erst den Anfang der Globalisierung. Man findet heute nur noch wenige Gesellschaften, in denen kein größerer Bereich des Lebens mit der Wirtschaftstätigkeit ferner Weltteile verbunden ist. Im 19. Jahrhundert und weit darüber hinaus hatten die Weltmärkte auf etliche Gesellschaften praktisch keinen Einfluß. Die meisten dieser traditionellen Gesellschaften sind inzwischen verschwunden oder wurden unweigerlich in das System globaler Marktbeziehungen hineingezogen.

Bis vor ein paar Jahrzehnten lebten in China mehrere hundert

Millionen Menschen in bäuerlichen Gemeinschaften, die zu den Weltmärkten in so gut wie keiner Beziehung standen. Diese Gemeinschaften, welche die gewaltsame Kollektivierung und Kulturrevolution überstanden haben, brechen nun auf, weil die Bauern aufgrund der erzwungenen Einführung marktwirtschaftlicher Bedingungen ihren Lebensunterhalt in Städten oder von ihrer Heimat weit entfernten Landesregionen suchen müssen. In Indien erschüttern Veränderungen im Marktgeschehen die traditionellen Heiratsgewohnheiten und Kastenverhältnisse, die sich mehr als vierzig Jahre über das Ende der britischen Herrschaft hinaus unverändert erhalten hatten. Zugleich ruft dieser Wandel Bewegungen radikaler Hindus hervor, die sich dagegen wehren, daß die Modernisierung Indiens mit einer immer weiter fortschreitenden Verwestlichung gleichgesetzt wird. In der ehemaligen Sowjetunion gelingt es der Marktwirtschaft – im Unterschied zum Kommunismus, der das nicht vermochte –, das gesellschaftliche Leben zu modernisieren, wenn auch unter den Auspizien einer Moderne der Armut und kulturellen Fragmentierung. Kurz, traditionelle und sozialistische Gesellschaften können, anders als in der Vergangenheit, nicht länger auf Distanz zum Weltmarkt bleiben.

In einem wieder anderen Sinn steht der Begriff Globalisierung für den eintretenden kulturellen Wandel, wenn Gesellschaften mit den Weltmärkten in Berührung kommen und in unterschiedlichem Grad von ihnen abhängig werden. Das Eindringen moderner Informations- und Kommunikationstechnologien beeinflußt das kulturelle Leben, wie sich dabei zeigt, mehr als alles andere.

Zahllose Markenartikel werden global angeboten und vertrieben; große Unternehmen stellen Produkte her, die auf der ganzen Welt in gleicher Form zum Verkauf kommen. So werden die Volkskulturen fast aller Länder von denselben Bildern überflutet. Die EU-Staaten gewinnen denn auch mehr Gemeinsamkeit durch Hollywood-Filme als durch das, was sie gegenseitig aus ihren jeweiligen Kulturen aufnehmen. Das gilt in gleichem Maße für Ostasien.

All dem, was wir unter »Globalisierung« fassen, ist eines gemeinsam: Man könnte es als *Delokalisierung* bezeichnen, als das Herauslösen von Tätigkeiten und Beziehungen aus ihren lokalen Ursprüngen und Kulturen. Tätigkeiten, die bis vor kurzem nur Einfluß auf die unmittelbare Umgebung hatten, werden nun in Bezugssysteme von großer oder gar globaler Reichweite verschoben. Definieren läßt sich der Begriff der Globalisierung, mit Anthony Giddens gesprochen, »im Sinne einer Intensivierung weltweiter sozialer Beziehungen, durch die entfernte Orte in solcher Weise miteinander verbunden werden, daß Ereignisse am einen Ort durch Vorgänge geprägt werden, die sich an einem viele Kilometer entfernten Ort abspielen, und umgekehrt«[3].

Inlandspreise – von Verbrauchsgütern, Kapitalanlagen wie Aktien und Obligationen, auch der Preis der Arbeitskraft – richten sich kaum noch nach lokalen oder nationalen Gegebenheiten, sie orientieren sich zunehmend am Weltmarkt. Die multinationalen Konzerne zerlegen ihre Produktion und verteilen sie in der ganzen Welt – auf jene Staaten, in denen ihnen die Bedingungen am günstigsten erscheinen. Ihre Produkte bringt man immer weniger mit einem einzelnen Land in Verbindung, dafür immer mehr mit einer Weltmarke oder dem Unternehmen selbst. Hinzu kommt, daß Werbung und Medien in vielen Ländern die gleichen Bilder vermitteln. Globalisierung heißt also, daß gesellschaftliche Tätigkeiten aus dem Bezugsrahmen des lokalen Wissens herausgelöst und in Zusammenhänge eingegliedert werden, in denen sie und weltweite Ereignisse sich wechselseitig prägen.

Globalisierung wird oft mit dem Trend zur Homogenität gleichgesetzt. Das aber ist Globalisierung gerade *nicht*. Die Weltmärkte, auf denen sich Kapital und Produktion über Ländergrenzen hinweg frei bewegen, funktionieren nur aufgrund der lokalen, regionalen und nationalen *Unterschiede*. Wären Löhne, Qualifikationen, Infrastrukturen und politische Risiken auf der ganzen Welt die gleichen, dann wäre es nie zum derzeitigen Wachstum des Weltmarktes gekommen. Bei überall gleichen Bedingungen ließen sich mit weltweit getätigten Investitionen und verteilten Produktionsanlagen keine Profite erzielen. Weltmärkte entwickeln sich gerade aufgrund der Unterschiede und des Gefälles zwischen den einzelnen Volkswirtschaften. Nicht zuletzt deshalb ist der Trend zur Globalisierung so kraftvoll und unaufhaltsam.

Meidet hochmobiles Kapital eine bestimmte Region oder ein Land, weil es dort weder eine ausreichende Infrastruktur noch qualifizierte Arbeitskräfte findet oder auch weil die politischen Verhältnisse instabil sind – wie in Zentral- und Westafrika, wo es in den letzten Jahrzehnten kaum zu privaten Investitionen gekommen ist –, dann verarmen diese Regionen zusehends. Sie unterscheiden sich immer mehr von jenen Standorten, die beim produktiven Anlagekapital als attraktiv gelten. Wenn sich neue Technologien aus ihren westlichen Herkunftsländern nach Ostasien verbreiten, transportieren sie die ökonomischen Kulturen, den jeweiligen Kapitalismus, aus dem sie stammen, nicht mit. Im Gegenteil, sie fördern und stärken die spezifischen Wirtschaftskulturen der aufstrebenden Länder. Manche Ökonomien verfügen nicht über die Marktinstitutionen, mit denen sich neue Technologien nutzbar machen lassen, so daß diese auch lange Zeit nicht bis dorthin vordringen konnten. Dringen sie dann aber doch vor, interagieren sie mit den einheimischen Kulturen, und es schälen sich bisher unbekannte Kapitalismusvarianten heraus.

Nehmen wir China. Nur weil China auf den Weltmärkten auftritt, muß sich sein Wirtschaftsleben nun nicht in ähnlicher Weise entwickeln wie in anderen industrialisierten Ländern. Schon jetzt unterscheidet es sich beträchtlich von jenem Kapitalismus, der sich im postkommunistischen Rußland herausgebildet hat; dort nämlich spielen familiäre Beziehungen eine weitaus geringere Rolle. Der chinesische Kapitalismus ist eher mit jener Form des Wirtschaftens zu vergleichen, welche die chinesische Diaspora in der ganzen Welt praktiziert. Gleichwohl ist er nicht identisch damit, denn er weist auch Merkmale auf, die auf die turbulente und schreckliche Geschichte des Landes in den beiden letzten Generationen zurückzuführen sind. Wie in anderen Gesellschaften ist das Marktgeschehen in China nur ein Ausdruck und die sichtbare Spitze des tiefer und weiter reichenden kulturellen Lebens. Die Bedeutung etwa, die man den Vertrauensverhältnissen in den Familien und auf den Märkten zumißt, variiert von Gesellschaft zu Gesellschaft und sorgt zweifellos für beträchtliche Unterschiede in ihrer Wirtschaftsweise – hinsichtlich der Unternehmensgröße, der Konzentration oder Streuung der Kapitalholdings etc.

Da in China Vertrauensverhältnisse in der Regel nicht über den Umkreis der Familie hinausreichen, werden geschäftliche Unternehmungen hier wahrscheinlich nicht die Form annehmen, wie sie sich beispielsweise in Japan herausgebildet hat, wo dies nicht so ist. Eine voll entwickelte kapitalistische Marktwirtschaft sähe in China vollkommen anders aus als in Japan – vom westlichen Kapitalismus ganz zu schweigen. Wahrscheinlich würde es viele kleine blühende Familienunternehmen und nur wenige große Konzerne geben, und tragende Schicht wäre wohl kaum die Mittelklasse, die in Japan indes schon seit langem besteht. Im Gefolge der in verschiedenen Regionen Chinas durchgeführten marktwirtschaftlichen Reformen scheint sich eine solche Spielart des Kapitalismus, für die es viele Vorläufer in der Diaspora gibt, derzeit tatsächlich zu entwickeln. John Micklethwaite und Adrain Wooldridge schreiben dazu:»Das unternehmerische ›Bambusnetzwerk‹ von Familienbetrieben, das die Auslandschinesen geschaffen haben, ist nicht eine beliebige Variante, sondern ein alternatives Modell – und zwar ein Modell, das eine immer größere Anziehungskraft zu haben scheint ... Auf den Philippinen machen die Chinesen nur ein Prozent der Bevölkerung aus, kontrollieren aber über die Hälfte des Aktienmarktes. In Indonesien sind die entsprechenden Zahlen 4 beziehungsweise 75 Prozent, in Malaysia 32 beziehungsweise 60 Prozent ... 1996 wurde das Wirtschaftsaufkommen der 51 Millionen Auslandschinesen auf 700 Milliarden Dollar geschätzt – das ist etwa so viel wie das der 1,2 Milliarden Festlandschinesen.«[4] Das Wachstum der Weltmärkte bedeutet also nicht, daß die amerikanische Wirtschaftskultur überall nur Nachahmer findet. Der amerikanische Glaube, daß Unternehmen vor allem dazu dienen, Profite für Aktionäre zu erwirtschaften, wird in den meisten anderen Spielarten des Kapitalismus so nicht akzeptiert. In Deutschland etwa werden nicht nur die Interessen der Aktionäre, sondern auch die von vielen anderen Anspruchsgruppen in den Aufsichtsräten vertreten. Es ist unvorstellbar, daß sich hier ein großes Unternehmen so plötzlich und restlos vom einheimischen Arbeitsmarkt zurückzieht wie jene amerikanischen Firmen, die von Kalifornien nach Mexiko abgewandert sind. Ein Weltmarkt, der sich vor allem an den amerikanischen Geschäftspraktiken orientiert, untergräbt zwar soziale Marktwirtschaften, die entsprechend dem deutschen Nachkriegsmodell funktionieren, doch er wird den deutschen Kapitalismus nicht in eine Variante des amerikanischen Marktindividualismus verwandeln können. Statt dessen wird es sowohl in Deutschland wie in Amerika zu einer Umbildung des Kapitalismus kommen.

Keine Wirtschaftskultur kann den Veränderungen entgehen, die ihr durch die Existenz des Weltmarkts aufgezwungen werden. In jedem Fall, und das gilt auch für die Vereinigten Staaten, wird dieser Prozeß zu neuen Spielarten des Kapitalismus führen. Die Weltmärkte erzwingen eine Modernisierung aller Ökonomien, das Kopieren alter Wirtschaftsformen reicht nicht länger aus.

Es ist unwahrscheinlich, daß die globale Verbreitung moderner Kommunikationsmittel so etwas wie eine Angleichung der Kulturen und Wirtschaftsformen bewirken wird. Das amerikanische Weltbild, wie es etwa durch CNN zum Ausdruck kommt, geht entgegen allen Realitäten davon aus, daß die amerikanischen Werte universelle Geltung besitzen und die Institutionen der Vereinigten Staaten selbst für die kompliziertesten Probleme, mit denen sich die Welt konfrontiert sieht, Lösungen parat haben. Doch diese völlig überholte Sicht, die sich besonders aufgrund der Führungsposition der USA auf dem Gebiet der Kommunikationstechnologien hält, ist wohl kaum der Wegweiser in eine universelle Zivilisation. Medienunternehmen wie MTV, die ihre Produkte variieren, um sie verschiedenen Kulturen anzupassen, werden sich wahrscheinlich weiterhin behaupten können. CNN dagegen wird, sofern es an seinem amerikazentristischen Weltbild festhält, früher oder später nur noch eines von vielen anderen nationalen Medienunternehmen sein.

Die neuen Kommunikationstechnologien eröffnen den zerstreut lebenden Mitgliedern einer bestimmten Kultur die Möglichkeit, über weite Distanzen hinweg regelmäßig miteinander in Kontakt zu treten. Insofern trägt die Globalisierung dazu bei, kulturelle Unterschiede zu vertiefen. Menschen aus Südasien beispielsweise, die in verschiedenen europäischen Ländern leben, können ihre Bindungen an die Geschichte und Werte der eigenen Kultur dadurch festigen, daß sie über Satellit in ihrer Muttersprache sendende Fernsehprogramme empfangen und sehen. Auch, um ein anderes Beispiel zu geben, die im europäischen Exil lebenden Kurden bewahren ihre gemeinsame Kultur durch einen eigens dafür gedachten Fernsehkanal.

Die weltweite Verbreitung einander ähnlicher Bilder ist ein Oberflächeneffekt globaler Kommunikation. Gewiß, sie bricht Alltagskulturen auf und ersetzt diese durch Zeichen und Fragmente. Doch sie kann eben auch – wie in Japan, Singapur, Malaysia oder China – zu einer stärkeren Selbstvergewisserung von Kulturen führen und ihre jeweiligen Unterschiede zum spätmodernen Westen bekräftigen.

Ökonomien *können* näher zusammenrücken und sich miteinander verflechten, wie es etwa Japan und die Vereinigten Staaten in den letzten Jahrzehnten getan haben, ohne daß sich das wirtschaftliche Handeln, das typische Geschäftsgebaren des einen Landes dem des anderen wesentlich angleicht. Trotz der immensen Zunahme des bilateralen Handelsverkehrs ist die Unternehmenskultur japanischer und amerikanischer Konzerne grundverschieden. Keine einzige große japanische Firma hat so viele Menschen entlassen, wie das schon in fast allen bedeutenden amerikanischen Firmen geschehen ist. Solche Unterschiede zwischen den jeweiligen Konzernen und Betrieben offenbaren zugleich Unterschiede zwischen den Kulturen der beiden Länder, bei denen von einer gegenseitigen Annäherung nicht die Rede sein kann.

Globalisierung vor 1914 – Globalisierung heute

Die Welt vor 1914 war in vielerlei Hinsicht bereits ein Weltmarkt. Grenzen spielten kaum eine Rolle. Geld, Güter und Menschen konnten sich frei bewegen. Die technischen Grundlagen des Weltmarkts im 19. Jahrhundert waren Dampfschiffe und auf dem Boden der Ozeane verlegte Telegraphenkabel. Seit der Mitte des Jahrhunderts waren die Welthäfen miteinander verbunden, und für viele Güter entwickelten sich Weltmarktpreise. Zudem entstand ungefähr zwischen 1878 und 1914 ein internationales Finanzsystem, das den Bewegungsspielraum nationaler Regierungen in Wirtschaftsangelegenheiten deutlich einschränkte. In der Belle Époque waren der staatlichen Wirtschaftspolitik durch den damals geltenden Goldstandard ähnliche Grenzen gesetzt wie in unseren Tagen durch die Mobilität des Kapitals. Die Welt vor 1914 kann deshalb in der Tat als ein Vorläufer des heutigen globalen Marktes gelten.

Es wäre allerdings ein großer Irrtum zu glauben, daß wir zur Weltwirtschaftslage des 19. Jahrhunderts zurückgekehrt seien. Die globale Ökonomie heute, ihre Geschwindigkeit, der Umfang und die Verbindungswege von Gütern und Informationen, auf denen sie gründet, ist um vieles effektiver und machtvoller als das Wirtschaftsgeschehen, das wir bislang kannten. Schauen wir uns diesen Wandel näher an. In der Nachkriegszeit ist der Welthandel um das Zwölffache gewachsen, die Produktion im gleichen Zeitraum nur um das Fünffache. In fast allen Ländern machen Importe und Exporte einen weit größeren Anteil der Wirtschaftstätigkeit aus als früher. Schätzungen besagen, daß die Handelsverbindungen innerhalb eines festen Samples von achtundsechzig Staaten zwischen 1950 und 1990 um fünfzig Prozent gestiegen sind.[5] Selbst auf dem riesigen amerikanischen Markt, auf dem kleinere Unternehmen gewöhnlich nur im Binnenhandel tätig waren, exportierten 1994 über zwanzig Prozent der Firmen mit weniger als fünfhundert Mitarbeitern Güter oder Dienste – und die Tendenz hält an.[6] Spätestens mit den achtziger Jahren erreichte der Anteil des Welthandels am Bruttoinlandsprodukt ein Niveau, das weit über dem aus der Zeit vor dem Ersten Weltkrieg liegt;[7] das Handelsvolumen hat in beispielloser Weise zugenommen.

Heutzutage ist der Weltkapitalmarkt so groß wie nie zuvor, und es mehren sich die Anzeichen, daß Investoren aus vielen Ländern ihren Bestand an Aktien und Anleihen diversifizieren und die Kapitalerträge infolgedessen einen Trend zur weltweiten Angleichung zeigen.[8] Dieser Trend gilt zwar mehr für Staatsanleihen als für Aktien, ist jedoch auch insgesamt unverkennbar.[9] Ferner richten sich die Zinssätze in allen Ländern nach weltweiten Bedingungen, nicht nach der jeweiligen nationalen Situation. Die Ströme privater Investitionen, die von den fortgeschrittenen zu den noch jungen Industrieländern fließen, sind zwischen 1970 und 1992 auf das Zwanzigfache angeschwollen.[10]

Noch bedeutsamer ist wohl, daß die Transaktionen auf den Devisenmärkten mittlerweile die erstaunliche Summe von täglich etwa 1,2 Billionen Dollar erreicht haben – das Fünfzigfache des Welthandelsvolumens. Fünfundneunzig Prozent dieser Transaktionen sind spekulativer Natur, wobei immer neue und immer komplexere, auf Termingeschäften und Optionen beruhende Techniken der Finanzierung durch Finanzderivate benutzt werden.[11] Michel

Albert dazu: »Auf den Devisenmärkten beträgt das Volumen der täglichen Transaktionen rund 900 Milliarden Dollar, was dem jährlichen Bruttoinlandsprodukt Frankreichs entspricht. Zum Vergleich: Die gesamten Reserven der Zentralbanken belaufen sich nur auf etwa 700 Milliarden Dollar.«[12]

Diese *virtuelle* Finanzwirtschaft kann zerstörerische Folgen für die *reale* Ökonomie haben, wie am Zusammenbruch von Barings, der ältesten Bank Englands, zu sehen war. Die virtuelle Ökonomie, auf die sich die rasche Entwicklung globaler Kapitalmärkte gründet, ist ein in der bisherigen Geschichte der Weltwirtschaft unbekanntes Phänomen. Vor 1914 existierte nichts dergleichen.

Auch das enorme Wachstum und die gewaltige Macht multinationaler Konzerne sind historisch ohne Beispiel. Sie bestreiten ein Drittel des weltweiten Produktionsaufkommens und zwei Drittel des Welthandels. Und, was noch entscheidender ist, ein Viertel des Welthandels wird *innerhalb* der multinationalen Konzerne abgewickelt.[13] Nach einer Untersuchung der Vereinten Nationen betrug die Wirtschaftsleistung der multinationalen Konzerne 1993 etwa 5,5 Billionen Dollar – das entspricht in etwa der gesamten Wirtschaftsleistung der USA zu demselben Zeitpunkt.[14]

Gewiß, schon seit Hunderten von Jahren gibt es Unternehmen, die international Handel treiben und Investitionen tätigen, beispielsweise die Hudson Bay Company oder die Ostindische Kompanie. Multinationale Konzerne bildeten sich also bereits zu Beginn des europäischen Kolonialismus. Aber in der heutigen Welt spielen sie eine ganz andere Rolle als früher: Sie sind in der Lage, den Produktionsprozeß in mehrere Bereiche aufzuteilen und in die verschiedensten Weltgegenden zu verlegen. Von nationalen Bedingungen sind sie dadurch unabhängiger als je zuvor, orientieren sie sich doch an jenen Ländern, deren Arbeitsmärkte, Steuerregelungen, gesetzliche Auflagen und infrastrukturelle Voraussetzungen ihnen am meisten entgegenkommen. Die Aussicht auf direkte Inlandsinvestitionen und die Drohung, diese unter gewissen Umständen auch wieder abzuziehen, haben enormen Einfluß auf die Entscheidungen nationaler Regierungen. Die großen Konzerne können den politischen Spielraum der Staaten heute klar eingrenzen – eine Form privater Macht, für die es in der Geschichte nur wenige Beispiele gibt.

Das heißt aber noch lange nicht, daß solche Konzerne heimatlose transnationale Gebilde sind, die sich ohne weiteres über sämtliche Grenzen hinwegbewegen und keine besondere nationale Unternehmenskultur besitzen. Im Gegenteil, oft sind sie in ihren Ursprungsökonomien und -kulturen sogar stark verankert. Kaum einer der riesigen Konzerne ist wirklich »global«. Selbst Unternehmen wie die British Aerospace, deren Wirtschaftstätigkeit sich hauptsächlich im Ausland abspielt, halten den größten Teil ihrer Vermögenswerte im Inland.[15] Die Vermögenswerte multinationaler Unternehmen »bleiben normalerweise zu zwei Dritteln in der Region, aus der sie kommen, und sie verkaufen dort auch im etwa gleichen Umfang ihre Produkte und Dienstleistungen«[16].

Zudem sind nur sehr wenige multinationale Konzerne kulturell grenzüberschreitende Organisationen. Eines der seltenen Beispiele ist ABB, ein schweizerisch-schwedisches Unternehmen, das aus eintausenddreihundert verschiedenen Firmen besteht.[17] Doch gewöhnlich verkörpern multinationale Konzerne – in besonderem Maße gilt das für amerikanische Firmen – ihre jeweilige Herkunftskultur. Oft werden sie als eine Art unsichtbare Regierung betrachtet, die den Nationalstaat zunehmend aus seinen Funktionen verdrängt. In Wirklichkeit aber handelt es sich häufig um schwache und amorphe Organisationen, die vom Autoritätsverlust und von der Aushöhlung gemeinschaftlicher Werte ebenso betroffen sind wie alle anderen gesellschaftlichen Institutionen der Spätmoderne. Die vom Weltmarkt hervorgebrachten Großunternehmen reißen also die Aufgaben und Befugnisse ehemals souveräner Staaten nicht an sich, vielmehr schwächen sie letztere und höhlen sie aus, ohne an ihre Stelle zu treten.

Skeptische Ansichten zum Thema Globalisierung

Viele einflußreiche Stimmen bestreiten, daß die gegenwärtigen Trends wirklich etwas Neues signalisieren. Die geschichtliche Bewegung, die wir Globalisierung nennen, so hört man, habe schon vor einigen Jahrhunderten begonnen; ebenso sei das internationale Wirtschaftsgeschehen bereits vor 1914 in einem hohen Maße weltoffen gewesen. Kurz, den Globalisierungsprozeß des ausgehenden 20. Jahrhunderts könne man schwerlich als ein unbekanntes Phänomen bezeichnen. Dieser »revisionistische« Standpunkt ist wahr und falsch zugleich. Er kann als nützliches Korrektiv einer utopischen Sichtweise der Globalisierung dienen, wie sie sich bei gewissen Wirtschafts- und Finanzleuten findet. Eine Sichtweise, die sich auch als McKinsey-Weltanschauung bezeichnen ließe – gemeint ist hier die Haltung, die von amerikanischen Business-Schools propagiert wird – und etwa bei Kenichi Ohmae anklingt: »Mit dem Ende des Kalten Krieges [hat] das alte System von Allianzen und Oppositionen zwischen den Industrieländern irreparable Brüche bekommen. Weniger klar ersichtlich, aber wohl bedeutsamer ist, daß der moderne Nationalstaat selbst – dieses Artefakt des 18. und 19. Jahrhunderts – bröckelt.«[18] Kritisieren die Revisionisten solche Theorien der Hyperglobalisierung, so tragen sie zweifellos zu einem angemessenen Verständnis unserer Gegenwart bei. Gleichwohl treffen sie nur einen Pappkameraden. Warum?

Außer ein paar Phantasten glaubt in der Wirtschaft kein Mensch, daß die Welt zu einem einzigen Markt wird, in dem die Nationalstaaten verschwunden und heimatlose multinationale Konzerne an ihre Stelle getreten sind. Diese Erwartung ist eine Chimäre. Sie soll die Annahme nähren, daß der weltweit freie Markt unvermeidlich sei.

Zu Recht weisen Globalisierungsskeptiker auf die ideologische Funktion solcher Vorstellungen hin, die uns weismachen wollen, nationale Regierungen hätten keinen wirklichen Spielraum mehr.

Globalisierung, so Paul Hirst und Graham Thompson, »ist ein Mythos, der zu einer illusionslosen Welt paßt, aber auch unsere Hoffnungen zunichte macht …, denn er besagt, daß nicht nur der Sozialismus der Sowjetära am Ende ist, sondern auch die westliche Sozialdemokratie. Was politisch aus der Globalisierungsthese folgt, läßt sich am treffendsten als Pathologie der übermäßig herabgeschraubten Erwartungen bezeichnen.«[19]

Doch Hirsts und Thompsons skeptische Einwände gegen die Globalisierungsthese dienen ebenfalls einem politischen Zweck. Ihre Behauptung, der Weltmarkt von heute sei kein neues Phänomen, erlaubt ihnen, Positionen einzunehmen, die – nicht anders als die europäische Sozialdemokratie – der Vergangenheit angehören. So meinen sie, die internationale Ökonomie sei »in mehrfacher Hinsicht vor 1914 offener gewesen als jemals danach … Der internationale Handels- und Kapitalverkehr zwischen den sich rasch industrialisierenden Volkswirtschaften sowie zwischen diesen und ihren verschiedenen Kolonialgebieten war im Verhältnis zum jeweiligen Bruttoinlandsprodukt vor dem Ersten Weltkrieg bedeutender als heute … Die gegenwärtige Entwicklung ist also keineswegs völlig neu.«[20] Wer so argumentiert, vernachlässigt die entscheidenden Unterschiede, die zwischen der damaligen internationalen Ökonomie und dem heutigen Weltmarkt bestehen.

»In konstanten Preisen gemessen«, heißt es zu Recht bei dem britischen Politikwissenschaftler David Held und seinen Mitarbeitern, »sind die klassischen Goldstandardquoten (des Handels als Anteil des Bruttoinlandsprodukts) in den siebziger Jahren überholt worden. Die Quoten liegen heute bedeutend höher … Ferner geht ein Großteil des Nachkriegswachstums des Bruttoinlandsprodukts auf unverkäufliche Dienstleistungen zurück, besonders im öffentlichen Sektor … Zölle (und Transportkosten) sind seit den siebziger Jahren niedriger als die klassischen Goldstandardniveaus, das bedeutet, die Märkte sind heute offener.« Die Autoren kommen zu dem Schluß, daß »gegen Ende des 19. Jahrhunderts zwar ein weltweites Handelssystem entstand, doch dieses war bei weitem nicht so umfassend wie das heutige und im großen und ganzen weniger mit nationalen Märkten und Produktionen verknüpft.«[21]

Was die gegenwärtige internationale Wirtschaftslage aber am auffälligsten von der von 1914 abhebt, ist, daß die Westmächte immer mehr an Macht und Einfluß verlieren. Vor 1914 waren es europäische Staaten, die das Funktionieren des Finanzsystems auf der Grundlage des Goldstandards garantierten und die Rahmenbedingungen des Welthandels stabil hielten. Man kann einwenden, daß vor allem das Handelsvolumen zwischen den westlichen Industrieländern gestiegen ist, muß dann aber, eigentlich absurd, Japan zum »Westen« zählen. Wie auch immer, die Struktur des Welthandels ist eine deutlich andere als früher. Dazu abermals David Held und seine Mitarbeiter: »Der Handel ist im Verhältnis zum Einkommen gewachsen und spielt sich im wesentlichen weiterhin unter den Industrieländern ab, während in der klassischen Ära des Goldstandards der Produktaustausch zwischen den entwickelten und den sich entwickelnden Staaten etwa die Hälfte des gesamten Handelsvolumens ausmachte ... Der Handel zwischen den Industrieländern führte zu einem relativen Wachstum in wirtschaftlich bedeutenden und technisch schnell fortschreitenden Industriesektoren, während die steigenden Einkommen eine differenziertere Nachfrage mit sich brachten, so daß auch die Nachfrage nach Importgütern zunahm, vor allem unter den Industrieländern ... Eben dadurch stieg, mit Ausnahme von Japan, das Importvolumen von Industriewaren in den entwickelten Staaten.«

Doch können die Industrieländer nicht länger als einheitlicher Block betrachtet werden. In Südkorea, Taiwan oder Singapur sind Löhne und Einkommen höher als in den von Qualifikationsverlusten betroffenen Ländern des industrialisierten Westens wie Großbritannien. In der Zeit vor dem Ersten Weltkrieg in nahezu sämtlichen wichtigen Wirtschaftsbereichen klar im Vorteil, verlieren die europäischen Länder nun immer mehr an Boden.

Die offene Weltwirtschaftsordnung vor 1914 war ein künstliches Gebilde, gründend auf der europäischen Herrschaft über die Territorien und Ökonomien fast aller Gesellschaften rund um den Erdball. Der Weltmarkt hingegen, dessen chaotische Entstehungsphase wir beobachtet haben, hat keine solche Hegemonie zur Grundlage. Welche westliche Macht könnte heute etwa den Anspruch erheben, einen nennenswerten Einfluß auf China auszuüben? Noch nicht einmal die Vereinigten Staaten verfügen über eine Position, wie sie für die imperialen Mächte vor 1914 selbstverständlich war. In dieser Hinsicht ist das Zeitalter der fortschreitenden Globalisierung, in dem wir leben, tatsächlich etwas Neues. Da es heute keine Hegemonialmacht wie Großbritannien vor dem Ersten oder die USA nach dem Zweiten Weltkrieg gibt, ist die Stabilität des Weltmarktes in Krisenzeiten nicht mehr garantiert. Suchen wir einen historischen Vergleich für unsere Welt, wie sie seit 1989 aussieht, finden wir diesen nicht in der Epoche vor 1914, sondern in der höchst unbeständigen Zwischenkriegsperiode nach 1919.

Auch bei Paul Hirst und Graham Thompson erscheint die gegenwärtige Weltwirtschaft als ein ungeregelter und strukturloser globalisierter Markt, weit entfernt von der vergleichsweise geordneten internationalen Ökonomie gegen Ende des 19. Jahrhunderts: »Dadurch, daß die Märkte tatsächlich globale Dimensionen annehmen, wird das internationale System autonom und löst sich aus seiner gesellschaftlichen Verankerung. Politische Entscheidungen, die im Inland von Unternehmensseite oder öffentlichen Stellen getroffen werden, müssen heute routinemäßig die ihre Tätigkeitsbereiche bestimmenden internationalen Faktoren berücksichtigen.«[22]

Die souveränen Staaten können nicht mehr auf einen kalkulierbaren, fast automatisch funktionierenden Goldstandard zählen. Sie unterliegen den Zwängen der Weltmärkte, ihren Risiken und Unsicherheiten. Die politischen Optionen, die den Nationalstaaten heute offenstehen, haben keinen festen Preis: Die Regierungen wissen nicht im voraus, wie sich die Märkte verhalten. Es gibt kaum monetäre und fiskalische Regeln, deren Verletzung vorhersehbare Strafen nach sich ziehen. Gewiß, zu riskante politische Entscheidungen, die inflationäre Folgen haben oder zu großen Haushaltsverschuldungen führen können, werden aufmerksam beobachtet, man denke nur an die Rentenmärkte. Doch mit welcher Strenge diese Märkte reagieren, läßt sich nicht absehen. Seit den neunziger Jahren operieren die nationalen Regierungen im Blindflug.

Autoren wie Hirst und Thompson, die der Globalisierungsthese skeptisch gegenüberstehen, unterschätzen das Neue der am Ende des 20. Jahrhunderts herrschenden Bedingungen. Die heutige Weltökonomie ist um einiges labiler und anarchischer als die liberale internationale Wirtschaftsordnung, die 1914 zusammenbrach. Wie die Hyperglobalisierer, deren unrealistische Prognosen sie wirkungsvoll kritisieren, sind auch die Globalisierungsskeptiker nicht frei von Selbsttäuschungen. Sie wollen nicht einsehen, daß die gegenwärtige Lage der Weltwirtschaft sich von allen früheren internationalen Konstellationen radikal unterscheidet, müßten sie dann doch ihre Hoffnung auf eine Wiederbelebung der Sozialdemokratie begraben. Sie haben recht mit ihrer Behauptung, daß die Welt, in dem Maß wie die Globalisierung zunimmt, unregierbarer wird. Aber unter ebendiesen Bedingungen läßt sich auch ihre Vision eines »kontinentalen Keynesianismus« nicht verwirklichen.[23] Denn die in den letzten beiden Jahrzehnten wirkenden Kräfte haben tatsächlich eines gezeigt: die Welt wird immer unbeherrschbarer.

Hyperglobalisierung: eine Utopie der Wirtschaft

Eine andere Denkrichtung erkennt durchaus an, daß der Weltmarkt ein neues Phänomen ist; sie geht sogar davon aus, daß die Nationalstaaten aufgrund der Weltmarktsituation praktisch irrelevant geworden seien. Die Macht der souveränen Staaten schwinde, die der multinationalen Konzerne dagegen nehme zu. Die nationalen

Kulturen reduzierten sich mehr und mehr auf Verbraucherpräferenzen, und die Großunternehmen trügen nahezu kosmopolitische Züge.

Das unterstellt als unvermeidlich, was doch in Wirklichkeit ein höchst unwahrscheinliches Resultat des Versuchs ist, einen freien Weltmarkt zu schaffen. Man verwechselt das gewünschte Ergebnis dieses Projekts mit dem tatsächlichen Verlauf ökonomischer Globalisierung, die ein historischer Wandlungsprozeß ohne Endzustand ist, ein Prozeß, der, verknüpft mit einer allgemeinen Akzeptanz des amerikanischen Systems der freien Marktwirtschaft, den Kapitalismus der USA ebenso gewaltsam verändern wird wie den ihrer Konkurrenten.

Die Theorien der »Hyperglobalisierung«[24] stellen den Weltmarkt so dar, als verkörpere er den vollständigen Wettbewerb. Dabei hängen sie fälschlicherweise der Vorstellung an, die transnationalen Konzerne könnten sich frei und ohne großen finanziellen Aufwand in der ganzen Welt bewegen, um ihre Profite zu maximieren. Kulturelle Unterschiede hätten jeden Einfluß auf die Politik von Regierungen und Großunternehmen verloren. Wie auf den Märkten, auf denen der Wirtschaftstheorie zufolge angeblich vollständiger Wettbewerb herrscht, verfügen auch in diesem Modell der Weltökonomie die Teilnehmer, beispielsweise souveräne Staaten oder multinationale Konzerne, über alle für ihre Entscheidungen relevanten Informationen. In Wirklichkeit stochern sie natürlich in einem Nebel von Risiken und Unsicherheiten herum und können über die drohenden Gefahren nur spekulieren. Eine von heimatlosen Multis dominierte Welt ohne Grenzen ist eine Utopie der Wirtschaft, keine zutreffende Beschreibung der Wirklichkeit, gegenwärtig wie zukünftig.

Dieser Utopie ist etwa Kenichi Ohmae verpflichtet, wenn er schreibt: »Seit mehr als einem Jahrzehnt beobachten wir die fortschreitende Globalisierung der Märkte für Verbrauchsgüter wie Levi's-Jeans, Nike-Sportschuhe und Hermès-Tücher – einen Prozeß, der aus der weltweiten Verbreitung derselben Informationen, derselben kulturellen Leitbilder und derselben Werbung resultiert ... Der Annäherungsprozeß im Markt läuft heute schneller und reicht tiefer; weit über den Geschmack hinaus erfaßt er so grundlegende Dinge wie Weltbild, Ansichten und sogar Denkprozesse ... In einer Wirtschaft ohne Grenzen sind auf Nationen fixierte Landkarten, wie wir sie meist zur Interpretation wirtschaftlicher Zusammenhänge benutzen, schlicht irreführend ... Wir müssen uns endlich der mißlichen und unbequemen Wahrheit stellen: Die alte Kartographie ist nicht länger zu gebrauchen. Sie ist zu einer Illusion geworden.«[25]

Nicholas Negroponte haut in seinem Buch *Total digital* in dieselbe Kerbe: »Ich gehe davon aus, daß der Nationalstaat sich verflüchtigt wie eine Mottenkugel ... Die Rolle des Nationalstaats wird sich dramatisch ändern, und der Nationalismus wird sich ebensowenig halten wie die Pocken.«[26] Bei Lowell Bryan und Diana Farrell heißt es: »Millionen von globalen Investoren handeln immer mehr aus wirtschaftlichem Eigeninteresse und bestimmen über Zinssätze, Wechselkurse und Kapitalallokation. Die Wünsche oder Ziele der politischen Führer von betroffenen Staaten lassen diese Investoren völlig außer acht.«[27] Robert Reich spricht von der »künftigen Irrelevanz der Unternehmensnationalität« und mahnt: »Da sich die Unternehmen aller Länder zunehmend global vernetzen, darf die Frage, auf die es hinsichtlich des Reichtums eines Volkes ankommt, nicht lauten, was die Bürger einer Nation *besitzen*, sondern was sie *lernen* können, um der Weltwirtschaft Wert hinzuzufügen und somit ihren eigenen potentiellen Wert zu erhöhen.«[28] John Naisbitt schließlich behauptet, »daß wir uns auf eine Welt, die aus tausend Ländern besteht, zubewegen ... Die Nationalstaaten sind tot. Nicht weil sie in Superstaaten aufgehen, sondern weil sie in kleinere, effizientere Teile zerfallen – wie etwa in große Unternehmen.«[29]

Weder Staaten noch Märkte sind im allgemeinen Institutionen, die diesem Modell entsprechen. Es gibt wenige wirklich transnationale Unternehmen von der Art, wie sie Ohmae und andere in ihren Wirtschaftsutopien präsentieren. Die meisten multinationalen Konzerne sind in bestimmten Ländern und Wirtschaftskulturen stark verwurzelt; Eigentumsformen, Vorstände, Managementstile und Unternehmensführung bleiben in der Regel von der jeweiligen nationalen Eigenart geprägt. Dies gilt auch für Firmen aus den USA, die Ohmaes Modell noch am nächsten kommen; das aber, weil sie amerikanische Werte und das dahinterstehende spezifische Geschäftsgebaren verkörpern, nicht, weil sie tatsächlich global sind. Die wenigen Konzerne in der Welt, die sich im Hinblick auf ihre einheimische Wirtschaft konsequent wie wurzellose Multis verhalten, tun das nicht etwa aufgrund gemeinsamer Besitzverhältnisse mit anderen internationalen Unternehmen. Vielmehr wird ihre Unternehmenskultur so stark von amerikanischen Wertvorstellungen beherrscht, daß sie Gewinnen absoluten Vorrang vor sozialen Verpflichtungen und nationalen Bindungen einräumen.

Einer umfassenden Studie zufolge machen nur etwa vierzig Weltfirmen über die Hälfte ihres Gewinns im Ausland, und keine zwanzig haben den Großteil ihrer Produktionsanlagen außerhalb des eigenen Herkunftslands.[30] Ferner bleiben die Schlüsselbereiche der Konzerne wie Forschung und Entwicklung unter strenger einheimischer Kontrolle: »Japanische Firmen verlagern wichtige Sektoren wie Forschung und Entwicklung oder Teile der Produktion mit hoher Wertschöpfung nur äußerst ungern ins Ausland ... Nationale Unternehmen mit einer ausgedehnten internationalen Wirtschaftstätigkeit sind gegenwärtig und für absehbare Zeit eher die Regel als echte transnationale Unternehmen.«[31]

Das Modell der Hyperglobalisierung geht völlig fehl, wenn es die souveränen Staaten als marginale Institutionen abschreibt. Für die multinationalen Konzerne sind die Nationalstaaten keine Randfiguren der Weltökonomie, deren Entscheidungen sich leichthin ignorieren lassen. Im Gegenteil, sie spielen eine wichtige Rolle und sind so mächtig, daß es sich lohnt, sie zu hofieren. In mancher Hinsicht ist der Einfluß, den Regierungen auf die Wirtschaft haben, sogar größer als früher.

Die Großunternehmen erfreuen sich heute, anders als in der Blütezeit des Imperialismus, keiner staatlichen Protektion mehr. Sie können sich auf der ganzen Welt nach einem für sie günstigen Steuersystem und entsprechenden wirtschafts-, sozial- und arbeitspolitischen Bedingungen umsehen, müssen zugleich aber ein höheres politisches Risiko in Kauf nehmen. Instabilen Ländern fällt es besonders schwer, das mobil gewordene Kapital an bestimmte Vorschriften zu binden, doch für die Unternehmen ist es in solchen Fällen ebenso schwierig, tragfähige Beziehungen zu den betreffenden Regierungen herzustellen. Letztlich beschneidet das sowohl die Macht der Staaten wie die der Unternehmen.

Der Wettbewerb, der zwischen den Ländern um Investitionen multinationaler Konzerne tobt, gibt diesen eine Möglichkeit der Einflußnahme, wie sie sie in einer stärker hierarchisch geprägten Weltordnung nie hatten. Gleichzeitig engt die Wettbewerbssituation die Handlungsfreiheit souveräner Staaten ein. Der Einfluß, den sie auf Großunternehmen ausüben können, muß in einem globalen Rahmen ausgeübt werden, und der dort bestehende Konkurrenzdruck sorgt dafür, daß Regierungen kaum die Möglichkeit haben, ihre Wirtschaft zu kontrollieren.

Gleichwohl bleiben souveräne Staaten der Hauptanlaufpunkt für Unternehmen, die Einfluß nehmen wollen. Die Multis versuchen die Politik nationaler Regierungen zu bestimmen und bieten ihren ganzen Einfallsreichtum auf, um deren Rechtsprechung zu umgehen. Dies ist das typische Verhältnis von Staat und Wirtschaft im späten 20. Jahrhundert. So kam das Nordamerikanische Freihandelsabkommen zwischen den Vereinigten Staaten, Mexiko und Kanada trotz enormen politischen Widerstands in den USA schließlich doch noch zustande – die großen amerikanischen Konzerne hatten gute Lobbyarbeit geleistet.

Wie ihre skeptischen Kritiker gehen die Theoretiker der Hyperglobalisierung von der irrigen Annahme aus, die heutige Weltwirtschaft könne zu früheren Ordnungsmaßstäben zurückkehren. In Wirklichkeit jedoch läßt sich der Weltmarkt am Ende unseres Jahrhunderts nicht mehr regieren – weder von souveränen Staaten noch von multinationalen Konzernen.

Globalisierung und desorganisierter Kapitalismus

Sowohl Skeptiker wie Propagandisten zeichnen ein unzutreffendes Bild jener weltweit herrschenden Bedingungen, unter denen die Staaten heutzutage handeln müssen. Diese agieren nicht mehr wie im späten 19. Jahrhundert in einem überschaubaren internationalen Rahmen mit kalkulierbaren Optionen. Nein, ihr Umfeld ist rauher geworden, sie haben es mit globalen Marktkräften zu tun, die sich immer weniger beherrschen und kontrollieren lassen. Nicht internationale Institutionen oder Abmachungen sind es, mit denen sie zu rechnen haben, sondern Risiken und Unsicherheiten, die mit einem zur Anarchie tendierenden Weltmarkt einhergehen. Daß die multinationalen Konzerne erhebliche Summen ausgeben, um nationale Regierungen zu beeinflussen, zeigt, daß der Nationalstaat bei alldem keineswegs überflüssig geworden ist. Im Gegenteil, in den meisten Teilen der Welt sind staatliche Institutionen das strategisch wichtigste Terrain, auf dem die Großunternehmen ihre Konkurrenzkämpfe austragen.

Keine der beiden globalisierungstheoretischen Richtungen ist sich darüber im klaren, daß das Auftauchen einer globalen Ökonomie ein entscheidender Augenblick in der Entwicklung des spätmodernen Kapitalismus ist, gekennzeichnet durch Anarchie und ein zerrüttetes Ordnungsgefüge.[32] Der gegenwärtige Kapitalismus unterscheidet sich erheblich von früheren Phasen des wirtschaftlichen Prozesses, die etwa noch die Grundlage für die Kapitalismustheorien von Karl Marx und Max Weber bildeten. Und auch vom stabilen geordneten Kapitalismus der Nachkriegszeit hebt er sich deutlich ab.

Die Arbeiterklasse hat, als die Industrieproduktion zu schrumpfen begann und die spätmodernen Ökonomien in das nachindustrielle Zeitalter eintraten, an Umfang und wirtschaftlicher Bedeutung verloren. Es kam zu einer gewaltigen Umschichtung der tayloristischen Arbeitsorganisation – der Massenproduktion durch fabrikmäßige Lohnarbeit –, zu neuen flexiblen Arbeitsmärkten, auf denen die klassischen Institutionen der Lohnarbeit und des festen Arbeitsplatzes nur noch für eine verschwindend geringe Minderheit der Bevölkerung gelten.

Viele Arbeitnehmer verfügen heute nicht einmal über die wirtschaftliche Sicherheit, die Lohnarbeitsverträge boten. Sie leben in einer Welt der Teilzeit- und kurzfristigen Vertragsarbeit, oft ohne feste Beziehungen zu einem identifizierbaren Arbeitgeber. Im Zuge dieser Veränderungen brachen nicht nur die nationalen Tarifverträge zusammen, auch der gewerkschaftliche Einfluß auf den Produktionsprozeß schwand zusehends.

Ferner ist die Stellung der politischen Parteien im Wirtschaftsgeschehen schwächer geworden, während gleichzeitig verschiedene Interessengruppen an Macht gewonnen haben. Kurz, die Ideologien, die das politische Leben der Nachkriegszeit prägten, sind hoffnungslos veraltet. Dieser Wandel wurde durch einen neuen ökonomischen Konsens, eine neue Orthodoxie forciert, der zufolge nationale Regierungen darauf verzichten sollen, den volkswirtschaftlichen Gesamtprozeß durch effektive makroökonomische Instrumente politisch zu steuern. Ihre Rolle im wirtschaftlichen Bereich beschränkt sich seither auf die Entwicklung und Durchsetzung mikroökonomischer Maßnahmen zugunsten größerer Flexibilität von Arbeit und Produktion.

Der ungeordnete Kapitalismus gefährdet immer mehr Arbeitsplätze und zerstört damit gewachsene Lebenszusammenhänge. Die gesellschaftliche Organisation der Arbeit verändert sich unablässig unter dem Einfluß technischer Neuerungen und deregulierter Marktkonkurrenz. Neue Informationstechnologien beschleunigen nicht nur den Abbau weniger qualifizierter Arbeitsplätze, sie fegen ganze Berufsfelder hinweg. Bei alldem kommt es zu Reproletarisierungsprozessen und zur Entbürgerlichung der Mittelschicht, soweit es diese überhaupt noch gibt. Der freie Markt scheint genau das zu erreichen, was der Sozialismus nie geschafft hat: Er läßt das bürgerliche Leben absterben.

Durch die Gebote der Flexibilität und Mobilität, die von den deregulierten Arbeitsmärkten ausgehen, geraten vor allem die traditionellen Formen des Familienlebens in Bedrängnis. Wie können sich Familien zum Essen zusammensetzen, wenn beide Eltern abwechselnd auf Schichtarbeit sind? Was wird aus den Familien, wenn der Arbeitsmarkt die Eltern auseinandertreibt?

Auch die Unternehmen sind kaum noch als gesellschaftliche Institution zu betrachten. Mit der Zunahme von vertragslosen und kurzfristigen Arbeitsverhältnissen reduziert sich die feste Belegschaft spätmoderner Firmen auf kleine Kader. Ein besonders krasses Beispiel für diese Entwicklung ist Microsoft, ein global operierendes Unternehmen, das in mehreren Bereichen der neuen Technologien den Weltmarkt anführt, aber nur ein paar tausend feste Mitarbeiter hat.

Im Extremfall werden Firmen zu Einrichtungen, die nur noch Rechnungen kassieren und Gewinne verteilen, wobei die wenigen fest Angestellten oft Kapitalanteile besitzen. Ganze Schichten des ehemals mittleren Managements werden im Zuge des Personalabbaus überflüssig, was für die betreffenden Unternehmen sofort auf der Gewinnseite zu Buche schlägt. Die Wirtschaft versucht überall, in auffallend hohem Maße jedoch in den englischsprachigen Ländern, die Kosten für die noch verbliebenen Mitarbeiter weiter abzuwälzen, indem diese beispielsweise die Verantwortung für ihre Rentenvorsorge selbst übernehmen müssen.

Die zunehmende Schwächung der Unternehmen als gesellschaftliche Institutionen läßt die Arbeitskraft immer mehr zu einer bloßen Ware werden, die man stückweise kaufen kann. Die Wirtschaft entzieht sich nach und nach der Verantwortung, für erträgliche Arbeitsverhältnisse zu sorgen, was bislang durchaus der Fall war. Und manche Firmen sind sogar beinahe schon virtuelle Einrichtungen geworden.

Die Labilität des anarchischen Weltmarkts wächst mit der ständig größer und einflußreicher werdenden virtuellen Ökonomie, in der es um kurzfristige Gewinne aus Währungsgeschäften geht. Es gibt keinen stabilen Rahmen, innerhalb dessen das internationale Finanzsystem gelenkt werden könnte. Nachdem die im Abkommen von Bretton Woods festgelegten Regelungen des internationalen Finanzregimes zwischen 1971 und 1973 zusammenbrachen, hat man keine Vereinbarungen für feste Wechselkurse mehr getroffen. Daher rührt die heutige Anarchie frei flottierender Währungen. Immer wieder kommt es zur Überbewertung bestimmter Währungen und zu hektischen Koordinationsversuchen seitens der großen Wirtschaftsmächte – man denke nur an das Plaza-Abkommen von 1985 –, mit denen ein Kollaps des Systems verhindert werden soll. Die Fluktuationen der Wechselkurse destabilisieren die Wirtschaftstätigkeit derart stark, daß man das gegenwärtige weltweite Finanzsystem durchaus auch als »Kasinokapitalismus« bezeichnen kann.[33] In letzter Zeit ließ sich nämlich eine gewaltige Umschichtung beobachten: vom produzierenden Gewerbe und Dienstleistungsbereich hin zum Finanzgeschäft. Finanzmarktgeschäfte haben den produktiven Einsatz von Kapital als gewinnträchtigste wirtschaftliche Tätigkeit längst abgelöst.

Die Folgen des desorganisierten Kapitalismus treten in so verschiedenen Gesellschaften wie Italien, Schweden oder Australien zutage. Am wenigsten fortgeschritten sind sie in Deutschland und Japan, am deutlichsten hingegen in den angelsächsischen Volkswirtschaften: Vorreiter einer neuen Kapitalismusspielart sind die Vereinigten Staaten, Großbritannien, Australien und Neuseeland.

Wer jedoch glaubt, daß der Kapitalismus über kurz oder lang überall dieselben Zerrüttungserscheinungen zeigen wird, irrt. Natürlich trägt eine Geschäftstätigkeit, die auf Schnelligkeit und weltweite Chancen fixiert ist, die Eigenheiten des desorganisierten Kapitalismus in alle Länder. Doch die Auswirkungen, die das auf das gesellschaftliche und wirtschaftliche Leben hat, sind von Fall zu Fall sehr verschieden.

In Ländern wie Spanien, in denen die Großfamilie immer noch eine wichtige Rolle spielt, findet sich die verarmte Unterschicht von Arbeitslosen, anders als in den angelsächsischen Gesellschaften, kaum, obwohl hier die Arbeitslosenquote sehr hoch liegt. Dies mag zum Teil daran liegen, daß es auf dem europäischen Kontinent in den letzten zwei Jahrzehnten nicht zu den politischen Zielen gehörte, den Arbeitsmarkt zu deregulieren. Doch der Hauptgrund für das Fortbestehen solcher Unterschiede ist das sicher nicht.

In keinem kontinentaleuropäischen Land gab es jemals eine Epoche des Laissez-faire. Nirgendwo sonst, nur in der angelsächsischen freien Marktwirtschaft erreichten die Marktinstitutionen eine derartige Unabhängigkeit von anderen gesellschaftlichen Einrichtungen. Keine europäische Gesellschaft hat so lange und tiefgreifende Erfahrungen mit individualistischen Formen des Familienlebens und des Eigentums gemacht wie England, die USA und andere angelsächsische Staaten.

Freilich verändern die neuen und unbeständigeren Spielarten des Kapitalismus das Wirtschaftsleben aller Länder. In den Wirtschaftskulturen Kontinentaleuropas etwa sind die anarchischen Weltmärkte dafür verantwortlich, daß sich die strukturelle Arbeitslosigkeit auf einem hohen Niveau stabilisiert. In diesen Gesellschaften sind die ungleichen Arbeitsplatzchancen die Hauptursache sozialer Konflikte.

In Verbindung mit gesenkten Sozialausgaben und massenhaft verhängten Gefängnisstrafen – über eine Million Amerikaner sitzen heute hinter Gittern – mag der stark deregulierte Arbeitsmarkt in den Vereinigten Staaten ein Mittel sein, die Arbeitslosenquote niedrig zu halten. Die bedeutsamste Wurzel sozialer Auseinandersetzungen ist hier nicht der Mangel an Arbeitsplätzen, sondern die ungleiche Verteilung von Einkommen und Vermögen. Ungerechtigkeiten im Gesundheits- und Bildungswesen bieten ebenso Zündstoff wie die Tatsache, daß manche Jobs nur bestimmten Schichten der Bevölkerung zugänglich sind.

Der Kapitalismus, der derzeit in der Volksrepublik China entsteht, stützt sich nicht auf große Unternehmen, wie das im angelsächsischen Kapitalismus der Fall ist. Abgesehen von Staatsbetrieben, sind die chinesischen Firmen klein und in Familienbesitz. Die Desorganisiertheit des Kapitalismus führt in China nicht zur Aushöhlung von Unternehmen oder zur Zersplitterung von Familien, sondern zu mangelnder Übereinstimmung zwischen verschiedenen Gesellschaftsbereichen und zunehmender Umweltzerstörung. Ähnliches gilt für den russischen Kapitalismus.

Solche Differenzen lassen sich auf historisch gewachsene Unterschiede zurückführen, kultureller, ökonomischer und politischer Art. Kurz, der desorganisierte Kapitalismus schmälert zwar die Autonomie nationaler Regierungen, beseitigt aber nicht die Unterschiede zwischen ihnen.

Der anarchische Kapitalismus und der Staat

Die Nationalstaaten operieren heute in einer Welt, in der alle Handlungsoptionen unsicher geworden sind. Nun haben sie gewiß auch früher keine feste Wahl an Möglichkeiten gehabt, keine Erfolgsgarantie beim Beschreiten neuer Wege. Mittlerweile jedoch agieren nationale Regierungen in einem Umfeld, das nicht nur voller Risiken, sondern auch voller Ungewißheiten steckt. Risiko nennt man in der Wirtschaftstheorie eine Situation, in der sich die Kosten für die zur Wahl stehenden Maßnahmen mit einigermaßen großer Wahrscheinlichkeit bestimmen lassen; in einer Situation der Ungewißheit dagegen gibt es eine solche Wahrscheinlichkeit nicht. Die Konsequenzen vieler Entscheidungen, die Regierungen treffen, lassen sich nicht einmal annähernd abschätzen.

Mehr noch: Oft können Regierungen nicht wissen, ob die Reaktionen der Weltmärkte auf ihre Maßnahmen diese nur teuer oder sogar gänzlich unwirksam machen. Manchmal steht noch nicht einmal fest, welche Optionen sie überhaupt haben. Diese beständige, radikale Ungewißheit ist jener Faktor, der die Macht souveräner Staaten am meisten einschränkt.

Dabei ist die Beschneidung staatlicher Handlungsmöglichkeiten Symptom eines stärkeren Trends: die Macht, die politische Institutionen in frühmodernen Zeiten gewonnen haben, splittet sich immer weiter auf, kommt immer mehr abhanden. Selbst das Vermögen, Kriege zu führen und zu beenden, das den souveränen Staat seit je definiert, schwindet zusehends. So schrecklich die Kriege im 19. Jahrhundert auch waren, sie hatten begrenzte Ziele und konnten von den betreffenden Staaten jederzeit beendet werden. Das war noch der klassische, von Clausewitz beschriebene militärische Konflikt. Seit dem Zweiten Weltkrieg ist der Krieg zwischen souveränen Staaten zum Teil durch Kriege verdrängt worden, an denen irreguläre Armeen, ethnische Gruppen oder politische Organisationen wie die PLO und die IRA beteiligt sind.[34] Die souveränen Staaten haben die Kontrolle über Krieg und Frieden immer mehr verloren, und die Welt ist dadurch nicht friedlicher geworden, sondern unregierbarer und unsicherer.

Nun ist es nicht so, daß die multinationalen Konzerne jene Macht und Autorität gewonnen hätten, deren Verlust die souveränen Staaten beklagen; sie vermögen sich der Dynamik spätmoderner Gesellschaften ebensowenig zu entziehen wie die Regierungen. Die großen Weltfirmen können die Öffentlichkeit nicht herausfordern, wie es ihnen gerade paßt. Auch sie müssen damit rechnen, von Meinungsumschwüngen in den Gesellschaften, in denen sie tätig sind, getroffen zu werden. Shell, ein riesiger Ölkonzern, wurde im Fall der Ölplattform Brent Spar von Greenpeace, das seine Kampagne geschickt in die Medien zu bringen wußte, in die Knie gezwungen. Es zeigte sich, daß der Konzern durch eine politische Aktion ebenso verwundbar war wie die geschwächten demokratischen Staaten dieser Tage.

Das wiederum heißt gewiß nicht, daß die Konzerne es sich zur Maxime machen werden, bereitwillig für die von ihnen verursachten Schäden an Gesellschaft und Umwelt aufzukommen. Auf einem freien Weltmarkt können sie das nicht. Aber neben dem nicht nachlassenden Druck, der vom weltweiten Wettbewerb ausgeht, haben sie sich nun auch verstärkt mit Attacken der Öffentlichkeit auseinanderzusetzen, die sie möglicherweise hin und wieder zwingen kann, von kurzfristiger Profitrealisierung abzusehen.

Die Welt ist von den in ihr wirkenden Marktkräften derart verändert worden, daß keine Institution die neue Lage noch zu beherrschen vermag – nicht das größte transnationale Unternehmen, nicht der mächtigste Staat. Die am wenigsten kontrollierbaren Kräfte entsprangen der Flut technischer Neuerungen; das Ineinandergreifen eines unablässigen Stroms technologischer Innovationen, uneingeschränkter Konkurrenz und schwacher Institutionen ist das auffälligste Kennzeichen und Produkt unserer Zeit.

Die Gurus des Managements erinnern uns täglich daran, daß Nationalstaaten und multinationale Konzerne heute nur überleben und prosperieren können, wenn sie neue Technologien einsetzen, um Wettbewerbsvorteile zu erringen. Die meisten von ihnen bemerken nicht, daß Wettbewerbsvorteile unter den anarchischen Bedingungen des unorganisierten Weltkapitalismus kurzlebig sind. Gegen Ende des 20. Jahrhunderts kann sich niemand – weder Unternehmen noch Regierungen – vor dem globalen Sturm kreativer Zerstörung schützen.

Ein Multi vermag seine Konkurrenten dadurch zu überflügeln, daß er nicht nur neue Technologien entwickelt, sondern diese auch effizient und profitabel anwendet. Das aber hängt wiederum davon ab, ob die Unternehmen in der Lage sind, Wissen zu erhalten und zu schaffen. Unter spätmodernen Wettbewerbsbedingungen werden all jene Firmen, die vorhandene Kenntnisse nicht ausschöpfen und ihre Mitarbeiter nicht zum Erwerb von neuen Fertigkeiten ermutigen, rasch untergehen.

Die Weltwirtschaft entqualifiziert Menschen und Organisationen, entfremdet sie doch den Menschen die Umwelt, in der sie leben und arbeiten. Ihr ortsgebundenes und bereits angeeignetes Wissen wird für sie immer nutzloser. Von einigen japanischen Unternehmen abgesehen,[35] hat die Wirtschaft ein zentrales Problem noch nicht gelöst: Sie muß institutionelle Kontinuität, die notwendig ist, wenn das lokale Wissen der Mitarbeiter nutzbar gemacht werden soll, mit der Fähigkeit zu organisatorischer Innovation verbinden, welcher es für die optimale Ausschöpfung neuer Technologien bedarf.

Der Nationalstaat wird nicht veralten. Er wird die entscheidende Vermittlungsstruktur bleiben, um deren Kontrolle die multinationalen Konzerne konkurrieren. Gerade weil dem Staat eine Schlüsselrolle zukommt, erscheint die von Hyperglobalisierungstheoretikern, Wirtschaftsutopisten und -populisten aufgestellte Behauptung, daß die Multis ihn aus seiner Machtposition verdrängen und selbst die Welt beherrschen, so unsinnig. Aus dieser Schlüsselrolle erklärt sich nämlich, warum die Weltmärkte Staaten nicht ignorieren, sondern zu beeinflussen suchen. Und sie erhellt den engen Rahmen, innerhalb dessen Regierungen ihren Bürgern bei der Eindämmung wirtschaftlicher Risiken zu helfen vermögen. Die Schutzfunktion des Staates könnte sich ausweiten, wenn die Bürger ausdrücklich Beistand gegen die Anarchie des Weltkapitalismus verlangten.

Souveräne Staaten haben aber noch eine weitere Funktion – sie müssen die für das Wirtschaftswachstum notwendigen natürlichen Ressourcen kontrollieren. In Zentral- und Ostasien sorgt der Kampf um das Öl für diplomatische Verstimmungen: heute nicht weniger als im 19. Jahrhundert. Aus solchen Verstimmungen können, wie wir wissen, leicht Kriege werden. Weil die natürlichen Ressourcen immer knapper werden, sind die Staaten mitunter sogar zur militärischen Konkurrenz um die Existenzbedingungen gezwungen.[36] Der Niedergang der Macht Amerikas ist gleichbedeutend mit dem Entstehen einer wirklich multipolaren Welt. Und in einer solchen Welt wird die Rivalität zwischen den Staaten nicht ab-, sondern zunehmen.

4 Wie der freie Weltmarkt die schlimmsten Formen des Kapitalismus begünstigt: ein neues Greshamsches Gesetz?

Das Greshamsche Gesetz, wie es Macleod nach Sir Thomas Gresham (1519–1579) genannt hat, bezeichnet ein allgemeines Prinzip der Geldzirkulation: Es besagt in Kürze, daß schlechtes Geld gutes Geld vertreibt, aber gutes Geld kein schlechtes Geld vertreiben kann. W. S. JEVONS[1]

Folgt man den Theorien von Sir Thomas Gresham, verdrängt schlechtes Geld gutes Geld. Auf dem freien Weltmarkt läßt sich eine Variante dieses Gesetzes beobachten: Schlechte Formen des Kapitalismus verdrängen gute. Richtet sich der Wettbewerb, wie derzeit, nach den amerikanischen Regeln eines weltweiten Laissez-faire, so sind die sozialen Marktwirtschaften Europas und Asiens von vornherein im Nachteil. Es bleibt ihnen nichts anderes übrig, als sich durch weitreichende Reformen radikal zu modernisieren. Die souveränen Staaten wollen sich in puncto Deregulierung wechselseitig übertreffen; aufgezwungen wird ihnen der mörderische Wettbewerb vom freien Weltmarkt. Die Harmonisierung der Marktwirtschaften »nach unten« schreitet voran, keine Kapitalismusspielart kann sich diesem Schmelztiegel entziehen. Bei alldem hat der von nahezu sämtlichen sozialen Bindungen befreite amerikanische Markt die besten Karten.

Keynes hat bereits erkannt, daß die grenzüberschreitende Mobilität des Finanzkapitals die nationalen Vollbeschäftigungspolitiken unterläuft. Er konnte freilich nicht voraussehen, daß die Mobilität des Kapitals eine von nationalen Regierungen betriebene Wirtschaftspolitik im Grunde unmöglich macht. Die ehrgeizige antizyklische Politik, mit der die Volkswirtschaften aus der Rezession der Nachkriegszeit befreit werden konnten, greift nicht mehr. Die Weltmärkte drängen die Regierungen zu einer konservativen Finanzpolitik – einem umsichtigen Management der Staatsschulden.

Zu Keynes' Zeiten sahen nur wenige, daß die weltweite Mobilität von Kapital und Produktion zu einem Wettbewerb der Nationalstaaten um den Abbau von Lenkungsmaßnahmen und sozialen Sicherungssystemen führen würde. Seit dem Zusammenbruch der Sowjetunion sind nicht mehr zentrale Planwirtschaft und Kapitalismus die Rivalen, sondern konkurrieren verschiedene Kapitalismusspielarten miteinander, beispielsweise die amerikanische, deutsche, japanische, russische und chinesische.

Im Zuge dieser neuen Rivalität untergraben die amerikanischen freien Märkte sowohl die europäischen wie die asiatischen sozialen Marktwirtschaften, wenn auch mit unterschiedlichen gesellschaftlichen Folgen für die jeweiligen Länder. Das amerikanische Modell ist deshalb so bedrohlich, weil in den USA Politik und Wirtschaft jede soziale Verpflichtung ökonomischen Handelns in Abrede stellen. Allein der chinesische Kapitalismus, der immer mehr zum Rivalen des amerikanischen heranwächst, kann die sozialen Marktwirtschaften Europas und des restlichen Asiens noch weiter »unterbieten«.

Der globale Wettbewerb spielt sich innerhalb der Strukturen souveräner Staaten ab, wodurch sich sämtliche uns bekannten Marktinstitutionen wandeln. Wer annimmt, in dieser Auseinandersetzung hätte jedes Modell die gleichen Gewinnchancen, irrt. Sie alle befinden sich in einem Erosionsprozeß und machen einer neuen, wendigeren Spielart des Kapitalismus Platz – eine Konkurrenzsituation, in der es hauptsächlich darum geht, den sozialen Marktwirtschaften der Nachkriegszeit die Lebensfähigkeit zu nehmen und die freien Marktwirtschaften, die nominellen Sieger, weiter umzuformen.

Wie der schlechte Kapitalismus den guten vertreibt

In den sozialen Marktwirtschaften tragen die Unternehmen gesellschaftliche Kosten. Sie sind Institutionen, die den Zusammenhalt der Gemeinschaft, in der sie wirken, gewöhnlich nicht gefährden. Sobald man aber auf freien Märkten operieren muß, werden alle gesellschaftlichen Kosten zur Last. Amerikanische Firmen haben denn auch nur wenige solcher Verpflichtungen.

Die Vorteile, die sich für Unternehmen in freien Marktwirtschaften ergeben, sind weder zufällig noch vorübergehend, sie entspringen dem System. Und sie lassen sich durch das, was soziale Marktwirtschaften gemeinhin bieten – höhere Ausbildungsstandards, bessere Infrastruktur (nicht nur des Verkehrswesens, auch der öffentlichen Dienste), größeren gesellschaftlichen Zusammenhalt –, nicht aufwiegen. Trotz all dieser Leistungen sind die sozialen Marktwirtschaften nicht in der Lage, jenes Niveau wohlfahrtsstaatlicher Sicherungsvorkehrungen und ökonomischer Regulierungsmaßnahmen aufrechtzuerhalten, durch das sie sich in der Vergangenheit auszeichneten.

Historisch betrachtet, sind die sozialen Marktwirtschaften Europas wahrscheinlich ebenso produktiv wie die amerikanischen freien Märkte. Nun jedoch, im Rahmen des freien Weltmarktes und der verschärften Konkurrenzsituation, droht ihnen aufgrund ihrer Kostenstruktur der Verlust der Wettbewerbsfähigkeit. Der strategische Vorteil der freien Märkte ergibt sich aus dem unregulierten Welthandel wie aus der uneingeschränkten Mobilität des Kapitals.[2] Auf einem Weltmarkt mit Freihandelsbedingungen können sich – unter sonst gleichen Voraussetzungen – nur solche Unternehmen durchsetzen, die geringe Lohn- beziehungsweise Lohnnebenkosten und eine ebenso geringe Steuerbelastung haben. Nehmen wir beispielsweise die Umweltkosten. Diese können in einem Land vom Steuersystem so »internalisiert« werden, daß sie zu Unternehmenskosten werden. Auf dem freien Weltmarkt aber befinden sich Unternehmen, die von staatlicher Seite zur Übernahme ökologischer Verantwortung angehalten sind, gegenüber anderen, die solche Kosten nicht zu tragen haben, im Nachteil. Sollen die derart »benachteiligten« Firmen nicht vom Markt verschwinden, muß das regulatorische Rahmenwerk so lange aufgeweicht werden, bis es keinen Wettbewerbsunterschied mehr gibt.

Ein freier Weltmarkt tendiert dazu, Kosten zu »externalisieren«, während besser organisierte Wirtschaftssysteme diese »internalisieren«. In ökologisch sensiblen Volkswirtschaften sorgt die Steuerpolitik dafür, daß die Unternehmen für die von ihnen verursachten Schäden an Umwelt und Gesellschaft wenigstens teilweise aufkommen. In Kontinentaleuropa ist dies seit langem der Fall. Der freie Weltmarkt übt jedoch ungeheuren Druck auf eine solche Politik aus, denn Produkte von Firmen, die bestimmten Auflagen unterliegen, sind teurer als vergleichbare Produkte von Firmen, die nach Belieben die Luft verpesten dürfen.

Das Vorhaben, weltweit geltende Umweltstandards festzuschreiben, ist zwar ehrenwert, aber leider auch utopisch. Gerade dort, wo solche Regeln am dringendsten wären, lassen sie sich nicht durchsetzen – in Rußland und China. Hier wie dort hat die Umweltzerstörung infolge von Planwirtschaft und falsch plazierten marktwirtschaftlichen Reformen apokalyptische Ausmaße angenommen. Beide Länder agieren auf dem freien Weltmarkt, und ihre Produkte konkurrieren mit Erzeugnissen aus ökologisch verantwortlich handelnden sozialen Marktwirtschaften.

Gewiß, einige der fortgeschrittenen Industrieländer sind reich genug, um sich der Nivellierung der Umweltstandards zu widersetzen. Wahrscheinlich sind sie in der Lage, Unternehmen, die mit Firmen aus wenig regulierten Ökonomien im Wettbewerb stehen, für ihre Verluste zu entschädigen. Zudem können sie ihre Umwelt auch dadurch entlasten, daß sie Verunreinigung exportieren, indem sie die Produktion etwa in Dritte Welt-Länder mit niedrigeren Standards verlagern. Das eigene Land bleibt somit sauber, andere Weltgegenden hingegen versinken im Schmutz.

Der freie Weltmarkt wird auch künftig die globale Umweltsituation bestimmen. Man wird weiterhin weltweit Kosten abwälzen können, die früher, in verantwortlicheren Systemen des Kapitalismus, die Unternehmen getragen haben. Etliche Gegenden der Erde werden unbewohnbar. Zugleich sind die wenigen Gesellschaften, die über genügend finanzielle Mittel verfügen, ihre Umwelt zu erhalten, zu immer höheren Ausgaben genötigt. Bestünden sie irgendwann darauf, daß die Unternehmen für die anfallenden Kosten aufkommen, würden deren Gewinne sinken und das Kapital abwandern.

Der unregulierte globale Freihandel und die internationale Mobilität des Kapitals

Die klassische Freihandelstheorie betrachtet das Kapital als unbeweglich. Nach David Ricardos Lehre vom komparativen Kostenvorteil – auf die sich die Apologeten eines deregulierten globalen Freihandels noch immer berufen – werden, wenn vergleichsweise unrentabel arbeitende Unternehmen oder Industrien in einem Land schrumpfen, andere expandieren, indem sie Kapital und Arbeitskräfte der niedergehenden Unternehmen und Branchen absorbieren. Das Kapital bewegt sich demnach dorthin, wo es am produktivsten eingesetzt werden kann. Ricardos Lehre vom komparativen Kostenvorteil bezieht sich auf Vorgänge, die sich *innerhalb* von Wirtschaftsnationen, nicht zwischen diesen abspielen. Sie besagt, daß sich die Ressourcen in einem System uneingeschränkten Freihandels innerhalb einer jeden Wirtschaftsnation auf den höchsten Produktivitätsgrad zubewegen. Rein logisch müßte das für die ganze Welt gelten. Würde diese nämlich zu einem einzigen Markt, müßten Effizienz und Produktivität in jedem Land ihr Maximum erreichen.

Doch nach Ricardo trifft das nur so lange zu, wie sich das Kapital nicht in bedeutendem Umfang international bewegt: »Die Erfahrung zeigt jedoch, daß die eingebildete oder tatsächliche Unsicherheit eines nicht der unmittelbaren Kontrolle seines Eigentümers unterliegenden Kapitals zusammen mit der natürlichen Abneigung jedes Menschen, das Land seiner Geburt und persönlichen Beziehungen zu verlassen und sich mit allen seinen eingewurzelten Gewohnheiten einer fremden Regierung und ungewohnten Gesetzen anzuvertrauen, die Abwanderung von Kapital hemmen. Diese Gefühle, deren Schwinden ich sehr bedauern würde, veranlassen die meisten Menschen mit Vermögen, sich eher mit einer niedrigeren Profitrate im eigenen Land zu begnügen, als daß sie eine vorteilhaftere Anlage für ihren Reichtum bei fremden Nationen suchen.«[3]

Der Widerspruch, der zwischen der theoretischen Forderung nach unbeschränkt freiem Welthandel und den Realitäten des ausgehenden 20. Jahrhunderts besteht, bedarf keines Kommentars. Ist Kapital beweglich, sucht es sich die vorteilhafteste Anlage und wandert in Länder ab, in denen die ökologischen und gesellschaftlichen Kosten am niedrigsten, die Profite aber am höchsten sind. In der Theorie wie in der Praxis zeigen die Folgen der globalen Kapitalmobilität, daß Ricardos Lehre vom komparativen Kostenvorteil hinfällig ist. Gleichwohl steht das Projekt des deregulierten weltweiten Freihandels nach wie vor auf diesem unsicheren Boden.[4]

Das wichtigste Argument gegen unbeschränkt freien Welthandel und Kapitalfluß ist nicht primär ökonomischer Art. Es geht vielmehr davon aus, daß die Wirtschaft den Bedürfnissen der Gesellschaft und nicht umgekehrt die Gesellschaft den Forderungen des

Marktes dienen soll. Rein ökonomisch gesehen, ist ein weltweit freier Markt unglaublich produktiv. Freie Marktwirtschaften sind demnach den sozialen in puncto Produktivität meist haushoch überlegen. Es besteht kaum ein Zweifel: Der freie Markt ist die *ökonomisch effizienteste* Form des Kapitalismus. Für die meisten Wirtschaftswissenschaftler zählt nur das. Dabei handeln soziale Marktwirtschaften beileibe nicht irrational. Die japanische Praxis, unproduktive Arbeitnehmer an Arbeitsplätzen zu beschäftigen, die wenig oder gar keine Qualifikation verlangen, ist weder unvernünftig noch ineffizient – vorausgesetzt, daß hier ein Kriterium für Effizienz lautet, den sozialen Zusammenhalt nicht durch Massenarbeitslosigkeit zu gefährden.

Nur wenige Wirtschaftstheoretiker haben immer wieder darauf hingewiesen, daß es unvernünftig ist, ohne Rücksicht auf gesellschaftliche Kosten nach ökonomischer Effizienz zu streben und die Belange der Wirtschaft über die der Gesellschaft zu stellen. Genau dazu aber führt die Konkurrenz auf dem freien Weltmarkt. Die Vernachlässigung der gesellschaftlichen Kosten, eine für Wirtschaftswissenschaftler typische Berufsblindheit, ist zum Imperativ des gesamten Systems geworden.

Die ökonomische Ineffizienz von Handelsbeschränkungen ist so offenkundig, daß Kritiker des deregulierten globalen Freihandels schnell als Dummköpfe hingestellt werden.[5] Die wirtschaftlichen Argumente aber, mit denen man für einen deregulierten freien Welthandel plädiert, basieren auf wilden Abstraktionen, die die gesellschaftliche Wirklichkeit vollkommen verzerren. Natürlich können Beschränkungen des globalen Freihandels nicht zu Produktivitätssteigerungen führen. Doch andererseits ist eine maximale Produktivität, die soziale Verwüstungen und menschliches Elend in Kauf nimmt, ein, gelinde gesagt, äußerst fragwürdiges und für die Gesellschaft gefährliches Ideal.

Freie Weltmärkte und sinkende Löhne

Ist das Kapital mobil, so wie heute, wandert es, bei sonst gleichen Rahmenbedingungen, in die Länder mit dem niedrigsten Lohnniveau ab. Natürlich ähneln sich die Voraussetzungen nur selten, besonders die Kosten, die den Unternehmen zusätzlich zu den Lohnkosten entstehen, variieren. Die Qualität von Infrastruktur und Dienstleistungen unterscheidet sich erheblich, und auch die Risiken, die sich aus politischer Instabilität, rechtsstaatlicher Unsicherheit und Korruption ergeben, sind von Land zu Land verschieden. Hinzu kommen viele andere bedeutungsvolle Faktoren wie das Ausbildungsniveau der einheimischen Arbeitskräfte, der Standort der Produktionsanlagen oder das Transportwesen.

Ein Beispiel: Osram, dem zweitgrößten Glühbirnenhersteller der Welt, entstehen in China, verglichen mit seinem Stammsitz in Deutschland, ein Fünfzigstel der Lohnkosten pro Arbeitnehmer. Zugleich jedoch werden in der Relation achtunddreißigmal so viele Arbeiter benötigt, um die gleiche Zahl von Glühbirnen zu produzieren. Man sieht, der durch niedrige Lohnkosten gewonnene Vorteil geht mitunter aufgrund geringerer Qualifikation der Arbeitskräfte und insgesamt weniger hoher Produktivitätsstandards wieder verloren.[6]

Natürlich hängen die Lohnniveaus in jeder Ökonomie vom einheimischen Arbeitsmarkt ab und nicht von dem anderer Länder. Das Taxi, das ich in Piccadilly nehme, steht nicht in Konkurrenz zu den Taxis in Lahore. Doch gibt es zunehmend Qualifikationen, deren Preis der Weltmarkt bestimmt. Immer mehr Dienstleistungen können dorthin ausgelagert werden, wo die Löhne am niedrigsten sind – so haben zum Beispiel einige Fluggesellschaften ihren Buchungsservice und ihre Buchhaltung nach Indien verlegt.

Gleichwohl ist die abnehmende Verhandlungsmacht der Arbeitnehmer in den reichen Staaten keineswegs allein auf den weltweiten freien Handel zurückzuführen. Wer dies meint, überbewertet den Einfluß internationaler Güter- und Kapitalströme auf nationale Ökonomien. Die Arbeitslosigkeit in den fortgeschrittenen Ländern ist zu hoch, als daß man sie allein auf die Geschäfte mit Niedriglohnländern zurückführen könnte. Neue Technologien und die schlechten Ausbildungsbedingungen für bestimmte Bevölkerungsteile spielen ebenso eine Rolle. Einkommensungleichheiten werden durch Deregulierung der Arbeitsmärkte und neoliberale Steuerpolitiken sicher verstärkt, aber der eigentliche Grund für sinkende Löhne und zunehmende Arbeitslosigkeit ist doch die weltweite Verbreitung neuer Technologien.

Vergleicht man die Lohnniveaus, so kann man nicht einfach fein säuberlich zwischen neuen und alten Industrieländern trennen. In Südkorea, Taiwan und Singapur sind die Löhne in einigen Branchen höher als in manchen fortgeschrittenen Ländern wie etwa Großbritannien oder die Vereinigten Staaten. Daher ist es nicht mehr ungewöhnlich, daß multinationale Konzerne ihre Produktion von Süd nach Nord, von Asien in Billiglohnregionen der Ersten Welt zurückverlagern. So hat der südkoreanische Mischkonzern Lucky Goldstar im Frühjahr 1997 einen Produktionsstandort im walisischen Newport errichtet und damit Arbeitsplätze aus Korea nach Europa verlegt, in eine Region der Ersten Welt mit einem niedrigen Lohnniveau und ebenso niedrigen Lohnnebenkosten. (Für die Entscheidung des Konzerns war freilich eine beträchtliche Beihilfe seitens der britischen Regierung nicht unwichtig.) Ein Jahr zuvor hatte Ronson seine Produktionsanlagen für Feuerzeuge von Korea nach Wales verlagert, um etwa zwanzig Prozent seiner Lohnkosten einzusparen.[7] Beispiele, die deutlich machen, daß das globale Laissez-faire nicht nur Arbeitsplätze in der Ersten Welt gefährdet. Die Massendemonstrationen von Arbeitern in Seoul im Januar 1997 haben gezeigt, daß es sich um ein weltweites Phänomen handelt.

In den Ländern der Ersten Welt gibt es ebenfalls kein einheitliches Niveau der Arbeitskosten. Siemens etwa bezahlt seinen deutschen Arbeitnehmern besonders gute Löhne. Allerdings sind die Ausbildungs- und Qualifikationsstandards in Deutschland auch weit besser als anderswo, und infolgedessen ist die Produktivität der Siemensarbeiter hier rund doppelt so hoch wie die ihrer Kollegen in amerikanischen Werken.[8]

Dennoch drückt der deregulierte globale Freihandel auf die Löhne in den fortgeschrittenen Industriestaaten. Werden internationale Handelsbeschränkungen gelockert, kommt es dort, wo die Ökonomen von »Faktorpreis-Angleichung« sprechen, zur Konvergenz der Preise für Produktionsfaktoren einschließlich Lohnkosten. Dies ist gemeint, wenn man davon spricht, daß »unsere Löhne bald in Peking festgesetzt« werden.[9]

Die neuen Informationstechnologien machen es möglich, daß in Entwicklungsländern immer mehr Güter produziert und Dienstleistungen verrichtet werden, und zwar zu einem Bruchteil der Kosten, die in den alten Industrieländern angefallen wären. »Standortentscheidungen«, heißt es bei der Internationalen Arbeitsorganisation kurz und bündig, »müssen heutzutage sehr genau auf die Arbeitskosten abgestimmt werden.«[10] Das ist nur zu wahr. Ricardos Theorie, der zufolge die Mobilität des Kapitals noch auf dessen Ursprungsland beschränkt und die Produktion international praktisch unbeweglich ist, hat keinen Bestand mehr.

Aber die Welt hat sich noch unter einem anderen entscheidenden Gesichtspunkt verändert. In den neuen Industrieländern ist das Bevölkerungswachstum recht hoch, was unter den Bedingungen eines deregulierten globalen Warenverkehrs ebenfalls auf die Löhne in den alten Industrieländern drückt. Dort ist das Bevölkerungswachstum in der Regel gering, und Arbeitskräfte, zumindest die besser qualifizierten, sind knapp und haben ihren Preis. In vielen neuen Industrieländern dagegen stehen Arbeitskräfte, auch qualifizierte, praktisch unbegrenzt zur Verfügung. Wenn sich Kapital und Produktion weltweit ungehindert bewegen können, werden sie sich vor allem dort niederlassen, wo es die meisten und billigsten Arbeitskräfte gibt. Und heute können sie das in der Tat, egal ob sie qualifizierte oder ungelernte Arbeitskräfte benötigen. Dazu Michael Lind: »Innerhalb einer Generation wird es aufgrund des Bevölkerungswachstums in der Dritten Welt nicht nur Milliarden ungelernter Arbeiter geben, sondern auch Millionen Wissenschaftler, Ingenieure, Architekten und Angehörige anderer akademischer Berufe, die bereit und fähig sind, Weltklassearbeit zu einem Bruchteil jenes Gehalts zu leisten, das ihre amerikanischen Kollegen bekommen. Die Verfechter des Freihandels hoffen, daß die USA mit ihrem hohen Lohn- und Qualifikationsniveau von der Dritten Welt mit ihren niedrigen Löhnen und schlechten Ausbildungsstandards nichts zu befürchten haben. Doch angesichts wachsender ausländischer Konkurrenz auf der Grundlage *niedriger Löhne* und *hoher Qualifikationen* fällt ihnen nichts mehr ein. Unter solchen Umständen werden weder bessere Ausbildungsmöglichkeiten noch Infrastrukturinvestitionen Amerika aus der Klemme helfen ... Es drängt sich der Schluß auf, daß eine zivilisierte soziale Marktwirtschaft und ein uneingeschränkter freier Welthandel grundsätzlich nicht miteinander zu vereinbaren sind.«[11]

Eine 1993 in zehntausend deutschen mittelständischen Betrieben durchgeführte Untersuchung ergab, daß etwa jedes dritte Unternehmen plante, Teile seiner Produktion in Regionen wie das postkommunistische Europa zu verlegen, da die Löhne dort niedriger sind und es weniger soziale und ökologische Auflagen gibt. Viele Unternehmen lassen in Indien programmieren, wo die Computerspezialisten lediglich einen Bruchteil – etwa dreitausend Dollar im Jahr – dessen bekommen, was ihre Kollegen in Europa oder Amerika verdienen. Es ließen sich noch zahllose andere Beispiele anführen.[12]

Der Druck des Weltmarkts auf die Löhne geht aber, wie gesagt, zu einem wesentlichen Teil auf die neuen Informationstechnologien zurück. Diese können bestimmte Arbeitsplätze ersetzen und drücken in etlichen Branchen das Einkommen, was ohne freien

Weltmarkt kaum anders wäre. Der generelle Trend, daß Technologie menschliche Arbeit überflüssig macht, hat Probleme aufgeworfen, die bislang noch kein Land – mit Ausnahme vielleicht von Japan – zu lösen vermochte.[13]

Schon Ricardo erkannte, daß Technik ein Jobkiller sein kann. Deshalb teilte er auch nicht den modernen Glauben, daß neue Technologien automatisch, gewissermaßen als Nebeneffekt, neue Arbeitsplätze entstehen lassen. Er wußte,»daß die Erfindung und die Verwendung von Maschinen von einer Verringerung des Bruttoertrags begleitet sein kann und daß sie, sobald dies der Fall ist, für die arbeitende Klasse schädlich sein wird, weil einige aus ihren Reihen ihre Beschäftigung verlieren werden und ein Teil der Bevölkerung überflüssig wird ... Daß die bei der arbeitenden Klasse herrschende Meinung, die Verwendung von Maschinen laufe häufig ihren Interessen zuwider, sich nicht auf Vorurteil und Irrtum stützt, sondern mit den richtigen Prinzipien der Politischen Ökonomie vereinbar ist.«[14]

Das Kapital, so hatten wir gesagt, wandert in jene Staaten ab, in denen für Konsumenten aus den reichen Ländern Waren zum geringstmöglichen Lohn hergestellt werden können.[15] Das aber sind in der Regel nicht zugleich die Staaten, in denen man solche Waren auch konsumiert:»Es ist kein Zufall, daß die gewerkschaftliche Verhandlungsmacht im Westen seit dem Einsetzen der Globalisierung einen so dramatischen Niedergang erlebt. Bis in die siebziger Jahre waren Investitionen in der Regel auf ein nationales Arbeitnehmerreservoir beschränkt, um für einen nationalen Markt zu produzieren. Als es dagegen nicht nur technisch möglich, sondern auch wirtschaftlich vorteilhaft wurde, Güter für Verbraucher in den reichen Staaten auf unregulierten asiatischen, lateinamerikanischen oder afrikanischen Arbeitsmärkten herstellen zu lassen, verloren die Arbeitnehmer in den fortgeschrittenen Ländern ihre Verhandlungsmacht.«[16] Zahllose Untersuchungen bestätigen diese Beobachtung.[17]

Die freien Märkte und das Ende der Sozialdemokratie

Sozialdemokraten in Großbritannien und anderen europäischen Ländern, die davon ausgehen, daß die ihnen vertrauten sozialen Marktwirtschaften sich mit einem weltweit freien Markt vereinbaren lassen, haben noch nicht wirklich erkannt, in welcher Situation sich die fortgeschrittenen Industriegesellschaften befinden. Die sozialen Marktwirtschaften entwickelten sich in einer besonderen ökonomischen Nische. Angesichts der Industrialisierung Asiens und des Erscheinens der postkommunistischen Länder auf dem Weltmarkt bleibt ihnen heute nur die Wahl zwischen Wandel und Untergang.

Der Wettbewerbsdruck, der von Ländern mit Deregulierung, niedrigen Steuersätzen und schrumpfendem Wohlfahrtssystem ausgeht, zwingt Staaten, die an der sozialen Marktwirtschaft festhalten, ihre Standards erheblich abzusenken. Deregulierung des Arbeitsmarktes und Einsparungen bei den Sozialausgaben sind Defensivstrategien, um die Folgen der Politik anderer Länder abzuwehren. Der Steuerwettbewerb zwischen den fortgeschrittenen Staaten läßt die öffentlichen Finanzquellen versiegen, so daß man sich den Wohlfahrtsstaat nicht mehr leisten kann. In einem Leitartikel der *Financial Times* heißt es, die Steuerkonkurrenz könne »des Guten zuviel sein, wenn die Einkommensgrundlagen in Mitleidenschaft gezogen werden ... Artet sie in Kriege zwischen verschiedenen Ländern aus, sind die öffentlichen Einnahmen bedroht. Das führt dazu, daß die Steuerlasten für die weniger beweglichen Industrien und die Arbeitnehmer im Verhältnis zu denen der Kapitalseite zunehmen.«[18]

Die Steuerkonkurrenz ist jedoch nur ein Mechanismus, mit dem der internationale Wettbewerb der Regierungen um Industrien und bewegliches Kapital Sozialausgaben drückt und umgekehrt die Steuerlast der Arbeitnehmer erhöht. Auch die weltweiten Rentenmärkte beschneiden beziehungsweise beseitigen gar die Freiheit der Regierungen, im Kontext sozialer Marktwirtschaften eine antizyklische Politik zu betreiben. Diese werden auf vorkeynesianische Bedingungen zurückgeworfen, unter denen sie kaum über effektive makroökonomische Steuerungsmittel verfügen. Notgedrungen müssen sie die zyklischen Abschwünge der Wirtschaftstätigkeit aussitzen – ungeachtet der gesellschaftlichen und ökonomischen Folgen.

Kabinette, die versuchen, die Wirtschaft durch Kreditaufnahme oder öffentliche Aufträge anzukurbeln, werden von den Märkten zur Rückkehr in eine Welt vor Keynes gezwungen, in der die Politik auf Rezessionen mit dem verheerend deflationären Mittel »Senkung der Staatsausgaben« reagierte. Somit haben die globalen Rentenmärkte eine ähnliche Funktion wie der Goldstandard, aber eben nicht dessen halbautomatischen Charakter, der den Volkswirtschaften, die seiner Lenkung unterstanden, eine gewisse Stabilität verlieh. Heute müssen sie unter Marktunsicherheiten mit ihren unvermeidlichen spekulativen Aufschwüngen und Einbrüchen agieren wie etwa während des weltweiten Rentenmarktcrashs von 1994. Der Mechanismus des Goldstandards ist von Kasinospielregeln abgelöst worden.

Aber die globalisierten Kapitalmärkte bewirken noch mehr: So haben sie eine sozialdemokratisch orientierte Politik praktisch unmöglich gemacht. Mit sozialdemokratisch meine ich die Kombination einer auf Vollbeschäftigung ausgerichteten, defizitären Haushaltspolitik mit einem umfassenden System sozialer Sicherung und der gerechten Verteilung von Steuerlasten. Varianten dieser Politik gab es in Großbritannien bis Ende der siebziger und in Schweden bis Anfang der neunziger Jahre.

Das sozialdemokratische Gebäude basierte auf einer in sich geschlossenen Ökonomie. Kapitalbewegungen waren hier durch feste oder halbfeste Wechselkurse begrenzt. In offenen Volkswirtschaften jedoch müssen entscheidende Bestandteile des sozialdemokratischen Programms aufgegeben werden. Das gilt für die durch

Staatsverschuldung finanzierte Vollbeschäftigungspolitik und die sozialen Sicherungssysteme der Nachkriegszeit ebenso wie für die Vorstellungen von Gleichheit. Sämtliche sozialdemokratischen Theorien der Gerechtigkeit, etwa die von John Rawls, setzen eine geschlossene Volkswirtschaft voraus.[19] Nur in einem geschlossenen Verteilungssystem nämlich läßt sich ermitteln, ob die Grundsätze der Gerechtigkeit, die von derartigen Theorien gefordert werden, gegeben sind. Praktisch heißt das, daß sich nur in geschlossenen Systemen egalitäre Prinzipien durchsetzen lassen. In offenen Ökonomien greifen sie nicht, denn das Kapital, das »menschliche Kapital« eingeschlossen, hat die Freiheit, jederzeit abzuwandern.

Voraussetzung sozialdemokratischer Politik ist, daß die hohen Standards der sozialen Sicherheit problemlos durch allgemeine Besteuerung zu finanzieren sind. Und eben dies gilt nicht mehr; nicht einmal für das, was die ökonomische Theorie als echte öffentliche Güter bezeichnet. Die uneingeschränkte Mobilität des Kapitals hat dazu geführt, daß die Finanzierung öffentlicher Güter, also jener Dienstleistungen, die jedem Bürger zugute kommen, für alle Staaten schwieriger geworden ist.

Der klassische Weg, öffentliche Güter zu finanzieren, ist die allgemeine Zustimmung zu Zwangsmaßnahmen. Man ist sich einig, daß diese Güter allen nutzen. Jeder leistet mit den von ihm entrichteten Steuern einen Beitrag. Somit ist garantiert, daß niemand öffentliche Güter in Anspruch nimmt, der dafür nicht bezahlt hat. Das System bricht jedoch zusammen, wenn das mobil gewordene Kapital beziehungsweise die entsprechenden Firmen nicht mehr besteuerbar sind. Können Einkommensquellen – Kapital, Unternehmen, Menschen – ungehindert in Länder mit niedrigen Steuern abwandern, dann wird das auf Gegenseitigkeit beruhende Zwangsabkommen hinfällig. Die Steuerarten und -sätze, die für die Finanzierung öffentlicher Güter benötigt werden, können in Staaten von vergleichbarem Entwicklungsniveau nicht allzusehr voneinander abweichen.

In einer Welt offener Volkswirtschaften hat die globale Mobilität von Kapital und Produktion dazu geführt, daß zentrale Politikbestandteile der europäischen Sozialdemokratie inzwischen unpraktikabel geworden sind.[20] So gibt es für die heutige Massenarbeitslosigkeit keine einfachen Lösungen mehr. Die monetaristischen Theorien, wie sie gegenwärtig weltweit Zentralbanken und transnationale Finanzinstitutionen beherrschen, bestreiten, daß sich überhaupt ein Ausgleich zwischen Preisstabilität und Vollbeschäftigung erzielen läßt. Die dahinterstehende Doktrin ist jedoch nicht sonderlich überzeugend. Sie geht davon aus, daß sich das Wirtschaftsleben auf einen Gleichgewichtszustand hinbewegt, eine Annahme, die schon Keynes überzeugend kritisiert hat. In unserer Zeit ist der Gedanke des Gleichgewichts durch die von der Chicagoer Schule in die Welt gesetzte Theorie der »rationalen Erwartungen« wiederbelebt worden, ein Ansatz, der unter Mainstream-Ökonomen äußerst umstritten ist.[21]

So dubios sie auch sein mögen, haben derartige Theorien dennoch die Strukturanpassungsprogramme der Weltbank inspiriert, die zum Beispiel in Mexiko und Nigeria tiefe und dauerhafte Depressionen auslösten. Die globalen Rentenmärkte, die diese Programme simulieren, unterwerfen die Länder der Ersten Welt denselben deflationären Akten struktureller Anpassung, welche als Notmaßnahmen in Entwicklungsländern offenkundig gescheitert sind.

Derartige Theorien, die davon ausgehen, daß die rationalen Erwartungen der Marktteilnehmer zu einem Gleichgewichtszustand führen, werden pikanterweise von vielen Leuten, die mit ihrem Blick für ökonomische Zusammenhänge ein Vermögen gemacht haben, nicht geteilt. So kommentierte George Soros die Verträge von Maastricht, nach denen die Europäische Zentralbank die europäische Währung überwachen und dabei unter allen Umständen für Preisstabilität sorgen soll, folgendermaßen: »Diesem Vorhaben liegt eine falsche ökonomische Gleichgewichtstheorie zugrunde. John Maynard Keynes hat gezeigt, daß Vollbeschäftigung kein natürliches

Resultat eines Marktgleichgewichts ist. Um Vollbeschäftigung zu erreichen, braucht die Wirtschaft eine extra auf diesen Zweck zugeschnittene Politik ... Die unsichtbare Hand wird uns kein glückliches Gleichgewicht bescheren.«[22] Eine Schlußfolgerung, die mit gleichem oder sogar noch größerem Recht für das Projekt eines einzigen, sich selbst regulierenden Weltmarkts gilt.

Indem sie nationale Regierungen schwächen, die mit diesen Doktrinen zu brechen versuchen – etwa die französische unter François Mitterrand Anfang der achtziger Jahre –, wirken die weltweiten Renten- und Währungsmärkte im Sinn einer *self-fulfilling prophecy*. Sie isolieren jeden Staat, der durch eine defizitäre Ausdehnung der Wirtschaftstätigkeit mehr Beschäftigung erreichen will: »Die kurzfristigen Transaktionen auf den internationalen Währungsmärkten – pro Tag eine Billion Dollar – haben eine Größenordnung, der gegenüber sich die Kapitalströme im Außenhandel und im Bereich der direkten Investitionen geradezu winzig ausnehmen. Das bedeutet auch, daß die Zentralbanken einfach nicht über die nötigen Reserven verfügen – weder allein noch zusammen –, um einen gegebenen Wechselkurs zu stützen, wenn die Märkte sich dazu entschlossen haben, herauf- oder herunterzugehen. Händler und Kommentatoren sind zweifellos mit Vorurteilen belastet: Sie favorisieren eine Politik des ›gesunden Geldes‹ mit niedriger Inflationsrate ... Eine solche Politik behindert jedoch zweifellos das Wachstum und läßt das kurzfristige Interesse von großen Finanzinstitutionen als der ökonomischen Weisheit letzten Schluß erscheinen.«[23]

In den achtziger Jahren konnten die USA, der bedeutendste souveräne Nationalstaat, eine expansionistische keynesianische Politik verfolgen, als es um die Finanzierung umfassender Rüstungsvorhaben ging; es ist jedoch mehr als fraglich, ob sie unter den gegenwärtigen Umständen in der Lage wären, einen ähnlichen Versuch noch einmal zu starten. Zu Beginn seiner ersten Amtszeit, als die Rentenmärkte hohe Zinsen diktierten, mußte Präsident

Clinton die Erfahrung machen, daß selbst die amerikanische Regierung, die als allerletzte auf das Mittel der Staatsanleihe zurückgreifen würde, dem Urteil des weltweiten Rentenmarktes ausgeliefert ist.

Das lang andauernde schwedische Experiment mit der Vollbeschäftigung, das Anfang der neunziger Jahre bereits in ernsthaften Schwierigkeiten war, kam durch die Macht des weltweiten Rentenmarkts an sein Ende. William Greider hat diesen paradigmatischen Fall beschrieben: »Schweden spürte die Peitsche der Finanzmärkte im Sommer 1994, als große institutionelle Anleger plötzlich streikten und erklärten, daß sie keine weiteren Anleihen mehr kaufen würden. Daraufhin stiegen die langfristigen Zinsen um volle vier Prozentpunkte auf ein zweistelliges Niveau, so daß die Kreditkosten in Schweden so hoch waren wie in keinem anderen fortgeschrittenen Industrieland mit Ausnahme Italiens. Obwohl die Schweden eine konservative Regierung gewählt hatten, die den gefeierten Wohlfahrtsstaat weiter reformieren wollte, machte das Haushaltsdefizit immer noch über zehn Prozent des Bruttoinlandsprodukts aus. Die Gesamtverschuldung des Landes war sprunghaft angestiegen und belief sich 1995 auf 95 Prozent des Bruttoinlandsprodukts, während es 1990 noch 44 Prozent gewesen waren. Um den Boykott der Anleihegläubiger zu beenden, war Schwedens Zentralbank gezwungen, die Kredite erneut einzuschränken, und der Ministerpräsident gab umgehend Pläne für weitere Haushaltskürzungen bekannt. Aber Schwedens Wirtschaft – früher ein Musterbeispiel für eine stabile, erfolgreiche Sozialdemokratie – befand sich bereits in einer Flaute, und die Arbeitslosenquote lag bei schwindelerregenden 16 Prozent. Die neuen Maßnahmen würden alles nur noch schlimmer machen. Bei der nächsten Wahl sprach sich das Volk wieder für die Sozialisten aus, obwohl es mit demselben Dilemma konfrontiert wurde.«[24]

Die Vorgänge in Schweden haben Folgen für alle sozialen Marktwirtschaften. Anders, als viele konventionelle Erklärungsmuster suggerieren, resultierte die Vollbeschäftigung dort nicht in erster Linie aus der aktiven Arbeitsmarktpolitik der sozialdemokratischen Regierungen. Vielmehr ist sie auf die Bereitschaft zurückzuführen, den Staat, wenn kein anderes Mittel mehr half, als Arbeitgeber heranzuziehen.[25] Mittlerweile blockieren die Rentenmärkte diese Option. Also können auch andere Regierungen ihr Ziel, den gesellschaftlichen Zusammenhalt nicht durch Massenarbeitslosigkeit zu gefährden, nicht mit einer Politik verfolgen, die auf Ablehnung der Rentenmärkte stößt.

Damit ist der Vollbeschäftigungspolitik der Nachkriegszeit der Boden entzogen. Keine westliche Regierung kann heute an die erfolgreichen Maßnahmen der keynesianischen Ära anknüpfen, die die westlichen Gesellschaften noch vor Massenarbeitslosigkeit zu schützen vermochten. In den meisten von ihnen steigt die Zahl der vom Arbeitsmarkt ausgeschlossenen Menschen seit mindestens zwanzig Jahren – und das trotz des starken und fast ununterbrochenen Wirtschaftswachstums in allen fortgeschrittenen Ländern. Das Ziel der Vollbeschäftigung, so muß konstatiert werden, läßt sich mit den gegenwärtigen Mitteln sozialdemokratischer Politik nicht erreichen.

Die Vorstellung, die sozialen Marktwirtschaften der Vergangenheit könnten sich unbeschadet von den Kräften einer »Anpassung nach unten« erneuern, ist die gefährlichste unter den vielen an den globalisierten Markt geknüpften Illusionen. Denn die sozialen Marktwirtschaften sind im Gegenteil zur Selbstdemontage gezwungen, zumindest, wenn sie mit jenen Ökonomien Schritt halten wollen, die ihre Aufwendungen für soziale Sicherheit, Arbeit und Umwelt auf ein Minimum reduziert haben. Die Frage lautet nicht mehr, ob die sozialen Marktwirtschaften mit ihren gegenwärtigen Institutionen und Politikansätzen überleben können. Das können sie nämlich mit Sicherheit nicht. Die Frage, die sich heute stellt, ist die: Überläßt man die notwendigen Anpassungsprozesse einer weiteren Welle neoliberaler Reformen, oder findet man eine Politik, die

die Märkte für die Befriedigung menschlicher Bedürfnisse einzu-
spannen vermag?

Der globale freie Markt versus soziale Marktwirtschaften in Europa

Für alle, die glauben, die sozialen Marktwirtschaften könnten auf
dem globalisierten freien Markt überleben, ist Deutschland der Test-
fall. Und die Zeichen, die man hier findet, verheißen nichts Gutes.
Dieselben Bedingungen, die dem deutschen Modell in den Nach-
kriegsjahrzehnten äußerst dienlich waren, wirken ihm heute entgegen. Das Modell hatte zwei Eckpfeiler: einen breit ausgebauten
Wohlfahrtsstaat und eine Unternehmensstruktur, die garantierte,
daß die Interessen der Anspruchsgruppen vertreten wurden. Beide
Eckpfeiler sind durch die Wettbewerbssituation, in die Deutschland nach der Wiedervereinigung geriet, erschüttert worden.
Die Anhänger des »rheinischen« Kapitalismus haben noch nicht
begriffen, daß die Wettbewerbsnische, in der die soziale Marktwirtschaft der Bundesrepublik gedieh, mit der europäischen Eini-
gung, der Industrialisierung Asiens und dem neuen Deregulie-
rungsdruck verschwunden ist. Ein Mann wie Michel Albert sieht
zwar, daß die Welt heute von konkurrierenden Kapitalismen beherrscht wird,[26] aber die Logik dieser Rivalität entgeht ihm. Albert
weiß, daß das rheinische Modell durch die Internationalisierung
der Finanzmärkte und die Ausweitung des Welthandels in Schwierigkeiten geraten ist, doch er erwartet, daß die »rheinische Schild-
kröte« den »amerikanischen Hasen« überholt. Immerhin räumt er
die Möglichkeit ein, daß die schlechten Kapitalismen die guten
vertreiben.[27]
Die soziale Marktwirtschaft Deutschlands unterscheidet sich fun-
damental vom amerikanischen Kapitalismus des freien Marktes.
Sie gestattet einer Vielzahl von Anspruchsgruppen – Angestellten,

Gemeinden, Bänkern, manchmal auch Zulieferern und Kunden – eine gewisse Mitwirkung in der Unternehmensführung. In Großbetrieben sind die Arbeitnehmer im Aufsichtsrat vertreten, neben den Aktionären und anderen Teilhabern. Diese Machtstreuung unter verschiedenen Anspruchsgruppen ist einer der Hauptgründe dafür, daß sich hier die wirtschaftliche Ungleichheit im Vergleich zu den angelsächsischen Volkswirtschaften in Grenzen hält.

Im System des deutschen Kapitalismus haben Aktienwerte eine viel geringere Bedeutung als in den freien Marktwirtschaften; Aktienmärkte und feindliche Übernahmen stehen nicht im Mittelpunkt. Viele Unternehmen, selbst große und mittlere Betriebe, sind in Familienbesitz. Darüber hinaus unterscheidet sich auch der deutsche Arbeitsmarkt maßgeblich vom amerikanischen und dessen Nachbildungen: Es gibt Tarifverhandlungen für ganze Industriezweige und ein hohes Maß an Stellensicherheit.

Die kruden Methoden des *hire and fire*, die es amerikanischen Managern zu Beginn der neunziger Jahre erlaubten, den Personalbestand ihrer Unternehmen von heute auf morgen drastisch zu verringern, sind in Deutschland unbekannt – oder werden abgelehnt. Verlieren deutsche Arbeitnehmer ihre Stelle, erhalten sie etwa zwei Drittel ihres Gehalts als Arbeitslosenunterstützung; in Großbritannien dagegen nur rund ein Drittel, in den USA noch weniger. Inwieweit sich die Arbeitskraft als marktgängige Ware behandeln läßt, ist sehr genau definiert. Heinrich von Pierer, der Vorstandsvorsitzende von Siemens, dem größten deutschen Elektrokonzern, soll einmal gesagt haben: »Das Prinzip ›heuern und feuern‹ gibt es hier nicht, und ich möchte, daß das auch so bleibt.«[28]

Diese Merkmale der deutschen Wirtschaft verdanken sich einem seit langem bestehenden kulturellen und politischen Konsens über die Funktion von Märkten. Sie sollen nicht nur ökonomisch effizient sein, sondern auch den gesellschaftlichen Zusammenhalt schützen und befördern. Diese wirtschaftspolitische Übereinkunft ist ein wesentlicher Bestandteil der liberalen, demokratischen politischen Kultur, die sich in der Bundesrepublik seit dem Zweiten Weltkrieg entwickelt hat. Um sie zu erhalten, bedarf es nun weitreichender Reformen.

Hinter dem deutschen Modell steht der sogenannte Ordoliberalismus[29], der Marktfreiheiten als rechtliche und soziale Gebilde, nicht als fundamentale Menschenrechte begreift. Marktwirtschaft ist demnach kein auf Deregulierung beruhender Zustand natürlicher Freiheit, sondern eine überaus komplexe Institution, die, soll sie gut funktionieren, ständiger Erneuerung bedarf. Diesem Denken zufolge lassen sich Marktökonomien nicht als freischwebende Einheiten, sondern nur als Erweiterungen von Kerninstitutionen wie der örtlichen Gemeinschaft oder des demokratischen Staats verstehen.

Das deutsche Modell, wie wir es heute kennen, wurde von Ludwig Erhard im Sinne des Ordoliberalismus begründet – eine Wirtschaftsphilosophie, die, auch unter dem Namen Freiburger Schule firmierend, in Deutschland nie ganz verschwunden war, obwohl die Nationalsozialisten viele ihrer Vertreter zur Emigration gezwungen hatten. Erhard setzte die ökonomische Liberalisierung der Bundesrepublik sowohl gegen die planorientierte Wirtschaftspolitik der Alliierten wie gegen die einflußreiche Ideologie des Laissez-faire durch. Die wirtschaftliche Liberalisierung in der Nachkriegszeit geht also weniger auf alliierte Einflüsse zurück, als man meinen könnte.[30]

Eine dem Ordoliberalismus entsprechende Marktwirtschaft ist, wie gesagt, in Deutschlands Nachkriegskultur tief verankert. Warum sollte man eine derart zivilisierte und erfolgreiche gesellschaftliche Institution gegen den amerikanischen freien Markt mit seiner endemischen Unsicherheit, sozialen Sprengkraft und seiner Tendenz zur Ghettoisierung eintauschen? Genau das fragt auch David Goodhart: »Das US-amerikanische Modell hat ein dynamisches, pulsierendes Land geschaffen, mit einer offenen Tür für viele der Ärmsten dieser Erde. Doch wo wären die meisten Menschen, vorausgesetzt, sie könnten frei wählen, lieber geboren, wenn sie nicht wüßten, zu welcher Klasse oder ethnischen Gruppierung sie gehören würden – in Detroit oder Köln?«[31]

Dennoch, das deutsche Modell kann so nicht bleiben, wie es nach dem Krieg war. Das liegt nur zum Teil an den großen politischen Fehlern, die im Zuge der Wiedervereinigung gemacht wurden. Die Eins-zu-Eins-Parität des Geldumtauschs bei der Währungsunion war ein solcher. Die westdeutschen Politiker und Geschäftsleute haben nicht erkannt, wie sehr die ostdeutsche Wirtschaft – mit ihrer Vergeudung von Ressourcen, mit ihrer Rücksichtslosigkeit gegenüber der Umwelt und ihrer völlig veralteten Technologie – den anderen osteuropäischen Ökonomien glich. Ein nüchterner Blick auf den ostdeutschen »Rostgürtel« hätte der Bundesregierung diesen Fehler vielleicht erspart. Andere mit der Vereinigung verbundene Kosten waren hingegen unvermeidlich. Westdeutschland mußte die sozialen Verpflichtungen des ostdeutschen Staats übernehmen – ein Verfassungsgebot. Das aber wiederum fachte die schwelende Haushaltskrise, die ihren Ursprung in der Finanzierungslücke des Rentensystems hatte, nur noch weiter an.

Wie auch immer, es ist ebenso klar, daß außer der Bundesrepublik kein Land, mit Ausnahme vielleicht von Japan, in der Lage gewesen wäre, eine derart bankrotte Wirtschaft zu übernehmen; nicht einer der angelsächsischen Staaten hätte damit auch nur beginnen können.

Die eigentliche Schwierigkeit, vor der die soziale Marktwirtschaft in Deutschland heute steht, erwächst aus den globalen Bedingungen, denen sich ein vereintes Europa nicht entziehen kann. Die europäische Vereinigung ermöglicht es Millionen von Arbeitnehmern, auf Weltmärkten zu agieren. Aufgrund ihrer guten Ausbildung und ihrer niedrigen Löhne sind sie attraktiv für multinationale Konzerne und internationale Investoren. Diese neue Konkurrenzsituation läuft dem deutschen Modell, das Vereinbarungen über Löhne, Arbeitsbedingungen und Arbeitsplatzsicherheit von Beginn an miteinander verschränkt hat, deutlich entgegen.

Obschon kein deutsches Unternehmen bislang der amerikanischen Praxis gefolgt ist und seine Fertigungsanlagen ganz in eines der postkommunistischen Länder verlagert hat, wickeln doch immer mehr Firmen Teile ihrer Produktion in Tschechien, Polen oder sonstwo in Osteuropa ab. Deutsche Unternehmen beschäftigen mittlerweile beinahe ebenso viele Arbeitnehmer im Ausland, wie amerikanische, britische und holländische. Das macht es schwieriger, die Beziehungen zwischen den verschiedenen Anspruchsgruppen in der Weise aufrechtzuerhalten, wie es in der Vergangenheit möglich war. Dieses Geflecht sozialer Beziehungen, in das die deutschen Unternehmen traditionell eingebettet waren, wird in Zukunft nur noch eine untergeordnete Rolle spielen. Die zentripetale Kraft des Lohngefälles in einem vereinten Europa wird dazu führen, daß sich die Verbindung von Vertrauen und Absprache, welche die deutschen Unternehmen in der sozialen Marktwirtschaft nach dem Krieg als gesellschaftliche Institutionen zusammenhielt, lockert. Im selben Maße, wie die Beziehungen zwischen den Anspruchsgruppen an Bedeutung verlieren, nimmt die wirtschaftliche Ungleichheit zu. Damit aber gerät ein Eckpfeiler der sozialen Marktwirtschaft in Gefahr, der Vorsatz nämlich, allzu krasse Einkommens- und Vermögensunterschiede zu verhindern.

Der Schritt deutscher Firmen ins Ausland wird ihre gesellschaftliche Rolle verändern. 1997 plante Siemens, seine Produktion im Ausland zu erweitern und dafür sechstausend Arbeitsplätze in Deutschland abzubauen. 1999 wird das Unternehmen mehr Arbeitnehmer jenseits als diesseits der deutschen Grenzen beschäftigen. Diese internationale Ausbreitung erhöht Siemens' Bedarf an ausländischem Kapital. Der bereits zitierte Vorstandsvorsitzende Heinrich von Pierer bekannte: »Wir befinden uns in einem weltweiten Wettbewerb um Kredite und Aktienkapital.«[32] Auch andere große deutsche Unternehmen, wie Hoechst oder Thyssen, haben Anstrengungen unternommen, um Gewinne und Aktienkurse rasch zu steigern. Der globale Wettbewerb um Kapital verleiht den Aktien eine immer größere Bedeutung für die Unternehmenspolitik. Zugleich aber lockert sich damit die Verpflichtung der Firmen gegenüber anderen Anspruchsgruppen.

Eine soziale Marktwirtschaft beginnt sich aufzulösen, wenn langfristige und auf Vertrauen beruhende Geschäftsbeziehungen durch kurzfristige, von Abschlüssen und Verträgen abhängige Kontakte ersetzt werden. Die Anzeichen dafür, daß sich ein solcher Prozeß gegenwärtig in Deutschland vollzieht, mehren sich. Im Umgang mit ihren Zulieferern achten die großen Unternehmen mehr auf kurzfristige Einsparungen als auf den Erhalt lange gewachsener und stabiler Beziehungen. Sie entwickeln zahllose Strategien zur Minimierung der Arbeitskosten. Die Berufung eines Spezialisten für Kostensenkung von General Motors in die Einkaufsabteilung von Volkswagen 1993 war ein symbolischer Augenblick dieser langsamen Metamorphose der sozialen Marktwirtschaft. Symptomatisch ist auch, daß zwei der vier feindlichen Übernahmen, die es in Deutschland nach dem Krieg gab, während der letzten sechs Jahre stattfanden.

Dennoch muß sich die soziale Marktwirtschaft, wie es sie in Deutschland gibt, dem amerikanischen Modell nicht zwangsläufig angleichen. Das komplexe System von Beteiligungsgesellschaften und die institutionalisierte Mitbestimmung stehen dem entgegen und bilden ein Gegengewicht zur wachsenden Macht der Aktionärsinteressen. Die Kapitalmärkte werden daher im deutschen Wirtschaftssystem nicht die Machtstellung gewinnen können, die sie im amerikanischen und britischen Kapitalismus haben. Die Unternehmen werden hier auch in Zukunft keine ausgehöhlten, virtuellen Gebilde sein, deren Hauptfunktion darin besteht, Rechnungen einzutreiben und Gewinne zu verteilen. Gleichwohl befinden sie sich auf einem Weg, der die soziale Marktwirtschaft, wie wir sie seit mehr als einer Generation kennen, verändert.

Doch die soziale Marktwirtschaft steht nicht vor dem Zusammenbruch, dazu besitzt sie zu viele Ressourcen und eine zu große politische Legitimität. Zudem verfügt sie über mannigfaltige Möglichkeiten, sich den neuen Wettbewerbsverhältnissen anzupassen. Die deutschen Firmen sind gut gerüstet für eine Strategie der »flexiblen Spezialisierung«, für den Einsatz vielseitig qualifizierter Arbeitskräfte anstelle traditioneller Methoden der Massenproduktion, um diversifizierte und auf bestimmte Käuferschichten zugeschnittene Waren herzustellen.[33] Der Mittelstand ist mit seinen oft in Familienbesitz befindlichen und manchmal über hundert Jahre alten Betrieben noch immer stark und innovativ, der Forschungs- und Entwicklungsbereich der deutschen Unternehmen nach wie vor beispielhaft.

Es wäre daher falsch zu denken, dem deutschen Kapitalismus stünde kein anderer Weg zu größerer Flexibilität offen als das Imitieren der amerikanischen Praxis, in welcher Flexibilität mit Arbeitsplatzunsicherheit einhergeht. Das historische Abkommen zwischen der IG Metall und der Geschäftsleitung von Osram vom Frühjahr 1997 zeigt, wie das deutsche Wirtschaftssystem auf den verstärkten globalen Wettbewerb reagieren kann. Die Unternehmensleitung hatte geplant, eine neue Produktionslinie nach Italien zu verlagern, wo die Arbeitskosten vierzig Prozent niedriger gewesen wären. Nach einer vom Deutschen Industrie- und Handelstag in Auftrag gegebenen Untersuchung erwogen achtundzwanzig Prozent der westdeutschen Industriellen ähnliche Schritte im Lauf der nächsten drei Jahre, wobei fast zwei Drittel die Arbeitskosten als Hauptgrund nannten. Die Verschärfung des weltweiten Wettbewerbs war bei Osram wohlbekannt. Drei Viertel seiner Mitarbeiter sind außerhalb Deutschlands beschäftigt, und neunzig Prozent des Absatzes gehen an ausländische Kunden; die Überlegungen der Konzernspitze kreisen mithin immer wieder um die Frage angemessener Produktionsstandorte. Die Gewerkschaft war unter diesen Umständen zu einem Abkommen bereit, das die flexiblere Gestaltung der Arbeitsschichten und eine verlängerte Arbeitswoche vorsah. Es ist sehr wahrscheinlich, daß sich in naher Zukunft auch andere Gewerkschaften zu ähnlichen oder sogar weiterreichenden Vereinbarungen bereitfinden werden.[34]

Solche Verhandlungsergebnisse zeigen, wie sich die deutsche Wirtschaft auf die Weltmarktkonkurrenz einstellt, ohne dabei das aufzugeben, was sie vom System der amerikanischen freien Märkte unterscheidet. Allerdings kann sie kein Anpassungsprozeß vor dem tiefgreifenden Wandel bewahren, der bereits im Gang ist. Bedenkt man die niedrigeren Arbeitskosten im postkommunistischen Europa und die Beweglichkeit der deutschen Industrieproduktion, dann zeigt sich: Was immer aus dem gegenwärtigen Fluß der Dinge folgen mag, vom deutschen Nachkriegsmodell wird es ebensoweit entfernt sein wie vom freien Markt.

Es steht nicht zu erwarten, daß das deutsche System zur Norm für die Europäische Union wird. Dazu sind die ökonomischen Kulturen und Bedingungen der Mitgliedsländer wohl doch zu verschieden, um so mehr, als der erweiterten EU eine Reihe von postkommunistischen Staaten angehören werden. Das sozialdemokratische Projekt, den rheinischen Kapitalismus auf die Länder der EU auszudehnen, ist ein Anachronismus.

Auch die Europäische Union kann dem Druck, für den die Deregulierung des Wettbewerbs sorgt, nicht entgehen. Mancherorts ist von einem »kontinentalen Keynesianismus«[35] die Rede, dessen Ziel es sein soll, das auf einzelstaatlicher Ebene nicht mehr funktionsfähige sozialdemokratische System auf supranationaler, europäischer Ebene gleichsam neu zu erfinden. Aber auch eine viel weiter integrierte Union mit gemeinsamer Währung und Finanzpolitik muß sich, besonders nach der asiatischen Industrialisierung, der Konkurrenz mit gut ausgebildeten und billigen Arbeitskräften stellen.

Geld- und finanzpolitische Strategien der EU können sich, sofern sie als zu lax eingestuft werden, ihrer Zensur durch die Weltmärkte sicher sein. Die deregulierten Weltwährungsmärkte mit ihrer chronischen Allergie gegen eine Politik der Arbeitsplatzbeschaffung durch Kreditaufnahme der öffentlichen Hand werden den Euro abstoßen und eine Krise provozieren. Wenn die EU eine antizyklische Politik betreibt, die man als zu umfangreich einstuft, wird man ihre Schuldverschreibungen auf den Weltmärkten schnell zu Schleuderpreisen handeln. Die Folge davon wären steigende Zinsen und eine noch höhere Arbeitslosigkeit.

Selbst ein so großes und vielfältiges Wirtschaftssystem wie das der EU kann nicht hoffen, den Zwängen von vagabundierendem Kapital und Weltmarktkonkurrenz zu entgehen. Ein wirtschaftlich geeintes Europa kann gegen die Weltmärkte nicht mehr ausrichten als die Vereinigten Staaten. Ein kontinentaler Keynesianismus wäre eine Sackgasse. Ebensowenig steht eine europaweite Sozialdemokratie auf der Tagesordnung. Doch bedeutet das noch lange nicht, daß der deutsche Kapitalismus am Ende ist. Im Gegenteil, ob die gemeinsame europäische Währung nun Erfolg hat oder nicht, Deutschland wird wieder, wie vor hundert Jahren, eine der großen Wirtschaftsmächte der Welt sein, indem es sich nach Osten wendet, um seinen ökonomischen Einfluß auszudehnen.

Die sozialen Marktwirtschaften Europas befinden sich in einer tiefen Krise. Sollten sie versuchen, ihre fehlerhaften Strukturen abzustützen, werden sie den schlimmsten Übeln, die der chaotische Weltkapitalismus mit sich bringt, nicht entkommen. Keine Politik, die die sozialen Marktwirtschaften der Nachkriegszeit wiederherzustellen sucht, kann diesen Übeln entkommen.

5 Die Vereinigten Staaten und die Utopie des Weltkapitalismus

Die USA sind für die weltpolitische Rolle, die sie beanspruchen, außerordentlich schlecht gerüstet. Der doktrinäre Optimismus, der offiziell so beredt demonstriert wird, hat sich in dieser Nation seit 1865 entwickeln und aufgrund des allgemeinen Wohlstands und der Isolation des Landes auch behaupten können. Unter solch günstigen Umständen sind die Vereinigten Staaten zu einer Gesellschaft geworden, die den prophetischen Pessimismus des Judentums sowie die christlichen Gebote eines bescheidenen, demütigen Lebens und einer aufopferungsvollen Nächstenliebe durch einen mächtigen Optimismuszauber in sentimentale und vulgäre Tröstungen einer bourgeoisen Klasse verwandelt ... Solche Phänomene ... sind eng verbunden mit der Außenpolitik der Vereinigten Staaten, die von der Möglichkeit ausgeht, die Institutionen und das Verhalten der gesamten Menschheit gründlich reformieren zu können. Sie zeigen, wie sehr die amerikanische Zivilisation sich von den zentralen Erfahrungen der westlichen Geschichte und der modernen Politik abschottet. Sie beweisen, daß die Nation sich der menschlichen Tragödie, dem Elend, der Irrationalität und Perversität des menschlichen Lebens nach wie vor verschließt oder, was der Wahrheit näher kommt, dies alles gründlich verdrängt.   EDMUND STILLMAN UND WILLIAM PFAFF[1]

Das globale Laissez-faire ist eine Idee der Amerikaner. Gleichwohl sind die Vereinigten Staaten keineswegs immer schon für einen weltweiten freien Markt eingetreten. Vielmehr nährten sie lange Zeit die Vorstellung, eine einzigartige Mission in der Welt zu haben, und isolierten sich dabei von ihr. Mit Thomas Jefferson sahen sie sich als »die größte Hoffnung der Welt«, doch erst seit kurzem setzen sie die Erfüllung dieser Hoffnung mit der globalen Ausbreitung freier Märkte gleich.

Der freie Weltmarkt geht ein in die Vorstellung einer universellen Zivilisation, die das letzte große Regime, das sich den Prinzipien der Aufklärung verpflichtet fühlt, auch kämpferisch unterstützt und fördert. Zugleich enttäuscht Amerika die mit der Aufklärung verbundenen Hoffnungen der Moderne durch die Engstirnigkeit der fundamentalistischen Bewegungen, die tief im Leben dieses Landes verankert sind.

Fast alle Staaten der Welt bekennen sich heute zu bestimmten Idealen der europäischen Aufklärung; fast alle haben die Menschenrechtserklärung der Vereinten Nationen unterzeichnet. Diese war ein Produkt des Zweiten Weltkriegs, in dem sich die Alliierten gegen das NS-Regime zusammengetan hatten, das sämtliche Errungenschaften der Aufklärung mit Füßen trat und die moderne Technik in den Dienst rassischer Sklaverei und eines unvergleichlich furchtbaren Völkermords stellte. Der Sieg, den die Alliierten über die Nationalsozialisten errangen, erweckte den aufklärerischen Glauben an eine Weltzivilisation zu neuem Leben.

Das bemerkenswerteste Ergebnis des Zerfalls der Nachkriegsweltordnung ist die Ablehnung ebendieses Ideals in etlichen Ländern. In China, Malaysia und Singapur, in Ägypten, Algerien und im Iran, im postkommunistischen Rußland und in Teilen des Balkan, in der Türkei und in Indien sind mit dem Ende des Kalten Krieges mächtige Bewegungen entstanden, die jede Ideologie der Verwestlichung ablehnen. Die Zukunft der Türkei Atatürks etwa, eines der ältesten am Westen orientierten Regime, ist ungewiß; die dort erstarkende islamische Bewegung stellt ihre säkularen Institutionen radikal in Frage.

Die europäischen Länder, vor allem Frankreich, fühlen sich dagegen eindeutig den Werten der Aufklärung verpflichtet. Zugleich jedoch spürt man, daß die Unterschiede zwischen den Kulturen bestehenbleiben und die Führungsrolle Europas, für die Aufklärung selbstverständlich, ein für allemal dahin ist. Die meisten europäischen Länder sind zwar durch das Denken der Aufklärung geprägt, lassen sich inzwischen aber als nachaufklärerische Kulturen bezeichnen. Allein in den Vereinigten Staaten ist der Glaube an die Weltzivilisation politisch noch lebendig. Während des Kalten Krieges fand er seinen Ausdruck im Antikommunismus. Heute, in der postkommunistischen Ära, beseelt er die amerikanische Idee eines freien Weltmarktes.

Nach dem Ende des Zweiten Weltkriegs bestand über vierzig Jahre lang ein Konflikt zwischen zwei Ideologien, die beide aus der Aufklärung hervorgingen – Liberalismus und sowjetischer Marxismus. Beide Doktrinen stammen aus dem Zentrum der »westlichen Zivilisation«. Sowohl der klassische Marxismus als auch der Sowjetkommunismus waren späte Blüten alter westlicher Traditionen. Zu Recht sahen sich ihre Begründer und Anhänger als Erben einer Denkströmung, zu der die klassischen ökonomischen Theorien von Adam Smith und David Ricardo ebenso gehören wie die Werke von Hegel und Aristoteles. Die Auseinandersetzung zwischen dem Sowjetkommunismus und der liberalen Demokratie war kein Zusammenstoß zwischen dem Westen und der übrigen Welt, sondern ein Familienzwist unter westlichen Ideologien.

Als die Sowjetunion zusammenbrach, siegte nicht »der Westen« über einen seiner Feinde, nein, es war das ruinöse Ende eines Regimes, das das Programm der Verwestlichung mit größtem Ehrgeiz betrieben hatte. Es führte aber mitnichten zur weltweiten Anerkennung westlicher Institutionen und Werte, vielmehr kehrte Rußland zu all den geschichtlichen Ambivalenzen zurück, die seine Beziehungen zu Europa und der Welt immer schon bestimmt haben.

Die Welt, so wie sie sich nach Ende des Kalten Krieges zeigt, läßt sich mit einer an der Aufklärung orientierten Denkweise nicht angemessen erfassen. Ein Land, das seine Politik auf Hoffnungen stützt, die in die Zeit der Aufklärung zurückreichen, wird seine Erwartungen immer wieder enttäuscht sehen. Es ist nicht vorbereitet auf die Rückkehr der Geschichte in die nachaufklärerische Welt. Das zentrale Problem der USA rührt daher, daß ihre Institutionen und ihre Politik auf einer frühmodernen Ideologie gründen, die unter spätmodernen Bedingungen nicht mehr viel bewegen kann – möglicherweise ist das sogar ein unlösbares Problem.

Wiederauflebende Religionen, alte Völkerfeindschaften, territoriale Konflikte, der Einsatz neuer Technologien zu Kriegszwecken statt zur Schaffung von Wohlstand – all das paßt nicht gut zum säkularen Weltbild der Aufklärung und ihrer Idee eines allgemeinen, durch freien Handel bewirkten Weltfriedens. Es bezeugt eher die Virulenz klassischer Ursachen für politische und militärische Konflikte zwischen und auch innerhalb von Staaten. Solche Konflikte gehen den Ideologien der Aufklärung zufolge jedoch nicht auf unveränderliche Eigenschaften der menschlichen Natur zurück; vielmehr halten Liberalismus und Marxismus sie lediglich für Phasen der Menschheitsentwicklung.

Neokonservative, die nach wie vor den demokratischen kapitalistischen Staat für die einzig legitime Regierungsform halten und die Möglichkeit ausschließen, daß solche Regierungen Krieg gegeneinander führen könnten, sind ebensosehr wie die vulgärsten Marxisten Gefangene der Illusion, die geschichtlichen Ursachen von Kriegen seien zu überwinden. Mit diesem Glauben befinden sie sich in völligem Widerspruch zur traditionellen Praxis der Diplomatie, die sich stets bemüht hat, zerstörerische Konflikte einzudämmen und in den Griff zu kriegen, ohne sich dabei der Vorstellung hinzugeben, sie seien wirklich zu beseitigen.

Volkszugehörigkeit, Territorium und Religion sind als entscheidende Faktoren in Politik und Krieg zurückgekehrt; deshalb macht sich jede Diplomatie, die ungebrochen von der Aufklärungsidee des Homo oeconomicus und einer universalen Zivilisation ausgeht, lächerlich. Wer noch immer glaubt, eine sich weltweit durchsetzende Moderne werde jene Kräfte überwinden, hat sich offenbar nie gefragt, warum ökonomische Liberalisierung und religiöser Fundamentalismus so oft Hand in Hand gehen.

Wie in der ehemaligen Sowjetunion beruht auch in den USA Außenpolitik mehr auf Hoffnungen der Aufklärung als auf einem Begriff nationaler Interessen. Der Kalte Krieg war ein Konflikt zwischen entgegengesetzten Varianten ein und derselben Aufklärungsidee. In der spätmodernen Welt, in der die Vereinigten Staaten agieren müssen, wird eine Außenpolitik, die auf universalistischen Ideen gründet, allerdings wenig Einfluß auf den Gang der Dinge haben. Vonnöten für Amerikas Politik ist vielmehr, so hat es Henry Kissinger einmal auf den Punkt gebracht, eine »klare Definition nationaler Interessen«[2].

Amerika geht heute keinen Weg, auf dem ihm alle anderen Gesellschaften folgen werden. Im Gegenteil, es ist dabei, sich von den restlichen »westlichen« Kulturen abzukoppeln: durch die extreme Art, mit der es sein auf die Idee des freien Marktes gestütztes Experiment der Gesellschaftsorganisation vorantreibt, ebenso wie durch die Intensität der fundamentalistischen Bewegungen, die dieses Experiment wachruft. Nicht nur in anderen Ländern, auch in Amerika selbst sind die fundamentalistischen Positionen eine Reaktion auf die sozialen Schäden, die das radikal moderne Wirtschaftssystem verursacht.

Der Aufstieg des Neokonservativismus in den Vereinigten Staaten

Seit den achtziger Jahren beherrscht die Orthodoxie des freien Marktes das gesellschaftliche Leben und die politische Kultur Amerikas. Daß sich gegen sie keine ernsthafte Kritik erhoben hat, ist sicher auch auf die Ereignisse von 1989, den Fall der Berliner Mauer und den Zusammenbruch des Sowjetregimes zurückzuführen. Denn durch all das bekam die schon schwankende Überzeugung der Amerikaner, die Vereinigten Staaten verkörperten die Moderne wie kein anderes Land, neuen Auftrieb. Der »declinism« – die Annahme, daß Macht und Reichtum Amerikas dahinschwinden – war überwunden, vielmehr schien die Welt durch die Übernahme von amerikanischen Werten und Institutionen zusammenzufinden. Seitdem sind Modernität, freier Markt und die universale Bedeutung amerikanischer Institutionen im öffentlichen Bewußtsein der USA nahezu deckungsgleich.

Das gegenwärtige Projekt eines einzigen globalen Marktes ist die vom aufsteigenden Neokonservativismus vereinnahmte universale Mission Amerikas. Die Utopie des Marktes hat sich erfolgreich des amerikanischen Glaubens bemächtigt, ein einzigartiges Land zu sein, das Modell einer universalen Zivilisation, das allen Gesellschaften zur Nachahmung bestimmt ist.

In den dreißiger und frühen vierziger Jahren unseres Jahrhunderts fand die messianische Tradition Amerikas einen vornehmen und großzügigen Ausdruck im staatsinterventionistischen Liberalismus Roosevelts, der maßgeblich zum Sieg über den Nationalsozialismus beigetragen hat. An die Stelle dieser Tradition ist nun der freie Markt getreten, der immer deutlicher zur inoffiziellen zivilen Religion Amerikas wird. Die Leitbildfunktion, die er in Politik, Wissenschaft und Publizistik erworben hat, ist bemerkenswert. Sie hat dem wohlfahrtsstaatlich orientierten Liberalismus im gesellschaftlichen Leben und in der politischen Kultur der Vereinigten Staaten jegliche Legitimität entzogen. Wer sich als interventionistisch denkender Linksliberaler zu erkennen gibt, wird dafür politisch haftbar gemacht. Linksliberale Meinungen hört man allenfalls noch von einer ins Abseits gedrängten Minderheit. So sind die amerikanischen Befürworter eines wohlfahrtsstaatlichen Modells politisch nahezu bedeutungslos geworden, ein Erfolg der Strategie der Konservativen, diese Position als verkrustete Orthodoxie zu präsentieren.

An die eleganten Bitten um Nachsicht für die Unzulänglichkeiten

Amerikas, wie wir sie von George Santayana und Walter Lippmann, Henry Mencken und Eric Voegelin kennen, erinnert man sich kaum noch in einer Zeit, da die Konservativen zu großsprecherischen Evangelisten des globalen Kapitalismus geworden sind. Der amerikanische Konservativismus von heute ist lediglich eine verschrobene und sektiererische Spielart der Aufklärung – des anarchistischen Laissez-faire des 19. Jahrhunderts.

Die Strategie, mit der die Rechte in den achtziger Jahren die Herrschaft über die öffentliche Meinung in Amerika zu gewinnen suchte, war denkbar einfach: Man setzte die amerikanischen Institutionen mit dem freien Markt gleich. Aus der Geschichte der Vereinigten Staaten läßt sich eine solche Gleichsetzung allerdings kaum rechtfertigen. Zwar galt im Amerika im 19. Jahrhundert für die einheimische Wirtschaft eine frühe Version des Laissez-faire. Doch anders als in England wurde der freie Markt in den USA durch protektionistische Maßnahmen und bis zum Ende des Bürgerkriegs auch durch die Sklaverei begrenzt und abgeschirmt.

Keine amerikanische Regierung befolgte die Regel, der Staat habe sich ins Wirtschaftsleben nicht einzumischen. Die Grundlage für Amerikas Reichtum wurde hinter hohen Zollmauern geschaffen. Bundes- und Staatsregierungen bauten Eisenbahnen und Fernstraßen. Der Weg nach Westen wurde durch eine Fülle staatlicher Unterstützungen geebnet. Und nicht nur auf wirtschaftlichem Gebiet war die amerikanische Regierung tätig, sie griff auch tiefer als sonst in modernen westlichen Ländern üblich in den Bereich der persönlichen Freiheit ein – in Fragen der Moral und der guten Sitten. Kein anderer westlicher Staat hat zum Beispiel versucht, die Prohibition durchzusetzen. Man braucht daher ziemlich viel Phantasie, um die USA als ein Land hinzustellen, in dessen Geschichte die Regierung lediglich eine geringe Rolle gespielt hat.

Dennoch hat man den entfesselten Kapitalismus der Vereinigten Staaten vor dem Ersten Weltkrieg mittels einer ökonomischen Philosophie des Laissez-faire und einer minimalistischen Doktrin des

Regierungshandelns legitimiert; zum einen, um progressiven Reformern der nachkommenden Generation, die sich gegen die großen Trusts wandten, anzugreifen, zum anderen, um die im 19. Jahrhundert errichteten Monopole als das natürliche Ergebnis eines uneingeschränkten Wettbewerbs zu verteidigen. Kurz, ein goldenes Zeitalter des amerikanischen Laissez-faire ist ein Geschichtsmythos. Und nicht erst heute nutzt man ihn, um die Idee des freien Marktes zu unterstützen.

In der amerikanischen Mythenbildung verkörpert die Verfassung zeitlose und universell geltende Prinzipien. Mithin sind die Vereinigten Staaten nicht irgendein Staatsgebilde, das unter bestimmten Umständen entstanden ist und irgendwann auch wieder verschwindet, sie stehen vielmehr für universale Wahrheiten, deren Zukunft durch die Geschichte gesichert ist.

Im Denken der Rechten[3] werden die allgemeingültigen Prinzipien der Gründer, der Anspruch Amerikas auf exemplarische Modernität und die Institutionen des freien Marktes in eins gesetzt. Daher ist der freie Markt das zentrale Kriterium der Modernität; seine Reichweite und Verbreitung sind gleichbedeutend mit der Reichweite und Verbreitung amerikanischer Werte. Ebendarum muß die Idee des freien Marktes von weltumspannender Bedeutung sein. Es kann sich nicht bloß um eine spezielle, räumlich begrenzte Art der Marktorganisation mit wiederum speziellen Vor- und Nachteilen handeln; es muß ein Konzept sein, das mit gebieterischer Notwendigkeit aus der Idee der Freiheit folgt: für alle Zeiten, an allen Orten.

Mit dieser rechten Version des »amerikanischen Credos« hat sich unter der Hand eine surreale Wendung der Geschichte vollzogen. Denn die dogmatische Auffassung vom freien Markt als wirksamstem Mittel zur Schaffung von Wohlstand geht an der Realität der in der Welt tatsächlich bestehenden kapitalistischen Ökonomien vollkommen vorbei. Modernisierung in den heute vielversprechendsten Volkswirtschaften beruht nämlich nicht auf der Übernahme der freien Marktwirtschaft amerikanischen Stils; ganz im Gegenteil fußt sie auf ständigen und umfangreichen staatlichen Interventionen.

Würden die erfolgreichsten neuen Industrienationen – wie Singapur, Malaysia, Taiwan, Japan oder nun auch China – das amerikanische System der freien Marktwirtschaft kopieren, gerieten sie in eine Entwicklungsphase, wie sie die Vereinigten Staaten zu Beginn der Moderne erreichten. Für die asiatischen Länder wäre das ein Rückzug aus unserer spätmodernen Welt. Tatsächlich haben sie gar nicht erst versucht, das amerikanische Modell der freien Marktwirtschaft nachzuahmen, und sie werden es auch in Zukunft nicht tun.

Die Ideologie des freien Marktes, für die Amerika gegenwärtig wirbt und streitet, ist kein Mittel zur Modernisierung – außer, auf perverse und paradoxe Weise, in den Vereinigten Staaten selbst. Sie ist ein Relikt der Aufklärung, gehört in die Welt eines John Locke, nicht in unsere. Die Annahme universal gültiger Menschenrechte, die auf die Gebote einer christlichen Gottheit zurückgehen, das Beharren darauf, daß die amerikanische Lebensart auf Naturgesetzen beruht, sowie die Auffassung, der Staat dürfe lediglich eine begrenzte Rolle spielen und der oberste Wert sei das Privateigentum – all das verschleiert als pietätvoll gehütete atlantische Tradition die Vielgestaltigkeit der Welt, in der auch die Amerikaner leben müssen. Letztlich wird diese archaische Weltsicht noch nicht einmal der bunten Vielfalt des amerikanischen Lebens selbst gerecht.

Es wäre jedoch ein Fehler, die ökonomische Philosophie des freien Marktes in Amerika nach dem äußeren Anschein zu beurteilen und ihre Wirkung als Rückfall der Vereinigten Staaten in die Vergangenheit zu deuten. In Wirklichkeit ist die Einrichtung des freien Marktes im Amerika des ausgehenden 20. Jahrhunderts alles andere als eine nostalgische Übung, nämlich eine Tour de force der Hochmoderne. Das Öffnen von Märkten ist keine konservative Unternehmung, sondern eine ökonomische und kulturelle Konterrevolution. Der Fundamentalismus läßt sich in den Vereinigten Staaten nicht als Rückkehr zur Tradition verstehen, sondern nur als *overkill* der Moderne.

Um die amerikanische Gesellschaft den Notwendigkeiten des freien Marktes entsprechend umzubauen, nutzte man die Macht der großen Konzerne und der Bundesregierung. Es entstand eine wirtschaftliche Ungleichheit, wie wir sie seit den zwanziger Jahren nicht mehr erlebt haben und wie sie auch in anderen fortgeschrittenen Industrieländern undenkbar ist. Ich sprach bereits davon: überfüllte Gefängnisse, zerstörte Familien, abgeschottete Wohnviertel für die Eliten, ein Land von größerer sozialer Zerrissenheit als Argentinien oder Chile, in dem gleichzeitig ein nativistischer Kreuzzug gegen »Relativismus« und »Multikulturalismus« geführt wird. Dies ist kein Programm für kulturelle oder institutionelle Kontinuität in den Vereinigten Staaten. Die Wacheren unter den Publizisten scheinen zu ahnen, daß es sich vielmehr um ein Planspiel für den kulturellen Bürgerkrieg handelt; auf jeden Fall um einen Bruch mit dem liberalen Kapitalismus, der die wirtschaftliche Überlegenheit Amerikas nach dem Krieg begründet hat.

Es ist nicht sicher, wohin diese neokonservative Revolution die Vereinigten Staaten führen wird. Wie überall, ruft der freie Markt auch hier mächtige soziale und politische Gegenkräfte auf den Plan. Das chronische wirtschaftliche Risiko, das er der Mehrheit der Bevölkerung auferlegt, ist ein fruchtbarer Boden für populistische Politiker. Zeiten herrschender Unsicherheit sind für all jene, die für weitere Deregulierung und für noch weniger Staat eintreten, nicht unbedingt günstig.

Das Schicksal eines rechten Demagogen wie Newt Gingrich, der schnell aus dem politischen Zentrum an den Rand gerutscht ist und über den man heute nur noch lacht, bestätigt das Urteil des ehemaligen Reagan-Mannes David Stockman, der den Fehlschlag der Reagan-Revolution als Beweis dafür nimmt, »daß die amerikanischen

Wähler eigentlich eine gemäßigte Sozialdemokratie haben wollen, die sie vor den rauheren Seiten des Kapitalismus schützt«[4].

Die Reagan-Anhänger haben mit ihrer Behauptung, sie hätten in den Vereinigten Staaten eine Revolution in Gang gesetzt, nicht übertrieben. Amerikas Rechte steht nun nicht mehr für institutionelle Kontinuität und sozialen Zusammenhalt; ihre Politik ist nicht gediegen, sondern radikal. Ihre Ziele verlangen einen großangelegten Umbau der Gesellschaft, nicht die Achtung vor dem geschichtlichen Erbe. Ihre Rhetorik appelliert nicht an kluge Umsicht oder an den Sinn für die Unvollkommenheiten des menschlichen Daseins, sondern ist eine phrasenhafte Verklärung neuer Technologien, sie dämonisiert die Regierung und versichert in aggressivem Ton, alle sozialen Probleme durch die Kräfte des freien Marktes lösen zu können.

Ronald Reagan hat möglicherweise die wirtschaftliche Konterrevolution, die er in Gang setzte, selber gar nicht gewollt. Die politische Ökonomie des Reaganismus war nicht sonderlich marktorientiert, vielmehr eine Art von militärfixiertem und protektionistischem Keynesianismus. Reagan nahm hohe Haushaltsdefizite in Kauf, um Steuersenkungen und Militärausgaben zu finanzieren. Weite Teile der amerikanischen Industrie kamen in den Genuß einer großzügigen Förderung mittels Subventionen und Zölle. Die Finanz- und Handelspolitik der Reagan-Administration hatte so gut wie nichts mit Haushaltsausgleich und Freihandel zu tun. Auch insofern unterscheidet sie sich von dem Kurs der Neuen Rechten in Großbritannien und Neuseeland. Abgesehen von seiner Steuer- und Deregulierungspolitik sind die langfristigen Folgen von Reagans Präsidentschaft bedeutender als das, was während seiner Amtszeit geschah.

Vor allem bewirkte er, daß wirtschaftliche Ungleichheit in den Vereinigten Staaten zu etwas Akzeptablem wurde und sich ein Geschäftsgebaren durchsetzte, für das soziale Gesichtspunkte keinerlei Rolle mehr spielten. Dazu Godfrey Hodgson: »Die Stagnation der Einkommen in Amerika und die Zunahme der Ungleichheit sind im wesentlichen Folgen des Konzernmanagements, hervorgerufen sowohl durch die Führung der großen Industrieunternehmen selbst als auch indirekt durch den intellektuellen Stil, der sich im Finanzsektor etabliert hat. Die politische Deregulierung verschaffte den Managern Ellbogenfreiheit. Das politische Klima bestärkte sie in dem Glauben, sie müßten sich um nichtökonomische Dinge keine Gedanken mehr machen. Die Vorgehensweise der großen Konzerne verschärfte die Ungleichheit, und konservative Lehrmeinungen gaben ihr einen höheren Sinn.«[5]

Die Freiheit, über die das Management in einer deregulierten Wirtschaft verfügt – bei Einstellungen und Entlassungen, Betriebsverkleinerungen und Zahlungsaufschüben, Optionen auf Vorzugsaktien oder Prämien –, sah man nicht länger als Privileg, das sich einer besonderen Spielart des Kapitalismus verdankte. Fortan stellte man sie als unveräußerliches Menschenrecht hin. Der amerikanische Kapitalismus galt als Verwirklichung von Freiheit, und die Struktur der freien Marktwirtschaft in Amerika schien sich mit den Imperativen der Menschenrechte zu decken. Und wenn der freie Markt nichts anderes ist als das verwirklichte Recht auf individuelle Freiheit in wirtschaftlichen Dingen, wer könnte es dann noch wagen, die wachsende Ungleichheit und die sozialen Folgeschäden, die diese freie Marktwirtschaft zu verantworten hat, zu verurteilen?

Es gibt keine ernst zu nehmende Theorie, die den besonderen Freiheiten eines deregulierten Kapitalismus den Rang universal gültiger Rechte verleiht. Die plausibelsten Konzeptionen von Individualrechten beruhen nicht auf den Auffassungen, die das 17. Jahrhundert vom Eigentum hatte, sondern auf modernen Anschauungen von der persönlichen Autonomie des Menschen. Aber auch diese sind nicht universal gültig; sie gehören in den Erfahrungszusammenhang von Kulturen und Individuen, für die persönliche Wahlmöglichkeiten wichtiger sind als der soziale Zusammenhalt, als die Beherrschbarkeit wirtschaftlicher Risiken oder sonst ein gemeinschaftliches Gut.

Rechte bilden nie den Ausgangspunkt der Politischen Theorie oder der Moraltheorie – und auch nicht der entsprechenden Praxis. Sie sind Schlußfolgerungen, Endresultate langer Gedankenketten, die von allgemein anerkannten Voraussetzungen ausgehen. Ohne verbindlichen ethischen Lebenszusammenhang haben Rechte wenig Wirkungsmacht oder Sinn. Sie sind Konventionen, die nur so lange halten, wie sie einen moralischen Konsens zum Ausdruck bringen. Gibt es kein Einverständnis über ethische Grundsätze, ist es sinnlos, sich auf Rechte zu berufen. Im Gegenteil, ethische Konflikte können sich dadurch weiter zuspitzen.

Überhaupt ist der Versuch, schwierige Konflikte durch die Berufung auf Rechte zu schlichten – anstatt sie mit Hilfe politischer Kompromisse zu moderieren –, das Rezept für einen kalten Bürgerkrieg. So wurden die Auseinandersetzungen, die in Amerika über die Frage der Abtreibung entbrannten, durch das legalistische Beharren auf nicht verhandelbaren Rechten derart verschärft, daß es zum Ausbruch eines solchen Krieges kam. Konflikte dieser Art lassen sich nicht schlichten oder lösen. Eine Streitkultur, die sich auf die Unabdingbarkeit von Rechten beruft, kann die USA nur in Unregierbarkeit stürzen. Die mit den gegenwärtigen Rechtstheorien verbundenen Ansprüche sind völlig überzogen, wodurch sie den politischen Diskurs ersticken.[6] Die mit dem Aufstieg des neokonservativen Denkens gewachsene Bedeutung von Rechten wird dazu benutzt, die freie Marktwirtschaft vor öffentlicher und politischer Kontrolle zu schützen.

Während Reagans Amtszeit wurde das öffentliche Bewußtsein dahingehend umgeformt, daß ihm zuletzt die Imperative des freien Marktes, die Interessen der großen Konzerne und die Freiheitsrechte samt den Grundsätzen ihrer Ausübung als ein und dasselbe galten. Das wirkte sich nicht nur auf den politischen Kurs von George Bush aus, sondern auch auf den von Bill Clinton. Als dieser im August 1996 die Gesetzesvorlage zur Reform des Sozialhilfe-systems unterzeichnete, war ein Schlußstrich unter die liberale Ära gezogen. Die Bundesregierung gab ihre soziale Verantwortung und damit die größten Errungenschaften von Roosevelts Reform-politik auf. Im politischen Klima, das mit dem Aufstieg der Neo-konservativen entstanden war, hatte Clinton vielleicht keine an-dere Wahl, als das zu tun, was er tat – die schlimmsten Spitzen der weit rechts angesiedelten republikanischen Vorlage abzuwehren und nur die Bestimmungen aufzunehmen, welche die Unterstüt-zung der Wähler hatten.

Freud vertrat die Auffassung, kultureller Fortschritt beruhe auf dem Tausch von Selbstverwirklichung gegen Sicherheit. Politik sah er als die rationale Beherrschung der Unterdrückung, die mit diesem Tausch notwendigerweise verbunden ist. Eine solch aufgeklärte Sichtweise paßt ganz und gar nicht zum politischen Gebaren der Vereinigten Staaten gegen Ende des 20. Jahrhunderts. Viele Ameri-kaner erklären sich bereit, Sicherheit gegen das Streben nach Glück einzutauschen. Doch oft schrecken sie davor zurück, den Handel, den sie geschlossen haben, auch wirklich zuzulassen.

Eine Aufgabe führender Politiker ist es, die Wahlentscheidungen zu verschleiern, die die Gesellschaft bereits getroffen hat. Bei Clin-ton ging es darum, die Illusion zu erzeugen, daß eine Gesellschaft, die als einzigen unumstrittenen Wert die individuelle Wahlmög-lichkeit kennt, dem menschlichen Bedürfnis nach Stabilität ge-recht zu werden vermag. Gleichwohl unternahm er nichts gegen die in der Öffentlichkeit verbreitete Selbsttäuschung, die in einer auf Recht und Ordnung abgestellten Politik angemessenen Ersatz für die vom freien Markt zerstörten sozialen Institutionen sah. Er agierte wie ein politischer Schamane, durch den die kulturellen Widersprüche zum Ausdruck kommen, ohne daß sie richtig wahr-genommen oder gelöst werden; vielleicht wird sich herausstellen, daß er der Prototyp für die Staatskunst der Postmoderne ist.

Wie andere Ideologien der Aufklärung, führt auch der utopische

Glaube an den Markt bei seinen Anhängern zu einer überheblichen Vernachlässigung der Geschichte. Zwar weisen sie immer wieder darauf hin, daß Ideen Konsequenzen haben. Doch sie bemerken nicht, daß solche Konsequenzen nur selten die sind, die man erwartet oder erhofft hatte – und niemals bloß diese. So brachte die in den achtziger Jahren aufgekommene Spielart der freien Marktwirtschaft eine neue wirtschaftliche Unsicherheit der amerikanischen Mittelklasse mit sich.

Die neue wirtschaftliche Unsicherheit in den Vereinigten Staaten

Es wäre falsch, wollte man Amerika heute als eine Gesellschaft beschreiben, in der eine wohlhabende Mehrheit mit herablassender Verachtung auf eine der Armut hoffnungslos ausgelieferte Unterklasse herabsieht. Die Vereinigten Staaten sind eine Gesellschaft, in der auch bei der Mehrheit die Angst umgeht; und dieses Gefühl der Unsicherheit ist für die meisten Amerikaner so groß wie seit den dreißiger Jahren nicht mehr.

Bemerkenswerterweise sind die Ängste aber kein Nebeneffekt der wirtschaftlichen Stagnation. Ganz im Gegenteil: Während der letzten fünfzehn Jahre ging es mit der amerikanischen Wirtschaft fast ununterbrochen bergauf. Produktivität und Nationaleinkommen sind stetig gewachsen. Mit den Strukturveränderungen in der amerikanischen Industrie konnten Märkte erobert werden, von denen man gedacht hatte, sie seien für immer an die Japaner verloren. Wie in der mittleren Periode des viktorianischen England bewirkte die Befreiung der Märkte einen spektakulären – und unwiederholbaren – Wirtschaftsaufschwung.

Gleichzeitig stagnierten die Einkommen der meisten Amerikaner. Und selbst bei steigenden Einkommen erhöhte sich das persönliche wirtschaftliche Risiko merklich. Es wächst die Furcht vor ökonomischen Erschütterungen um die Lebensmitte, von denen man sich vielleicht nicht mehr erholen kann. An eine einzige lebenslange Berufslaufbahn denkt kaum noch jemand. Viele sind nicht ohne Grund der Meinung, daß ihr Gehalt in Zukunft sinken wird. Das sind nun wahrlich nicht die Umstände, unter denen sich eine Kultur der Zufriedenheit entfalten kann. Der Ökonom John K. Galbraith schrieb 1993 dazu: »Wirklich neu in den sogenannten kapitalistischen Ländern – und dies ist der entscheidende Punkt – ist das Phänomen, daß die Zufriedenheit und die sich daraus ergebende Überzeugung heute die Haltung der Mehrheit und nicht die einer Minderheit widerspiegelt. Diese Mehrheit sucht ihren Vorteil unter dem Schutz der Demokratie, auch wenn diese Demokratie einen großen Teil der Bürger ausgrenzt. Sie ist für jene da, die eigentlich nur deshalb zu den Wahlurnen gehen, weil sie ihre gesellschaftlichen und wirtschaftlichen Pfründe verteidigen wollen. Auf diese Weise wird eine Regierung gewählt, die sich nicht an der Realität und an den gesellschaftlichen Bedürfnissen orientiert, sondern an dem Weltbild der Zufriedenen, die jetzt aber die Mehrheit der Wähler stellen.«[7]

Das mag für die Vereinigten Staaten unter Reagan zutreffend gewesen sein, gilt aber nicht für die späten neunziger Jahre. Amerika ist keine bürgerliche Gesellschaft mehr, sondern eine zersplitterte, in der eine ängstliche Mehrheit zwischen einer hoffnungslosen Unterschicht und einer alle staatsbürgerlichen Pflichten leugnenden Oberschicht eingekeilt ist. Die politische Ökonomie des freien Marktes und die moralische Ökonomie der bürgerlichen Zivilisation haben sich voneinander gelöst – ein wahrscheinlich unumkehrbarer Prozeß.

Die Theorie des *Embourgeoisement*, Thema vieler soziologischer Lehrbücher, ging davon aus, daß die Arbeiter langfristig in die Mittelschicht integriert werden. Und nach dem Krieg verlief die Entwicklung in den meisten westlichen Ländern etwa eine Generation lang tatsächlich in diese Richtung. Soziologen, Ökonomen und Politiker aller Parteien hielten den Prozeß der Verbürgerlichung für einen langfristigen, unaufhaltsamen Trend. Auf seine Umkehrung, also das, was die amerikanische Gesellschaft zur Zeit erlebt, sind sie nicht vorbereitet.

Nun wird auch die Mittelschicht mit dem Zustand der wirtschaftlichen Unsicherheit konfrontiert, gegen die es kein Mittel gibt – die aussichtslose Situation, unter der das Proletariat des 19. Jahrhunderts zu leiden hatte. Das heißt nicht, daß die Einkommen der amerikanischen Mittelschicht nicht immer noch viel höher liegen als die von Arbeitern, selbst wenn sie in den letzten zwanzig Jahren nicht mehr gestiegen sind. Doch die Abhängigkeit von immer unsichereren Arbeitsplätzen wächst, und damit gleicht die Mittelschicht mehr und mehr dem klassischen Proletariat des 19. Jahrhunderts. Ihre Angehörigen haben ähnliche wirtschaftliche Schwierigkeiten wie die Arbeiter, die weder bei sozialen Institutionen noch bei Gewerkschaften Schutz und Hilfe finden. Ein weiteres ständiges Risiko ist der Zusammenbruch der Familie; 1987 betrug die durchschnittliche Dauer einer Ehe sieben Jahre.[8]

Ein Grund für die Schwächung der Familie ist die von den Arbeitnehmern geforderte hohe Mobilität. Der deregulierte Arbeitsmarkt setzt in den Vereinigten Staaten ein Reisepensum voraus, das weit über das in europäischen Ländern übliche Maß hinausgeht. In Großbritannien, durchaus eine der weniger stabilen Gesellschaften Europas, ist das Risiko für Arbeitnehmer, wegen einer Anstellung in einen anderen Landesteil umziehen zu müssen, fünfundzwanzigmal geringer als in den USA.[9] Besonders wenn Familien zwei Einkommen brauchen, wie es in den letzten zwanzig Jahren in Amerika üblich geworden ist, werden Partner nicht selten auseinandergerissen, denn oft liegt ihre jeweilige Arbeitsstelle nicht am gleichen Ort. Und das ist nur ein Beispiel dafür, wie ein wirtschaftliches System, das nur nach den Gesetzen des freien Marktes funktionieren soll, in Konflikt mit traditionellen Institutionen gerät.

Auch mit der angeblich besseren Beschäftigungslage ist es nicht weit her. Es gibt Schätzungen, wonach etwa zehn Prozent der arbeitsfähigen Bevölkerung, also 13,5 Millionen Menschen, unterbeschäftigt sind. Zu diesen gehören 4,5 Millionen Teilzeitbeschäftigte, die gern voll arbeiten würden, und all jene, die in den letzten zwölf Monaten vergeblich eine Stelle gesucht haben. Nach statistischen Angaben der amerikanischen Regierung sind etwa 12,2 Millionen Menschen Gelegenheitsarbeiter mit kurzfristigen Verträgen.[10] Richard Layard hat dies folgendermaßen kommentiert:»Die offene Arbeitslosigkeit ist in den Vereinigten Staaten natürlich niedriger. Berücksichtigen wir jedoch alle Formen der Arbeitslosigkeit, dann ist der Unterschied zwischen den USA und Europa nicht mehr groß: Zwischen 1988 und 1994 waren in Frankreich elf, in Großbritannien dreizehn, in den USA vierzehn und in Deutschland fünfzehn Prozent der Männer zwischen fünfundzwanzig und fünfundfünfzig Jahren arbeitslos.«[11] Außerdem ist die Beschäftigtenzahl in den Vereinigten Staaten zum Teil deshalb so schnell gestiegen, weil die Produktivität so niedrig lag – nur etwa halb so hoch wie in den meisten westeuropäischen Ländern. Kaum verwunderlich also, daß es in den USA gelang, für dieselbe Produktionsmenge doppelt so viele Arbeitsplätze zu schaffen wie in den europäischen Staaten.

Schließlich muß man die enorme Zahl an Gefängnisinsassen berücksichtigen: Über eine Million Menschen würden zusätzlich Jobs suchen, wenn die Strafjustiz in den Vereinigten Staaten so arbeitete wie in Westeuropa. Wer den amerikanischen Arbeitsmarkt als Modell für so verschiedene Kulturen wie die britische oder die deutsche empfiehlt, müßte sich eigentlich fragen, ob nicht die gezwungenermaßen hohe Mobilität mitverantwortlich dafür ist, daß in Amerika ein Prozent der Bevölkerung hinter Gittern sitzt (in Großbritannien hingegen noch nicht einmal ein Promille). Vor diesem Hintergrund bleibt von der amerikanischen Überlegenheit bei der Schaffung von Arbeitsplätzen kaum noch etwas übrig, wenn sie nicht überhaupt eine Illusion ist. Edward Luttwak hat zusammenfassend beschrieben, worauf sich die neue Unsicherheit bei der Mehrheit der Amerikaner zurückführen läßt: »Ganze Industrien entstehen und vergehen viel schneller als früher, Firmen expandieren, schrumpfen, fusionieren, werden aufgeteilt, ›verschlankt‹ und restrukturiert in einem beispiellosen Tempo, so daß ihre Angestellten mit Ausnahme des obersten Managements arbeiten müssen, ohne zu wissen, ob sie ihre Stelle morgen noch haben. Dies gilt fast für die gesamte beschäftigte Mittelschicht, akademische Berufe eingeschlossen. Ohne die Sicherheiten der europäischen Arbeitsschutzgesetzgebung, ohne Arbeitslosenversicherung, ohne funktionierende Familien, auf die sich immer noch der größte Teil der Menschheit in schlechten Zeiten verlassen kann, und ohne die beträchtlichen Geldrücklagen, über die Angehörige der Mittelschicht in anderen entwickelten Ländern verfügen, hängt die wirtschaftliche Sicherheit der meisten Amerikaner einzig und allein an ihrem Arbeitsplatz – und das heißt, daß sie mittlerweile unter Bedingungen einer chronisch akuten Unsicherheit leben müssen.«[12]

Mit der Schwächung der Familie greift der freie Markt in den Vereinigten Staaten eine jener sozialen Institutionen an, mittels derer sich eine liberale kapitalistische Zivilisation erneuert. Und seine Wirkung auf die Einkommensverteilung gefährdet die gesellschaftliche Gleichheit, die seit Tocqueville als eine der zentralen Errungenschaften Amerikas gilt.

Die zunehmende Ungleichheit und die Mehrheit
der amerikanischen Bevölkerung

Die sinkenden Einkommen in Amerika betreffen die Mehrheit der arbeitenden Bevölkerung, vor allem jene Menschen, die noch Arbeit haben und dennoch schon am Rande des Existenzminimums leben. In keinem anderen entwickelten Land ist die Produktivität in den letzten zwanzig Jahren stetig gestiegen, während die Einkommen der Mehrheit gleichblieben oder sogar fielen. Historisch ist diese Zunahme wirtschaftlicher Ungleichheit ohne Beispiel.

Der durchschnittliche Wochenlohn von achtzig Prozent der arbeitenden Bevölkerung sank zwischen 1973 und 1995 inflationsbereinigt um achtzehn Prozent von dreihundertfünfzehn auf zweihundertachtundfünfzig Dollar. Etwa im gleichen Zeitraum, zwischen 1979 und 1989, stieg das jährliche Nettoeinkommen der führenden Konzernmanager um neunzehn Prozent.[13] Und die zuverlässigsten verfügbaren Statistiken zeigen, daß das Nettovermögen des einen Prozents der reichsten amerikanischen Familien, das sich 1983 noch auf einunddreißig Prozent des nationalen Vermögens belief, 1989 auf über sechsunddreißig Prozent geklettert war.[14]

In seiner bahnbrechenden Studie über die Folgen des Reaganismus schreibt Kevin Phillips: »Um die Neubestimmung der effektiven Steuersätze zu planen, legte das Haushaltsbüro des Kongresses 1987 alle Bundessteuern zugrunde – individuelle Einkommen, Sozialversicherung, die Einkommen von Unternehmen, indirekte Steuern – und berechnete die Veränderungen in ihrer Gesamtwirkung auf die verschiedenen Einkommensschichten nach 1977. Dabei stellte sich heraus, daß die Familien unterhalb der obersten zehn Prozent höhere effektive Sätze zahlten – sie waren unverhältnismäßig stark durch Sozialversicherung und steigende indirekte Steuern belastet und kamen kaum in den Genuß von Einkommenssteuersenkungen. Die reichsten Familien dagegen zahlten niedrigere Sätze, besonders wegen der immensen Steuernachlässe auf

Einkommen, die nicht aus Löhnen oder Gehältern stammen (Kapitalgewinne, Zinsen, Dividenden, Renten etc.) ... Diese Veränderungen erklären zu einem guten Teil sowohl das Auf und Ab im Konsum als auch die wachsende Einkommensungleichheit. Die reichsten fünf Prozent in Amerika und vor allem das allerreichste eine Prozent waren eindeutig die Nutznießer der neuen Steuerpolitik.«[15]

Godfrey Hodgson hat das verfügbare Zahlenmaterial sehr genau und eindrucksvoll analysiert: »Zwischen 1973 und 1993 ... fiel der Einkommensanteil der unteren sechzig Prozent der Amerikaner um 3,2 Prozent, nämlich von 34,9 auf 31,7. Drei oder dreieinhalb Prozent scheinen nicht viel zu sein. Doch drei Prozent des Nationaleinkommens der Vereinigten Staaten sind keine Summe, die zu vernachlässigen wäre: Wir reden von ungefähr zweihundert Milliarden Dollar, die früher an die wenig verdienenden drei Fünftel der Bevölkerung gingen und jetzt an das am besten verdienende Fünftel ... Seit Ende der siebziger Jahre ist die amerikanische Wirtschaft real beträchtlich gewachsen. Im selben Zeitraum hat das Einkommen des Durchschnittsamerikaners allerdings kaum zugenommen; erst in den späten Achtzigern hat es wieder den Stand von 1973 erreicht.«[16]

Die stagnierenden Einkommen der großen Mehrheit in Amerikas »Der Sieger kriegt alles«-Gesellschaft[17] sind kein unvermeidliches Nebenprodukt technologischer Neuerungen. Vergleiche mit nicht weniger entwickelten Gesellschaften zeigen deutlich, daß es sich um das Resultat einer ganz bestimmten Politik handelt. Sorgfältigen Schätzungen zufolge verdienten amerikanische Topmanager 1990 das einhundertfünfzigfache eines Durchschnittsarbeiters; ihre Kollegen in Japan oder Deutschland dagegen das sechzehn- beziehungsweise einundzwanzigfache.[18]

Diese Ungleichheiten sind auf eine spezifische Politik zurückzuführen, nicht auf Zwänge, mit denen alle fortgeschrittenen Gesellschaften zu kämpfen haben. Die Steuersenkungen wirkten sich unmittelbar aus; aber die Finanzpolitik beeinflußte eben auch die Verteilung der Einkommen und des Reichtums. »Im Unterschied zu den anderen Demokratien der Ersten Welt«, schreibt Michael Lind, »finanzieren die Vereinigten Staaten seit Reagan ihre Staatsausgaben in Friedenszeiten eher durch Kredite als durch Steuereinnahmen, und es sieht ganz so aus, als ob sie diese Methode auch mehr oder weniger beibehalten.«[19] Die Kreditfinanzierung war eine weitere Störung des relativen Gleichgewichts zwischen den Wohlhabenden und den einfachen Lohnempfängern. So steht Amerika heute mit seiner Verteilung von Einkommen und Vermögen allein da; sie ist der Praxis auf den Philippinen oder in Brasilien ähnlicher als der anderer großer Wirtschaftsnationen. Selbst im postkommunistischen Rußland scheint die soziale Ungleichheit geringer.[20] Der angesehene amerikanische Bankier und Finanzexperte Felix Rohatyn bringt den Prozeß, in dem sich die USA befinden, folgendermaßen auf den Punkt: »Was sich abspielt, ist ein ungeheurer Vermögenstransfer von den weniger qualifizierten Arbeitnehmern der Mittelschicht zu den Kapitaleignern und einer neuen technologischen Aristokratie, deren Vergütung zum großen Teil über die Beteiligung am Aktienkapital läuft.«[21] In Amerika kommt heute der Lohnempfänger nach dem Kouponschneider. War den Wählern, die Ronald Reagan ihre Stimme gaben und ihn dann noch einmal wiederwählten, bewußt, daß seine Steuer- und Finanzpolitik zu einem Rentiersregime lateinamerikanischen Zuschnitts führen würde?

Die Vereinigten Staaten sind gerade nicht die beispielhafte »posthistorische« Gesellschaft, von der Francis Fukuyama spricht. Sie treten vielmehr in eine neue, schwierige Phase ihrer Geschichte ein, in der die alten Feindschaften zwischen Rassen und Klassen zu Ausdrucksformen finden werden, die wir uns noch gar nicht vorstellen können.

Die große Inhaftierung

Die Kriminalitätsraten lagen in den USA stets höher als in den meisten europäischen Ländern. Neu ist allerdings eine Politik der Masseninhaftierung, die die Kontrollmechanismen ersetzen soll, welche bislang aus der Gesellschaft selbst kamen, aber von den Kräften des deregulierten Markts geschwächt oder zerstört wurden. Gleichzeitig ziehen sich immer mehr wohlhabende Amerikaner aus den gemischten Wohngebieten in exklusive Viertel für Haus- und Grundeigentümer zurück. Etwa achtundzwanzig Millionen Amerikaner – über zehn Prozent der Bevölkerung – wohnen heute in Häusern oder Siedlungen, die von privaten Wachgesellschaften geschützt werden.[22]

Ende 1994 befanden sich über fünf Millionen Amerikaner im Strafvollzug. Nach Zahlen des Justizministeriums saßen davon anderthalb Millionen in Bundes-, Staats- oder örtlichen Gefängnissen. Rechnerisch bedeutet das: einer von hundertdreiundneunzig beziehungsweise dreihundertdreiundsiebzig von hunderttausend erwachsenen Amerikanern sind in Haft. 1980, als Reagan Präsident wurde, waren es hundertdrei von hunderttausend. Dreieinhalb Millionen Menschen standen unter Bewährung oder waren Freigänger.[23] 1994 war die Rate der Inhaftierten in den Vereinigten Staaten viermal so hoch wie in Kanada, fünfmal so hoch wie in Großbritannien und vierzehnmal so hoch wie in Japan. Allein im postkommunistischen Rußland befinden sich mehr Bürger hinter Gittern.[24] In Kalifornien sitzen derzeit achtmal so viele Menschen im Gefängnis wie zu Beginn der siebziger Jahre: mehr als in Großbritannien und Deutschland zusammen.[25] Anfang 1997 war einer von fünfzig männlichen Amerikanern inhaftiert, unterlag einer von zwanzig Bewährungsauflagen oder war Freigänger – eine zehnmal höhere Rate als in den europäischen Ländern.[26]

Dabei verteilt sie sich ganz ungleichmäßig auf die amerikanische Bevölkerung. Rund sieben Prozent der Farbigen waren 1995 im Gefängnis;[27] Farbige landen mit einer siebenfach höheren Wahrscheinlichkeit als Weiße irgendwann hinter Gittern. Einer von sieben farbigen Männern war mindestens einmal in seinem Leben inhaftiert. Mehr als vierzig Prozent der im District of Columbia lebenden männlichen Farbigen zwischen achtzehn und fünfunddreißig Jahren saßen 1992 im Gefängnis, standen unter Bewährung, erwarteten ihren Prozeß oder befanden sich auf der Flucht.[28]

Solche Zahlen erwecken den Eindruck, als hingen die Rassen- und die Klassenunterschiede in den USA ganz ähnlich miteinander zusammen wie in einigen lateinamerikanischen Ländern.[29] Sie stützen Michael Linds These von der Brasilianisierung Amerikas: »Die Hauptgefahr, die den Vereinigten Staaten im 21. Jahrhundert droht, ist nicht die Balkanisierung, sondern die Brasilianisierung. Darunter verstehe ich nicht die Trennung der Kulturen durch die Rasse, sondern die Trennung der Rassen durch die Klasse.«[30]

Die außergewöhnlich hohe Rate farbiger Häftlinge hat Folgen, die die eifernden Verteidiger des Familienlebens und seiner Werte überhaupt nicht bemerken: Ein wesentlicher Grund, warum es in den Innenstädten so viele alleinerziehende Mütter gibt, ist die Abwesenheit von im Gefängnis sitzenden Vätern. Wie soll die Familie wiederbelebt werden, wenn ein großer Teil der männlichen Bevölkerung Jahre seines Lebens in Haft verbringt? Schuld an diesem Zustand ist zumindest teilweise der puritanische »Krieg gegen die Drogen«, der in den Vereinigten Staaten geführt wird. Rund vierhunderttausend Männer und Frauen, viele davon Farbige, befinden sich wegen irgendwelcher Drogendelikte in vollkommen überfüllten Gefängnissen. Zugleich ist der Drogenkonsum in den USA höher als in vergleichbaren Ländern. Der Zusammenhang, der zwischen massenhaften Verurteilungen zu Haftstrafen, dem Niedergang der Familie, dem Drogenkrieg und Rassenauseinandersetzungen besteht, ist äußerst komplex. Vielleicht ist es sogar bereits zu spät, ihn zu entwirren.[31]

In keinem anderen Land der Ersten Welt gehen ethnische und ökonomische Konflikte so ineinander über wie in den USA. Der freie Markt hat den amerikanischen Kapitalismus folgenschwer verändert: Die Vereinigten Staaten ähneln heute mehr bestimmten lateinamerikanischen Ländern mit oligarchischen Regimen als der liberalkapitalistischen Kultur Europas oder der amerikanischen Gesellschaft, wie sie einmal war.

Nicht nur die Haftstrafen, auch die Gewaltverbrechen nehmen zu. 1993 haben 12,4 von hunderttausend Männern einen Mord begangen; die Vergleichszahlen in der Europäischen Union und in Japan betragen 1,6 beziehungsweise 0,9.[32] 1994 gab es in Japan ein Mordopfer auf hunderttausend Einwohner, in den USA dagegen 9,3; die entsprechenden Zahlen für Vergewaltigungen sind 1,5 in Japan und 42,8 in den Vereinigten Staaten. Unter der Rubrik Raub wurden in Japan 1,75 Fälle pro hunderttausend Einwohner verzeichnet, in den USA 255,8.[33]

Die Rate aller Gewaltverbrechen – Mord ausgenommen – liegt in Amerika höher als im postkommunistischen Rußland. 1993 kamen auf hunderttausend Einwohner zweihundertvierundsechzig Raubüberfälle (gegenüber hundertvierundzwanzig in Rußland), vierhundertzweiundvierzig gewalttätige Übergriffe (siebenundzwanzig in Rußland) und dreiundvierzig Vergewaltigungen (9,7 in Rußland).[34] Aus nicht ganz durchschaubaren Gründen hat allerdings Großbritannien bei den Eigentumsdelikten vor kurzem die USA überholt. Doch in der Gewaltkriminalität mit Todesfolge liegt Amerika noch immer weit vor allen anderen westlichen Ländern.

Besonders häufig werden in den Vereinigten Staaten Kinder zu Opfern von Morden. Fast drei Viertel aller in den Industrienationen begangenen Kindesmorde ereignen sich hier. In der Liste der sechsundzwanzig reichsten Länder der Welt verzeichnet Amerika die bei weitem höchste Quote für Selbstmord, Mord und tödliche Schießereien im Jugendalter.[35]

Bis zu einem gewissen Grad erklärt sich das natürlich durch den Waffenmißbrauch in den Vereinigten Staaten, an dem sich offenbar

nichts ändern läßt. Zum anderen aber spielt die ökonomische Nutz-
losigkeit der Familie eine Rolle; diese führt nämlich dazu, daß die
Kinder weniger beaufsichtigt sind als in anderen Ländern. 1987
war die Kindersterblichkeit in East Harlem und Washington DC
ungefähr so hoch wie in Malaysia, Jugoslawien und der früheren
Sowjetunion.[36] Ein 1995 in Schanghai geborenes Baby hatte größere Chancen, das erste Lebensjahr zu vollenden, größere Chancen, lesen und schreiben zu lernen, als ein in New York zur Welt
gekommenes. Auch seine Lebenserwartung lag um zwei Jahre höher – nämlich bei sechsundsiebzig Jahren.[37]
Ähnlich hoch wie die Verbrechens- und Gefangenenrate ist die
Zahl der Rechtsstreitigkeiten und der Rechtsanwälte. In den Vereinigten Staaten praktiziert mindestens ein Drittel aller Anwälte der
Welt; 1991 waren es rund siebenhunderttausend, um die Jahrtausendwende sollen es achthundertfünfzigtausend sein. Gegenwärtig
kommen auf hunderttausend Einwohner über dreihundert Rechtsanwälte, in Japan sind es zwölf, in Großbritannien gut, in Deutschland knapp hundert.[38] Schadensersatzforderungen machten 1987
in Amerika etwa 2,5 Prozent des Bruttosozialprodukts aus, in Japan waren es mit 0,3 Prozent achtmal weniger.[39]
Diese Zahlen zur Inhaftierung, zur Häufigkeit von Gewaltverbrechen und Rechtsstreitigkeiten zeichnen das Bild einer Gesellschaft,
in der das Gesetz fast die einzige noch funktionierende gesellschaftliche Institution ist und das Gefängnis eines der wenigen
noch intakten Mittel sozialer Kontrolle.
Die privaten Siedlungsgemeinschaften, in denen sich die Bewoh-
ner mittels hoher Mauern und elektronischer Anlagen vor den Gefahren der Gesellschaft schützen, aus der sie flüchteten, sind ein
Spiegelbild der Gefängnisse: Symbole für die fortschreitende Aushöhlung sozialer Institutionen – wie Familie, Nachbarschaft und
selbst Geschäftsbeziehungen –, die ehemals die Stützen einer funktionierenden Gesellschaft waren. Wer weiß, möglicherweise wird
die Kombination von hochtechnisierten Gefängnissen, ummauer-

ten Luxuswohngebieten und virtuellen Unternehmen einmal als Sinnbild der Vereinigten Staaten zu Beginn des 21. Jahrhunderts gelten.

Im ausgehenden 20. Jahrhundert jedenfalls ist der freie Markt zum Motor einer perversen Modernität geworden. Die Propheten des heutigen Amerika sind weder Jefferson noch Madison, schon gar nicht Burke. Nein, der gegenwärtige Prophet ist Jeremy Bentham, der britische Aufklärer des 19. Jahrhunderts, welcher von einer hypermodernen Gesellschaft träumte, aufgebaut nach dem Modell eines idealen Gefängnisses.

Warum die Geschichte nicht zu Ende ist

Noch immer ist das Denken in den Vereinigten Staaten von einem Sinn für das Neuartige dieses Landes geprägt. Von wenigen Ausnahmen abgesehen, vermag es jedoch das wirklich Neue an den heutigen Zuständen nicht mehr zu erfassen.

Amerika begreift sich nach wie vor als Maßstab der modernen Entwicklungen – und das zu einer Zeit, da sich zum Beispiel Ostasien auf eine Weise modernisiert, die mit dem amerikanischen Modell nichts, aber auch gar nichts zu tun hat. Die USA sehen sich als Paradigma der »westlichen Zivilisation« – zu einem Zeitpunkt, da sie anderen »westlichen« Gesellschaften weniger ähneln als je zuvor. Die maßgeblichsten neueren Versuche, die Rolle Amerikas in der spätmodernen Welt zu bestimmen, gehen an der wirklichen Welt, in der die Vereinigten Staaten gegenwärtig ihren Kurs finden müssen, vorbei. Das gilt für Francis Fukuyamas Vision vom Ende der Geschichte ebenso wie für Samuel Huntingtons These vom Kampf der Kulturen. Beide durch und durch amerikazentristisch, bieten sie eine Sicht auf die Welt, in der die meisten Asiaten und Europäer sich nicht wiedererkennen können. Fukuyamas Behauptung, der »demokratische Kapitalismus« sei die »letzte und endgültige Regierungsform« und seine globale Ausdehnung zeige den »Triumph der westlichen Ideale«[40], wurde vom Gang der Ereignisse überholt; viele seiner europäischen und asiatischen Kritiker haben das vorausgesehen. Nachdem der Konflikt zwischen den beiden verfeindeten Aufklärungsideologien überwunden war, kehrte die Welt auf den Boden der Geschichte zurück.[41]

Fukuyama konnte nur deshalb auf dem Ende der Geschichte beharren, weil er große historische Konflikte einfach auf das Muster der ideologischen Rivalitäten des 20. Jahrhunderts reduzierte: eine gedankenlose Verallgemeinerung auf der Basis einer allzu kurzen historischen Periode. Allenfalls zwischen 1789 und 1989 können politische Ideologien als *eine* Ursache gesellschaftlicher und militärischer Konflikte gelten. In dieser Epoche, von der Französischen Revolution bis zum Zusammenbruch der Sowjetunion, wurden Kriege auf der Grundlage jener rivalisierenden politischen Dogmen geführt oder zumindest gerechtfertigt, die aus der europäischen Aufklärung hervorgingen. Faßt man die historische Perspektive weiter, sieht man jedoch, daß nur wenige Kriege durch ideologische Antagonismen ausgelöst wurden.

Gewöhnlich haben sich Kriege aus territorialen oder dynastischen Konflikten, aus religiösen und ethnischen Feindschaften sowie aus unterschiedlichen Wirtschaftsinteressen souveräner Staaten ergeben. Das war auch zwischen 1789 und 1989, im Zeitalter der Aufklärung, nicht anders. Die Konflikte zwischen Türken und Armeniern im 19. und 20. Jahrhundert, zwischen Katholiken und Protestanten im Irland der zwanziger Jahre und in den letzten Jahrzehnten, der Konflikt zwischen Griechen und Türken auf Zypern in den Sechzigern – sie alle waren, wie viele andere auf der ganzen Welt, nicht ideologischer Natur, sondern territorial oder religiös, ethnisch oder ökonomisch bedingt.

Nur in den rund vierzig Jahren des Kalten Krieges – und eigentlich auch hier nur partiell – bildeten ideologische Frontstellungen den Hauptgrund zwischenstaatlicher Auseinandersetzungen. Mit dem

Ende des Kalten Krieges schwand dann auch die Rolle der Ideologie als Kriegsursache dahin. Doch sofort traten wieder mit unverminderter Kraft klassische Konfliktdynamiken zutage. Und wie schon immer in der Zeit vor dem Kalten Krieg, so führte man auch nach seinem Ende wieder Krieg wegen Territorien, Volkszugehörigkeiten und Religionen. Der Gedanke, die Geschichte sei an ihr Ende gelangt, bloß weil der Konflikt zwischen zwei ephemeren Aufklärungsideologien zu Ende gegangen ist, zeugt von einer unglaublichen geistigen Enge. Bezeichnend für den Zustand des intellektuellen und politischen Lebens kurz vor der Jahrtausendwende ist, daß derart absurde Spekulationen Anerkennung finden konnten.

Ohne zu zögern wirft Fukuyama Modernisierung und Verwestlichung in einen Topf. Das wird schon an dem historischen Ereignis deutlich, das seinen überheblichen Triumphalismus überhaupt hervorgerufen hat. Der Zusammenbruch der Sowjetunion war aber das Ende eines *westlichen* Projekts – der marxistischen Vorstellung, man könne die Ökonomie mittels zentral gelenkter Planwirtschaft modernisieren. Ganz sicher bedeutet dieser Zusammenbruch nicht, daß Rußland nun zwangsläufig einer anderen westlichen modernistischen Ideologie folgt, nämlich dem neoliberalen Credo von Privatisierung und freiem Markt.

Auch die marktwirtschaftlichen Reformen in China sind nicht von dem Impuls geleitet, westliche Modelle oder westliche Werte zu übernehmen. Die Entwicklung Chinas hing stets in besonderem Maße von endogenen Faktoren ab und verdankt, wenn überhaupt, westlichen Ratschlägen oder Vorbildern nur sehr wenig. Die Reformen dort sind vielmehr als Abschied von dem ökonomischen und politischen Verwestlichungsmodell des Marxismus, wie es in der maoistischen Ära angewandt wurde, zu verstehen. Wie in anderen Teilen der Welt, so ist auch in China die Modernisierung der Wirtschaft nicht gleichbedeutend mit der Verwestlichung der Gesellschaft oder des politischen Systems. Im Gegenteil, in China ging

und geht sie einher mit dem Aufblühen eines einheimischen Kapitalismus und mit der Zurückweisung westlicher Einflüsse.

Fukuyamas Interpretation der jüngsten Weltgeschichte ist nur
dann plausibel, wenn man annimmt, daß sich die gesamte Welt immer mehr dem amerikanischen Modell annähert und die Vereinigten Staaten jene exemplarische »posthistorische« Gesellschaft
sind, in der die herkömmlichen Konfliktherde nach und nach verschwinden. Für ausländische Beobachter ist es jedoch, wie für
viele Amerikaner selbst, ganz offensichtlich, daß die traditionellen
Konfliktursachen – wie rassische, ethnische oder religiöse Spaltungen – in den USA des ausgehenden 20. Jahrhunderts reichlich
vorhanden sind.

»Kampf der Kulturen« oder »Absterben des Westens«

Samuel Huntingtons These vom Kampf der Kulturen[42] beruht auf
der Erkenntnis, daß Modernisierung und Verwestlichung heute
keine konvergierenden, sondern divergierende Prozesse sind. »Die
Rivalität der Supermächte wird abgelöst vom Konflikt der Kulturen ... In dieser Welt werden die hartnäckigsten, wichtigsten und
gefährlichsten Konflikte nicht zwischen sozialen Klassen, Reichen
und Armen oder anderen ökonomisch definierten Gruppen statt-
finden, sondern zwischen Völkern, die unterschiedlichen kulturellen Einheiten angehören ... Die gefährlichsten Konflikte aber
sind jene an den Bruchlinien zwischen den Kulturen.«[43] Das Ende
des Kalten Krieges ist, wie Huntington zu Recht feststellt, gleichbedeutend mit dem Ende der säkularen Ideologien als Quelle internationaler Konflikte. Daraus schließt er, daß künftig kulturelle Auseinandersetzungen der Hauptgrund von Kriegen sein werden.

Huntingtons These wirft eine Reihe von Fragen auf. Die »Kulturen«, die heute die Welt ausmachen sollen, sind nicht leicht zu definieren. Unklar bleibt etwa, wie Lateinamerika in dieses Szenario

einzuordnen ist; die Juden schlägt Huntington mit einigem Zögern »dem Westen« zu, wenn auch nur als Anhängsel; Griechenland zählt er nicht zur »westlichen Zivilisation«, und die alte und reiche Zivilisation Tibets schreibt er sogar ganz ab – vielleicht weil sie im heutigen China keine Zukunft hat. Anmaßende Urteile, für die man keine rechte Begründung findet.

Auch an anderen Stellen scheinen die Kategorisierungen eher willkürlich und regellos. So bleibt Huntingtons Systematik der Kulturen mehr als unscharf; weltweit gebe es gegenwärtig zwischen sechs und neun Kulturen: die chinesische, die japanische, die hinduistische, die islamische, die westliche, die lateinamerikanische, die buddhistische, die orthodoxe und die afrikanische.

Er ist sich nicht ganz sicher, ob alle diese Kulturen ihren Ehrentitel verdienen. Die Kriterien, die für die Mitgliedschaft in dem exklusiven Club erfüllt sein müssen, bleiben denn auch im dunkeln. Nur eines, von dem Huntington stillschweigend Gebrauch macht, ist aufgrund seiner amerikanischen multikulturalistischen Obsession zu erkennen: Ein Volk oder eine Kultur ist dann zivilisiert, wenn es oder sie zu den in den Vereinigten Staaten politisch aktiven Minderheiten zählt. Andernfalls gerät sie gar nicht erst in den Blick.

Doch selbst wenn man Huntingtons Systematik akzeptiert, sind noch nicht alle Schwierigkeiten ausgeräumt; denn seine Behauptung, Kriege in der heutigen Zeit seien letztlich Kämpfe zwischen »kulturellen Gruppen«, deckt sich nicht mit der Wirklichkeit. Die zahllosen Soldaten, die im Krieg zwischen Irak und Iran ihr Leben lassen mußten, starben in einem Kampf, der sich innerhalb einer »Kultur« abspielte. Der Völkermord, den die Hutus an den Tutsis verübten, war ebenso »intrakulturell« wie der des Pol-Pot-Regimes in Kambodscha. Huntington könnte dagegen einwenden, daß es sich bei diesen Kriegen lediglich um lokale Konflikte gehandelt habe, während die Zusammenstöße, die er beschreibe, globaler Natur seien.

Nun ist der Erste Weltkrieg nicht zu Unrecht als ein europäischer

Bürgerkrieg dargestellt worden. Auch der Koreakrieg und der Vietnamkrieg waren keine kulturellen Konflikte, sondern das strategische Engagement von Staaten, die ihre Ansprüche alle mit »westlichen« Ideologien rechtfertigten. Und im Zweiten Weltkrieg verbündeten sich »westliche Länder« wie Großbritannien und die USA mit einem »orthodoxen« Land, der Sowjetunion, gegen einen anderen »westlichen« Staat, nämlich das nationalsozialistische Deutschland. Die Beispiele ließen sich beliebig fortsetzen.

Zu kriegerischen Auseinandersetzungen kommt es gewöhnlich zwischen Völkern mit verschiedener Nationalität oder ethnischer Zugehörigkeit, nicht zwischen Mitgliedern verschiedener »Kulturen«. Ob die Kriege von souveränen Staaten oder irregulären Milizen geführt werden – häufig erzwingt die Logik militärischer Kraftproben Allianzen unterschiedlicher »Kulturen«. Im Konflikt zwischen Armenien und Aserbeidschan hat sich der Iran mit dem christlichen Armenien zusammengetan, nicht etwa mit dem islamischen Aserbeidschan. Ebenso liefert die vollkommen undurchschaubare Bündnisbildung und -lösung auf dem Balkan oder in Zentralasien keine überzeugende Grundlage für Huntingtons vereinfachende Argumentation. Dies sieht auch Robert Kaplan so: »[Huntington kann sich bei dem von ihm angenommenen] Krieg zwischen dem Islam und der orthodoxen Christenheit nicht auf das Bündnissystem, wie es im Kaukasus besteht, berufen. Er hat nicht genau gesehen, um welchen Kulturkrieg es dort geht. Die Azeri-Türken, die wahrscheinlich die säkularsten Schiiten sind, die es gibt, sehen ihre kulturelle Identität nicht durch ihre Religion, sondern durch ihre türkische Rassenzugehörigkeit bestimmt. Ebenso bekämpfen die Armenier die Azeris nicht deshalb, weil diese Moslems, sondern weil sie Türken sind, verwandt mit ebenjenen Türken, die 1915 an den Armeniern einen Völkermord begangen haben.«[44]

Huntingtons System der Zivilisationen geht nicht nur an der »kulturellen Realität« vorbei, sie erfaßt auch die Eigenart der meisten

Kriege nicht, die zur Zeit geführt werden. Doch ist dies gar nicht mein Haupteinwand. Auch eine historisch nuanciertere Vorgehensweise könnte kaum etwas an der grundsätzlichen Fragwürdigkeit einer Einteilung der Menschheit in rivalisierende Kulturen ändern: Entspricht sie doch der Geschichtsauffassung der Aufklärung, der Huntington gerade den Kampf ansagt.

Schon der Begriff »Zivilisation« setzt voraus, daß sämtliche Gesellschaften lediglich Varianten ein und desselben Typus sind. Sie verkörpern demnach ein einziges Werteschema, dessen Gegenteil »Barbarei« ist. Genau das haben alle großen Denker der Aufklärung betont, so unterschiedlich ihre Auffassungen sonst auch sein mochten: in Frankreich Condorcet, Diderot, Voltaire; in Deutschland Kant und Marx; in Schottland Hume, Smith und Ferguson; in England Bentham und Mill, in Amerika Jefferson und Benjamin.

Ebendiese Idee suchten die bedeutendsten Kritiker der Aufklärung, allen voran Johann Gottfried Herder, durch den Gedanken der unaufhebbaren Verschiedenheit der Kulturen zu ersetzen. Er und andere Köpfe der Gegenaufklärung[45] griffen damit nicht zuletzt die Kraft an, die damals die Vorstellung einer universalen Zivilisation am deutlichsten verkörperte: den Kulturimperialismus Frankreichs. Diese Kritik des aufklärerischen Universalismus ist auch heute noch aktuell, da die Vereinigten Staaten ebendie Rolle übernommen haben, die einst Frankreich und England zufiel.

Am Ende des 20. Jahrhunderts: Amerika gegen den Rest der Welt

Huntington attackiert die Überzeugung, es gebe universal gültige Werte. In der Tat ist es diese schlichte Sicht der Dinge, auf dem der aufklärerische Dualismus von Zivilisation und Barbarei basiert. Sie besagt, daß alle zivilisierten Menschen dieselben Grundwerte haben und dieselben Dinge wollen.

Wir müssen uns nicht auf die Seite des »Relativismus« schlagen, um dieser Täuschung zu entgehen. Anders als die Relativisten[46] bin ich der Meinung, daß es tatsächlich Dinge gibt, die für alle Menschen gut oder schlecht sind. Die Sicherheit, nicht eines gewaltsamen Todes sterben oder verhungern zu müssen, ist kein kulturell variables »Gut«. Ebenso gibt es ethische und ästhetische Standards, die uns dazu befähigen, große Leistungen auch fremder Kulturen zu erkennen und zu würdigen. Die *Ilias* ist eine größere kulturelle Leistung als der Film *Das Schweigen der Lämmer,* und der Zentempel von Ryoanji ist etwas anderes als eine Drive-in-Kirche. Doch aus der Existenz einiger universaler Güter folgt nicht, daß *ein* bestimmtes politisches und ökonomisches System, beispielsweise der »demokratische Kapitalismus«, das beste für die gesamte Menschheit sein muß. Universelle Werte können sich in ganz verschiedenen Gesellschaftsformen und politischen Systemen ausdrücken.

Gemeinhin geht man davon aus, daß einige Gesellschaften auf dem Gebiet der Wirtschaft, der Bildung und der Lebensformen anderen überlegen sind. Aber darum müssen »westliche« Kulturen noch lange nicht immer Tabellenführer sein. Die Neokonservativen in Amerika, die gegen die heute gängige Ansicht zu Felde ziehen, alle Kulturen seien gleichwertig, beirrt das freilich nicht.

Auch Huntington ist nicht frei von Amerikazentrismus. Er kritisiert zwar den Universalismus, der unausgesprochen fast dem gesamten amerikanischen Denken zugrunde liegt; gleichzeitig jedoch hält er an der dualistischen, manchmal sogar manichäischen Tradition fest, die die Außenpolitik der Vereinigten Staaten von jeher bestimmt hat. Seine Argumentation löst sich nicht vom Denkschema der Aufklärung mit ihrer bipolaren Einteilung »zivilisierte« versus »barbarische« Kulturen. Die Welt wird zweigeteilt: »West« und »Rest«, »der« Westen ist eins, und »der Rest« sind viele.

Die westliche Kultur sei, so Huntington, nicht universal, sondern einzigartig. Sie besitze eine gemeinsame Identität, die sich über lange Zeiträume hinweg bewahrt und viele Länder umspannt habe. Diese einzigartige »westliche« Identität sei heute gefährdet: »Die vornehmste Aufgabe der führenden Politiker des Westens ist …, die einzigartigen Qualitäten der westlichen Kultur zu erhalten, zu schützen und zu erneuern. Weil sie das mächtigste Land des Westens sind, fällt diese Aufgabe überwiegend den USA zu.«[47] Dazu müßten sie die »atlantische Kultur«, die die Gesellschaften Nordamerikas und Westeuropas verbindet, pflegen und weiterentwikkeln, wozu beispielsweise eine transatlantische Freihandelszone dienlich sein könne. Andernfalls sei es um die Zukunft schlecht bestellt. »Die Völker des Westens«, heißt es unheilschwanger, »müssen an einem Strang ziehen, oder sie werden mit ziemlicher Sicherheit einzeln am Strang enden.«[48]

Doch die Idee einer »westlichen Kultur« ist heute alles andere als unumstritten. Von »dem Westen« kann man allenfalls sprechen, wenn man damit die Christenheit meint – obwohl die Religionskriege der Reformationszeit zu den schlimmsten der Weltgeschichte gehören. Es brachte auch einigen kulturellen Gewinn, Amerika und Europa als Abkömmlinge eines gemeinsamen Projekts, nämlich der Aufklärung, zu betrachten, aber diese historischen Affinitäten schwinden zusehends dahin. Unter heutigen Bedingungen noch von »dem Westen« zu reden, zeugt von intellektueller Rückständigkeit. Ein solcher Sprachgebrauch geht letztlich auf die strategische Allianz zurück, die während des Zweiten Weltkrieges und des Kalten Krieges zwischen Westeuropa und den Vereinigten Staaten geschmiedet wurde.

Betrachten wir nur einen Aspekt der westlichen Kultur, auf den sich Huntington unmittelbar bezieht: die Religion. Während man die meisten europäischen Gesellschaften heute als nachchristlich bezeichnen kann, sind die USA nach wie vor ein stark religiöses und oft fundamentalistisches Land. Es gibt dort nicht nur mehr Kirchgänger und Gläubige als in allen anderen westlichen Staaten, etliche Amerikaner halten auch an religiösen Vorstellungen und

Gebräuchen fest, die überall sonst als mehr oder weniger abseitig gelten. Fast siebzig Prozent glauben an den Teufel, in Großbritannien tut das nur ein Drittel der Bevölkerung, ein Fünftel in Frankreich und ein Achtel in Schweden. Fast jeder vierte Amerikaner versteht sich als wiedergeborener Christ; vom Teufel besessen zu sein, ist für diese Menschen keine Metapher, sondern buchstäbliche Wirklichkeit.

Robert Mapplethorpe, der talentierte Photograph, dessen sadomasochistische Studien Anfang der neunziger Jahre in Amerika für einiges Aufsehen sorgten, forderte seine Modelle auf, es »für Satan« zu tun. Überall in Europa hätte man sich bei dem Zinnober, den Mapplethorpe veranstaltete, gefragt, ob er noch ganz richtig im Kopf sei; in den USA wurde er mit seinen Photos zum kulturellen Ereignis.

Mit seiner tiefen und allgegenwärtigen Religiosität steht Amerika unter den fortschrittlichen Ländern allein da. Alle fünfzig Staatsregierungen erklärten sich bereit, mit Bundesmitteln ein völlig absurdes Projekt voranzutreiben: die Förderung sexueller Enthaltsamkeit unter Teenagern. Im Juli 1997 schlug die Christliche Koalition im Kongreß einen Verfassungszusatz vor, dem zufolge an den Schulen die Schöpfungslehre unterrichtet werden muß.[49] Amerika als eine säkulare Gesellschaft zu bezeichnen, ist lächerlich. Seine säkularen Traditionen sind schwächer als die der Türkei. Seymour M. Lipset hat darauf hingewiesen, daß diese Kluft zwischen den Vereinigten Staaten und den anderen entwickelten Ländern immer größer wird, nicht kleiner: »Die Religiosität der Amerikaner zeigt keine Erschöpfungserscheinungen. Von Gallup und anderen Instituten durchgeführte Umfragen haben ergeben, daß die protestantischen Amerikaner die eifrigsten Kirchgänger und in der ganzen Christenheit die fundamentalistischsten sind ... 68 Prozent der Erwachsenen waren 1991 Mitglied einer Kirche; 42 Prozent besuchten Woche für Woche den Gottesdienst; das sind höhere Quoten als in jedem anderen industrialisierten Land.«[50]

Seit Tocqueville ist immer wieder auf die außergewöhnliche Religiosität der Amerikaner hingewiesen worden; sie erhält sich nicht nur, sie nimmt gegenwärtig sogar noch zu. Also ist das aus der europäischen Aufklärung übernommene Standardmodell der Sozialwissenschaftler untauglich, das besagt, Modernisierung gehe stets mit Säkularisierung einher. Die Vereinigten Staaten passen einfach nicht in das Bild einer modernen Gesellschaft, wie wir es von der Aufklärung übernommen haben. Gleichwohl sind sie mehr als jede andere spätmoderne Kultur von abergläubischen Vorstellungen und Illusionen durchdrungen, die auf die Aufklärung zurückgehen.

Dem »amerikanischen Credo« zufolge gibt es eine essentielle, nicht nur akzidentelle Verbindung zwischen Amerika und Modernität; heute haben die Neokonservativen dieses Credo für sich reklamiert. Da das Projekt einer universalen freien Marktwirtschaft aber weltweit auf Widerstand stößt, ist nicht nur die Vorherrschaft der Konservativen in den USA, sondern auch ihre amerikanische Weltsicht bedroht. Entdecken sie, daß Amerika einen ganz eigenen Weg geht, der mitnichten der gesamten modernen Welt ihren Kurs vorzugeben vermag, wird das zu großen kulturellen Veränderungen führen. Wahrscheinlich müssen die Vereinigten Staaten dann aufhören, sich als Paradigma der Moderne zu sehen.

Zum Teil liegt es am unverbesserlichen Universalismus der amerikanischen Kultur, daß die Debatten über den »Multikulturalismus« so leicht den Charakter von Glaubenskriegen annehmen. Historisch betrachtet sind multikulturelle Gesellschaften nichts Besonderes. Alle großen Weltreiche – die der Römer, Chinesen, Osmanen, Zaren, Briten, Habsburger – umspannten eine Vielzahl ganz verschiedener Kulturen. Jedes dieser Reiche hatte eine herrschende Kultur, und manche verfolgten zeitweise auch universalistische Ziele; aber keines hat systematisch versucht, seine Untertanen zu einer bestimmten Lebensweise oder Glaubensrichtung zu bekehren.

Ein bezeichnender, für Amerika typischer blinder Fleck in Huntingtons Überlegungen wird durch seine Auffassung markiert,

Universalismus sei unmoralisch, weil er zu Imperialismus führe. Doch große Imperien konnten und können durchaus multikulturell sein. Und nicht jeder Imperialismus ist unmoralisch. Allein in den Vereinigten Staaten stoßen solche Vereinfachungen auf breite Zustimmung.

Ein stichhaltiges Argument hingegen ist, daß Universalismus nicht zu einer Mentalität paßt, die man für die Aufrechterhaltung einer imperialen Rolle in der Welt braucht. Weltreiche, die sich lange hielten – wie die der Römer, der Osmanen, der Habsburger –, bauten ihre Herrschaft auf die Verschiedenheit der Kulturen innerhalb ihrer Grenzen. Sie versuchten nicht, die Welt nach ihrem Bilde zu formen, und sie entwickelten ihre politischen Strategien auch nicht in dem Glauben, die Welt blicke in Verehrung zu ihnen auf. Aber weder Fukuyamas posthistorische Weltordnung noch Huntingtons westlicher Block ist vorstellbar ohne eine weltweite Führungsrolle Amerikas.

Dabei ist den Amerikanern gegenwärtig nichts fremder als eine imperiale Mentalität. Sie intervenierten in Bosnien, weil sie glaubten, ein eigentlich unlösbarer politischer und militärischer Konflikt könne durch die Inkraftsetzung einer schlau ausgedachten Verfassung beigelegt werden. Das war die Illusion von Dayton: daß eine zeitlich eng begrenzte Intervention amerikanische Werte und Verfahrensregeln auf andere Regime und Kulturen übertragen könne – den gesetzlichen Schutz von Persönlichkeitsrechten sowie ein Modell für die Verhandlungen zwischen Staaten und lokalen Gemeinschaften, das vom Gesellschaftsrecht abgeleitet ist.

Wirtschaft und Politik der USA agieren unter der Voraussetzung, daß sie amerikanische Werte bis in den letzten Winkel der Erde tragen können, ohne sich die üblichen Probleme und Kosten von Weltreichen aufzubürden. Eine merkwürdige Vorstellung. Offensichtlich gehen die amerikanischen Eliten davon aus, die Vereinigten Staaten hätten sich irgendwie selbst von jener Last befreit, die bislang noch jede Weltmacht in der Geschichte zu tragen hatte.

Amerika als nachwestliche Nation

Huntington behauptet, die Neubelebung der amerikanischen Führungsrolle innerhalb der »westlichen Kultur« scheitere vor allem an der Weigerung vieler Amerikaner, eine »westliche« Identität anzunehmen. »Die Multikulturalisten in Amerika ... möchten ... ein Land der vielen Kulturen schaffen, will sagen ein Land, das zu keiner Kultur gehört und eines kulturellen Kerns ermangelt. Die Geschichte lehrt, daß ein so beschaffenes Land sich nicht lange als kohärente Gesellschaft halten kann. Die multikulturellen Vereinigten Staaten werden nicht mehr die USA sein, sondern die UNO.«[51] Für den übertriebenen Multikulturalismus gilt dasselbe wie für die Political correctness: Es wird mit Kanonen auf Spatzen geschossen. Der exklusive Ethnizismus im Amerika des ausgehenden 20. Jahrhunderts – ich denke zum Beispiel an die schwarze Separatistenbewegung unter Louis Farrakhan – ist ein Hindernis für die Erneuerung jeder Art von liberaler ziviler Gesellschaft. Eine kohärente nationale Identität kann so nicht entstehen. Läuft der amerikanische Multikulturalismus auf ethnischen Separatismus hinaus, dann wird es das Schicksal der Vereinigten Staaten sein, zwischen der Aufklärungsillusion des Universalismus und der häßlichen Realität der Balkanisierung hin- und herzuschwanken.

Huntington übersieht, daß es immer schon Länder gab, in denen verschiedene Kulturen ohne große Probleme über lange Zeiträume hinweg zusammengelebt haben. Heute sind Großbritannien und Spanien einigermaßen gut integrierte multikulturelle Staaten; Australien, Neuseeland, Singapur und Malaysia können als stabile multikulturelle Gesellschaften gelten. Es ist also keineswegs so, daß sämtliche gefestigten politischen Gemeinschaften monokulturell sind. Andererseits aber vereinen sich auch nicht alle unterschiedlichen Kulturen; Japan zum Beispiel wird auf unabsehbare Zeit ein monokulturelles Land bleiben.

Der »Kampf der Kulturen« findet in Form von langfristigen kulturellen Veränderungen und Verschiebungen in den Vereinigten Staaten selbst statt. Man kann sie nicht mehr als eindeutig »westliche« Gesellschaft betrachten; vieles deutet darauf hin, daß sie sich auf dem Weg zu einer nachwestlichen Gesellschaft befinden. Setzen sich die derzeitigen demographischen Trends fort, machen in etwa einer Generation Schwarze, Hispanics und Asiaten schon beinahe die Mehrheit der Amerikaner aus; und um das Jahr 2050 werden, so die Schätzungen der Volkszählungsbehörde, die Hispanics zahlenmäßig Schwarze, Asiaten und Indianer zusammengenommen überrundet haben; der Anteil der nichthispanischen Weißen, der sich 1996 noch auf 73,1 Prozent der Bevölkerung belief, wird dann auf 52,8 Prozent gesunken sein.[52]

Nach diesen Umbrüchen werden sich die Vereinigten Staaten von anderen amerikanischen Ländern wie etwa Chile oder Argentinien, die in ihrer ethnischen Zusammensetzung und in ihren kulturellen Traditionen eindeutig europäisch bestimmt bleiben, beträchtlich unterscheiden. Eine immer schwächer europäisch geprägte Bevölkerung wird auch politische Eliten mit einer immer schwächeren Bindung an Europa hervorbringen – eine Entwicklung, die sich schon jetzt, seit dem Ende der Präsidentschaft von George Bush, an den Veränderungen innerhalb der politischen Klasse Amerikas ablesen läßt. Die alten, von der Ostküste stammenden Eliten, geprägt von den Erfahrungen des Zweiten Weltkriegs und des Kalten Krieges und überzeugte Atlantiker, haben politisch bereits erheblich an Bedeutung verloren.

Das heißt wiederum nicht, daß die neuen Eliten gegenüber Lateinamerika oder Asien größere Loyalität verspüren. Vielmehr werden sie sich stärker an ihr eigenes Land gebunden fühlen und ihre Identität nicht mehr bloß von einer frühmodernen europäischen Ideologie ableiten: Sie werden sich als Bürger einer nachwestlichen Nation empfinden.

Die besten Beispiele für die Transformation ehemals europäischer Kolonien in nachwestliche multikulturelle Staaten sind wohl Australien und Neuseeland. Diese Länder sind weit erfolgreichere multikulturelle Gesellschaften als die USA, vermutlich nicht zuletzt deshalb, weil sie nicht der Illusion anhängen, eine Weltmission zu haben.

Ist das amerikanische System der freien Marktwirtschaft reformierbar?

Die Vereinigten Staaten sind heute nicht mehr das von Tocqueville beschriebene und gelobte Land der demokratischen Gleichheit; auch nicht mehr das Land mit wachsenden Möglichkeiten für alle, das es noch zur Zeit des New Deal war. Nein, es ist von Klassenkonflikten, fundamentalistischen Bewegungen und Rassenkriegen zerrissen. Politische Lösungen dieser Probleme setzen eine Reform der freien Marktwirtschaft voraus. Doch darf man daran zweifeln, daß eine solche Reform im Amerika der Gegenwart überhaupt politisch möglich ist.

In einer Zeit, da die politischen Leitlinien des New Deal und die mit ihm verknüpften Ideale dem Aufstieg des Neokonservativismus zum Opfer gefallen sind, spielen Fragen der wirtschaftlichen Gerechtigkeit nur noch am Rande eine Rolle. Leute wie Ross Perot, Ralph Nader und Pat Buchanan setzten auf das Mißtrauen der Bevölkerung gegenüber den politischen Eliten. Jeder von ihnen versuchte, von den Ängsten der Wähler vor der neuen wirtschaftlichen Ungleichheit zu profitieren. Es ist ein schlechtes Omen, daß nur in Pat Buchanans Wahlkampf von 1996 Fragen wirtschaftlicher Gerechtigkeit einen gewissen Einfluß auf die offizielle Politik gewannen. Buchanan vermischte das Problem der ökonomischen Fairneß mit einem fundamentalistischen Kulturkampf und einer nativistischen Feindschaft gegen den Rest der Welt. Trotz des populistischen Appeals dieser Kombination war er schnell an den Rand gedrängt – vergleichbaren Wahlkampagnen wird es ähnlich ergehen.

Man muß bezweifeln, daß offene Unzufriedenheit bei den Wählern auch nur irgendeine Reaktion der offiziellen amerikanischen Politik hervorrufen kann. Aufgrund der laxen Regelung von Wahlkampfspenden hat Geld hier ungleich größere Einflußmöglichkeiten als in allen anderen westlichen Ländern. Wie sollte man annehmen, daß ein solches politisches System auf die Belange einer verängstigten Mehrheit zu reagieren vermag? Eine Gesellschaft, in der die Menschen ihrer Unzufriedenheit im wesentlichen nur in randständigen Bewegungen Ausdruck verleihen können, ist keine funktionierende Demokratie.

In den erfolgreichsten Volkswirtschaften der Welt ist der freie Markt ein Sinnbild des Überholten, kein Symbol der Zukunft. Die ostasiatischen Länder sind, was ihre politischen Institutionen, ihre Wirtschaftssysteme und kulturellen Traditionen angeht, sehr verschieden. Aber eines haben sie gemeinsam: die Ablehnung des fast religiösen Bekenntnisses zum freien Markt, von dem sich die amerikanische Politik leiten läßt, und auch die Ablehnung des Aufklärungsideals einer universalen Zivilisation, das in die Vorstellung vom freien Weltmarkt eingegangen ist.

Eine Politik, die diesen Dogmen sklavisch folgt, ist am Ende des 20. Jahrhunderts zur Modernisierung unfähig. In der Konkurrenz zwischen dem amerikanischen System der freien Marktwirtschaft und den staatlich gelenkten Kapitalismen Ostasiens zeigt sich, daß der freie Markt der Vergangenheit angehört. Die Amerikaner würden nur allzugern die Augen vor der schmerzhaften Erkenntnis verschließen, daß Länder, die sich nicht an das »amerikanische Credo« halten, die Vereinigten Staaten überholen. Wenn man aber Modernisierung ohne Kniefall vor individualistischen Lebensstilen für möglich hält, ohne den Kult der Menschenrechte und ohne den Aberglauben der Aufklärung, Fortschritt sei der Weg zu einer Weltzivilisation, dann besagt das zugleich, daß die zivile Religion Amerikas widerlegt ist.

Ein solches Eingeständnis wäre für die meisten Amerikaner schier unerträglich. Statt dessen werden alle Daten, die das größere Wirtschaftswachstum, die höheren Sparraten, das bessere Ausbildungsniveau und die Stabilität der Familie in jenen Ländern belegen, die das amerikanische Modell ablehnen, schlicht ignoriert oder bestritten. Würde man sich klarmachen, was sie bedeuten, sähe man auch all die gesellschaftlichen Schäden, die der amerikanische freie Markt verursacht hat. Er schwächt den sozialen Zusammenhalt. Nicht nur seine Produktivität ist gewaltig, sondern auch die Last, die er den Menschen aufbürdet. Doch dies alles sind zur Zeit Tabuthemen in den Vereinigten Staaten; nur ein paar skeptische Liberale sprechen sie an. Gäbe man zu, daß freier Markt und gesellschaftliche Stabilität einander widersprechen, dann würde zwar der Konflikt zwischen ihnen nicht verschwinden, aber er könnte vielleicht doch etwas entschärft werden.

Die entscheidende Frage, vor der Politik und öffentliches Leben stehen, lautet: Wie sind die Imperative deregulierter Märkte mit den grundlegenden Bedürfnissen der Menschen in Einklang zu bringen? Dadurch, daß die Neokonservativen solche Problemstellungen kurzerhand von der Tagesordnung gestrichen haben, nahmen sie Amerika die Chance, den freien Markt für die Menschen womöglich etwas erträglicher zu gestalten. Das »amerikanische Wirtschaftsmodell« ist ja nicht völlig homogen. Besonders an der Westküste gibt es Unternehmen, denen es bis zu einem gewissen Grad gelungen ist, ein hohes Maß an Flexibilität mit einem Gespür für die Belange ihrer Angestellten und der Gesellschaft im ganzen zu verbinden. Solange man jedoch grundsätzlich bestreitet, daß der freie Markt mit vitalen menschlichen Bedürfnissen kollidieren kann, läßt sich dieses »kalifornische Modell« vom übrigen Amerika wohl kaum richtig würdigen – von Nachahmern ganz zu schweigen.[53]

Aller Wahrscheinlichkeit nach werden sich die Vereinigten Staaten auch in den nächsten Jahrzehnten noch als Vorbild für alle Welt sehen. Sie werden sich mehr nach innen kehren und alles ausblenden, was das Vertrauen darin erschüttern könnte, daß die Weltgeschichte in ihrem Sinne verläuft. Allerdings wird sich Amerika nicht erneut in Isolationismus und Protektionismus flüchten. Darunter hätten zu viele handfeste Interessen der Großindustrie zu leiden. Die sich ständig ausweitende *plantation production*, die Verlegung von Produktionsstätten in Billiglohnländer, hat schon heute dazu geführt, daß ein Fünftel aller Importe in die USA von ausländischen Tochtergesellschaften amerikanischer multinationaler Konzerne kommen.[54] Das amerikanische Kapital wird Handelsbeschränkungen daher nicht zulassen. Die Isolation der Vereinigten Staaten in den kommenden Jahren wird nicht wirtschaftlicher oder militärischer, sondern geistiger und kultureller Natur sein.

Wer heute davon überzeugt ist, Amerika sei eine universale Nation, der glaubt zugleich, daß alle Menschen geborene Amerikaner sind und nur zufällig oder irrtümlich etwas anderes wurden. Zu diesem Glauben gehört auch die Annahme, daß die Werte Amerikas schon jetzt, zumindest aber in nicht allzu ferner Zukunft, von der gesamten Menschheit anerkannt und geteilt werden. Sicher findet man solche messianischen Phantasien immer wieder auch anderswo; im letzten Jahrhundert waren es Frankreich, Rußland und England, die den Anspruch erhoben, universale Nationen zu sein. Gegenwärtig ist das, weit mehr als in der Vergangenheit, eine gefährliche Einbildung. Die Vereinigten Staaten haben Illusionen und abergläubische Vorstellungen der Aufklärung in ihr Selbstbild eingebaut. Zu anderen Zeiten mag das nicht von Bedeutung gewesen sein, doch heute wird dadurch die schwierigste Aufgabe unserer Zeit nahezu unlösbar: Wege zu finden für eine friedliche und gedeihliche Koexistenz von Völkern und politischen Systemen, die stets unterschiedlich sein werden.

6 Anarchokapitalismus im postkommunistischen Rußland

Die Bolschewiken vertreten eine fremde Weltanschauung, die dem Volk nicht aufgezwungen werden kann, ohne zu einer Veränderung der Instinkte, Gewohnheiten und Traditionen zu führen, einer Veränderung, die so tiefgreifend sein müßte, daß alle ursprüngliche Energie verkümmern würde, und die unter den ungebildeten Opfern einer militanten Aufklärung Teilnahmslosigkeit und Verzweiflung hervorrufen würde.

BERTRAND RUSSELL[1]

Von wenigen Ausnahmen abgesehen, verachten die russischen Schriftsteller die Kleinlichkeit des Westens zutiefst. Und jene, die Europa bewundern, können das nur, weil sie Europa nicht verstehen. Sie wollen es nicht verstehen. Deshalb haben sie europäische Ideen immer in solch phantastischen Formen übernommen.

LEO SHESTOV[2]

Rußland war in diesem Jahrhundert der Schauplatz von gleich zwei Experimenten des westlichen Utopismus. Das erste veranstaltete der Bolschewismus. In seiner frühesten und radikalsten Phase, dem Kriegskommunismus, zerstörte er die Industrie und führte zu Hungersnöten. Dann kam Stalins »Revolution von oben«, und durch die Kollektivierung ging die bäuerliche Landwirtschaft zugrunde. Das zweite Experiment war eine Schocktherapie: Nach dem Zusammenbruch der Sowjetunion sollte im postkommunistischen Rußland der freie Markt eingeführt werden. Was dabei herauskam, ist eine Art mafioser Anarchokapitalismus. Beide Experimente forderten gewaltige menschliche Opfer. Es waren verfehlte

Modernisierungsanläufe, orientiert an westlichen Theorien oder Vorbildern, die mit Rußlands Geschichte und den örtlichen Gegebenheiten wenig zu tun hatten.

Zwischen 1918 und 1921 versuchten die Bolschewiki, Rußlands Wirtschaft im Sinn des Kommunismus umzugestalten. Der »Kriegskommunismus« jener Jahre entsprang authentisch marxistischen Vorstellungen. Sein Ziel war es, den Kapitalismus abzuschaffen, der sich durch Privateigentum, Warenaustausch und der Institution des Geldes auszeichnet, und statt dessen eine auf kollektivem Eigentum beruhende und rational geplante Ökonomie aufzubauen.

Der Kriegskommunismus entsprach einigen Eigenheiten der russischen Geschichte, etwa der traditionellen Feindschaft gegen kommerzielle Selbstbereicherung oder der Überzeugung, daß dem Land eine messianische Rolle zukomme. Beides war für das orthodoxe Christentum immer schon bezeichnend. Doch lief der Kriegskommunismus der russischen Tradition auch in vielem entgegen. Schließlich hat er den *mir*, die bäuerliche Gemeinde, sowie sämtliche anderen Traditionen des russischen Bauerntums bis zum äußersten bekämpft. So ging es in diesem Experiment um eine brutale Modernisierung von oben, wie sie zuerst im Zuge der despotischen Verwestlichung unter Peter dem Großen angestrebt worden war.

Natürlich verstrickte sich der Kriegskommunismus in den Paradoxien der russischen Geschichte; seine Wurzeln aber reichten bis in die europäische Aufklärung zurück, zu der auch der klassische Marxismus gehört.[3] Wie der Große Sprung in China war der Kriegskommunismus eine westliche Utopie. Er hatte sich den Bolschewiki nicht als praktische Lösung für die Probleme des Krieges aufgedrängt, sondern war der Versuch, die Aufklärungsidee einer universalen Zivilisation in einer marxistischen Variante zu realisieren.

Nach dem Zusammenbruch der Sowjetunion im Jahr 1991 wurde ein anderes Projekt der Verwestlichung in Angriff genommen. Mit der von Jegor Gaidar übernommenen Politik der Schocktherapie folgte die postkommunistische Regierung unter Boris Jelzin den Empfehlungen transnationaler Organisationen und ihrer westlichen Berater und machte sich daran, eine Marktwirtschaft amerikanischen Stils nach Rußland zu verpflanzen. Das Scheitern war vorauszusehen und letztlich unvermeidbar. Es bildete sich eine neue Spielart des russischen Kapitalismus heraus, die sich von allen Kapitalismen des Westens und auch anderer postkommunistischer Länder unterscheidet. Von diesem einheimischen Kapitalismus hängt Rußlands Zukunft ab, nicht von dem Modell, das Gaidar als der bislang letzte in einer langen Reihe westlicher Modernisierer dem Land 1992/93 vergeblich aufzuzwingen suchte.

Der Weg, den Jelzins Regierung seit dem Ende der Schocktherapie eingeschlagen hat, deutet darauf hin, daß er und seine Berater erkannt haben, daß sich Rußland nicht nach dem Modell einer westlichen Marktökonomie modernisieren läßt – was ja womöglich auch gar nicht wünschenswert ist.

Heute sind in Rußland Entwicklung der Wirtschaft und Aufbau des Staates nicht voneinander zu trennen. Sie müssen zusammengehen, sonst ist der Raubkapitalismus, der sich unmittelbar nach dem Ende des Kommunismus breitmachte, nicht zu beseitigen. Ohne einen modernen Staat mit durchsetzungsfähigen Institutionen wird es keine nachhaltige Modernisierung geben.

Doch die Modernität, die Rußland erreichen muß, kann nicht einfach die einer europäischen Nation sein. Jedes Reformvorhaben muß in Rechnung stellen, daß es in Rußland nicht nur europäische, sondern auch asiatische Interessen und Traditionen gibt. Weder die wirtschaftlichen noch die politischen Institutionen irgendeiner anderen Gesellschaft lassen sich auf das postkommunistische Rußland und seine besonderen Bedingungen übertragen. Die lapidare Floskel, Rußland sei eben ein Staat im Übergang, ist keine Antwort auf die ausschlaggebende Frage: Übergang wohin?

Der anarchische Kapitalismus, der die zentrale Planwirtschaft abgelöst hat, ist sicher nur eine Phase in der Entwicklung Rußlands.

Aber am Ende wird keine westliche Ökonomie stehen. Vielmehr schält sich derzeit eine zwitterhafte Spielart des Kapitalismus heraus, die zunehmend der vorrevolutionären ähnelt: Ein umfangreicher staatlicher Interventionismus verbindet sich mit unregulierter Unternehmertätigkeit. Schreitet Rußland in dieser Richtung fort, dann kehrt es aus eigenen Kräften zu einem Modernisierungsprozeß zurück, der in den letzten Jahrzehnten des Zarismus begann und durch den Ersten Weltkrieg und siebzig Jahre Sowjetherrschaft unterbrochen wurde.

Der sowjetische Kriegskommunismus und die postkommunistische Schocktherapie

Die ungefähr siebzigjährige Geschichte der Sowjetunion war ebenso wie der Kriegskommunismus ein Modernisierungsanlauf nach westlichem Muster. Der Kriegskommunismus, so der Historiker Richard Pipes, war »keine ›zeitweilige Maßnahme‹, sondern ein ehrgeiziger und, wie sich zeigen sollte, verfrühter Versuch, einen Kommunismus ohne jede Einschränkung einzuführen«[4].

Wie alle Utopien verlangte auch der Kriegskommunismus, wenn er denn umgesetzt werden sollte, tiefgreifende Veränderungen der menschlichen Natur. »Das kommunistische System«, schreibt Orlando Figes, »zielte letztlich auf die Transformation der menschlichen Natur. Das hatte es mit den anderen sogenannten totalitären Regimen der Zwischenkriegszeit gemeinsam. Schließlich handelte es sich hier um eine Zeit, in der man mit utopischem Optimismus darauf baute, daß die Wissenschaft das Leben des Menschen ändern könne ... Das bolschewistische Programm beruhte auf den Idealen der Aufklärung – sie stammten mehr von Kant als von Marx –, und das macht es, selbst in den heutigen Zeiten der Postmoderne, westlichen Liberalen sympathisch.«[5]

Lenin erkannte sehr wohl, daß der Kriegskommunismus eine Utopie war. In seiner Programmschrift *Staat und Revolution* entwarf er eine kommunistische Gesellschaft, in der es kein Militär und keine Polizei mehr geben werde und jedermann sämtliche Funktionen des Staates ausüben und diesen dadurch ersetzen könnte. Kurzfristig sei es vielleicht unumgänglich, einige kapitalistische Praktiken beizubehalten. Auf lange Sicht aber würde eine rational organisierte Wirtschaft ohne Geld, Eigentum und Staat auskommen und doch zentral geplant sein.

Lenin hielt diese Ziele für erreichbar. Darin folgte er Marx, darin unterstützte ihn Trotzki. Der trat für die »Militarisierung der Arbeit« ein und wurde zu einem der Hauptarchitekten des Kriegskommunismus. Auch Stalin kehrte zu einer Variante des Kriegskommunismus zurück, nachdem die Bolschewiki im Zuge der Neuen Ökonomischen Politik kurz mit der Marktwirtschaft experimentiert hatten. Im Zentrum des Sowjetsystems stand immer die Gewißheit, daß die Menschen umgeformt werden müßten, um den Erfordernissen einer neuen, »rationalen« Ökonomie zu entsprechen. Den Gedanken, daß die Wirtschaft dazu da ist, den Bedürfnissen der Menschen zu dienen, hatte man gänzlich aus den Augen verloren.

Von Anfang an orientierten sich die sowjetischen Kommunisten an den effizienten Organisationstechniken der fortgeschrittensten kapitalistischen Länder. Lenin wollte den »Taylorismus« einführen – der amerikanische Ingenieur Frederick W. Taylor[6] hatte in seiner Theorie der »wissenschaftlichen Betriebsführung« Akkordarbeit und Zeit-Bewegungs-Studien empfohlen, um die Psyche des Arbeiters umzuformen –, ein Unterfangen, das der russische Schriftsteller Samjatin in seinem antiutopischen Roman *Wir* satirisch aufs Korn genommen hat.[7] Die bolschewistische Doktrin erwartete vom Menschen, daß er wie eine ökonomische Ressource funktioniere. Sie versuchte mittels der »Betriebsführungswissenschaft« weitreichende Veränderungen der menschlichen Psyche zu bewirken. Die Ähnlichkeiten zwischen den Sozialtechniken der Bolschewiki und den heute weltweit verbreiteten Praktiken der freien Marktwirtschaft geben durchaus zu denken.

In Rußland – ebenso wie in Kambodscha, Rumänien, China und Kuba – endete der Versuch, ein Wirtschaftssystem ohne Märkte zu schaffen, in einem Desaster. Es wurde nicht nach Preisen gerechnet, und so konnte niemand, weder die staatlichen Planungsbehörden noch die Betriebsleiter, die jeweiligen Kosten und den jeweiligen Bedarf feststellen. Schlimmer noch: Den Arbeitern fehlte jeglicher Anreiz, ihre Kräfte dort einzusetzen, wo sie am meisten gebraucht wurden. Daher waren Zwangsmaßnahmen unvermeidlich. Dazu Figes: »Ohne Anreiz durch den Markt, den die Bolschewiki aus ideologischen Gründen ablehnten, stand ihnen nur ein Mittel zur Verfügung, die Arbeiter zu beeinflussen: die Androhung von Gewalt … Damit begann die Militarisierung der Schwerindustrie: Strategisch wichtige Fabriken wurden unter Kriegsrecht gestellt, an den Produktionsstätten herrschte militärische Disziplin, und wer immer wieder fehlte, wurde als Deserteur der ›Industriefront‹ erschossen.«[8] Zu den menschlichen Kosten dieses Utopia gehören Millionen Tote und zahllose gebrochene Biographien. Dabei entpuppten sich die behaupteten ökonomischen Vorteile der marktlosen Planwirtschaft als Luftblase, als bloße Illusion. Das Leiden und Sterben für das sowjetische Projekt war vollkommen umsonst.

Pipes hat die Entwicklung des sowjetischen Kriegskommunismus folgendermaßen zusammengefaßt: »In seiner vollentwickelten Form, die er erst im Winter 1920/21 erreichte, beinhaltete der Kriegskommunismus eine Reihe umfassender Maßnahmen, die dazu gedacht waren, die gesamte Wirtschaft des Landes – seine Arbeitskräfte ebenso wie seine Produktionskapazität und seinen Verteilungsapparat – der ausschließlichen Führung des Staates … zu unterstellen.«[9] Zu diesen Verstaatlichungsmaßnahmen zählten die Beseitigung des privaten Handels und des Geldes als Tausch- und Buchungseinheit, die Festsetzung eines einzigen, allumfassenden Wirtschaftsplans sowie die Einführung der Zwangsarbeit.

Der Kriegskommunismus ist auf der ganzen Linie gescheitert. Der Marxschen Theorie zufolge sollte die kommunistische Organisation der Wirtschaft weitaus produktiver sein, als es die kapitalistische jemals war. Aber die radikalen Maßnahmen, die während der Periode des Kriegskommunismus ergriffen wurden, führten nur dazu, daß die Industrieproduktion beträchtlich sank. »Das rein ökonomische Ziel der sowjetischen Industriepolitik unter dem Kriegskommunismus war natürlich die Anhebung der Produktivität. Die Statistik zeigt jedoch, daß mit dieser Politik gerade das Gegenteil des angestrebten Ziels erreicht wurde ... Unter den Bedingungen des Kriegskommunismus ging das russische ›Proletariat‹ um die Hälfte zurück, die Industrieproduktion um drei Viertel und die industrielle Produktivität um 70 Prozent ... Die utopischen Programme, denen Lenin allesamt zugestimmt hatte, haben die russische Industrie an den Rand des Ruins gebracht und die russische Arbeiterklasse schwer dezimiert.«[10]

Am Ende des kriegskommunistischen Experiments war Rußland in seiner ökonomischen Entwicklung weit zurückgeworfen. Vor dem Ersten Weltkrieg eine der am schnellsten wachsenden Volkswirtschaften der Welt, hatte es nun mit einem Schlag seine Industrie verloren. Auch die Landwirtschaft verzeichnete enorme Rückgänge. Aufgrund der Getreiderequisitionen war der Kriegskommunismus mitschuldig an den Hungersnöten der Jahre 1921 und 1922. Selbst als Lenin die Requisitionspolitik 1921 milderte, verfolgte er doch weiterhin das utopische Ziel, den Markt für landwirtschaftliche Produkte abzuschaffen: »Als Lenin die Getreiderequisitionen aufgab, hielt er zwanghaft an der Hoffnung fest, die Freigabe des Handels verhindern zu können und nicht zulassen zu müssen, daß der Kommunismus von Marktverhältnissen verunreinigt würde ... Der Utopismus war nicht totzukriegen. Aber die Realität noch schwerer.«[11] Als Lenin seine Politik änderte, drohten bereits Hungersnöte. Nach sowjetischen Quellen sollen sie fünf Millionen Menschen das Leben gekostet haben.[12]

Schließlich wurde der Kriegskommunismus aufgegeben. 1921 mußten die Bolschewiki um internationale Hilfe nachsuchen; »die American Relief Administration und andere ausländische Hilfsorganisationen schafften zeitweise Nahrungsmittel für zehn Millionen Menschen herbei.«[13] In Kronstadt rebellierten die Matrosen. Einen Ausweg aus der angespannten Lage wollte man dann mit der Neuen Ökonomischen Politik suchen, die bis 1926/27 verfolgt wurde. Die wesentlichste Maßnahme war die Wiederherstellung des Marktes, vor allem für landwirtschaftliche Produkte. Lenin, so vermutet man, brauchte die Neue Ökonomische Politik, »um der Partei eine Atempause zu verschaffen. Die Ersetzung der Getreiderequisitionen durch Steuern und die Wiedereinführung der Lebensmittelmärkte waren ein entschiedener Rückzug aus dem geld- und eigentumslosen Utopia, das er nach 1918 eigentlich hatte schaffen wollen.«[14]

Die großen Hungersnöte, unter denen Rußland später zu leiden hatte, besonders 1932/33, sind nicht auf die Verstaatlichung der Industrie, sondern auf die Kollektivierung der Landwirtschaft zurückzuführen. Ebenso wie der Kriegskommunismus war auch die Kollektivierung eine direkte Umsetzung der marxistischen Doktrin. Sowohl Marx selbst als auch Georgij Plechanow, der erste bedeutende marxistische Denker Rußlands, glaubten, daß die Zukunft der Landwirtschaft in ihrer Industrialisierung und in der Zerstörung bäuerlicher Traditionen liege.

Marx war der Meinung, die Landwirtschaft werde sich nach dem Industrialisierungsmuster des 19. Jahrhunderts entwickeln, indem riesige Agrikulturfabriken an die Stelle der kleinen Bauernhöfe träten. Dahinter stand seine Überzeugung, die kapitalistische Fabrik des 19. Jahrhunderts sei das beste Modell für eine rationale Organisation der Produktion; außerdem behauptete er, daß eine Gesellschaft erst dann reif für den Sozialismus sei, wenn die Mehrheit ihrer Mitglieder dem Industrieproletariat angehöre.

Das marxistische Dogma einer industrialisierten Landwirtschaft

bildete das Kernstück des bolschewistischen Modernisierungs-
projekts. Die Kollektivierung und »Entkulakisierung« – die Beseitigung der reicheren Bauern – zerstörten die bäuerliche Landwirtschaft in Rußland nahezu vollständig. Einige wenige landwirtschaftliche Kenntnisse und Fertigkeiten erhielten sich durch die
private Kleingärtnerei, von der in der Periode der postkommunistischen Schocktherapie wie auch schon zur Zeit der Zwangskollek-
tivierungen oft das Überleben der einfachen Leute abhing. Die bolschewistische Modernisierungspolitik nach dem Vorbild der europäischen Industrieentwicklung im 19. Jahrhundert hatte also keine
geringere Folge als die chronische Unfähigkeit Rußlands, sich
selbst zu ernähren.

Robert Conquest schätzt, daß zwischen 1930 und 1937 elf Millionen Bauern starben und 3,5 Millionen Menschen im Gulag umka-
men.[15] Und Michael Ellman zufolge verhungerten allein im Jahr
1933 etwa sieben bis acht Millionen Menschen.[16] Als Mao sich die
sowjetische Kollektivierungspolitik zum Vorbild für die Modernisierung Chinas nahm, war das Ergebnis das gleiche, nur die Dimensionen wurden größer.

Im letzten Jahrzehnt des Zarismus hatte man einen anderen Modernisierungspfad eingeschlagen. In einem am 9. November 1906
erlassenen Gesetz entband der reformwillige Ministerpräsident
Stolypin die Bauern von ihren Gemeindeverpflichtungen und gab
das Gemeindeland zur privaten Aneignung frei. So beantragte zwischen 1906 und 1916 fast ein Viertel der bäuerlichen Haushalte des
europäischen Teils Rußlands das private Eigentumsrecht an dem
von ihnen bewirtschafteten Gemeindeland. Die Auswirkungen der
Stolypinschen Reformen sind umstritten. Ob sie die Revolution
verhindert hätten, wenn Stolypin nicht 1911 ermordet worden
wäre und der Erste Weltkrieg das zaristische Rußland nicht von
weiteren Reformen abgehalten hätte, läßt sich nicht sagen. Aber
klar ist, daß diese Reformen im Gegensatz zu Kriegskommunismus
und Kollektivierung eine Modernisierung auf den Weg brachten,

die den spezifischen Bedürfnissen und Bedingungen in Rußland Rechnung trug.

Kriegskommunismus wie Kollektivierung beriefen sich auf die marxistische Theorie, die den Aufbau einer Wirtschaft zum Ziel hatte, in der es keinen Markt für den Waren- und Geldaustausch mehr geben würde. Weder die Erfahrungen mit der Neuen Ökonomischen Politik in den zwanziger Jahren oder mit Gorbatschows Perestroika noch die ständige Existenz von Schwarzmärkten konnten etwas daran ändern, daß dieses Projekt die Sowjetunion in Atem hielt, solange es sie gab.[17] Das Sowjetregime hielt von Beginn an und bis zu seinem Ende an einem zum Scheitern verurteilten Unternehmen fest: der Modernisierung Rußlands nach einem westlichen – nämlich marxistischen – Muster. Das heißt nicht, daß jenes Unternehmen nicht zeitweise Unterstützung in der russischen Bevölkerung fand, am meisten wahrscheinlich sogar in der schlimmsten Zeit, im Stalinismus. Es ist zwar höchst befremdlich, wenn etwa Aleksander Sinowjew argumentiert, daß im Stalinismus das Volk die Macht ausgeübt habe. Doch natürlich gilt selbst für die grausamsten Verbrechen des Stalinismus, daß sie – wie die chinesische Kulturrevolution auch – ohne die aktive Mitwirkung von ganz gewöhnlichen Menschen nicht hätten geschehen können.[18]

Die Raison d'être des Sowjetstaats war also eine Modernisierung, die eindeutig »westliche« Ursprünge und Ziele hatte. In der ersten Lenin-Biographie, die auf neues, nach dem Zusammenbruch der Sowjetunion zugänglich gewordenes Archivmaterial zurückgreifen konnte, heißt es: »Der Kriegskommunismus entsprach voll und ganz dem Wesen von Lenins Politik. Erst als dieses System endgültig zusammengebrochen war, suchte der Revolutionsführer sein Heil in der Neuen Ökonomischen Politik. Doch die wichtigsten Elemente des Kriegskommunismus wurden über Jahrzehnte hinweg, bis zum Ende der achtziger Jahre, beibehalten.«[19] Mit dem bolschewistischen Projekt, dem das Sowjetsystem seine ganze Geschichte hindurch verpflichtet blieb, sollte Rußland eine westliche

Modernisierung ohne Kapitalismus oktroyiert werden. So blieb der im späteren Zarismus eingeschlagene, von lokalen Voraussetzungen ausgehende Modernisierungspfad verschüttet.

Eines der gewaltigen Probleme, welches die Sowjetunion den postkommunistischen russischen Regierungen hinterließ, ist die ruinierte Landwirtschaft. Weil Rußland mit der Zeit zu einer städtischen Gesellschaft wurde, lebt die schwindende Landbevölkerung isoliert und in Armut. Zwischen 1991 und 1995 ist sie von 38,5 Millionen auf fünfunddreißig Millionen geschrumpft. Die Getreideproduktion ging ebenfalls zurück, und die Ernte von 1996 lag nur geringfügig über der von 1995 – der schlechtesten seit dreißig Jahren.[20]

Die sowjetische Getreideproduktion erreichte nie wieder den Stand, den sie vor der Revolution hatte, und dem postkommunistischen Rußland wiederum ist es nicht gelungen, den Stand der sowjetischen Produktion zu halten. Verfehlte Privatisierungskonzepte haben das harte Los der Landarbeiter, für die der bäuerliche Kapitalismus nicht einmal mehr Erinnerung ist, nur verschlimmert. Wenn die Kollektivierung ein ländliches Proletariat hervorbrachte, so schuf die forcierte Dekollektivierung eine ländliche Unterklasse.

Das Denken, das die marktwirtschaftlichen Reformen in Rußland inspirierte, unterscheidet sich vom Leninismus nur in der Art des ökonomischen Systems, das aufgebaut werden soll. Aber das menschliche Leiden und die wirtschaftlichen Verwüstungen, welche es mit sich bringt, sind den Folgen des Leninismus in gewisser Hinsicht verblüffend ähnlich. Wie das Utopia, das Lenin vor Augen hatte, zielt auch der freie Weltmarkt darauf ab, etwas zu schaffen, das es in der Geschichte der Menschheit bislang noch nicht gab – und weit über den freien Markt im viktorianischen England und die liberale Wirtschaftsordnung hinausgeht, die bis 1914 international geherrscht hat. In der globalen freien Marktwirtschaft von heute kann kein souveräner Staat die Bewegungen von Gütern, Dienstleistungen und Kapital politisch kontrollieren, und die

Märkte sind völlig losgelöst von ihren ursprünglichen Gesellschaften und Kulturen. Das aber ist Utopia: sich im geschichtsfreien Raum bewegend, feindlich gegenüber vitalen menschlichen Bedürfnissen und schließlich ebenso selbstzerstörerisch wie alle anderen gesellschaftlichen Traumwelten, die in unserem Jahrhundert realisiert werden sollten.

Das globale Laissez-faire braucht keine totalitären Regime, keinen Staat, der alle übrigen Institutionen schluckt; vielmehr beschränkt es diesen auf seine engsten repressiven Aufgaben. Viele soziale Kontrollfunktionen werden an die Märkte abgegeben, die ihrerseits die öffentliche Meinung und die Konsumvorlieben bestimmen. So ist der freie Weltmarkt eine posttotalitäre Utopie. Die Ausübung von Gewalt verlangt er lediglich an den Rändern seines Machtbereichs und in den frühen Stadien seines Aufbaus.

Sowjetsystem wie freier Markt sind experimentelle Formen eines ökonomischen Rationalismus. Die Anhänger der freien Marktwirtschaft versichern, daß die beispiellose Produktivität ihres rationalen ökonomischen Systems die Ursachen von gesellschaftlichen Konflikten und Kriegen beseitigen werde. Die Sowjetmarxisten beteuerten dagegen, aufgrund der sozialistischen Planung würden Knappheit und Mangel bald der Vergangenheit angehören. So gingen beide Lager davon aus, daß steigende Produktivität die Lösung für die meisten sozialen Probleme ist; Marktwirtschaftler und Sozialist sind sich einig: das Wirtschaftswachstum thront über allen anderen Zielen und Werten. Wie die Bolschewiki stehen die Stoßtruppen des freien Marktes jeder Tradition, die das behindert, was sie als ökonomischen Fortschritt betrachten, feindlich gegenüber. Wenn ihre Ziele verlangen, daß unterwegs ein paar Kulturen auf der Strecke bleiben, dann ist dies ein Preis, den zu bezahlen auch die freien Marktwirtschaftler nicht zurückschrecken.

Doch das globale Laissez-faire und das kommunistische Projekt der ehemaligen Sowjetunion haben noch weitere gemeinsame Feinde. Beide begegnen nationalen und kulturellen Unterschieden im Wirtschaftsleben und historischen Erbe mit äußerstem Argwohn. Beide klagen über die Rückständigkeit des bäuerlichen und dörflichen Lebens. Und beide versuchen den aufsässigen Individualismus des Bürgertums wie die Widersetzlichkeit der arbeitenden Bevölkerung zu brechen. Die Hauptopfer von freiem Weltmarkt, Kriegskommunismus und Sowjetsystem sind die Bauern und – in einem geringeren, gleichwohl beachtlichen Umfang – die städtischen Industriearbeiter und gebildeten Mittelschichten.

Schocktherapie: eine weitere westliche Utopie

Westlichen Utopien als Experimentierfeld zu dienen, scheint Rußlands Schicksal in diesem Jahrhundert zu sein. Der sowjetische Kommunismus war eine solche Utopie ebenso wie Gorbatschows Reformen und die Politik der Schocktherapie, die auf den Zusammenbruch der Sowjetunion folgte.[21]

Das System, das Gorbatschow erneuern wollte, war nicht zu reformieren. Es hatte keine politische Legitimität, weder in Rußland noch im »Binnen-Ausland« der anderen Nationalitäten des ehemaligen Sowjetimperiums. Abgesehen vom gewaltigen Militärsektor funktionierte die sowjetische Wirtschaft nur insofern, als sie die schwarzen und grauen Märkte schützte. Die »Ära der Stagnation« unter Breschnew war für manche Menschen in einigen Regionen der Sowjetunion eine Epoche des Aufschwungs, institutionalisierte sie doch die Korruption und gab damit dem Marktaustausch Auftrieb.

Gorbatschows Reformprogramm begann als eine Antikorruptionskampagne. Sein Hauptziel war eine »Beschleunigung« (*uskorenije*) der Wirtschaft. Aber diese brach ein und schließlich zusammen. Das sowjetische System zentraler Planung, so stellte sich heraus, war paradoxerweise auf jene Märkte angewiesen, die es als kriminell verurteilte.

Nach 1991 wandte man die Schocktherapie an und zog damit die Konsequenzen aus dem vollständigen Kollaps des früheren ökonomischen Systems. Doch war dieser Kurswechsel zugleich der Versuch, Rußland nach dem Vorbild einer westlichen Utopie wiederaufzubauen; man folgte einer Politik, die sich anderswo als erfolgreich erwiesen hatte. In Rußland aber sollte sie nicht funktionieren.

Als man sich Ende 1991 für die Schocktherapie entschied, war ein allmählicher Abschied von der zentralen Planwirtschaft nicht mehr möglich. Denn die alte Sowjetökonomie befand sich zu großen Teilen bereits in Auflösung. Gorbatschows wirtschaftliche Strukturreformen (Perestroika) und die von ihm vorangetriebene politische Liberalisierung (Glasnost) hatten chaotische Zustände hinterlassen. Nicht nur die zentralen Planungsbehörden, sondern auch weite Teile des Staatsapparats zerfielen einfach, fehlten doch für schrittweise Reformen die politischen Mechanismen. Ein behutsamer, stufenweiser Umbau der alten Institutionen und Konzepte kam für Rußlands erste postkommunistische Regierung nicht in Betracht.

Gorbatschow hat Boris Jelzin ein schweres Erbe hinterlassen: nämlich die Unmöglichkeit, die notwendigen Veränderungen Schritt für Schritt anzugehen. Die Perestroika, von westlichen Meinungsmachern eilfertig unterstützt, erntete in der ehemaligen Sowjetunion selbst stets nur Hohngelächter und Verachtung. Es lag auf der Hand, daß sich Gorbatschows Reformpläne nicht durchführen ließen, und so war im Sommer 1989 auch für westliche Beobachter klar, daß sich die Sowjetunion in einer vorrevolutionären Situation befand: »Was wir heute in der Sowjetunion vor uns haben, ist kein Reformprozeß, sondern der Beginn einer Revolution, deren Verlauf niemand voraussagen kann.«[22]

Gorbatschows Politik hatte gezeigt, wie schwach das von ihm attackierte System legitimiert war. Nicht einmal die kommunistische Nomenklatura, also jene, die am meisten von ihm profitierten, fanden sich bereit, es zu verteidigen. Der Vorgang erwies sich als einzigartig: Ein riesiges Reich mit einer furchtbaren Geschichte voller Brutalität und Unterdrückung hörte auf zu bestehen, ohne daß es zu nennenswerter Gewaltanwendung gekommen war, weder von seiten der Herrschenden noch der Beherrschten. Der fehlgeschlagene Staatsstreich gegen Gorbatschow im August 1991 machte dann endgültig deutlich, daß sich die neue, nachsowjetische Ära nicht länger aufhalten ließ.[23]

Im November 1991 wurde Jegor Gaidar zum Chefarchitekten des Übergangs zur Marktwirtschaft berufen – ein Hinweis darauf, daß Jelzin die Aussichtslosigkeit einer Reform in kleinen, geordneten Schritten eingesehen hatte. Etwas anderes als schnelle, radikale und weitreichende Maßnahmen schien nicht mehr realisierbar. Aber die Modelle, an denen sich diese Therapie orientierte – zum Beispiel das Konzept der Inflationsbekämpfung, wie es in einigen lateinamerikanischen Ländern und dann auch im postkommunistischen Polen erfolgreich angewendet worden war –, zeigten in Rußland wenig Wirkung. Die lange Dauer des kommunistischen Regimes und die ungeheure Größe des militärisch-industriellen Komplexes, auf den rund ein Drittel des Bruttoinlandsprodukts kam,[24] hatten eine einmalige Situation geschaffen. Vor allem mangelte es fast vollständig an dem, was wir zivile Institutionen nennen, Institutionen, die etwa in Polen immerhin noch so ausgeprägt waren, daß es zum ersten postkommunistischen Land werden konnte. Außerdem fehlte jede Tradition legitimer privatwirtschaftlicher Geschäftsbeziehungen und damit auch die Grundlage für eine erfolgreiche Schocktherapie: eine starke Gesellschaft und eine trotz ihrer Unterdrückung robuste Wirtschaft – Faktoren, die sich mittels einer Schocktherapie nicht künstlich erzeugen lassen. Wenn sie nicht bis zu einem gewissen Grad vorhanden sind, läßt sich schon im voraus sagen, daß die Radikalkur nicht zu den gewünschten Ergebnissen führen wird.

Als man diese Vorgehensweise 1993/94 aufgab, war Jelzin offensichtlich zu der Überzeugung gelangt, daß sich westliche Wirtschaftsmodelle nicht auf Rußlands spezifische Bedingungen und geschichtliche Voraussetzungen übertragen lassen. Die mit dem Scheitern des Reformprojektes verbundenen Kosten waren zugegebenermaßen gewaltig. Gleichwohl gab es Ende 1991 wahrscheinlich keine Alternative. Es leuchtet ein zu sagen, daß allmähliche Veränderungen unter den katastrophalen Verhältnissen von 1991/92 unmöglich waren. Doch es leuchtet ganz und gar nicht ein, daß man glaubte, eine in Bolivien oder Polen mehr oder weniger erfolgreiche Politik würde unter den in Rußland herrschenden Umständen zu ähnlichen Ergebnissen führen.[25]

Das von dieser Politik verursachte Leid war nicht gänzlich zu vermeiden. Die Situation, in der Jelzins Regierung antrat, war historisch schicksalhaft – sie hatte es mit den Hinterlassenschaften des Sowjetsystems und des verfehlten Reformprogramms von Gorbatschow zu tun. Zum Teil erklärt sich die tragische Rolle der Schocktherapie auch aus dem Versuch, ein Wirtschaftssystem nach Rußland zu importieren, das auf den Theorien eines Adam Smith fußt. Eine fast unvermeidliche Ironie der Geschichte wollte es, daß die auf Smith zurückgehende Theorie ökonomischer Modernisierung viel mit der Marxschen Theorie, auf der die sowjetischen Institutionen aufbauten, gemein hat. Wie Jonathan Steele bemerkt, ist »die Theorie von Karl Marx, daß der Geschichtsverlauf ehernen Gesetzen folge, von einer neuen Gattung von Sozialtechnikern aufgegriffen worden, die sich im Internationalen Währungsfonds, dem US-Außenministerium, den westeuropäischen Regierungen und den Redaktionsstuben der meisten großen westlichen Zeitungen breitgemacht hat«[26].

Ein gemeinsamer Zug der genannten Doktrinen ist etwa ihr ökonomischer Rationalismus. Über die materialistische Geschichtsauffassung des Marxismus, die dem bolschewistischen Projekt zugrunde lag, schrieb Bertrand Russell bereits 1920: »Wirtschaftlich vorwärtskommen zu wollen, ist eigentlich ganz vernünftig; Marx, der von den britischen orthodoxen Ökonomen die rationalistische Psychologie des achtzehnten Jahrhunderts übernahm, erschien die Ansammlung von Reichtum als das natürliche Ziel des politischen Handelns. Aber die moderne Psychologie ist tief in das Meer des Wahnsinns eingetaucht, auf dem die kleine Barke der Vernunft unsicher hin- und herschippert. Wer heute die menschliche Natur erforscht, kann den intellektuellen Optimismus dieses vergangenen Zeitalters nicht mehr teilen. Die Rigidität der Marxisten, die auch daran zu erkennen ist, daß sie das Instinktleben in ein Prokrustesbett spannen, ist im Marxismus selbst angelegt. Von dieser Rigidität legt die materialistische Geschichtsauffassung ein beredtes Zeugnis ab.«[27]

Doch Russell war selbst optimistisch. Denn die rationalistische Sicht des politischen Lebens, in der das ökonomische Eigeninteresse eine zentrale Rolle spielt, ist mit dem Sowjetmarxismus nicht verschwunden. Siebzig Jahre nach Russell tauchte es in Gestalt der neoliberalen Wirtschaftstheorie und -praxis wieder auf. Es war nur eine andere Spielart des gleichen Rationalismus, die das kurzlebige Experiment der ökonomischen Modernisierung mittels einer Schocktherapie inspirierte.

Ihr intellektuelles Fundament in Rußland war ein quasimarxistischer Glaube an den politischen Vorrang des wirtschaftlichen Eigeninteresses – das heißt, grob gesprochen, des Interesses an steigendem Einkommen und wachsenden Konsummöglichkeiten. Die für die Schocktherapie maßgeblichen neoliberalen Theorien kümmerten sich ebensowenig um die Bedürfnisse der Menschen und die besonderen Umstände in Rußland, wie es der historische Materialismus getan hatte, der dem Programm der Bolschewiki zugrunde lag.

Gaidars politischer Kurs war von Ökonomen wie Jeffrey Sachs beeinflußt, die im amerikanischen Kapitalismus das Modell für sämtliche Marktwirtschaften der Welt sehen: »Der globale Kapitalismus ist mit Sicherheit die vielversprechendste Organisationsform für eine einmalige Prosperität.«[28] Sachs glaubt, man könne den Wohlstand weltweit mehren, wenn nur die Institutionen des amerikanischen freien Marktes rund um den Erdball Geltung besäßen. Und er sieht keinen Grund, warum Rußland da eine Ausnahme sein sollte.[29] Aber in Anbetracht der Bedingungen, die Anfang der neunziger Jahre hier herrschten, und angesichts der Geschichte des Landes hätte es einen wirtschaftlichen Wiederaufbau nach westlichem Vorbild nicht geben dürfen. Nur weil westliche Berater vom Schlage eines Sachs in puncto Geschichte völlig ignorant waren, konnten sie sich einbilden, die seit den Tagen Peters des Großen ungelöste Frage, ob Rußland eine europäische oder eine asiatische Identität habe, werde sich durch ein paar Jahre marktwirtschaftlicher Reformen von selbst erledigen.

Das Kernstück von Gaidars Reformprogramm war die Freigabe der Preise. Am 2. Januar 1992 wurde für etwa neunzig Prozent der im Handel befindlichen Produkte die Preisbindung aufgehoben. Am nächsten Tag waren die Schlangen vor den Läden verschwunden – und die Preise um zweihundertfünfzig Prozent gestiegen. Die Löhne kletterten jedoch nur um fünfzig Prozent, so daß die Unternehmen zeitweise höhere Gewinne machten. Weil ein Großteil der Wirtschaft zu diesem Zeitpunkt von Monopolen beherrscht war, konnten die Glücklichen, die in deren Leitungszentralen saßen, einen ansehnlichen Extragewinn einstreichen, während es den meisten Leuten von einem Tag auf den anderen viel schlechter ging. »Die Russen litten in diesem Jahr furchtbaren Mangel, da ihr Lebensstandard um die Hälfte gesunken war. Sie vermochten sich nur dann über Wasser zu halten, wenn sie Kleingärten hatten und sich auf diese Weise selbst versorgen konnten.«[30]

Auch beim zweiten wesentlichen Schritt von Gaidars Schocktherapie, der Privatisierung, gab es viele Ungerechtigkeiten und Unregelmäßigkeiten, so daß die postkommunistische Erneuerung des russischen Kapitalismus unter wenig erfreulichen Vorzeichen begann. Unter der Federführung von Anatoli Tschubais, einem Lenin-

grader Ökonomen, der im November 1991 Leiter des Föderations-
ausschusses zu Fragen des Staatseigentums geworden war, privati-
sierte die Regierung Gaidar bis Ende 1994 drei Viertel der mittleren
und großen Industriebetriebe. Damit wurde über die Hälfte des russischen Bruttoinlandsprodukts auf dem privaten Sektor erwirtschaftet.[31]

Im weiteren Verlauf der Privatisierung trat genau das ein, wovor
Sherr 1992 gewarnt hatte: »Es besteht die Gefahr, daß der Westen ...
falsche Formen der Privatisierung begünstigt, von denen einige
wenige profitieren, viele andere aber abgestoßen werden. Das kann,
und nicht zum ersten Mal in der russischen Geschichte, dazu führen, daß viele Menschen die Werte und den Einfluß des Westens
ablehnen.«[32]

Die Privatisierungsgewinne waren ungleich verteilt. Die Arbeiter
und Angestellten der Unternehmen konnten Eigentumsanteile zu
besonderen Bedingungen erwerben, so daß sie schließlich in siebzig Prozent aller Betriebe die Mehrheit hielten. Doch die der Öffentlichkeit angebotenen Berechtigungsscheine zum Kauf von Fir-
menanteilen wurden zumeist ebenfalls von den Beschäftigten der
betreffenden Unternehmen erworben. So konnten sich in vielen
Fällen Manager nicht unerheblich am Eigentum des ehemaligen
Sowjetstaates bereichern.

Ferner kam, wie in den meisten anderen postkommunistischen
Ländern, die Privatisierung vor allem den anderthalb Millionen
besonders privilegierten Parteimitgliedern zugute. Das Abfließen
von Vermögenswerten vormals staatseigener Unternehmen in die
Taschen einer reichen Minderheit wird wohl noch eine Weile andauern, da die Arbeiter ihre Anteile verkaufen müssen, um ihren
Lebensunterhalt bestreiten zu können. Trotzdem befanden sich
Ende 1994 noch etwa vierzig Prozent der Anteile eines durch-
schnittlichen privatisierten Unternehmens in den Händen der Arbeiter, während zehn Prozent der Staat hielt. Der russische Kapitalismus nähert sich wohl nicht dem angelsächsischen Modell des

Aktienbesitzes an; eher wird sich ein pluralistisches System herausbilden, mit vielen von den Eigentümern selbst geführten Unternehmen, ähnlich wie in Deutschland.

Das dritte Element von Gaidars Schocktherapie war die Stabilisierung der Staatsfinanzen. Entsprechend den orthodoxen Leitlinien des Internationalen Währungsfonds strebte er einen ausgeglichenen Haushalt an, in dem man Staatsausgaben nicht einfach durch das Nachdrucken von Geld finanziert. So wurde der Militäretat um rund zwei Drittel gesenkt und die Subventionierung der Industrie drastisch abgebaut. Es kam zu einer erheblichen Geldverknappung. Infolgedessen war im Frühjahr 1996 die Inflationsrate auf etwa vierzig Prozent gefallen – im engen Sinne der Inflationsbekämpfung ein politischer Erfolg.

Eine »Stabilisierungspolitik« mit einer plötzlichen Preissteigerung, auf die eine relative Preisstabilität folgt, wie sie sich in Polen im Kampf gegen die Inflation bewährte, hat es in Rußland jedoch nicht gegeben. Daher waren manche Anwälte der Schocktherapie der Meinung, sie sei hier gar nicht wirklich angewandt worden.[33] Aber der Vorwurf trifft nicht, weil dieselben politischen Bedingungen, die allmähliche Reformen ausschlossen, auch keinen plötzlichen Währungsschock erlaubten. Jähe Veränderungen des Geldwerts kennt man in Rußland aus der Zeit des Stalinismus. Deshalb wäre eine Wirtschaftsreform, die mit einer Währungsreform beginnt, nicht nur unpopulär, sondern zutiefst illegitim.

Die politischen Resultate der Schocktherapie sprachen nicht für ihre Anhänger. In den Parlamentswahlen vom Dezember 1993 kam Gaidars Partei »Rußlands Wahl« auf nur dreizehn Prozent der Stimmen, während die sich fälschlich so nennende, antisemitische und fremdenfeindliche Liberaldemokratische Partei eines Wladimir Schirinowski vierundzwanzig Prozent erhielt. Die Schocktherapie, die einzige ökonomische Strategie, die überhaupt bei der Hand war, hatte politisch ausgedient. Die von ihr verursachten sozialen Flurschäden waren unerträglich geworden.

Soziale Folgen der russischen Schocktherapie

Armut und Verbrechen waren in der Geschichte der Sowjetunion durchaus nicht unbekannt, die Schocktherapie jedoch stürzte die Mehrheit der russischen Bevölkerung in noch tieferes Elend und ließ die Wirtschaftskriminalität beispiellos in die Höhe schnellen. Der Zusammenbruch der Wirtschaftstätigkeit und die Auflösung der öffentlichen Dienste führten dazu, daß der allgemeine Lebensstandard sank und ein nicht unerheblicher Teil der Russen in äußerste Bedrängnis geriet. Fast die Hälfte der Angehörigen der Mittelschichten stand vor dem Ruin. Geburtenrate und Lebenserwartung sanken drastischer als in allen anderen modernen Ländern zu Friedenszeiten. Zugleich lieferte die Schwächung des Staates die Russen dem organisierten Verbrechen aus. Die Wirtschaftsreformen, so Peter Truscott, »hatten für die Mehrheit der russischen Bevölkerung zweifellos verheerende Auswirkungen«[34]. Von Dezember 1991 bis Dezember 1996 kam es bei den Verbrauchsgütern eintausendsiebenhundertmal zu Preissteigerungen, mit der Folge, daß achtzig Prozent der Bevölkerung keinerlei Ersparnisse mehr haben.[35] Ungefähr ein Drittel (zwischen vierundvierzig und fünfzig Millionen Menschen) ist mittlerweile in Gefahr, in wirkliche Not abzurutschen; fünfzehn bis zwanzig Prozent (zweiundzwanzig bis dreißig Millionen) können sich keine Arzneimittel und keine neue Kleidung leisten; zwischen fünf und zehn Prozent der Bevölkerung (etwa sieben bis fünfzehn Millionen) leiden unter schweren Mangelerscheinungen und Unterernährung.

Insgesamt sind seit 1991 rund fünfundvierzig Millionen Menschen in Rußland verarmt.[36] Auf der anderen Seite kamen die »neuen Russen«, die von den marktwirtschaftlichen Reformen profitierten (zwischen drei und fünf Prozent der Bevölkerung, etwa 4,4 bis 7,2 Millionen), 1995 auf Monatseinkommen, die von fünfhundert bis hunderttausend Dollar reichen.[37]

Viktor Iljuschin, 1996 nach den Präsidentschaftswahlen von Boris

Jelzin zum stellvertretenden Ministerpräsidenten berufen, gab bekannt, daß ein Viertel der russischen Bürger unter dem offiziellen Existenzminimum von siebzig Dollar im Monat lebe und die Realeinkommen um vierzig Prozent gefallen seien. Die wirtschaftliche Ungleichheit hatte dramatisch zugenommen. Richard Layard und Jon Parker sind der Meinung, daß »die neuen Reichen besser dran sind, als es die Nomenklatura jemals war ... Trotzdem ist die Ungleichheit nicht so groß wie in den Vereinigten Staaten, sie bewegt sich eher auf einem Niveau wie in Großbritannien.«[38] Wie auch immer, in Rußland leben weit mehr Menschen in beinahe absoluter Armut als in Großbritannien oder den Vereinigten Staaten.

Das Ausmaß der Arbeitslosigkeit läßt sich nur ungenau bestimmen. Nach einem Bericht der Internationalen Arbeitsorganisation (IAO) lag die statistisch erfaßte Arbeitslosigkeit im Juli 1996 bei 9,5 Prozent; tatsächlich sei sie aber weit höher. Denn die äußerst geringe Arbeitslosenunterstützung hält viele davon ab, sich arbeitslos zu melden; auch führen Unternehmen Angestellte, die in Wirklichkeit gar nicht mehr beschäftigt sind, in ihren Büchern weiter, um Steuern zu sparen. Außerdem befanden sich 1994 fast fünf Millionen Menschen in Teilzeitverhältnissen, und zwischen einem Fünftel und einem Drittel der Beschäftigten mußte mit Entlassung rechnen.[39] Der IAO zufolge sind mehr als dreißig Prozent der Bevölkerung »verdeckt arbeitslos«; die offizielle Arbeitslosenstatistik wird als ein »administratives Kunstprodukt« bezeichnet, das die wirklichen Zahlen »auf die denkbar brutalste Art« verschleiere.[40]

Die steigende Arbeitslosigkeit war die Folge eines in der Geschichte einmaligen Zusammenbruchs der Wirtschaftstätigkeit. Seit 1989 ist die russische Wirtschaft um die Hälfte geschrumpft – mehr als in den USA während der Großen Depression. Noch Mitte 1997 nahm das russische Bruttoinlandsprodukt weiter ab, so daß die Wirtschaftstätigkeit nun fast auf vierzig Prozent des Standes von 1991 gefallen ist.[41] Viele Staatsangestellte werden nicht mehr entlohnt. In einem Bericht des Center for Strategic and International

Studies in Washington heißt es: »Die Regierung bezahlt ihre Angestellten, die Soldaten, die Ärzte, Lehrer und Wissenschaftler nicht mehr ... Gehälter, Löhne und Überweisungen für fünfundsechzig bis siebenundsechzig Millionen Bürger standen Ende 1996 noch aus. Sechsunddreißig Millionen Rentner bekamen ihre Rente nicht pünktlich.«[42]

Die tatsächliche Arbeitslosenquote läßt sich auch deshalb nicht exakt ermitteln, weil immer mehr Menschen im arbeitsfähigen Alter sterben: an alkoholbedingten Krankheiten zwischen 1990 und 1995 etwa dreimal so viele wie zuvor;[43] die Selbstmordrate von Männern stieg zwischen 1989 und 1993 um dreiundfünfzig Prozent.[44] Eine weitere Ursache für den frühen Tod im postsowjetischen Rußland ist das Verbrechen: Schätzungen zufolge wurden hier 1994 dreißigtausend Menschen ermordet, im Verhältnis dreimal soviel wie in den USA und zwanzigmal soviel wie in Europa.[45]

Auch die Wahrscheinlichkeit, an einer Vergiftung zu sterben, ist in Rußland zwanzigmal höher als in Amerika.[46] Zum Teil liegt das an einer Hinterlassenschaft der Sowjetära – einer Umweltverschmutzung, wie sie, abgesehen von China, nirgends sonst anzutreffen ist. Murray Feisbach und Alfred Friendly stellen in ihrem Buch *Ecocide in the USSR* fest, daß die Kindersterblichkeit, die das Niveau von Dritte Welt-Ländern und von amerikanischen Städten erreicht hat, bis zu einem gewissen Grad auf Umweltbedingungen zurückzuführen sei: »Nachdem in der Sowjetunion die Sterberate von Kindern im ersten Lebensjahr von 80,7 Promille im Jahr 1950 auf 22,9 im Jahr 1971 gesenkt werden konnte, ist sie, beispiellos unter den Industrienationen, nach offiziellen Angaben bis 1987 wieder auf 25,4 Promille gestiegen. Sie liegt damit ungefähr so hoch wie in Malaysia, Jugoslawien, East Harlem oder Washington ... Auch wenn der direkte Zusammenhang zwischen Umweltverschmutzung und Krankheit nur selten zu beweisen ist, so kann doch kein Zweifel am Ausmaß der Verschmutzung selbst bestehen. Es gibt kaum eine Industrieregion in der Sowjetunion ohne erhebliche Umweltrisiken, und auf sechzehn Prozent ihres Territoriums, wo ein Fünftel der Gesamtbevölkerung lebt, herrschen schlimme Umweltbedingungen.«[47]

Die von Feisbach und Friendly dokumentierte Umweltverschmutzung geht auf das Verhältnis der Bolschewiki zur Natur zurück.[48] Bestenfalls betrachteten sie diese als eine Ressource, die für menschliche Zwecke genutzt werden muß, schlimmstenfalls als Feind, den es zu unterjochen gilt. Die westliche hochfahrende Attitüde gegenüber der natürlichen Welt war für das Sowjetregime während seiner ganzen Dauer maßgebend – und hat nicht zuletzt zu seinem Untergang beigetragen.

Die langsame Reaktion der sowjetischen Führung auf die Katastrophe von Tschernobyl hat die ersten unionsweiten politischen Bewegungen ins Leben gerufen, die sich einiger Popularität erfreuten und zu breiten Koalitionen beispielsweise gegen Dammbauprojekte in Sibirien führten. Diese ökologischen Massenbewegungen, zusammen mit nationalistischen Initiativen im sowjetischen »Binnen-Ausland«, waren es dann auch – und zwar weit mehr als irgendwelche intellektuellen Kritiker –, die von innen heraus den Kollaps des Sowjetregimes beschleunigten.

Die Umweltverschmutzung in Rußland hat sowohl in ihrem Ausmaß wie in ihren Folgen für die Menschen apokalyptische Dimensionen. In Dschingis Khans Geburtsort – Baley, in der Tschita-Region des russischen Fernen Ostens – sind über fünfundneunzig Prozent der Kinder geistig zurückgeblieben, es gibt dort fünfmal so viele Totgeburten wie im russischen Durchschnitt, die Kindersterblichkeit ist zweieinhalbmal höher und das Down-Syndrom viermal so häufig. Geburten von Kindern mit sechs Fingern oder Zehen, mit Hasenscharten, Wolfsrachen, Rückgratverkrümmungen, Wasserköpfen oder fehlenden Gliedmaßen sind nicht selten. In Baley hat man radioaktiven Sand aus den Uranminen, in denen das spaltbare Material für die erste sowjetische Atombombe gefördert wurde, zum Bauen von Wohnungen, Krankenhäusern, Schulen und Kindergärten verwandt. Und der Verfall des öffentlichen Dienstes führte dazu, daß das Krankenhauspersonal 1997 zehn Monate lang nicht bezahlt wurde; selbst für die Heizung standen keine Mittel zur Verfügung.[49]

Die russische Bevölkerung nimmt rasch ab, jährlich sind es etwa eine Million Menschen weniger. 1985 hatten fünfzigjährige Männer eine niedrigere Lebenserwartung als 1939.[50] Allein im Jahr 1993 sank die Lebenserwartung der Männer von zweiundsechzig auf neunundfünfzig Jahre und lag damit so niedrig wie in Indien oder Ägypten.[51] 1995 war sie geringer als in China.[52] Hinzu kommt, daß die Geburtenrate seit 1985 fast um die Hälfte gesunken ist und die Sterberate ungefähr 1,6 mal höher liegt.[53] In den nächsten dreißig Jahren wird die Bevölkerungszahl wahrscheinlich um ein Fünftel zurückgehen und von hundertsiebenundvierzig auf hundertdreiundzwanzig Millionen fallen – ein beispielloser demographischer Kollaps. Die Lebenserwartung eines sechzehnjährigen männlichen Russen war vor hundert Jahren höher als heute. Trotz zweier Weltkriege und eines Bürgerkriegs, trotz Hungersnöten, Säuberungen und Gulag hatte ein Sechzehnjähriger eine um zwei Prozent größere Chance, sechzig Jahre alt zu werden, als in unserer Zeit.[54] Der *Economist* schreibt: »Nach einem halben Jahrzehnt Wirtschaftsreform ist die Lebenserwartung für Frauen 1992 von vierundsiebzig auf zweiundsiebzig Jahre und für Männer von zweiundsechzig auf achtundfünfzig Jahre gesunken. Diese Zahlen entsprechen etwa den Verhältnissen in Kenia.«[55]

Der Wirtschaftsreform fielen vor allem öffentliche Dienste zum Opfer. In der Sowjetunion flossen 3,4 Prozent der Staatsausgaben in das Gesundheitssystem; heute sind es nur noch 1,8 Prozent. Wer nicht zahlen kann, wird nicht medizinisch behandelt. »Ein durchschnittliches Monatsgehalt betrug im März 1996 siebenhundertvierzigtausend Rubel (hundertdreiundfünfzig Dollar), der Preis für eine Bypass-Operation in einem staatlichen Krankenhaus dagegen achtundzwanzig bis fünfunddreißig Millionen Rubel.«[56]

So erklärt es sich, daß Tuberkulose, Hepatitis und Syphilis beträchtlich zugenommen haben; mit dem steigenden Drogenkonsum breitet sich auch AIDS schnell aus, wobei genaue Zahlen aufgrund des desolaten Zustands der öffentlichen Dienste nicht vorliegen. Die registrierten Fälle von Diphterie sind von achthundert im Jahr 1991 auf vierzigtausend im Jahr 1994 gestiegen.[57] Dazu Stephen Cohen:»Für die meisten Familien war, was sich in Rußland abspielte, kein Übergang, sondern ein endloser Kollaps von allem, was für ein einigermaßen menschenwürdiges Leben unerläßlich ist – von Reallöhnen, Sozialleistungen und medizinischer Versorgung bis hin zu Geburtenraten und Lebenserwartung; von der Industrie- und Landwirtschaftsproduktion bis zu höherer Bildung, Wissenschaft und traditioneller Kultur; von der Sicherheit auf den Straßen bis zur Verfolgung des organisierten Verbrechens; von den immer noch riesigen Streitkräften bis zur Sicherheit der nuklearen Anlagen.«[58]

Die Hoffnungen, die der Westen und einige Russen an die Schocktherapie knüpften, entpuppten sich als Illusion. Adam Smiths System der natürlichen Freiheit setzt ein funktionierendes Staatsgebilde und Rechtswesen voraus. Ohne diesen Hintergrund kann das Marktprinzip kaum Vorteile bieten, sondern wird nur zu einem anderen Ausbeutungssystem.

Gaidars Schocktherapie führte eine Regierung durch, die über keinen wirksam arbeitenden Staatsapparat verfügte; und ein Rechtswesen, das seinen Namen verdient hätte, gab es seit 1917 nicht mehr. Zudem mißtrauten die meisten Russen dem Marktprinzip und fürchteten, daß es zu einer neuen Form der Ausbeutung kommen werde. In diesem verbreiteten Vorbehalt war der alte Argwohn zu spüren, den man dem Kommerz in Rußland von jeher entgegenbrachte und der durch die Schwarzmarkterfahrungen der Sowjetzeit weiter genährt worden war. Die anarchokapitalistischen Verhältnisse, die mit der Schocktherapie entstanden, konnten jene Haltung nur verstärken.

Anarchokapitalismus im postkommunistischen Rußland

In weniger als einem Jahrzehnt ist ein mächtiges totalitäres Regime in Anarchie versunken. Der Untergang des Sowjetstaats war, anders als viele Beobachter meinten, kein Triumph westlicher Privatisierungspolitik. Er war ein weltgeschichtliches Ereignis, dessen Folgen erst in Generationen, womöglich sogar erst in Jahrhunderten, klar zu sehen sein werden.

Der Kapitalismus, der sich gegenwärtig in Rußland entwickelt, ist stark von der sowjetischen Vorgeschichte geprägt. Die illegalen Märkte, die in den Nischen und Zwischenräumen des Sowjetstaats gediehen, erblühen nun auf dessen Ruinen. Beim russischen Anarchokapitalismus handelt es sich um ein Wirtschaftssystem, das durch einen schwachen, korrupten und in manchen Regionen sogar kaum existenten Staat, durch ein ebensolches Rechtswesen sowie durch die Allgegenwart des organisierten Verbrechens gekennzeichnet ist. Ähnliche Zustände herrschen bis zu einem gewissen Grad zwar auch in anderen postkommunistischen Ländern, doch ist der Anarchokapitalismus dort selten voll ausgeprägt. Er kann sich am besten entfalten, wo – wie in Rußland – der Staat selbst zum Verbrecher geworden ist und jede unabhängige zivile Institution zugrunde gegangen war.

Das derzeitige Wirtschaftssystem stellt folglich keine Phase des Übergangs zu einer Marktwirtschaft westlichen Typs dar – was freilich nicht heißt, daß es sich nicht verändert. Mit der Zeit, vielleicht in einer Generation, kann der postkommunistische Anarchokapitalismus in Rußland eine Form annehmen, die jenem höchst erfolgreichen Kapitalismus unter staatlicher Führung ähnelt, der die rapide Wirtschaftsentwicklung des Landes in den letzten Jahrzehnten des Zarismus bestimmt hat. In den fünfzig Jahren vor 1914 war das zaristische Rußland ein sich rasch entwickelnder Staat, Preußen und Japan vergleichbar, was Wachstumsraten und Modernisierungstempo betrifft. Entgegen der landläufigen Meinung war Rußland damals mitnichten eine seit ewigen Zeiten stagnierende asiatische Despotie. 1861 hatte man die Leibeigenschaft aufgehoben, ein Jahr bevor Abraham Lincoln die Sklaverei in den Vereinigten Staaten abschaffte. Gemessen an Erfahrungen des 20. Jahrhunderts, war das zaristische Rußland nicht besonders repressiv. 1895 verfügte die Ochrana, die zaristische Geheimpolizei, nur über hunderteinundsechzig Mitarbeiter, dazu kam ein Gendarmenkorps von weniger als zehntausend Mann, während die bolschewistische Geheimpolizei Tscheka schon 1921 mehr als eine Viertelmillion Leute in ihren Reihen hatte, ganz zu schweigen von der Roten Armee, dem NKWD und den Milizen.[59]

Gegen Ende des 19. Jahrhunderts, so Richard Layard und Jon Parker, trat Rußland »in eine Periode des rasanten Wirtschaftswachstums ein, vergleichbar mit dem in Großbritannien zu Beginn des Jahrhunderts, dem im Amerika in den siebziger Jahren des 19. Jahrhunderts oder in China heute. Von 1889 bis 1917 wurden in Rußland mehr Eisenbahnkilometer gebaut als in jedem anderen Land; die Industrieproduktion wuchs jährlich um 5,7 Prozent, in den vier Jahren vor dem Ersten Weltkrieg sogar um acht Prozent.«[60] Gewiß, trotz Modernisierung war dies kein Goldenes Zeitalter. Russifizierung, Antisemitismus und eine erdrückende Bürokratie gehörten zu den gravierenden Mängeln jenes Systems. Die Leibeigenschaft wirkte nach, und es gab keinen unabhängigen Adel wie im europäischen Feudalismus, nachdem diese Klasse unter der zentralistischen Herrschaft von Iwan dem »Schrecklichen« und Peter dem Großen verschwunden war. Im Unterschied zu Japan erwies sich Rußlands modernes Erbe nicht so sehr als feudal, sondern eher als absolutistisch. Und anders als in China hatte es die Modernisierung hier immer mit den Spätfolgen der Leibeigenschaft zu tun. Doch im Vergleich zu dem, was folgte, war die Spätphase des Zarismus eine wahre Blütezeit. Wie die Entwicklung verlaufen wäre, hätte es den Ersten Weltkrieg nicht gegeben, ist schwer zu sagen. Aber vieles spricht dafür, daß die herkömmliche Geschichts-schreibung das in den letzten Jahren des Zarismus erreichte Mo-dernisierungsniveau unterschätzt.

Der staatlich gelenkte Kapitalismus, in dessen Mittelpunkt große, oligopolistische Firmen standen, verband sich mit einem wilden Grenzkapitalismus in Sibirien und anderswo, und es könnte sein, daß eben jene Variante aus den letzten Jahrzehnten des 19. Jahr-hunderts für Rußlands wirtschaftliche Entwicklung im 21. Jahr-hundert als Modell dient. Stetig wird diese auf keinen Fall verlau-fen. Vielmehr wird es zu Auseinandersetzungen zwischen Stadt und Land, zwischen den verschiedenen Regionen und ökonomi-schen Interessen kommen, und das immer vor dem Hintergrund ei-nes Staates, der in vielerlei Hinsicht schwächer bleiben wird als sein zaristischer Vorläufer.

Außerdem sind der gegenwärtig sich herausbildende russische Ka-pitalismus und die mit ihm verbundenen marktwirtschaftlichen Reformen schon durch die Ausgangssituation – vollständiger Zu-sammenbruch der Ökonomie und des Staatswesens – schwer de-formiert. Es war das sowjetische Erbe, das die Bedingungen für die ersten Schritte postsowjetischer Wirtschaftsentwicklung setzte. Ausgeheckt in irgendwelchen Hinterzimmern des Staatsapparates, liegt dem russischen Kapitalismus auch heute noch ein obskures Konzept zugrunde, von vornherein auf vielfältige Weise mit dem organisierten Verbrechen verknüpft.

Die Symbiose von Staat und Verbrechen hat in Rußland Tradition: Der Sowjetstaat war durch und durch kriminell. Er war kein Rechts-staat, es gab einfach nichts, was einem unabhängigen Rechtswesen ähnlich sah, statt dessen erlaubte das Gesetz dem Staat eine prak-tisch uneingeschränkte Willkürherrschaft. Für Normalbürger war es schlicht unmöglich, nicht mit dem Gesetz in Konflikt zu geraten – schon deshalb, weil Recht stets das heißen konnte, was eine Be-hörde entschied; auch im Wirtschaftsleben konnte man sich auf die Geltung irgendwelcher Vorschriften nicht verlassen. Dementsprechend war Korruption in der Sowjetunion kein Problem, sondern die Lösung für ein anders sonst kaum funktionsfähiges Wirtschaftssystem[61] – verständlich, daß die meisten Russen Unternehmertätigkeit mit Kriminalität in Verbindung brachten. Dazu Alain Besançon: »Der sowjetischen Nichtwirtschaft steht eine reale Ökonomie gegenüber, die der üblichen Definition wirtschaftlichen Handelns entspricht: knappe Güter nach buchhalterischen Grundsätzen rational einzusetzen. Doch diese Ökonomie ist nicht die offizielle; sie existiert im rechtsfreien Raum, und öffentliche Angaben und Bemessungsgrundlagen stehen ihr nicht zur Verfügung. Also wirkt sie im geheimen, sie ist illegal und primitiv und ähnelt darin dem arabischen Handel zur Zeit der arabischen Nächte, den Handelsgewohnheiten der chinesischen Kompradoren oder der amerikanischen Mafia und den Machenschaften der Cosa Nostra in Chicago und New York. Auf diese Weise wird ein beträchtlicher Teil des nationalen Wohlstands erwirtschaftet, und so kann dann auch das offizielle Produktionssystem funktionieren.«[62]

Der Staat selbst arbeitete wie die Mafia. In der Breschnew-Ära wurden die seit Jahrzehnten bestehenden Verbindungen zwischen den verschiedenen Verbrechensorganisationen und der Nomenklatura bewußt intensiviert. Die kriminellen Praktiken in Wirtschaft und Regierungsapparat waren also schon lange vor dem Zusammenbruch der Sowjetunion Teil des Systems. Sie nahmen durch Gorbatschows Wirtschaftsreformen zu, die zu Engpässen führten, welche die informelle Ökonomie und die kriminellen Organisationen nun weiter begünstigten. Wer meint, es habe vor 1991 kein organisiertes Verbrechen gegeben, hat die Funktionsweise des Sowjetstaats und seines Wirtschaftssystems nicht begriffen.[63] Nicht abstreiten läßt sich hingegen, daß das Ende der Sowjetunion dem organisierten Verbrechen neue große Chancen verschaffte: »In den letzten achtzehn Monaten ihres Bestehens wurde die Sowjetunion zu einem Paradies für wagemutige und skrupellose Geschäftemacher; ihr gesamtes Produktivvermögen, alle ihre Ressourcen und

Warenlager wurden geplündert. Wieder wurde eine riesige Beute neu verteilt. Es war der Ausverkauf einer Nation.«[64] Unternehmertum und Verbrechen waren im Sowjetsystem miteinander verschmolzen. Als es auseinanderfiel, waren es Kriminelle und Regierungsbürokraten, die von den marktwirtschaftlichen Reformen besonders profitierten. In gewisser Hinsicht kann man also auch sagen, daß die Mafia dem postkommunistischen Kapitalismus Rußlands Geburtshilfe leistete.

1989/90 implodierte, in Kategorien der politikwissenschaftlichen Typenlehre gesprochen, keine klassische Despotie oder Tyrannei. Es war ein totalitäres Herrschaftssystem, in dem das Produktivvermögen nahezu vollständig dem Staat gehörte. Zweifellos gereichte dieses Kapital immer schon einer kleinen privilegierten Elite zum Vorteil – der Nomenklatura. Aber unter den fast anarchischen Verhältnissen, unter denen die russische Regierung ihre Reformen durchzusetzen versuchte, konnte die Nomenklatura, oft in Zusammenarbeit mit kriminellen Organisationen, darangehen, das staatliche Kapital zu enteignen und es zu ihrem Privateigentum zu machen: »Das nach dem Zusammenbruch der Sowjetunion für Inlandsinvestitionen verfügbare Kapital stammte, von Auslandsanleihen abgesehen, im wesentlichen aus den Schatzkisten der Kommunistischen Partei und den *obschtschaki*, den Tresoren der Unterwelt. Dieses Kapital floß in kommerzielle Unternehmen, in Banken, Luxusläden und Hotels. Es war nicht nur die Grundlage für das, was man den ersten Boom auf dem russischen Konsumgütermarkt nennen könnte, sondern ließ auch Bürokrat und Gangster zu einem allein in Rußland anzutreffenden kriminellen Typus verschmelzen – dem Genossen Verbrecher.«[65]
Im postkommunistischen Rußland ist die organisierte Kriminalität allgegenwärtig. Ungefähr drei Viertel aller privaten Unternehmen und Banken müssen zwischen zehn und zwanzig Prozent ihres Umsatzes an die Mafia abführen. Obwohl wir auf Schätzungen angewiesen sind – wie die frühere Sowjetökonomie spielt sich das heu-

tige Wirtschaftsleben weitgehend auf Schwarzmärkten ab –, muß man annehmen, daß das Einkommen der Mafia ungefähr vierzig Prozent des russischen Bruttoinlandsprodukts ausmacht und ebenfalls rund vierzig Prozent der neu gegründeten Unternehmen ihr Startkapital aus Mafiageldern erhielten.[66] Im ersten Halbjahr 1995 nahmen Entführungen und bewaffnete Überfälle um hundert beziehungsweise sechshundert Prozent zu; Auftragsmorde sind an der Tagesordnung. Seit 1992 sind auf fünfundachtzig Bankiers Anschläge verübt und siebenundvierzig ermordet worden. Man schätzt, daß es hundertfünfzig Mafiaorganisationen gibt, die, dem russischen Innenministerium zufolge, fünfunddreißig- bis vierzigtausend Unternehmen und vierhundert Banken kontrollieren.

Diese Organisationen sind ethnisch nicht homogen, auch arbeiten sie in der Regel nicht zusammen. Die explosionsartige Zunahme von Gewaltverbrechen, die derzeit zu beobachten ist, scheint sogar auf Konflikte verschiedener Mafiaclans hinzudeuten. Dabei sind die meisten von ihnen aus denselben kriminellen Machenschaften des Sowjetstaats hervorgegangen. Als der Ende Dezember 1991 schon kaum noch existierte, trafen sich in Moskau dreißig Führer krimineller Organisationen und berieten über Schutzmaßnahmen gegen neue Banden aus dem Kaukasus, aus Georgien, Tschetschenien und Armenien. Auch über Möglichkeiten, die Beamten des kommenden Regimes zu bestechen, wurde gesprochen.[67] Nicht umsonst sagt man, daß die größten Nutznießer des organisierten Verbrechens nicht die Kriminellen selbst sind, sondern die Beamten, die sich von ihnen bezahlen lassen: »Wer heute Milliarden macht, ist meistens einer von denen, die in der Sowjetära Millionen gemacht haben – indem sie staatseigene Waren für den Schwarzmarkt organisierten oder von dem byzantinischen Bestechungssystem profitierten. Es ist schon so, daß der alte Staat dafür gesorgt hat, daß auch der neue in die Hände von Kriminellen fiel.«[68]

Das Erbe von Korruption und Gesetzlosigkeit, das die zusammenbrechenden staatlichen Institutionen hinterließen, erklärt bis zu einem gewissen Maß, warum die Schocktherapie in Rußland nicht wenigstens die begrenzten Erfolge erzielen konnte, die sich anderswo einstellten. Ein weiterer Grund war die Militarisierung der Sowjetwirtschaft. In keinem anderen Staat, das sich die Schocktherapie verordnete, stand die Rüstungsproduktion so im Vordergrund wie in Rußland. Die Annahme, die Rezepte des Smithschen Wirtschaftsliberalismus könnten unter diesen Umständen greifen, hat etwas Aberwitziges.

Die Sowjetunion hinterließ den größten militärisch-industriellen Komplex der Welt. Er ging mit einem Schlag in die Brüche und wurde ebenfalls ein fruchtbarer Boden für gierige Verbrecherbanden: »Bereits sechs Monate nach dem Zerfall der Sowjetunion waren die Rüstungsaufträge um vierzig Prozent zurückgegangen, rund dreihundertfünfzigtausend Arbeiter verloren ihre Stelle ... In Jekaterinburg, wo etwa ein Viertel der Arbeitskräfte, das heißt fünfhunderttausend Menschen, in der Rüstungsindustrie ihr Auskommen fanden, gehörten die örtlichen Banden zu den Hauptabnehmern von Granaten und Raketenwerfern, die früher an den Staat gegangen waren. Die Unterweltgrößen und Schwarzmarkthaie kümmerten sich auch um die internationalen Kontakte, um militärisch wichtige Rohstoffe, Waffen und Metalle im Ausland abzusetzen.«[69]

Der sowjetische militärisch-industrielle Komplex war von den marktwirtschaftlichen Reformen in besonderer Weise betroffen. Nach Schätzungen der Weltbank gab es in diesem Bereich 1992 fünf Millionen Beschäftigte (etwa 7,5 Prozent aller Arbeitskräfte); nach jüngsten russischen Angaben beläuft sich die Zahl der früher dort Arbeitenden einschließlich ihrer Familienangehörigen jedoch auf ungefähr dreißig Millionen Menschen – rund ein Achtel der Bevölkerung.[70]

Zu Gaidars Schocktherapie gehörte die Senkung der Verteidigungsausgaben um etwa siebzig Prozent; 1993 produzierte die Rüstungsindustrie nur noch die Hälfte. In den meisten Fällen hieß das nicht, daß die Produktion auf zivile Güter umgestellt worden war, sondern einfach, daß die Wirtschaftstätigkeit des Rüstungssektors nachgelassen hatte.»1992 lag aufgrund der staatlichen Auftragskürzungen (um achtundsechzig Prozent) das Lohnniveau in den eintausendeinhundert Rüstungsbetrieben niedriger als in allen anderen industriellen Bereichen ... Mittel für die Umstellung auf zivile Produktion gab es nicht, viele Betriebe des militärisch-industriellen Komplexes haben einfach zugemacht, und Geld für Löhne und Renten war nicht da.«[71] Die russische Regierung versuchte, den Niedergang der Rüstungsindustrie durch Waffenverkäufe zu bremsen. Nach Angaben des Forschungsdienstes des amerikanischen Kongresses war Rußland im Sommer 1996 der größte Exporteur von Waffen in die Entwicklungsländer, vor allem nach China.[72] Die Verteidigungsausgaben des Landes sanken fast auf das Niveau westlicher Demokratien. Gleichwohl spielt der militärisch-industrielle Komplex in der russischen Wirtschaft und im Staat nach wie vor eine gewichtige Rolle, und das wird auch so bleiben.

Ein großer Teil dessen, was vom Rüstungssektor übrigblieb, steht nicht länger unter der vollständigen Kontrolle der Regierung, sondern agiert mehr oder weniger unabhängig wie ein halbprivatisiertes Unternehmen. So sind führende Bereiche des Staates »halbkommerzialisierte Gebilde geworden, die nach gemischten Vorgaben arbeiten«[73].

Der Kollaps des russischen Militärkomplexes, des Rückgrats der ehemaligen Sowjetunion, ließ weltweit die Sorge aufkommen, der Staat werde nun völlig auseinanderfallen. Manche fürchten eine »Zeit der Wirren«, totale Anarchie und Bürgerkrieg. Den Krieg in Tschetschenien haben viele als Beweis dafür gewertet, daß es den russischen Streitkräften künftig nahezu unmöglich sein wird, auch nur kleinere Aufstände unter Kontrolle zu bringen, und umgekehrt sei die Gefahr eines weiteren Zerfalls der Russischen Föderation enorm. Dazu der Spekulant Jim Rogers: »Wenn alles vorbei ist, wird es meiner Meinung nach fünfzig bis hundert Länder geben ... Die staatliche Autorität in der ehemaligen Sowjetunion ist auf die Autorität lokaler Kriegsherren geschrumpft – politische Führer, die nur dann zu Wort kommen, wenn die Zentralmacht auseinanderfällt ... Wenn ein Reich an Stabilität verliert und weder Recht noch Gesetz herrschen, dann bricht die Zeit sich wechselseitig bekämpfender Kriegsherren an. Die Kriegsherren von heute sind Banden, Mafiaorganisationen, Diktatoren, Befreier und Kommunisten ... Kein Zweifel, das russische Volk wird jeden Demagogen willkommen heißen, der großzügige Versprechungen macht.«[74]

Dieses Szenario mag übertrieben sein, besitzt aber dennoch einen wahren Kern. Anders als China hat Rußland mit Hobbesschen Ordnungsproblemen zu kämpfen. Die Russische Föderation ist kein moderner Nationalstaat, sondern eine Ruine, die von einem ehemaligen Imperium zeugt. Allerdings gab es nach dem tschetschenischen Ausbruchsversuch keine weiteren militärisch bedeutsamen Sezessionsbewegungen. Ein vollständiges Auseinanderbrechen der Russischen Föderation setzt einen Grad an Kriegsbereitschaft voraus, den gegenwärtig nur wenige ihrer Völker aufbringen. In den letzten Jahren scheint die Lust auf militärische Abenteuer weder bei den Russen noch bei den anderen Mitgliedern der Föderation gewachsen zu sein.

Viel wahrscheinlicher ist, daß sich die Furcht vor einer neuen »Zeit der Wirren« breitmacht – so wird die von Anarchie und Bürgerkrieg geprägte Periode Ende des 16. und Anfang des 17. Jahrhunderts genannt, die bis heute in Liedern und Volksbräuchen fortlebt – und den Wunsch nach einem starken Staat laut werden läßt. Die kriminelle Struktur des gegenwärtigen russischen Kapitalismus kann durchaus der Forderung Nachdruck verleihen, die von Jelzin begründete Präsidialmacht müsse noch weiter ausgedehnt werden.

Aber so schwach der russische Staat heute auch ist: Jelzins Militärreform, die zu einer Ablösung der alten sowjetischen Wehrpflichtigenarmee durch eine moderne Truppe von Berufssoldaten führen soll, zeigt bereits, daß ein Wiederaufbau staatlicher Institutionen zumindest begonnen hat. Dabei muß die Erneuerung des russischen Staates nicht auf eine Diktatur hinauslaufen. Auch in anderen demokratischen Staaten gab es Institutionen, die eine starke Exekutive begünstigten, man denke nur an Frankreich unter de Gaulle. In Rußland könnten solche Institutionen die Entstehung eines modernen Staates fördern und für die Entwicklung einer funktionierenden kapitalistischen Wirtschaft von strategischer Bedeutung sein, ähnlich wie in der Spätzeit des Zarismus.

Freilich bleibt der Umbau der Russischen Föderation zu einem modernen Nationalstaat eine gewaltige, fast entmutigende Aufgabe, die kühne Experimente mit dezentralen, bundesstaatlich organisierten Machtstrukturen erfordert. Von den Russen selbst verlangt sie ein nationales Selbstverständnis, das nicht auf ethnischer Ausschließlichkeit beruht. Außerdem müßte man dem Bedürfnis der Menschen nach persönlicher Sicherheit Rechnung tragen, was wiederum ein zuverlässiges, unabhängiges Rechtssystem voraussetzt. Das zu etablieren wird in diesem Land mit seinen starken imperialen und autoritären Traditionen seine Zeit brauchen.

Ohne leistungsfähigen modernen Staat läßt sich auch die Umwelt nicht vor weiterer Ausbeutung und Verwüstung schützen, an der inzwischen nicht mehr die rücksichtslosen Wirtschaftspläne der Sowjetära, sondern die kurzfristigen Profitinteressen vor allem der Mafiaorganisationen schuld sind. Ohne aktiven Staat ist weder der heute völlig zerstörte öffentliche Dienst wiederaufzubauen, noch werden die Institutionen des Marktes in der Bevölkerung den nötigen Rückhalt finden.

Vom Bolschewismus einmal abgesehen, könnte keine politische Ideologie für die Modernisierungsbedürfnisse in Rußland ungeeigneter sein als die freie Marktwirtschaft mit einer geringen Staatstätigkeit. Eine moderne Marktwirtschaft kann hier nur das Kind einer starken Regierung sein. Wenn die von Jelzin gegenwärtig vorgegebene politische Richtung auch für die Politik nach seiner Präsidentschaft wegweisend bliebe, hätte der Staat diese strategische Rolle übernommen. Damit würde sich bestätigen, daß weder die forcierte Industrialisierung durch den Bolschewismus noch die Schocktherapie Rußland in die Lage versetzen konnte, sich zu einem wirklich modernen Land zu entwickeln.

Natürlich birgt jede Strategie, den russischen Staat auf- und auszubauen, ihre Gefahren. Anstatt die Macht der Mafia zu schwächen, könnte der erneuerte Staat zu deren Festigung beitragen. Ginge er mit einem engstirnigen ethnischen Nationalismus einher, könnten die schmerzhaften Erinnerungen der nichtrussischen Völker und Nachbarn wiederaufleben und innerhalb Rußlands zu Fremdenfeindlichkeit führen. Ohne eine unabhängige Justiz bestünde die Gefahr, daß zur Durchsetzung des »Rechts« repressive Mittel angewandt würden. Kurz, ein starker russischer Staat könnte schließlich durchaus in eine traditionelle Tyrannei münden.

Gleichwohl gibt es in Rußland keine Alternative zu einem starken Staat. Der politische Raum, den eine handlungsfähige Regierung einzunehmen hat, geht sonst an eine rückständige Koalition aus Exkommunisten und Neofaschisten, die schlimmstenfalls mit einer Tendenz zur Anarchie zusammenspielen würde, verloren. Eine derartige Koalition von Reaktionären wäre ebensowenig in der Lage, eine nachhaltige Modernisierung in Gang zu bringen, wie die romantischen Verwestlichungsstrategen mit ihrer Schocktherapie der letzten Jahre es waren. Jelzins Politik zeugt von der Einsicht, daß den Modernisierungsbedürfnissen eines Landes, das sich über Europa und Asien erstreckt, nur eine eklektische und behutsame Vorgehensweise entsprechen kann.

Das eurasische Rußland

Als die Sowjetmacht an Boden verlor, kehrten einige Länder schnell zu europäischen Institutionen und Traditionen zurück. Die Zugehörigkeit zum Sowjetblock hatte für Tschechien, Slowenien, Ungarn und die baltischen Staaten den gewaltsamen Verlust einer europäischen Lebensweise bedeutet. Für diese Länder brachen mit dem Ende des Kommunismus endlich wieder »normale Zeiten« an. Selbst wenn man damit überall etwas anderes verband – sei es die demokratischen Republiken der Zwischenkriegsjahre, sei es das Habsburgerreich –, in jedem Fall ging es um eine Rückkehr zu Verhältnissen europäischer Prägung.

Der Übergang zu »westlichen« Institutionen und Werten fand dort also nicht deshalb statt, weil Verwestlichung und Modernisierung an allen Orten und zu allen Zeiten gleichbedeutend sind, sondern weil die Traditionen der genannten Länder immer europäisch waren. Diese Länder haben, nach dem Fall des Kommunismus, nach einem halben Jahrhundert der Unterbrechung zu ihrer Geschichte zurückgefunden und schreiben sie nun fort.

In anderen postkommunistischen Ländern ist die Lage komplizierter. Für Polen etwa verspricht »Europa« – das heißt konkret die Institutionen der Europäischen Union – eine Lösung für uralte Schwierigkeiten: für das historische Dilemma, das sich aus seiner geographischen Mittellage zwischen Deutschland und Rußland ergab. Ob »Europa« diese Hoffnung erfüllt, steht auf einem anderen Blatt. Aber es ist klar, daß seine derzeitige Aufgabe unter anderem darin besteht, Antworten zu finden auf die alten Fragen nach Sicherheit und nationaler Identität, die in Polens Geschichte stets aufs neue zu Tragödien führten.[75]

In Rumänien setzte mit dem Fall des kommunistischen Regimes, der noch nicht mit der Absetzung Ceauşescus, sondern erst einige Jahre später, mit den Wahlen von 1996, besiegelt war, die Auseinandersetzung zwischen jenen, die das Land als einen rückständigen europäischen Staat betrachten, und jenen, die es als Teil der orthodoxen Christenheit sehen, erneut ein – schon deshalb wird Rumänien wohl nicht einfach irgendein europäischer Staat werden. Diese kulturelle und politische Spaltung hat allerdings keine weiteren Auswirkungen auf die rumänische Tagespolitik, die sich unbeirrt an Europäische Union und Nato anzunähern sucht. Allein in Serbien sind die »antiwestlichen« Kräfte während der gesamten postkommunistischen Periode dominierend gewesen.

In Rußland ist die tiefe Kluft zwischen der sowjetisch geprägten Generation und den »neuen« Russen, die in den Jahren des Zusammenbruchs das Erwachsenenalter erreichten, das sichere Zeichen dafür, daß es keinen Weg zurück mehr gibt, sondern höchstens noch die verklärte Erinnerung an eine bessere Vergangenheit. Es sieht ganz und gar nicht danach aus, als ob sich antiwestliche Auffassungen, wie sie die slawophile Seite, Solschenizyn etwa, vertritt, durchsetzen könnten. Selbst wenn Rußland augenscheinlich aufhört, den westlichen Ländern nachzueifern, muß es seine Außenpolitik deshalb noch lange nicht antiwestlich orientieren.

Mit dem Abbruch der Schocktherapie kam es auch zu einem entschiedenen Rückzug aller Verwestlichungsstrategen. Dies zeigten die Parlaments- und Präsidentschaftswahlen zwischen 1993 und 1996: Nur noch ein kleiner Teil der russischen Bevölkerung befürwortete Wirtschaftsreformen nach westlichem Vorbild. Michail Gorbatschows verheerendes Ergebnis – er erhielt bei den Präsidentschaftswahlen weniger als ein Prozent der Stimmen – hatte viele Gründe; ein wesentlicher wird gewesen sein, daß die von ihm verkörperte, eindeutig westliche Konzeption der Zukunft Rußlands auf Ablehnung stieß. Die meisten Bürger wenden sich gegen eine ökonomische Modernisierung nach enggefaßtem westlichem Muster; das Projekt ist gescheitert.

In seiner Wahlplattform sprach Jelzin von Rußland als einem »eurasischen Staat, der mit seinen Ressourcen und seiner einzigartigen geopolitischen Lage eines der größten Zentren wirtschaftlicher Entwicklung und politischer Einflußmöglichkeiten werden wird«[76]. Ein Schlüsselsatz, der zeigt, was für eine zentrale Stellung die »eurasischen« Theorien im Denken des postkommunistischen Rußland einnehmen.

Für die Eurasier ist es aufgrund der besonderen Vergangenheit und

Situation Rußlands – seinen geographischen Gegebenheiten, seiner Völkervielfalt, seiner Geschichte als eines Zentrums der orthodoxen Christenheit und seiner zahlreichen gescheiterten Versuche, ein rein westliches Land zu werden – unmöglich, eine endgültige und eindeutige Wahl zwischen Asien und Europa zu treffen, zwischen dem »Osten« des orthodoxen Christentums und dem »Westen« der Reformation, der Renaissance und der Aufklärung. Ihren Ursprung hat die eurasische Bewegung in den zwanziger Jahren. Damals veröffentlichten Emigranten ein Manifest mit dem Titel *Exodus in den Osten: Vorzeichen und Erfüllung. Ein Glaubensbekenntnis der Eurasier.*[77] Dem eurasischen Standpunkt zufolge ist Rußland eine eigene »geopolitische Zivilisation«,[78] ist »Rußland nicht nur der Westen, sondern auch der Osten, nicht nur Europa, sondern auch Asien. Eigentlich war es überhaupt nicht Europa, sondern eben Eurasien.«[79] Wie schon in den Zwanzigern, sind die Eurasier auch heute noch von russischen Denkern des 19. Jahrhunderts wie Konstantin Leontjew beeinflußt.[80]

Ruslan Chasbulatow, der Sprecher des russischen Parlaments, sagte 1992, Peter der Große habe »zwar Elemente westlicher Kultur in Rußland eingeführt ..., aber die geistige Substanz des russischen Volkes blieb davon unberührt. Daher haben wir ein Rußland, das weder Europa noch Asien ist, sondern ein ganz besonderer, einmaliger Teil der Welt.« Und Peter Truscott schreibt: »Im Westen nahm man an, Rußland werde nach der Sowjetära ein politisches und wirtschaftliches System entwickeln, das seine Grundlagen in Europa und Amerika hat. Dies mag zu Beginn von Jelzins Regierung auch tatsächlich angestrebt worden sein, gilt heute jedoch nicht mehr. Die Wahlen zur Duma von 1993 und 1995 und die Präsidentschaftswahlen von 1996 zeigen das eindeutig. Die russische Bevölkerung hat das westliche Modell von Demokratie und Marktwirtschaft entschlossen zurückgewiesen ... Daraus ergaben sich Veränderungen in den Beziehungen zum Westen. Rußland wird sich stärker aussuchen, was es braucht, es wird bestimmte westliche Ideen und Werte – namentlich technische und wirtschaftliche Fähigkeiten – aufnehmen und zugleich ein speziell russisches Modell der Demokratie und der marktorientierten Wirtschaft vorantreiben.«[81]

Eine eurasisch ausgerichtete Politik entspricht in vielerlei Hinsicht den Gegebenheiten des postsowjetischen Rußland – seiner geographischen Lage und ethnischen Vielfalt, seinem strategischen Umfeld und seinen natürlichen Ressourcen. Richard Layard und Jon Parker fassen die Argumentation der Eurasier folgendermaßen zusammen: »In den vier Jahrzehnten des Kalten Krieges vertraten die Eurasier die Auffassung, die Welt sei zwischen dem kapitalistischen Westen und dem kommunistischen Osten aufgeteilt. Wenn die Teilung verschwinde, trete an ihre Stelle der Gegensatz von reichem Norden und armem Süden. Rußland bewege sich jenseits dieser Kategorien. Geographisch gehörte es zum Norden, aber ökonomisch, so sagten die Eurasier, sei es eher Teil des Südens. Auch wenn die Reformen anschlügen, werde es dreißig Jahre dauern, bevor Rußland dem Club der reichen Länder beitreten könne. Selbst dann aber würden seine Interessen sich von denen anderer nördlicher Staaten unterscheiden. Rußland sei mit dem armen Süden in einer Weise konfrontiert wie sonst kein nördliches Land. Vor allem habe es lange gemeinsame Grenzen mit dem verarmten Süden – dem Transkaukasus, den zentralasiatischen Staaten und China. Und es müsse besonders vorsichtig umgehen mit den islamischen Ländern, weil sieben seiner Nachbarn islamische Staaten seien und in den eigenen Grenzen achtzehn Millionen Muslime lebten. Rußland sei 1995 in drei Kriege mit nichtrussischen Nationalitäten verwickelt gewesen – in Tadschikistan, Tschetschenien und Bosnien ... Allein aus Sicherheitsgründen könne Rußland es sich daher nicht leisten, seine Nachbarn im Süden und im Südosten einfach zu ignorieren.«[82]

Gegen die Notwendigkeit einer eurasischen Politik kann man in strategischer Hinsicht wenig einwenden. Denn im Unterschied zu den übrigen europäischen Staaten ist Rußland eine pazifische Macht. Seine militärischen und wirtschaftlichen Beziehungen zu China sind langfristig wichtiger als die zu irgendeinem »westlichen« Staat. Doch läßt sich die Kraft des eurasischen Denkens im postkommunistischen Rußland nicht nur von diesen strategischen Aspekten her verstehen. Vielmehr kommt darin auch zum Ausdruck, daß es Rußland nie gelungen ist, sich eindeutig entweder mit Europa oder mit Asien zu identifizieren – ein Zwiespalt, der wohl nie überwunden wird.

Die Ressourcen des russischen Kapitalismus

Der spezifisch russische Kapitalismus, der sich allem Anschein nach zu entwickeln beginnt, hat mit den größten Schwierigkeiten zu kämpfen; zugleich findet er auch sehr vorteilhafte Bedingungen, die für diese Schwierigkeiten entschädigen. Auf die Russische Föderation entfallen zehn Prozent der weltweiten Öl- und dreißig Prozent der Gasförderung sowie zehn bis fünfzehn Prozent der Nichteisenmetalle. Die natürlichen Ressourcen Rußlands sind also gewaltig.[83]

Auch die menschlichen Ressourcen des Landes erweisen sich als ungewöhnlich. Das Ausbildungsniveau ist im internationalen Vergleich immer noch sehr hoch, die Zahl der Schreib- und Rechenkundigen liegt über der Quote in den USA und vielen europäischen Ländern. Ein Vergleich zwischen Kindern aus St. Petersburg und aus Sunderland stellte bei den russischen Schülern eine höhere Lernmotivation fest. Sie »begriffen Bildung als einen Wert an sich ... Eine gute Bildung wird von der Gesellschaft seit jeher hoch bewertet ... Sie wollten einfach gebildete Persönlichkeiten werden.« Trotz der Neigung Rußlands, sich als eurasischen Staat zu begreifen, verfügen die Russen über bessere Kenntnisse der europäischen Geschichte und Kultur als die meisten eindeutig »europäischen« Völker. Anders als russische, sehen beispielsweise britische Kinder Bildung in erster Linie als Mittel zum Erwerb beruflicher Qualifikationen. Trotz dieser pragmatischen Einstellung scheint ihre Wahl der Lehrfächer eher von einer Abneigung gegen intellektuelle Anstrengung bestimmt zu sein als von ihrer einmal erkannten Nützlichkeit.[84]

Wie in Japan und Singapur läßt die Schulbildung in Rußland Traditionen und Werte des europäischen Bürgertums des 19. Jahrhunderts erkennen. Selbst wenn der Bildungsstand auf dem Land zuweilen recht niedrig sein mag, gehört Rußland zu jenen Staaten, in denen Kenntnisse um ihrer selbst willen geschätzt werden: ein gewichtiger Vorteil gegenüber den westlichen Ländern, die einen Kniefall vor der »Wissensökonomie« machen, während ihre Schulen sich in einer proletarisierten Kultur bewähren müssen, in der das Erwerben von Fähigkeiten gewöhnlich einen unmittelbaren Nutzwert hat.

Verglichen mit den meisten westlichen Ländern ist Rußlands kulturelle Vitalität noch nicht erschöpft. Die Verbindung von punkiger Postmoderne, wiederauflebenden Traditionen, wildem Kapitalismus und weitverbreitetem Aufbegehren gegen Kommerz und Spekulation mag in westlichen Augen ungereimt erscheinen. Solche Widersprüche geben künftig womöglich zu politischen Konflikten Anlaß, sind aber nicht notwendigerweise destruktiv. Wie in vorrevolutionären Zeiten können sie ebenso eine Quelle kultureller – und ökonomischer – Kreativität sein.

Auch das gesellschaftliche Leben hat sich in einem erstaunlichen Maß regeneriert. Die Großfamilie, die in der angelsächsischen kapitalistischen Welt fast vollständig verschwunden ist, hat den Sowjetkommunismus in Rußland überlebt.[85] So erklärt sich, wie die Russen mit den Härten der marktwirtschaftlichen Reformen fertig werden konnten. »Zwei Institutionen waren für das Überleben von besonderer Bedeutung: die Großfamilie und das private Stück Land. Die Großfamilie ... ist ein wichtiges Element im System der sozialen Sicherheit. Erwachsene Kinder helfen ihren alten Eltern, und oft werden auch Geschwister unterstützt, die in Not sind.«[86] Der hier vergleichsweise schwache »Individualismus« hat dazu beigetragen, daß die gegenseitige Hilfe in der Großfamilie in einem Umfang erhalten blieb, der in vielen westlichen, vor allem aber in den angelsächsischen Gesellschaften unbekannt ist.

Die russischen Mittelschichten, die sich während der Sowjetzeit langsam herausbildeten, sind geschwächt durch das Chaos und die Entbehrungen, welche auf die Schocktherapie folgten. Dennoch hinterließ die Sowjetära paradoxerweise ausgerechnet die bürgerliche Tradition des Erwerbs von Fähigkeiten, so daß die jungen Leute aus den Mittelschichten in der Lage waren, sich den neuen Bedingungen anzupassen und oft weit mehr zu verdienen als ihre Eltern. Diese Russen haben nicht verlernt, in verzweifelten Situationen handlungsfähig zu bleiben, ja sogar Initiative zu entwickeln. Sie sind gut gerüstet für die Anarchie des Weltmarkts.

Was natürliche und menschliche Ressourcen betrifft, gehört Rußland also zu den am besten ausgestatteten Ländern der Welt, ist aber zugleich eines der am schlechtesten regierten. Eine Erneuerung der staatlichen Institutionen ist daher unerläßlich, wenn der heutige postkommunistische Anarchokapitalismus ein landesspezifischer Kapitalismus werden soll: ähnlich dem, der in der Spätphase des Zarismus aufblühte. Ohne modernen Staat läßt sich die Nabelschnur, die den russischen Kapitalismus mit der Sowjetunion und der Mafia verbindet, nicht durchschneiden. Nur mit einem starken, leistungsfähigen Staat kann Rußland echte marktwirtschaftliche Verhältnisse entwickeln, andernfalls wird es in einer Art kriminellem Syndikalismus enden.

Die westliche Philosophie, die während der kurzen Phase der Schocktherapie importiert wurde, vermag die besonderen Umstände und Bedürfnisse des heutigen Rußland nicht zu erfassen. Das neoliberale Credo unterschied sich vom Leninismus weniger was die Ziele, als vielmehr was die Mittel der Politik anbelangt –

und auch das nicht immer. Zwischen 1989 und 1993 kamen diese beiden westlich orientierten Modernisierungsstrategien an ihr Ende, und man nahm wieder die Suche nach einem eigenen Weg auf. Wie sich das Verhältnis Rußlands zu Westeuropa und den Vereinigten Staaten gestalten wird, hängt hauptsächlich von den Regierungen dieser Länder ab, die unter den gegenwärtigen Umständen bei den meisten Wirtschafts- und Sicherheitsfragen die Initiative haben. Eine triumphalistische Politik seitens des Westens kann die Entstehung eines modernen russischen Staates nur erschweren. Sollte Rußland Gefahr laufen, ein Staat wie die Weimarer Republik zu werden, dann wird diese um so größer sein, je mehr der Westen es als einen solchen behandelt. Ein eurasisches Rußland bedroht die Lebensinteressen keines einzigen westlichen Staates. Und der russische Kapitalismus läßt sich nicht in das Prokrustesbett eines freien Weltmarkts zwängen: Allein hier liegen mögliche Konfliktursachen.

7 Zwielicht im Westen und der Aufstieg des Kapitalismus in Asien

Selbst wenn der Einfluß der USA nur im westlichen Pazifik, also gar nicht einmal weltweit, zurückgedrängt wird, und zwar von einem asiatischen Volk, das man lange als dekadent, schwach, korrupt und unfähig verachtet hat, werden sich die Amerikaner damit nur schwer abfinden können. Ihr Gefühl der kulturellen Überlegenheit läßt sie glauben, ihre Auffassungen seien allgemeingültig ... Doch ihre Auffassungen haben keine universale Geltung – hatten sie noch nie.   LEE KUAN YEW[1]

Das vollständige Scheitern des Marxismus ... und der dramatische Zerfall der Sowjetunion sind nur die Vorboten des Zusammenbruchs des westlichen Liberalismus, der Hauptströmung der Moderne. Der Liberalismus ist keine Alternative zum Marxismus und nicht die herrschende Ideologie am Ende der Geschichte, sondern der nächste Dominostein, der fallen wird.   TAKESHI UMEHARA[2]

Jeder Versuch, anderen seine Werte aufzuzwingen, um die Welt nach einem bestimmten Modell der ›Zivilisation‹ zu vereinigen, wird scheitern ... Kein einzelnes Wirtschaftssystem ist gut für alle Länder. Jedes Land muß seinen eigenen Weg gehen, so wie es China getan hat.   QIAO SHI[3]

Im Januar 1850 gab der britische Außenminister Lord Palmerston der englischen Flotte den Befehl, den Hafen von Piräus zu blockieren und griechische Schiffe aufzubringen. Er wollte so die Regierung Griechenlands zwingen, den Forderungen von Don Pacifico, einem Portugiesen und britischen Staatsbürger aus Gibraltar, zu entsprechen. Dieser verlangte dreißigtausend Pfund als Entschädigung für die Zerstörung seines Hauses und seines Eigentums während der Athener Krawalle von 1848. Don Pacificos Ansprüche waren etwas zweifelhaft, doch Palmerston verteidigte sein Vorgehen im Unterhaus im Juni 1850 mit einem Satz aus dem Neuen Testament: »civis Romanus sum« (Ich bin römischer Bürger). Seine Deutung dieser Stelle bringt auf den Punkt, was die Pax Britannica zu ihrer Blütezeit hieß: »Ein britischer Staatsbürger soll, egal in welchem Land er sich befindet, vertrauensvoll darauf zählen können, daß das wachsame Auge und der starke Arm Englands ihn vor Ungerechtigkeit und unbilliger Behandlung beschützt.«[4]

Fast anderthalb Jahrhunderte später ist die Weltachse gekippt. 1994 wurde der amerikanische Student Michael Fay in Singapur zu sechs Stockschlägen verurteilt, weil er an einem öffentlichen Platz Graffiti gemalt hatte. Nach scharfen diplomatischen Protesten und persönlichem Eingreifen von Präsident Clinton reduzierte man die Strafe auf vier Schläge – aufgehoben jedoch wurde sie nicht.

Dies signalisierte einen grundsätzlichen Wandel in der globalen Machtverteilung. Auf dem Höhepunkt der Pax Britannica konnte Lord Palmerston England zu unilateralem Handeln berechtigt sehen, wenn es irgendwo auf der Welt Interessen eines britischen Bürgers zu verteidigen gab – unabhängig von der jeweiligen nationalen Rechtsprechung. Nach dem Ende des Kalten Krieges, auf dem Höhepunkt der Macht Amerikas, konnte es sich ein kleiner asiatischer Stadtstaat erlauben, sich mit ebendieser Macht anzulegen.

Singapur erteilte dem westlichen Anspruch auf universale Gültigkeit seiner Werte eine deutliche Abfuhr. Es wies die amerikanische Intervention und die Doktrin der Menschenrechte, für die die Vereinigten Staaten in ganz Ostasien warben, verächtlich zurück. Statt dessen bekräftigte es seine eigenen Wertüberzeugungen und stellte sie dem von Amerika der ganzen Welt zugedachten liberalen Modell der Menschenrechte und der ökonomischen Kultur des Marktindividualismus entgegen. Singapur pochte auf seine Leistungen als postliberaler Staat – auf hohe Stabilität und gute Organisation, auf beachtlichen Bildungsstand und schnelles Wirtschaftswachstum –, sein Modernisierungsmodell hielt es allen »westlichen« Entwicklungsmöglichkeiten für überlegen.[5]

Die liberale Wirtschaftsordnung der Welt vor 1914 hing an Großbritanniens Fähigkeit und Bereitschaft, seine Seestreitmacht auf der ganzen Welt einzusetzen. Diese Bereitschaft fehlt den Vereinigten Staaten. Amerika ist wegen seiner in der Militärtechnologie führenden Rolle die einzige wirkliche Weltmacht. Doch die Bevölkerung will die finanziellen und menschlichen Kosten nicht tragen, die sich daraus ergeben.

Es gibt noch einen weiteren großen Unterschied zwischen der Belle Époque und unserem spätmodernen Fin de siècle. Vor 1914 stellte niemand die Deckungsgleichheit von Modernisierung und Verwestlichung in Frage. Selbst die antikolonialistischen Bewegungen – in Indien und China und dem größten Teil der Welt, der von den europäischen Kolonialmächten beherrscht wurde – zweifelten kaum daran, daß auf die Befreiung ihrer Länder eine Modernisierung nach westlichem Vorbild folgen müsse.

In vielen Entwicklungsländern fungierte der Marxismus als revolutionäre Ideologie der Verwestlichung. In der Türkei begründete Kemal Atatürk, einer der begabtesten politischen Modernisierer der Geschichte, das in diesem Jahrhundert dauerhafteste unter den am Westen orientierten Regimen – nach dem Grundsatz, daß die Errichtung eines modernen Staatswesens einen vollständigen Bruch mit den einheimischen Traditionen verlange. Bis zum Ende des Kalten Krieges setzte man Modernisierung und Verwestlichung fast überall gleich. Nur Japan bildete eine Ausnahme.

Landesspezifische Modernisierung:
das Beispiel Japans

Als Commodore Perry 1853 das Kaiserreich Japan zwang, sich dem Welthandel zu öffnen, griff er nicht nur störend in eine Lebensweise ein, die seit über zweihundert Jahren unverändert geblieben war. Er beendete auch ein in der Menschheitsgeschichte vielleicht einzigartiges Experiment. In der Edo-Periode hatte Japan die frühmoderne Kriegstechnik aufgegeben und war vom Gewehr zum Schwert zurückgekehrt.[6] Die herrschende Elite in Japan hatte etwas getan, was nach westlichen Vorstellungen vom wissenschaftlichen Fortschritt unmöglich ist – sie machte die technische Entwicklung rückgängig.

Die Ankunft von Commodore Perrys schwarzer Flotte ließ Japans feinsinnige und wachsame Eliten begreifen, daß das abgeschirmte und friedliche Leben, dessen sie sich seit über zweihundert Jahren erfreuen konnten, zu Ende war. Sie wußten, was ihnen von seiten der westlichen Mächte bevorstand – sie mußten sich nur Chinas Entwicklung nach den Opiumkriegen vor Augen führen. In einem Brief an den Schogun drohte der Commodore, das Land werde Besuch von »großen Kriegsschiffen« bekommen, vielleicht schon im nächsten Frühjahr, wenn es sich dem Handel nicht öffne.[7] Perry setzte Japans Selbstversuch in Isolation und technischer Unterentwicklung ein Ende – einem Experiment, das »bewies ..., daß eine nicht auf Wachstum beruhende Wirtschaft mit Prosperität und einem zivilisierten Lebensstil vollständig zu vereinbaren ist«[8]. Von nun an sollte Japan einen ehrgeizigen Modernisierungskurs steuern. 1903 verfügte es bereits über eine Flotte, die bei Tsushima in der Lage war, die Kaiserliche Flotte Rußlands zu zerstören.

Das große Handelshaus Mitsui besteht seit der Abschottung des Landes in der Edo-Periode; es überstand die Ära der Modernisierung, die Meidschizeit (1868–1914) und die alliierte Besatzung nach dem Zweiten Weltkrieg und ist heute eine Institution. Sein langes Leben zeigt eine fundamentale Besonderheit der Industrialisierung in Japan – sie führte nicht, wie in einigen Ländern Kontinentaleuropas, zu einem entschiedenen Bruch mit der feudalen Gesellschaftsordnung.

Die japanischen Unternehmen gingen aus Institutionen hervor, die das Land seit dem Mittelalter geprägt hatten. Der Aufbau einer modernen Industrie in den letzten Jahrzehnten des 19. Jahrhunderts spielte sich innerhalb einer im wesentlichen unverändert gebliebenen Gesellschaftsordnung ab. Japans Modernisierung wurde von der Kriegerklasse, den Samurai, vorangetrieben; sie war gerade deshalb möglich, weil die feudale Gesellschaftsordnung, die ihren Ausgangspunkt bildete, *nicht* zusammengebrochen war.

Die marxistische Vorstellung, daß der technische Fortschritt sämtliche überkommenen Sozialstrukturen aufbricht und zum Verschwinden bringt, ist auf Japan kaum anwendbar. Das gilt ebenso für die liberale Auffassung, die Gesellschaft entwickle sich aufgrund wachsenden Wissens und neuer Ideen. Die Erfahrungen Japans mit der Modernisierung lassen sich mit westlichen Modernisierungserfahrungen nicht vergleichen.[9]

Auch die neoklassischen Wirtschaftstheorien haben nur einen begrenzten Erklärungswert für Japans heutiges Wirtschaftsleben. Die japanischen Unternehmen stehen miteinander in einem rücksichtslosen Wettbewerb um Marktvorteile, so wie das überall der Fall ist; gleichwohl unterscheidet sich der japanische Kapitalismus grundsätzlich vom angelsächsischen Marktindividualismus, an dem sich fast alle großen Gesellschaftstheorien mit ihren Kapitalismusmodellen orientieren.

Im Umgang mit ihren Angestellten und der übrigen Gesellschaft stützen sich die japanischen Marktteilnehmer auf Netzwerke, die eher durch Vertrauen als durch Verträge gebildet werden. Sie sind weit besser in ihre soziale Umwelt eingebettet als amerikanische Unternehmen. Auch ihre Beziehungen zu staatlichen Institutionen sind eng und auf Dauer angelegt. Die Ethik des japanischen Kapitalismus ist nicht auf das Individuum ausgerichtet und wird es allem Anschein nach auch in Zukunft nicht sein.

Diese tiefen und bleibenden Unterschiede zwischen dem Kapitalismus in Japan und dem in England beziehungsweise Amerika lassen etwas Grundsätzliches erkennen: Verfechter wie Kritiker des Kapitalismus begreifen den Individualismus als eines seiner zentralen Merkmale – eine Verbindung, die weder notwendig noch universal ist, sondern lediglich ein historischer Zufall. Die frühen Theoretiker des Kapitalismus – Adam Smith, Adam Ferguson, John Stuart Mill, Karl Marx und Max Weber – mißverstanden sie als allgemeingültiges Gesetz, weil sich die Beobachtungen, auf denen ihre Theorien beruhen, größtenteils auf einige wenige westliche Länder beschränkten.

Um Japan zu verstehen, muß man sich zunächst klarmachen, daß es gegen Ende des 19. Jahrhunderts bereits modernisiert war. Das Land hatte seit langem einen hohen Bildungsstand, das städtische Leben weitete sich rapide aus, man übernahm neue Techniken, und es gab einen funktionierenden Staat. All diese modernen Errungenschaften hatte Japan erworben, ohne seine gesellschaftlichen Strukturen oder seine kulturellen Traditionen zu verwestlichen. Den Anstoß für die Modernisierung in Japan gab zwar das Trauma der Bedrohung durch die westlichen Mächte, aber dennoch war die Entwicklung landes- und kulturspezifisch.

Natürlich hat Japan viele eklektische Anleihen beim Westen gemacht. Der Kalender wurde geändert, ein Bankensystem geformt, das Bildungswesen gewaltig erweitert, ein Handelsrecht geschaffen sowie eine moderne Armee und Marine aufgebaut. Bei all diesen Neuerungen orientierte man sich bis zu einem gewissen Grad an westlichen Vorbildern, besonders preußischen (etwa bei der Rechtsreform, dem Bildungswesen und der Armee) und britischen (etwa beim Aufbau der Marine). Japanische Offiziere besuchten westliche Militärakademien, japanische Ingenieure reisten nach Europa, um Schiffbau zu studieren. Doch keine dieser Adaptionen hat die gesellschaftlichen Strukturen und kulturellen Traditionen des Landes verändert. Das sollten sie auch nicht. Die Industrialisierung Japans wurde von Anfang an mit dem Ziel vorangetrieben, die nationale Unabhängigkeit zu bewahren. Die Verfechter westlicher Ideen waren bei den wiederholten Debatten über Sinn und Zweck der Modernisierung stets in der Minderheit.

Implizit widersetzten sich in letzter Zeit die Architekten der japanischen Politik immer vehementer der Auffassung, Modernisierung bedeute die Anpassung an westliche Institutionen. Sie bestritten, »daß die Industrialisierung einer universalen Logik folgt und daß die gesellschaftlichen Verhältnisse (Individualismus, freier Arbeitsmarkt etc.), die sich bei jenen Nationen finden, die als erste industrialisiert wurden, sich unvermeidlich auch anderswo entwickeln müssen«[10].

Von Anfang an wurde die Industrialisierung Japans vom Staat forciert. Paul Kennedy hat dies so beschrieben: »Japan wurde nicht modernisiert, weil einzelne Unternehmer dies vorantrieben, sondern weil der ›Staat‹ es für notwendig hielt ... Der Staat förderte den Bau eines Eisenbahnnetzes, die Errichtung von Telegraphen- und Schiffahrtslinien. Er arbeitete mit den aufsteigenden japanischen Unternehmern zusammen, um die Schwer-, Eisen- und Stahlindustrie und den Schiffbau weiterzuentwickeln. Gleichzeitig wurde die Textilproduktion modernisiert. Subventionen der Regierung wurden eingesetzt, um Exporteure zu unterstützen, die Frachtschiffahrt zu fördern und beim Aufbau neuer Industrien zu helfen ... Hinter alledem stand ein beeindruckendes politisches Engagement, das darauf zielte, den nationalen Wahlspruch *fukoku kyohei* (›reiches Land mit starker Armee‹) zu verwirklichen.«[11]

In der Geschichte Japans wurde die wirtschaftliche und industrielle Entwicklung stets von staatlichen Institutionen gefördert und abgestimmt. Freilich gibt es hier für die scharfe Trennung zwischen Staat und Gesellschaft, wie sie sich in Europa seit der Frühmoderne findet, kaum eine Entsprechung. Die Bedeutung, die *wa* – Harmonie – im Leben der Japaner hat, steht im Widerspruch zu den von oben nach unten verlaufenden hierarchischen Beziehungen, die man in Europa lange Zeit mit staatlichen Institutionen assoziierte. »Die japanische Regierung steht nicht neben oder über der Gesellschaft; sie ist vielmehr der Ort, an dem im Sinne von *wa* verhandelt wird.«[12] In dieser Hinsicht unterscheidet sich Japan nicht nur von Europa, sondern auch von China und Korea.

Der während der Meidschi-Periode geschaffene Zentralstaat ähnelte stark dem klassischen Nationalstaat des europäischen 19. Jahrhunderts, und in vielerlei Hinsicht gilt das auch noch für das heutige Japan. Der japanische Staat fördert aktiv die Entwicklung des Landes, ist also nicht zum Minimalstaat des »Washington Consensus« geschrumpft, obwohl er sich aber auch nicht mit dem Sozialstaat, wie er sich in Westeuropa und den Vereinigten Staaten nach dem Zweiten Weltkrieg herausbildete, vergleichen läßt. Dazu Peter Drucker: »Mißt man Japan an den Kriterien der traditionellen politischen Theorien, also denen des achtzehnten und neunzehnten Jahrhunderts, ist es sicherlich ein ›statisches‹ etatistisches Land. Es ist etatistisch in dem Sinne, in dem Deutschland oder Frankreich 1880 oder 1890 im Vergleich zu Großbritannien oder den USA etatistisch … waren.«[13]

Der japanische Kapitalismus entwickelte sich aus den traditionellen Unternehmen der Feudalzeit.[14] Die Industrie war hier immer in engen Netzwerken großer Firmen organisiert. In der Meidschi-Periode waren es die *zaibatsu,* mächtige, von einigen Familien kontrollierte Unternehmensgruppen. Die *zaibatsu* aus der Vorkriegszeit überlebten den Versuch der Besatzungsmacht, sie durch eine Kartellgesetzgebung nach amerikanischem Vorbild zu zerschlagen, und wurden zu den heutigen *kigyo shugan* oder Zwischenmarktgruppen. Nach der Besatzung taten sich die großen Firmen (Mitsui, Mitsubishi, Sumitomo und andere) unter deutlicher Abschwächung der Familienkontrolle wieder zusammen und trugen dazu bei, das Netz von Unternehmensgruppen zu schaffen, das Japans

Wirtschaft gegenwärtig beherrscht. Zu Recht hat man festgestellt, daß in Japan »*zaibatsu* und andere Verbände die industriellen und kaufmännischen Betriebe sowie die Finanzfirmen zu einem dicken, komplexen Strang von Beziehungen verbinden, der nirgendwo sonst seinesgleichen hat«[15]. Neben den mächtigen Unternehmensgruppen gibt es zahllose Kleinunternehmen, die aber innerhalb des von den großen geschaffenen Rahmens arbeiten.

Die vielfältigen Verflechtungen innerhalb der japanischen Ökonomie werden seit Jahrzehnten von amerikanischen Verhandlungspartnern und transnationalen Organisationen heftig attackiert. Sie gelten als Bollwerke des Protektionismus; ihre Funktion für den Zusammenhalt der Gesellschaft will man nicht begreifen – oder lehnt sie ab. Die Rolle, die kleine Geschäftsbetriebe für die Aufrechterhaltung des sozialen Lebens in den Städten spielen, findet im »Washington Consensus« keine Erwähnung. Daß sie vielleicht mehr zum gesellschaftlichen Zusammenhalt beitragen als überfüllte Gefängnisse, gilt wohl als ein exotischer Gedanke – wenn überhaupt darüber nachgedacht wird. Ein britischer Beobachter hat dies folgendermaßen kommentiert: »Nach Angaben des amerikanischen Justizministeriums sitzen 1,1 Millionen Amerikaner im Gefängnis, das heißt, auf ungefähr zweihundert Einwohner, Männer, Frauen und Kinder, kommt ein Gefangener ... Warum suchen wir in den Vereinigten Staaten nach ökonomischen und sozialen Modellen, wenn eine solche Gesellschaft dabei herauskommt? ... Nach wie vor dient dieses Land praktisch allen internationalen Einrichtungen als Blaupause ... So mahnte die OECD in ihrem jährlichen Bericht über Japan mehr Deregulierung an ..., um dem Schutz der kleinen Geschäftsbetriebe ein Ende zu setzen ... Befriedigt wurde in der OECD zur Kenntnis genommen, daß in den letzten drei Jahren einer von fünfzehn japanischen Kleinbetrieben eingegangen ist. Kleine Betriebe verschwinden schneller als je zuvor. Bescheidene Effizienzgewinne werden auf Kosten großer sozialer Umwälzungen erzielt.«[16]

Die Forderungen, die im Sinne des »Washington Consensus« gegen Japan erhoben werden, gehen aber über die Abschaffung seiner kleinen Unternehmen weit hinaus. Japan soll die Sparquote senken, seine Kultur der Vollbeschäftigung aufgeben und sich nach den Grundsätzen des Marktindividualismus richten, kurz: Japan soll aufhören, japanisch zu sein.

Am deutlichsten verstößt Japan mit seiner Kultur der Vollbeschäftigung gegen den »Washington Consensus«. Das Land hat eine Arbeitslosenrate von drei bis vier Prozent (gegenüber einer Durchschnittsquote von etwa acht Prozent in den OECD-Ländern); der Beschäftigtenanteil an der Gesamtbevölkerung liegt über dem OECD-Durchschnitt, und zwar bei allen Arten von Arbeitnehmern, einschließlich der jungen. Und 1993 hatte Japan die niedrigste Arbeitslosenrate von sämtlichen OECD-Ländern, selbst unter Berücksichtigung der Teilzeitbeschäftigten.

Nicht alle japanischen Arbeitnehmer verfügen über eine Anstellung auf Lebenszeit; das ist außerhalb der großen Unternehmen auch unüblich. 1991 hatten dennoch dreiundvierzig Prozent der Beschäftigten mehr als ein Jahrzehnt für den gleichen Arbeitgeber gearbeitet (in einigen OECD-Ländern sind es 33,5 Prozent); Japan bietet also eine größere Arbeitsplatzsicherheit als alle anderen Staaten.

Selbst in der schlimmsten Rezession, die das Land jemals erlebte – dem dramatischen Rückgang der Wirtschaftstätigkeit nach 1989 –, und trotz des in den letzten dreißig Jahren ständig sinkenden Beschäftigungsniveaus im verarbeitenden Gewerbe konnte es seine Kultur der Vollbeschäftigung erhalten. Man stelle sich vor, wie es um das Beschäftigungsniveau in den Vereinigten Staaten bestellt wäre, wenn der Aktienmarkt dort, wie in Japan, einen Einbruch von siebzig Prozent erlebt hätte. »Wird eine Wirtschaft«, so kommentiert Martin Wolf zu Recht, »nach ihrer Fähigkeit beurteilt, die Gewinne weit zu streuen und gleichzeitig bei einer Rezession die Verlierer zu schützen, dann hat Japan in der Zeit der Prüfung ebenso Hervorragendes geleistet wie in der Zeit des Ruhms.«[17]

Das Kernstück der japanischen Nachkriegsökonomie – der ungeschriebene Gesellschaftsvertrag, der dem größten Teil der Bevölkerung sichere Arbeitsplätze verspricht – ist heute durch den freien
Weltmarkt bedroht. Mit der Vollbeschäftigungsgarantie, die nach
dem Zweiten Weltkrieg einerseits aus wirtschaftlicher Notwendigkeit, zum Beispiel dem Mangel an Arbeitskräften, andererseits aber
als Strategie zur Wahrung des sozialen Friedens entwickelt wurde,
konnte man verhindern, daß ein ungeschütztes Proletariat und
späterhin eine verarmte Unterschicht entstand. Japan ist eine egalitäre Gesellschaft, in der nahezu alle Bürger der Mittelschicht zu-
zurechnen sind. Gäben Japans führende Politiker dem Druck des
»Washington Consensus« nach, so würde sich Japan schnell jenen
westlichen Ländern angleichen, in denen Massenarbeitslosigkeit,
Kriminalität und Auflösung des sozialen Zusammenhalts mittlerweile unlösbare Probleme darstellen.

Möglicherweise läßt sich der japanische Gesellschaftsvertrag in
seiner gegenwärtigen Form nicht bewahren. Eine lebenslange Anstellung in ein und derselben Firma ist kaum noch zu garantieren,
eine Lockerung des Arbeitsmarktes aufgrund des Wettbewerbs mit
anderen ostasiatischen Volkswirtschaften unvermeidlich. Die Frage
ist, ob Japan seine Kultur der Vollbeschäftigung aufrechterhalten
kann, auch wenn das Versprechen einer lebenslangen Laufbahn in
einer einzigen Firma der Vergangenheit angehört.

Japan ist eine voll entwickelte Industriegesellschaft. In dieser Hinsicht gleicht es eher den spätmodernen Ökonomien Westeuropas
als den neuen Wirtschaftsnationen in seiner Nachbarschaft, die sich
noch auf dem Weg der Industrialisierung befinden. Es konnte die
industrielle Entwicklung, die in Großbritannien länger als zweihundert Jahre dauerte, auf einen Zeitraum von ungefähr einein-
viertel Jahrhundert verkürzen. Zwischen 1890 und 1913 verdoppelte sich die städtische Bevölkerung, während die Zahl der Arbeitskräfte auf dem Land die gleiche blieb. Noch 1914 waren mehr
als drei Fünftel der Japaner in der Land- und Forstwirtschaft und in

der Fischerei beschäftigt.[18] Als einziges fernöstliches Land ließ sich Japan auf ein ehrgeiziges Industrialisierungsprogramm ein, durch das es trotz der Katastrophe des Pazifik-Krieges zu der technologisch starken Wirtschaftsmacht von heute wurde.

Als Ganzes läßt sich das japanische Modell nicht exportieren. Die einmalige Kontinuität und Homogenität des Landes machen es ein für allemal zum Sonderfall. Vielleicht hat Japan aber als die voll entwickelte Industriegesellschaft, die es ist, die Chance, in unseren spätmodernen Zeiten etwas ähnlich Einzigartiges zu erreichen wie in der Edo-Periode, als es bewußt auf einen weiteren Technologieschub verzichtete.

Seit einiger Zeit ist Japan keine Wachstumswirtschaft mehr. Ende der neunziger Jahre führte selbst ein Zinssatz von 0,5 Prozent nicht zu höherer Kreditaufnahme; da ergeht es Japan nicht anders als den Vereinigten Staaten zur Zeit der Großen Depression. Hat Japan als erstes Land den in den westlichen Ländern seit langem befürchteten, aber noch nicht eingetretenen Zustand der Sättigung erreicht, in dem sich ein Wirtschaftswachstum mit Raten, wie sie in der Nachkriegszeit allgemein üblich waren, nicht mehr bewerkstelligen läßt?

Ein japanischer Ökonom erinnert an eine Einsicht von John Stuart Mill, nämlich daß »ein Wachstumsstillstand bei Kapital und Produktion nicht notwendigerweise Stillstand bei der Verbesserung der Lebensbedingungen bedeutet«[19]. Sollte Japan womöglich in der Lage sein, so etwas wie einen Millschen »stationären Zustand der Wirtschaft« zu verwirklichen, in dem der technische Fortschritt dazu dient, die Lebensqualität zu verbessern, anstatt immer nur noch mehr zu produzieren?[20]

Überall sonst auf der Welt ist Wirtschaft ohne Wachstum eine Schreckensvision. Vielleicht hat Japans beispiellos hoch entwickelte Industriegesellschaft am Ende des quantitativen Wachstums eine Chance, darüber nachzudenken, ob seine erneute Belebung überhaupt wünschenswert wäre. Damit aber geriete man in Widerspruch zum zentralen Imperativ des »Washington Consensus«, der soziale Verbesserungen ohne unaufhörliches Wirtschaftswachstum für undenkbar hält.

Chinas gescheiterte Modernisierung: Maos sowjetisches Modell

Mao Tse-tungs berühmte Äußerung »Die Sowjetunion von heute ist China von morgen«[21] bringt prägnant zum Ausdruck, welchem verfehlten Modernisierungskonzept sich das maoistische Regime verschrieb. Trotz der zahlreichen Konflikte, die beide Staaten miteinander hatten, galt die Sowjetunion in China immer als Muster einer modernen Gesellschaft. Die Verheerungen der maoistischen Zeit lassen sich nur begreifen, wenn man versteht, welche Rolle der Marxismus als Projekt der Verwestlichung in China spielte.

Das sowjetische Vorbild inspirierte Maos katastrophalen »Großen Sprung nach vorn« (1958–60), der eine Hungersnot auslöste, die dreißig Millionen Menschen das Leben kostete. Wie seine sowjetischen Mentoren glaubte Mao, Modernisierung hänge von der Industrialisierung der Landwirtschaft ab. Nicht anders als die Sowjetstrategen sah er dabei nicht den kleinen bäuerlichen Betrieb, sondern die kapitalistische Fabrik des 19. Jahrhunderts als Leitbild der Erneuerung.

Auch in der Adaption einer prometheischen Rücksichtslosigkeit gegenüber der Umwelt, wie sie in China bis dahin unüblich oder gar unbekannt war, folgte Mao dem sowjetischen Beispiel. Der bedenkenlose Einsatz technischer Mittel und die doktrinär marxistische Leugnung, daß es in China wegen Überbevölkerung zu Nahrungsmittelknappheit kommen könne, führten zu einer Plünderung der natürlichen Ressourcen und zu einer katastrophalen Umweltzerstörung.

All diese Vorgehensweisen des maoistischen Regimes lassen sich nicht auf chinesische Traditionen zurückführen. Noch gegen Ende des 19. Jahrhunderts dachte man in China, Eisenbahnen störten das natürliche Gleichgewicht. Das ging so weit, daß die damalige chinesische Regierung die erste, in der Nähe von Schanghai gebaute Eisenbahn des Landes aufkaufte und demontieren ließ.[22] Die riesigen Staudämme und absurden Schädlingsbekämpfungskampagnen der maoistischen Ära waren Naturunterwerfung im Namen der Aufklärung, die über den klassischen Marxismus und das sowjetische Beispiel ihren Weg nach China fand.

Auch der maoistische Totalitarismus fand keine Vorläufer in Chinas Geschichte: »Soweit der Maoismus ein totalitäres Regime ist, hat er mit chinesischen politischen Traditionen – wie despotisch diese auch immer gewesen sein mögen – nichts zu tun, während er eine große Ähnlichkeit mit ausländischen Herrschaftssystemen wie Stalinismus und Nationalsozialismus aufweist.«[23] Wer behauptet, das totalitäre Regime der chinesischen Kommunisten sei eine Weiterentwicklung des traditionellen chinesischen Despotismus, übersieht das ungleich höhere Ausmaß von staatlichem Zwang und staatlicher Gängelung.

Der Despotismus war typisch für die politische Praxis in China. Es gab zwar schon früh ein hochentwickeltes Rechtssystem, eine von der staatlichen Exekutive unabhängige Rechtsprechung fehlte aber. Überdies läßt sich in den Schriften der legalistischen Schule so etwas wie eine politische Philosophie des uneingeschränkten Despotismus erkennen. Doch niemals in der chinesischen Geschichte gab es ein Regime, das dermaßen stark in das gesellschaftliche Leben eingriff wie das maoistische. »Mitte des 16. Jahrhunderts zählte die chinesische Beamtenschaft ungefähr zehn- bis fünfzehntausend Bedienstete bei einer Bevölkerung von etwa hundertfünfzig Millionen. Diese winzige Kadergruppe saß ausschließlich in den Städten, während der größte Teil der Bevölkerung auf dem Land lebte ... Die meisten Chinesen bekamen ihr ganzes Leben lang nicht ein einziges Mal einen Vertreter der kaiserlichen Regierung zu Gesicht.«[24] Im klassischen China war der Staat erheblich schwächer als in den meisten modernen Staaten, und niemals übte er eine auch nur entfernt vergleichbare Kontrolle über seine Bürger aus, wie das maoistische Regime es tat. »Einen Staat von der Härte und Totalität des kommunistischen hat das chinesische Volk seit den Tagen des Ersten Kaisers im dritten vorchristlichen Jahrhundert nicht mehr erlebt.«[25]

Der Niedergang der Familie und des Clans, der Herzstücke traditioneller chinesischer Kultur, begann im 19. Jahrhundert. Der Kollaps der Ch'ingdynastie 1912 bildete den Abschluß eines langen Zerfallsprozesses. Unter den Mandarinen herrschte die Auffassung, man könne die Technik des Westens übernehmen, ohne Staat und Gesellschaft anzutasten. Besonders gegen Ende der Ch'ingära häuften sich die Versuche, sich westliche Technik anzueignen. Verschiedentlich gab es auch Anläufe, das Verhältnis zwischen Zentralregierung und regionalen Verwaltungen neu zu bestimmen, aber all diese Reformansätze blieben erfolglos. 1912 brachen die politischen Institutionen der Ch'ingära zusammen.

Die Republik wurde ausgerufen, ohne daß die Modernisierung wirklich begonnen hätte. Der Krieg mit Japan und der Konflikt zwischen Kuomintang und Kommunisten untergruben die traditionelle chinesische Sozialstruktur noch weiter, ohne daß es zur Etablierung moderner Institutionen kam.

Maos Regime markiert einen Wendepunkt in Chinas Geschichte. Es setzte sich eine Modernisierungsstrategie durch, die auf Nachahmung des westlichen, sowjetischen Vorbilds beruhte. In ihrem Namen fanden zahllose Angriffe auf die traditionellen Lebensformen statt – sofern sie sich bis dahin erhalten hatten. Dennoch blieb der Kern der chinesischen Gesellschaft so weit intakt, daß man in der Wirtschaftskultur auf dem chinesischen Festland nach Mao eine Variante des seit langem von den Auslandschinesen praktizierten Kapitalismus erkennen kann.

Bis zu den unter Deng Xiaoping eingeleiteten marktwirtschaftlichen Reformen hatte China noch nicht mit einer Modernisierung auf der Grundlage seiner eigenen Traditionen begonnen. Doch auf Taiwan und in den Familienunternehmen, die sich überall in der chinesischen Diaspora finden, gab es bereits ein Modell für einen chinesischen Kapitalismus. Das klassische China war autark, von der übrigen Welt jahrhundertelang intellektuell und ökonomisch abgeschottet. Der Gedanke einer Ökonomie als separate gesellschaftliche Sphäre, ihren eigenen Gesetzen folgend, fehlte. Das traditionelle Wort für Wirtschaft, *ching chi*, bedeutet einfach Verwalten eines Überschusses.[26] Die westliche Vorstellung vom Handeln auf dem Markt als einem eigenen, vom persönlichen und familiären Leben gesonderten Bereich ist der chinesischen Tradition völlig fremd.

Chinas Autarkie endete in der zweiten Hälfte des 19. Jahrhunderts, als das Land vom Westen gezwungen wurde, seine Grenzen für den Handel zu öffnen. Zwischen China und verschiedenen westlichen Regierungen wurden unausgewogene Verträge abgeschlossen und sogenannte Vertragshäfen eingerichtet, die aber nicht nur dem Handel dienten, sondern von 1895 an auch als Zentren ausländischer Industrien. Wie in Japan vollzog sich Chinas Industrialisierung unter staatlicher Leitung. Der Staat allerdings, unter dessen Führung China seine ersten unsicheren Schritte in Richtung einer industriellen Entwicklung machte, war den westlichen Mächten schutzlos ausgeliefert.

Die Demütigung durch den Westen ließ in China wie in Japan intellektuelle Bewegungen entstehen, die eine Modernisierung forderten. Doch im Unterschied zu Japan bedeutete Modernisierung in China fast immer Verwestlichung. Die chinesischen Modernisierer wichen darum nur in der Frage voneinander ab, wie weit die Verwestlichung gehen und welche Philosophie ihr zugrunde liegen solle. Es gab Anhänger der liberal-progressiven Ideen von John Stuart Mill und John Dewey, während andere sich – etwas später – für das revolutionäre Denken von Marx und seinen sowjetischen

Schülern begeisterten. Aber kaum jemand bezweifelte, daß Modernisierung die Anpassung an westliche Werte bedeuten müsse.

Im Unterschied zu Japan mit seinen feudalen Strukturen handelten Chinas Modernisierer nicht im Interesse einer bestimmten, einflußreichen gesellschaftlichen Gruppe. China war seit Jahrtausenden kein feudales Land mehr: »Eine bäuerliche Leibeigenschaft hat es in China seit über zweitausend Jahren praktisch nicht gegeben ... Noch in den dreißiger Jahren unseres Jahrhunderts, als sich die Lage gegenüber früheren Epochen stark verschlechtert hatte, bestand die chinesische Bauernschaft nach der klassisch gewordenen Untersuchung von J. L. Buck zu vierundfünfzig Prozent aus Nur-Eigentümern, zu siebzehn Prozent aus Nur-Pächtern, die restlichen neunundzwanzig Prozent bearbeiteten sowohl eigenes als auch gepachtetes Land.«[27]

Weil feudale Strukturen in China fehlten und selbst das maoistische Regime die bäuerlichen Traditionen nicht völlig hatte zerstören können, waren Dengs Wirtschaftsreformen relativ erfolgreich. Daß Gorbatschow dagegen mit seinen Reformen scheiterte, war nicht sein Fehler; er hatte es mit einem geschichtlichen Erbe zu tun, gegen das er nichts auszurichten vermochte.

Auch die chinesischen revolutionären Intellektuellen, die sich seit 1920 in Moskau die marxistischen Theorien aneigneten, übersahen die grundlegenden Unterschiede zwischen dem traditionellen China und den Feudalismen in Europa, Rußland und Japan. In seiner eindrucksvollen Studie über die Ursprünge der größten Hungersnot in China schreibt Jasper Becker: »Die Ursprünge von Maos großer Hungersnot liegen ebensosehr in der russischen wie in der chinesischen Geschichte.«[28] Und weiter: »Die Theorien, die die chinesischen Kommunisten in Moskau und von Beratern wie Borodin und Otto Braun vermittelt bekamen, beruhten auf einer Analyse der in Europa und Rußland im letzten Jahrhundert herrschenden Feudalverhältnisse. Die Lehrbücher, die die künftigen Führer Chinas, Männer wie Deng Xiaoping oder Liu Shao-chi, an der ›Universität der Schwerarbeiter des Ostens‹ benutzten, beschäftigten sich mit der Befreiung von der Leibeigenschaft, der Beseitigung des Landadels und der Zerschlagung des Großgrundbesitzes in Deutschland, Frankreich oder Rußland. Aber China war anders, was schon aus den Berichten der Jesuitenmissionen im 18. Jahrhundert hervorgeht und von Gelehrten wie R. H. Tawney in den zwanziger Jahren unseres Jahrhunderts bestätigt wurde. Es gab keinen Landadel, keine herrschende Junkerklasse, kein feudales Landrecht und keinen mit Fronarbeit bewirtschafteten Großgrundbesitz. Und es gab auch nicht die aus Europa bekannte Einrichtung des Gemeindelandes und des öffentlichen Eigentums an Weiden und Wäldern. Statistiken des Landwirtschaftsministeriums von 1918 zeigen, daß China einen höheren Prozentsatz an bäuerlichem Eigentum hatte als Deutschland, Japan oder die Vereinigten Staaten.«[29]

Auf China waren die marxistischen Theorien also eigentlich nicht anzuwenden. Dennoch legte Mao sie seinem Modernisierungsmodell zugrunde. Die im Großen Sprung verwirklichte Modernisierung sowjetischen Stils endete in der schlimmsten Hungersnot, die China jemals erlebt hat. Auf Anordnung Maos wurden Agrarkollektive nach stalinistischem Muster eingerichtet, obwohl einige Parteigenossen darin einen »falschen, gefährlichen und utopischen Agrarsozialismus« sahen: »Für Chruschtschow, der damals für die Landwirtschaft der Sowjetunion zuständig war, bedeutete die Umsetzung von Stalins Programm die Errichtung noch größerer Kollektive – gigantischer Farmen, so groß wie Provinzen, die um Agrostädte herum organisiert wurden.«[30] Das Ergebnis in China war katastrophal. 1957, vor dem Großen Sprung, lag der Median der Lebenserwartung bei 17,6 Jahren, 1963 nur noch bei 9,7 Jahren. Jeder zweite Tote im Jahr 1963 war jünger als zehn Jahre.[31]

Maos Modernisierung schlug aus vielen Gründen fehl. Aber sicher lag es auch daran, daß das sowjetische Projekt, dem er nacheiferte, den Erfordernissen einer modernen Wirtschaft nicht genügte. Unter dem nationalistischen Kuomintang-Regime, dessen Erbe die Kommunisten antraten, hatte es etliche große Staatsbetriebe gegeben. Erst Mitte der fünfziger Jahre hat man sie kollektiviert, nicht weil es dafür ökonomische Gründe gegeben hätte, sondern weil die Sowjetwirtschaft, Maos Modell einer modernen Ökonomie, kollektiviert wurde.

Doch der Große Sprung nach vorn war nicht nur ein Versuch, die chinesische Landwirtschaft nach sowjetischem Vorbild zu industrialisieren und die Industrie zu kollektivieren. Auch die chinesischen Traditionen wollte man systematisch zurückdrängen. Die traditionellen bäuerlichen Anschauungen befanden sich seit dem Sieg der Kommunisten 1949 gleichsam im Belagerungszustand, aber erst durch den Großen Sprung und dann die Kulturrevolution wurden sie schließlich fast völlig ausgelöscht: »Alles, was mit traditionellen Auffassungen zu tun hatte, wurde im Großen Sprung nach vorn zerschlagen.«[32]

Der Vernichtungskrieg gegen das traditionelle China tobte in der Zeit der Großen Proletarischen Kulturrevolution (1966–76) weiter. In einer der tiefgreifendsten Erschütterungen und Umwälzungen der Geschichte attackierte man die »vier Altertümer«: alte Sitten, alte Gewohnheiten, alte Kultur und altes Denken, verkörpert durch Bücher, Geld, Dokumente und antike Kunstschätze. »Die Kulturrevolution war ein Bürgerkrieg, wenn auch ein begrenzter. Nach heutigen Schätzungen aus China waren ungefähr hundert Millionen Menschen in die gewaltsamen Auseinandersetzungen der ›Kulturrevolution‹ verwickelt: entweder als aktive Teilnehmer oder als Opfer.«[33]

Das hat Wirtschaft und Bildung in China um mehr als eine Generation zurückgeworfen. Und was den Großen Sprung überstanden hatte, war nun zumeist der Kulturrevolution zum Opfer gefallen. Sie hinterließ tiefe psychische und soziale Wunden. Die gesellschaftliche Solidarität wurde sogar noch mehr geschwächt als während der stalinistischen Periode in Rußland. Möglicherweise hat allein die Familie als lebendige soziale Institution überdauert, allerdings auch sie schwer beschädigt.

Zur Auslöschung der chinesischen Traditionen kam die Verwüstung der Umwelt. In typisch maoistischer Überheblichkeit erklärte man zum Zwecke der Schädlingsbekämpfung Chinas Spatzen den Krieg. Sie wurden nahezu ausgerottet, Insektenplagen und entsprechende Ernteschäden waren die Folge. Man hat dem sowjetischen »Krieg gegen die Natur« mit Maßnahmen von immer größerer Zerstörungskraft nachgeeifert. Überall entstanden riesige Staudämme, von denen die meisten jedoch bald wieder einstürzten, manche hielten immerhin bis in die siebziger Jahre. Bei Dammbrüchen in der Provinz Henan – den schlimmsten der Geschichte – kamen fast eine viertel Million Menschen um.[34] Mao hinterließ seinen Nachfolgern eine Umweltzerstörung, die in ihren Konsequenzen noch weit schrecklicher war als die russische, weil sie mit dem Problem der Überbevölkerung zusammentraf.[35]

Das Bevölkerungsproblem versucht die chinesische Regierung mit ihrer Ein-Kind-Politik in den Griff zu bekommen, die einen klaren Bruch mit dem Maoismus darstellt. Aber auch dieses Programm kann nichts daran ändern, daß es in zwanzig Jahren rund ein Viertel (dreihundert Millionen) mehr Chinesen geben wird als heute – ein gigantisches Bevölkerungswachstum, das auch noch auf die maoistische Zeit zurückzuführen ist, als große Familien aus ideologischen Gründen erwünscht waren.

Nach Bangladesch und Ägypten hat China unter allen Entwicklungsländern die geringste landwirtschaftliche Nutzfläche. Ungefähr ein Zehntel des Territoriums, jener Teil des Landes, in dem zwei Drittel der Bevölkerung leben und drei Viertel des Sozialprodukts erwirtschaftet werden, ist überschwemmungsgefährdet. Das Bevölkerungswachstum wirkt sich unmittelbar auf die Nutzung der ohnehin schon knappen Anbauflächen aus: »Während der letzten vierzig Jahre hat China rund ein Drittel seiner landwirtschaftlichen Nutzfläche durch Erosion, Wüstenbildung, Energieprojekte

(Wasserkraftwerke, Kohlebergbau), Industrieansiedlungen und neue Wohngebiete verloren ... Selbst wenn man diese Verluste durch die Erschließung neuen Ackerlandes ausgleichen könnte – was unmöglich ist –, würde allein durch die Bevölkerungszunahme die pro Kopf zur Verfügung stehende landwirtschaftliche Nutzfläche in den neunziger Jahren um zehn und bis zum Jahr 2025 um fünfzehn Prozent zurückgehen.«[36]

Nach der Jahrtausendwende wird China das Land sein, das am meisten zur Erwärmung der Erde beiträgt. Um 2010 ist es wohl verantwortlich für den größten Ausstoß von Treibhausgasen. Abgesehen von den globalen Folgen erhöht eine solche Entwicklung auch in China selbst die Gefahr von Dürrekatastrophen und Überschwemmungen immens.[37] Es ist ernüchternd zu sehen, was diese durch die Umwelt gesetzten Grenzen für die Wirtschaft bedeuten: »Bei der Größe der chinesischen Bevölkerung und der Bedrohung der Umwelt ist es ausgeschlossen, daß China Japan nacheifern oder es den kleineren Ländern der Region, den sogenannten Tigerstaaten, gleichtun kann ... Die Chinesen können niemals achtundneunzig Prozent ihrer fossilen Brennstoffe importieren wie die Japaner oder fünfundsiebzig Prozent ihres Getreidebedarfs wie die Koreaner: der Weltmarkt gibt einfach nicht soviel Öl und Weizen her.«[38]

An diesen Grenzen endet jede Politik. Heute sind sie unter anderem deshalb so besonders schmerzhaft fühlbar, weil Mao gut marxistisch bestritt, daß China je ein Bevölkerungsproblem haben werde. Er hinterließ seinen Nachfolgern eine zerstörte Umwelt, ein Land, das immer weniger imstande ist, sich selbst zu ernähren, und eine vollkommen zerrüttete Gesellschaft. Darum bemerkte Roderick MacFarquhar bitter zu Mao: »Er suchte Utopia, ließ China aber im Naturzustand enden.«[39] Erst mit Dengs Reformen hat eine nachhaltige Modernisierung auf der Grundlage von Chinas landesspezifischem Kapitalismus begonnen.

Chinesischer Kapitalismus

Auch der chinesische Kapitalismus ist in die Beziehungen und das Wertesystem der Gesellschaft eingebunden. Bestimmte Merkmale des heutigen Kapitalismus auf dem chinesischen Festland lassen seine Herkunft aus der jüngeren politischen Geschichte des Landes erkennen; seine wesentlichen Kennzeichen sind jedoch die gleichen wie im chinesischen Geschäftsleben überall auf der Welt. Dazu zählt an vorderster Stelle die herausragende Rolle der Familie, die Vertrauensverhältnisse schafft. Eine der Hauptantriebskräfte für erfolgreiche marktwirtschaftliche Reformen in China ist zweifellos der chinesische Auslandskapitalismus. Er ist die beste Anleitung für die Entwicklung eines landesspezifischen Kapitalismus auf dem chinesischen Festland.

Die wichtigsten Züge der chinesischen Wirtschaftskultur hat Gordon Redding in seinem grundlegenden Werk *The Spirit of Chinese Capitalism*[40] herausgearbeitet. Sie lassen sich wie folgt zusammenfassen: 1. kleinteilige und relativ einfache Organisation; 2. Konzentration auf ein Produkt oder einen Markt mit Wachstum durch Diversifikation, wenn sie sich anbietet; 3. zentralisierte Entscheidungsprozesse und dominierende Rolle eines einzigen Geschäftsbevollmächtigten; 4. enger Zusammenhang zwischen Eigentum, Kontrolle und Familie; 5. paternalistisches Betriebsklima; 6. auf persönlichen Beziehungen beruhende Außenkontakte; 7. stark effizienzorientierte Kosten- und Finanzplanung; 8. enge, informelle Verbindungen zu verwandten, aber rechtlich unabhängigen Organisationen wie Zulieferbetrieben und Marketingfirmen; 9. schwaches Durchsetzungsvermögen auf großen Märkten; 10. hohe strategische Anpassungsfähigkeit.[41]

In Hongkong, Singapur, Indonesien, Malaysia, auf Taiwan und den Philippinen leben rund vierzig Millionen Chinesen, deren Wirtschaftsleistung sich insgesamt auf etwa hundertfünfzig bis zweihundert Milliarden Dollar beläuft. In diesen Ländern wie in der gesamten chinesischen Diaspora sind die Geschäftsbetriebe in der Regel klein und ihre Beziehungen nach innen wie nach außen familienabhängig und individuell bestimmt. Sie bauen mehr auf *guanxi* – »Verbindungen«, gegenseitige Verpflichtungen und langfristige Verhandlungsbeziehungen – als auf formale Verträge. Auch wenn die Betriebe beträchtlich wachsen, bleiben sie in den Händen der Familie, und die wichtigen Entscheidungen trifft das Familienoberhaupt, der Vater. Sowohl auf Taiwan als auch auf dem Festland sind echte Großunternehmen fast immer Staatseigentum. Sind familieneigene Betriebe groß, genießen sie meist politische Protektion oder sie haben sich auf besondere Geschäftsbereiche und Märkte spezialisiert, etwa auf Schiffahrt oder Immobilien.

Der chinesische Kapitalismus arbeitet im Weltmaßstab, aber besonders hoch entwickelt ist er in Hongkong und auf Taiwan. Vor allem Taiwan ist interessant, da es mit Recht für sich in Anspruch nehmen kann, eine landesspezifische Modernisierung seiner Wirtschaft in Gang gebracht zu haben, wie sie auf dem Festland erst jüngst begann.

In den fünfziger und sechziger Jahren wurde auf Taiwan eine weitreichende Landreform durchgeführt, die den Aufbau einer auf kleinen Hofwirtschaften beruhenden Ökonomie befördern sollte. Ein ebenfalls weitreichendes Privatisierungsprogramm reduzierte den Anteil der Staatsbetriebe im industriellen Sektor von siebenundfünfzig auf zwanzig Prozent. Im großen und ganzen besteht die taiwanesische Wirtschaft aus kleinen Familienbetrieben: Riesige Konglomerate wie in Japan oder Südkorea gibt es hier nicht. In den letzten vier Jahrzehnten betrug das Wirtschaftswachstum durchschnittlich ungefähr neun Prozent. Am Ende dieses Modernisierungsprozesses ist Taiwan, »was die Einkommensverteilung angeht, egalitärer als alle kapitalistischen Länder der Welt«[42]. Insofern hat Dick Wilson wohl recht mit seiner Bemerkung, der Inselstaat habe »den Weg gewiesen und China ein chinesisches Modell der Modernisierung anzubieten«[43].

Das Familienunternehmen, das Herzstück des chinesischen Kapitalismus, paßt nicht in die westliche Betriebswirtschaftslehre: »Die angelsächsische Konzeption der rechtlich verfaßten Firma als der Grundeinheit ökonomischen Handelns vermag die Tätigkeit und die Strukturen der Chaebol und der chinesischen Familienunternehmen mit ihren komplexen außerbetrieblichen Verbindungen, welche auch Einfluß auf geschäftliche Entscheidungen haben, nicht zu erklären.«[44] Weder Struktur noch Funktionsweise des chinesischen Wirtschaftslebens stimmen mit jenem Modell ökonomischer Rationalität überein, das westlichen Theorien zufolge universale Gültigkeit besitzt.

Auf ganz unterschiedliche Weise stellen sowohl die japanische Wirtschaftskultur als auch das chinesische Geschäftsleben die Standorttheorien kapitalistischer Entwicklung eines Max Weber oder anderer westlicher Soziologen grundsätzlich in Frage. Wenn sie recht hätten, müßte die kapitalistische Wirtschaftsweise mit der Zeit familiäre und persönliche Beziehungen aus dem ökonomischen Sektor nahezu vollständig verdrängen. Die Ökonomie werde zu einem eigenständigen, durch die unpersönliche Gewinn- und Verlustrechnung bestimmten Bereich, zusammengehalten nicht durch Vertrauensverhältnisse, sondern durch vertraglich geregelte Beziehungen. Dieser konventionellen Sichtweise zufolge entwickelt sich der Kapitalismus, indem er sich von der Gesellschaft emanzipiert.

Das mag auf den Kapitalismus in England und anderen angelsächsischen Ländern, die auf eine lange Geschichte des Individualismus zurückblicken, im großen und ganzen zutreffen. Doch selbst hier wird die Rolle des Staates vernachlässigt, der für die Infrastruktur sorgt, das öffentliche Eigentum verwaltet und Gesetze erläßt, also durch eine Reihe von Leistungen erst die Rahmenbedingungen für die Märkte schafft, die sich aus ihrem gesellschaftlichen Kontext lösen. Den chinesischen Kapitalismus bekommt eine solche Theorie überhaupt nicht zu fassen. Denn sein Erfolg hängt ganz wesentlich von gesellschaftlichen Ressourcen ab, vor allem von den Vertrauensbeziehungen innerhalb der Familie.

Der Familismus, der das chinesische Geschäftsleben beherrscht, ist ein zentrales Merkmal auch der chinesischen Kultur, denn jenseits der Verwandtschaftsbeziehungen werden hier selten Vertrauensverhältnisse aufgebaut. Darin unterscheidet sich die chinesische Wirtschaftskultur von der japanischen ebensosehr wie vom amerikanischen freien Markt. Beziehungen, die auf Vertrauen und gegenseitigen Verpflichtungen beruhen und dabei die Grenzen der Familie überschreiten, sind im feudalen wie im modernen Japan und in den individualistischen Gesellschaften der angelsächsischen Welt von zentraler Bedeutung, während sie in China fast vollständig fehlen. Die riesigen transnationalen Körperschaften mit ihrer Offenheit für staatliche Steuerung bei gleichzeitig weitgehender strategischer Autonomie sind typisch für Japan, aber ohne Entsprechung in der chinesischen Wirtschaftskultur.[45]

Der chinesische Kapitalismus unterscheidet sich auch vom koreanischen. Die koreanische Wirtschaft wird von Konglomeraten, den Chaebol, beherrscht. Die zehn größten produzieren die Hälfte aller koreanischen Exportgüter; die dreißig größten tragen drei Viertel der Gesamtproduktion.[46] Es sind paternalistische Institutionen, in denen die Gründungsfamilien die entscheidenden Positionen besetzen. Zugleich reichen diese Unternehmen durch Kooperation, die oft auf eine monopolistische oder oligopolistische Marktstellung abzielt, weit über die Familiengrenzen hinaus.

Die Chaebol unterhalten auch enge Beziehungen zur Regierung, die für die übergeordneten Strategien zuständig ist. Das allerdings ändert sich allmählich. Der Managementstil in den Unternehmensverbänden ist patrimonial, Gehalt und Stellung hängen von persönlicher Leistung und persönlicher Zuerkennung ab, Zusatzvergütungen nicht von der Art der Arbeit, sondern von deren Beurteilung durch einen Vorgesetzten. Zwischen diesen Organisationen bestehen clanabhängige und regionale Rivalitäten, lebenslange

Anstellungen gibt es kaum, und sie werden auch nicht versprochen.[47]

Der chinesische Kapitalismus ist mit seinen starken Familienbetrieben eher dem italienischen verwandt als der Wirtschaftskultur
Koreas, dem amerikanischen freien Markt oder dem japanischen
Kapitalismus. Aus Gründen, die in der Geschichte des Landes im
20. Jahrhundert liegen, unterscheidet sich der Kapitalismus auf
dem chinesischen Festland in gewisser Weise von dem der chinesischen Diaspora. China hat noch immer keine durch und durch
kapitalistische Wirtschaft. Die Wachstumsraten sind beachtlich,
aber die Löhne deutlich niedriger als in vergleichbaren kapitalistischen Ländern, haben die chinesischen Arbeitnehmer doch bei
weitem nicht so eine Verhandlungsmacht. Obwohl genaue Berech-
nungen schwierig sind, können wir davon ausgehen, daß die
wirtschaftliche Ungleichheit im China Deng Xiaopings weit größer
ist als in der eindeutig kapitalistischen Ökonomie Taiwans.

Da sich die Wirtschaftskultur des chinesischen Festlands aber immer mehr der Wirtschaftsweise der Auslandschinesen annähert,
werden wir auch hier künftig einen chinesischen Kapitalismus erleben: »In China stößt man heute fast überall auf Fabriken oder andere Unternehmen, die ganz oder teilweise von Auslandschinesen
finanziert sind und deren Vertreter unbewußt die kulturellen Werte
wiedereinführen, die von Mao angegriffen und fast gänzlich unter-
drückt wurden.«[48]

Weil die Auslandschinesen bei der Finanzierung des expandieren-
den privatwirtschaftlichen Sektors eine derart entscheidende Rolle
spielten, revitalisierten Dengs marktwirtschaftliche Reformen bis
zu einem gewissen Grad auch die traditionelle Kultur, die Mao mit
seinen erfolglosen Modernisierungsanstrengungen dem Zusammenbruch nahe gebracht hatte. Wenn sich die Wirtschaftsweise
auf dem Festland weiter der der Auslandschinesen annähert, wird
China irgendwann eine voll entwickelte kapitalistische Ökonomie
nach landesspezifischem Muster sein. Dieser Prozeß braucht frei-

lich einige Generationen ungestörter wirtschaftlicher Entwicklung, die nicht durch politische Erschütterungen, Umweltkatastrophen oder Kriege unterbrochen wird.[49]

Der Westen hofft auf riesige Märkte in China und beobachtet die Entwicklung des Landes mit einem Optimismus, der zur Überbewertung der positiven Veränderungen, aber vor allem zur Bagatellisierung der Handicaps, insbesondere der vielen Perioden staatlicher Desintegration, die das Land in seiner Geschichte erlebte, verführt. Chinas Umweltzerstörung wird als vorübergehende Unannehmlichkeit und nicht als grundsätzliche Bedrohung jeder weiteren Modernisierung betrachtet. So bezeichnete etwa Barton Biggs, der Vorstandsvorsitzende des Morgan Stanley Asset Management in New York, die Umweltverschmutzung als den Preis für die ökonomische Entwicklung, den die Chinesen bereit seien zu zahlen.[50] Anders als die meisten Chinesen teilt die gegenwärtige Führung des Landes diese Unbekümmertheit, was die Höhe des Preises betrifft, ganz und gar nicht, ebensowenig die Zuversicht, die Zerstörungen seien mit technischen Mitteln leicht rückgängig zu machen. Im Gegensatz zu Biggs ist sich die chinesische Regierung darüber im klaren, daß China möglicherweise nie eine wirtschaftliche Supermacht wird. Doch selbst wenn sich die Umweltprobleme des Landes lösen lassen und das von Deng Xiaoping initiierte Modernisierungsprogramm greift, kann China kaum vor der zweiten Hälfte des 21. Jahrhunderts eine entwickelte Gesellschaft sein.

Die wirtschaftliche Modernisierung in China seit 1979

Maos gescheiterter Modernisierungsanlauf machte allen späteren chinesischen Modernisierern ihre Sache nicht leichter. Zum Teil sind die marktwirtschaftlichen Reformen der Ära Deng Xiaoping[51] als Reaktion auf die Zerstörungen zu begreifen, die der Große Sprung und die Kulturrevolution mit sich brachten. Viel ausrichten konnten sie aber nicht gegen die Schäden, die Maos utopisches Experiment Chinas Sozialstruktur und den natürlichen Lebensgrundlagen zugefügt hatte. Dengs Reformen begannen im Juli 1979 mit der Errichtung von vier wirtschaftlichen Sonderzonen – Zuhai, Shenzen, Shantou und Xiamen. Diese Gebiete wurden wegen ihrer leichten Zugänglichkeit für ausländisches Kapital ausgewählt. Zwei von ihnen, Shantou und Xiamen, waren zur Zeit des Imperialismus britische Vertragshäfen.

Die Aufgabe der Politik nach Mao bestand im wesentlichen darin, die Wirtschaft zu modernisieren und zugleich überall die strenge Kontrolle durch die Partei aufrechtzuerhalten. Deng verwarf Maos sowjetisches Modell und mobilisierte mit *kaifang*, einer Politik der »Öffnung«, ausländisches Kapital und technisches Wissen. Er entließ die Regionen bis zu einem gewissen Grad aus dem eisernen Griff der Zentralregierung, ohne separatistischen Tendenzen eine Chance zu geben.[52] Er versuchte nicht, die Wirtschaftstätigkeit zu koordinieren, sondern beschränkte sich darauf, Hemmnisse zu beseitigen. Als politischer Rahmen blieb der von Mao errichtete leninistische Staat erhalten.

Der wirtschaftliche Erfolg dieser Politik hielt sich in Grenzen, war aber insgesamt doch bemerkenswert. Die Küstenprovinzen erlebten Wachstumsraten von über zehn Prozent. Ausschlaggebend war sicher, daß die Chinesen sowjetischen und westlichen Entwicklungsmodellen keine Beachtung mehr schenkten. In China gab es keine Schocktherapie. Die marktwirtschaftlichen Reformen vollzogen sich stufenweise und partiell, eher pragmatisch als doktrinär. Wenn die chinesischen Reformer von anderen Ländern gelernt haben, dann von Singapur und Taiwan und zu einem geringeren, gleichwohl immer noch bedeutenden Teil auch von Korea und Japan. Aber keine westliche Gesellschaft diente als Modell.

Die Wirtschaftsreform stellte den Versuch dar, eine funktionierende Marktökonomie zu schaffen, nicht einen freien Markt zu etablieren. China baute auf seine Stärken. Im Unterschied zu Rußland ist es nicht mit einem feudalen Erbe belastet, und die bäuerlichen Traditionen sind in der Kollektivierung nicht völlig untergegangen. Davon profitierten Dengs Reformen.

Sein Nachfolger Jiang Zemin scheint entschlossen, den von Deng begonnenen Abbau der Planwirtschaft fortzusetzen. Im August 1997 verlautbarte *People's Daily*: »Wir können die Marktwirtschaft nicht auf dem alten System aufbauen, wir müssen das alte System vollständig ändern.«[53] Wie Deng hat sich Jiang Zemin vorgenommen, die Institutionen der Planwirtschaft aufzubrechen, gleichzeitig aber den leninistischen Staat, der sie schuf, zu erhalten.

Woher bezieht ein Regime, dessen offizielle Ideologie, der Marxismus-Leninismus, seit langem diskreditiert ist, seine Legitimität? Chinas politische Elite steht vor einem Dilemma: Auf der einen Seite verkörpert die Kommunistische Partei noch Reste marxistischer Ideologie, und auf der anderen Seite beruft sich das Regime in zunehmendem Maße auf »das Chinesische« und auf konfuzianische Werte, um sich neu zu legitimieren. Wie aber lassen sich traditionelle chinesische Werte in den Dienst einer Modernisierung stellen, wenn diese von einer Regierung in der direkten Nachfolge des maoistischen Regimes betrieben wird, das den Krieg gegen das alte China eben als Modernisierung verkaufte?

Chinas rapides Wachstum in den letzten Jahren erklärt sich zum Teil dadurch, daß es auf einem sehr niedrigen Niveau einsetzte.[54] Die Höhe des Bruttoinlandsprodukts läßt sich derzeit schwer feststellen. Es gibt keine gesicherten Angaben, die Berechnungsgrundlage ist umstritten. Wenn man indes das UN-Standardsystem der nationalen Rechnungsführung als Maßstab nimmt und nicht die Kaufkraftparität, dann ist Chinas Wirtschaft (ohne Hongkong) etwas größer als die Spaniens und etwas kleiner als die Italiens. Darüber hinaus beträgt das Sozialprodukt von Hongkong etwa ein Viertel von dem des chinesischen Festlands. Diese Diskrepanz kommt durch Chinas riesige Bevölkerung und die niedrigen Löhne zustande. China ist ein schnell wachsendes Entwicklungsland, keine reife kapitalistische Ökonomie.

Wie groß das chinesische Bruttoinlandsprodukt auch immer ist: Die Stabilität des gegenwärtigen Regimes hängt jedenfalls von einer rasch wachsenden Wirtschaft ab. Doch wird das derzeitige Wachstum an der ungleichen Verteilung der Erträge nichts ändern; weite Teile des Landes werden arm bleiben. Nach Angaben der Weltbank hatten Schanghai und Guangdong 1992 ein Pro-Kopf-Einkommen von über achthundert Dollar, in Guizhou im Landesinnern betrug es nur zweihundertsechsundzwanzig. An der Süd- und Ostküste ist das Pro-Kopf-Einkommen durchschnittlich doppelt so hoch wie in den bevölkerungsreicheren Gebieten des Südens und der mittleren Landesteile.[55]

Wahrscheinlich nehmen diese Ungleichheiten noch zu. Möglicherweise steigt die Zahl der Wanderarbeiter auf zehn Prozent der Bevölkerung – etwa hundertzwanzig Millionen Menschen.[56] Nach einer Prognose des chinesischen Arbeitsministeriums wird es im Jahr 2000 etwa zweihundertsiebenundsechzig Millionen Arbeitslose geben: ein Fünftel der Bevölkerung.[57] So lautete zumindest die Vorhersage, bevor man Ende 1997 die Privatisierung der meisten staatseigenen Unternehmen bekanntgab.[58] Bei solchen sozialen und wirtschaftlichen Verwerfungen könnte am Ende der marktökonomischen Reformen allerdings der Staat selbst in seiner Handlungsfähigkeit bedroht sein. Schon sind – als Nebenfolge der ökonomischen Liberalisierung – die staatlichen Institutionen schwächer geworden. Korruption avancierte zur Volkskrankheit. Jede Institution, sogar die Volksbefreiungsarmee, wurde – offiziell oder inoffiziell – kommerzialisiert.

Jedenfalls ist das wirtschaftliche Wachstum zu ungleichmäßig, als daß es dem Regime als Quelle der Loyalität ausreichen könnte. Während manche Bereiche der chinesischen Ökonomie boomen, gehen andere bankrott. In Schanghai wuchs die Wirtschaft 1996 um vierzehn Prozent, aber die Textilfabriken und andere staatseigene Unternehmen verschuldeten sich immer weiter.[59] Noch bedenklicher ist es, daß drei Viertel der Ersparnisse der chinesischen Bevölkerung als Investitionen staatlicher Banken in Verluste machenden Staatsbetrieben stecken – für viele Beobachter kündigt sich hier eine »finanzielle und politische Katastrophe« an.[60] Im Vergleich zu Rußland sitzt die chinesische Staatsmacht jedoch immer noch fest im Sattel. Unabhängigkeits- oder Autonomiebewegungen in Tibet und Sinkiang wurden rücksichtslos, ja grausam niedergeschlagen. Außerdem sind über neunzig Prozent der Einwohner Chinas Han-Chinesen, nur fünf Prozent der Bevölkerung gehören einer nationalen Minderheit an. Damit ist China fast ein ethnisch homogenes Land. In seiner Geschichte gab es zwar immer wieder Perioden des staatlichen Zerfalls, doch im Augenblick hat China kein Hobbessches Problem.

Das gegenwärtige Regime hat sicher Übergangscharakter, bewegt sich dabei aber nicht in Richtung »demokratischer Kapitalismus«, sondern weg von den westlichen, sowjetischen Institutionen der Vergangenheit hin zu einem modernen Staat, der besser zu den besonderen Traditionen, Bedürfnissen und Bedingungen des Landes paßt.

Eine liberale Demokratie steht derzeit nicht auf der Tagesordnung. Denn man muß bezweifeln, daß die Ein-Kind-Politik, die schon jetzt oft unterlaufen wird, den Übergang zu einer liberalen Demokratie überstünde. Die politische Führung geht aber zu Recht davon aus, daß eine wirksame Bevölkerungspolitik absolut notwendig ist, damit es wegen der knappen Ressourcen nicht zu ökologischen und politischen Krisen kommt. Die Erinnerungen an den Zusammenbruch des Staates und die Wehrlosigkeit des Landes zwischen den Weltkriegen sind in der Bevölkerung noch lebendig genug. So werden alle Liberalisierungsversuche, die das Risiko anarchischer Zustände in sich tragen, wie sie Rußland nach der Sowjetzeit erlebte, von den meisten Chinesen mit Argwohn und

Schrecken verfolgt. Daß das gegenwärtige Regime ein solches Desaster bislang verhindert hat, verschafft ihm in der Bevölkerung großen Rückhalt.

Träte der heute eher gemäßigte, halbtotalitäre Staat künftig mit mehr Autorität auf, so verhieße das für China Gutes. Damit meine ich keinesfalls eine Diktatur. Entscheidende politische Voraussetzungen für persönliche Sicherheit und ein nachhaltiges Wirtschaftswachstum sind ein funktionierendes Rechtswesen und handlungsfähige Institutionen, die die Regierung zur Rechenschaft ziehen können. In dieser Hinsicht hat man auf der Ebene lokaler Verwaltungen schon einen Anfang gemacht. Nach einem Gesetz von 1987 dürfen die Gouverneure und Gemeinderäte auf dem Land von der Bevölkerung gewählt werden. Inzwischen sind über vier Millionen Dorfbeamte nicht mehr von der Partei eingesetzt, sondern gewählt.[61] Man kann Institutionen zur Kontrolle der Regierung schaffen, ohne daß man zugleich die westliche Mehrparteiendemokratie in China einführen muß. Schwieriger wird es sein, ein unabhängiges Rechtssystem aufzubauen, das aber für politische Stabilität und eine stetige wirtschaftliche Entwicklung unerläßlich ist.

China unterscheidet sich so sehr von anderen Ländern, daß es nirgendwo ein Modell für ökonomische und politische Modernisierungspfade finden kann. Von Taiwans Experiment mit dem Aufbau eines landesspezifischen Kapitalismus ist einiges zu lernen, am ehesten aber wäre noch Singapur ein Vorbild, das sich zur Nachahmung empfiehlt. Gewiß, dieser nachliberale Stadtstaat hat viele Vorteile gegenüber China. Die Unterschiede in der Größe, der Geschichte und der ethnischen Zusammensetzung sind allzu offensichtlich. Doch Singapurs gelenkter Kapitalismus mit seinem funktionierenden Rechtssystem ist das Muster, von dem China am meisten profitieren könnte.

Freilich läßt sich Singapurs Erfolgsgeschichte in China nicht wiederholen. Aber wenn das chinesische Regime sich von den letzten Resten seines totalitären leninistischen Erbes trennen und ein moderner, neoautoritärer Staat würde, könnte es auch eine dauerhafte politische Legitimität erwerben. Ein China nach dem Vorbild von Singapur wäre eben nicht der westlichen Demokratie nachempfunden, sondern als Beispiel für eine landesspezifische Modernisierung Japan ebenbürtig.

Modernes Asien – rückständiger Westen?

Sowenig wie es »den« westlichen Kapitalismus gibt, gibt es »den« asiatischen. Jede seiner Spielarten reflektiert die besondere Kultur, in die er eingebettet ist. Das gilt auch für den freien Markt, der den für Amerika typischen, individualistischen Wertvorstellungen entspricht.

In Asien hat, wie auch sonst überall, jede Kapitalismusvariante ihre eigenen Vor- und Nachteile. Die unterschiedlichen asiatischen Kapitalismen werden nicht konvergieren: Dafür sind und bleiben die Kulturen, aus denen sie kommen, zu verschieden. Erst recht gleichen sie sich nicht den westlichen Marktwirtschaften an, und auch ihre jeweilige politische Entwicklung wird unverwechselbar sein.

Daß wachsende Prosperität zwangsläufig zu liberalen und demokratischen Verhältnissen führt, ist ein Glaubensartikel, keine gesicherte Wahrheit. Dieser Gedanke ist nicht viel mehr als eine neoliberale Variante der Marxschen Auffassung, daß die kapitalistische Entwicklung eine wachsende Mittelschicht hervorbringe. Die jüngsten Erfahrungen vieler Länder entsprechen allerdings eher einer anderen marxistischen These: daß nämlich in einem unkontrollierten, wild gewordenen Kapitalismus die Mittelschichten verarmen und schrumpfen.

Selbst wenn die ökonomische Entwicklung überall eine wachsende Mittelschicht hervorbrächte, würde deshalb die liberale Demokratie in Asien nicht Fuß fassen. Die Angehörigen der Mittel-

schichten haben dort, wie alle Menschen, auch noch andere Bedürfnisse, als die, die durch demokratische Institutionen befriedigt werden. Sie brauchen eine wirksame Kontrolle wirtschaftlicher Risiken, damit sie und ihre Familien ein einigermaßen ge-
sichertes Auskommen haben; sie brauchen Schutz vor Verbrechen
und Korruption; und sie brauchen funktionsfähige öffentliche
Dienste ebenso wie zivilgesellschaftliche Institutionen, die ihnen
das Gefühl vermitteln, als Bürger an einem Gemeinwesen teilzuha-
ben. Ein politisches System, das diesen Bedürfnissen genügt, wird
keine Schwierigkeiten haben, sich zu legitimieren, selbst wenn es
nicht demokratisch verfaßt ist. Regierungen hingegen, die das nicht
vermögen, werden schwach und instabil sein, seien sie auch noch
so demokratisch.

Westliche Sozialwissenschaftler und Ökonomen irren, wenn sie
unterstellen, der Kapitalismus werde früher oder später überall auf
der Welt der hoch individualistischen Wirtschaftskultur in England, Schottland, Teilen Deutschlands und Holland ähneln. Schon
in Frankreich und Italien kam es nicht so. Wir werden noch beobachten können, daß der Kapitalismus in den postkommunistischen
Staaten mit ihren orthodoxen religiösen Traditionen andere Formen annimmt als in irgendeinem »westlichen« Land, sei es prote-
stantisch oder katholisch: Weder für die Institutionen einer säkularen Zivilgesellschaft noch für die stark begrenzte Staatstätigkeit in
den westlichen Staaten gibt es in den orthodoxen Kulturen Ent-
sprechungen. Auch der russische Kapitalismus wird etwas Unver-
wechselbares sein.

Dasselbe gilt für die asiatischen Kapitalismen. Der indische Kapitalismus etwa kann nicht dem Kapitalismus jener Länder ähneln,
deren religiöses Erbe von Konfuzianismus, Buddhismus oder Islam bestimmt ist. Das Kastensystem ist vielleicht das stabilste Ge-
sellschaftssystem überhaupt, jedenfalls hat es sämtliche Angriffe
und Reformversuche seitens des Buddhismus, des Islam und säku-
larer Bewegungen überstanden und wird ohne Frage die Bedin-

gungen diktieren, unter denen sich der indische Kapitalismus entwickeln kann.

Die neuen Kapitalismen in Ostasien sind nicht durch dogmatische Streitereien über Vor- und Nachteile konkurrierender Wirtschaftssysteme belastet. Das liegt nicht zuletzt daran, daß die meisten religiösen Traditionen in Ostasien keinen Absolutheitsanspruch anmelden. Wo keine sektiererischen Ansprüche auf universale Wahrheiten erhoben werden, kann man auch in Fragen der Wirtschaftspolitik pragmatisch vorgehen.[62]

In den asiatischen Kulturen betrachtet man die Institutionen des Marktes instrumentell, als Mittel zur Erzeugung von Reichtum und gesellschaftlichem Zusammenhalt, nicht mit theologischem Hintersinn als Ziele, die um ihrer selbst willen zu verfolgen sind. Die »asiatischen Werte« sind nicht zuletzt deshalb so attraktiv, weil sie mit ihrer rein instrumentellen Auffassung des Wirtschaftslebens die westliche Obsession vermeiden, aus der Wirtschaftspolitik eine Arena dogmatischer Auseinandersetzungen zu machen. Mit dieser »asiatischen« Freiheit – dem Fehlen jeglicher »ökonomischen Theologie« – kann man Marktinstitutionen einfach im Hinblick darauf beurteilen und reformieren, wie sie sich auf die Werte und die Stabilität der Gesellschaft auswirken.[63]

Sofern die asiatischen Kapitalismen von Regierungen gelenkt werden, die auf die Wahrung der sozialen Balance und des sozialen Zusammenhalts achten, geraten sie zwangsläufig in Konflikt mit dem Regime des globalen Laissez-faire – das sich in dieser Auseinandersetzung aber zuletzt als ein Synonym für Rückständigkeit erweisen wird. Dennoch können sich die asiatischen Staaten nicht gegen die ökonomischen Unsicherheiten, ökologischen Gefahren und kulturellen Risiken des Weltmarkts abschotten. Die Währungskrisen von 1997 und die riesigen Waldbrände mit ihren schlimmen Folgen für die Umwelt haben gezeigt, wie verwundbar sie sind. Mit der forcierten ökonomischen Modernisierung haben die Länder Asiens in einem entscheidenden Punkt ihre Immunität gegenüber westlichen Wertvorstellungen verloren: ausgerechnet im Verhältnis zu den natürlichen Lebensgrundlagen. Wie überall auf der Welt, hat sich jetzt auch in Asien die moderne westliche Auffassung von der Erde als konsumierbarer Ressource durchgesetzt. Und vielleicht werden gerade hier die ökologischen Grenzen des wirtschaftlichen Wachstums endgültig überschritten.

Wir sind in eine Ära eingetreten, in der der Westen im Zwielicht steht. Es ist nicht so, daß alle asiatischen Länder prosperierten, während sich alle westlichen im Niedergang befänden. Allerdings leben wir in einer Zeit, in der die Gleichsetzung von »Westen« und »Modernität« hinfällig geworden ist. Womöglich verrät schon der Begriff »Westen« eine archaische Vorstellung; denn mit der alten Polarität von Osten und Westen läßt sich die Unterschiedlichkeit der Kulturen und politischen Systeme in der heutigen Welt längst nicht mehr erfassen. Der »Westen« ist ebenso eine Chimäre wie ein monolithisches »Asien«. Das unerbittliche Wachstum des Weltmarkts führt nicht zu einer universalen Zivilisation. Es macht lediglich die wechselseitige Durchdringung der Kulturen unumkehrbar.

8 Das Ende des Laissez-faire

Die gegenwärtige Situation ist mit der am Ende des vorigen Jahrhunderts zu vergleichen. Der Kapitalismus erlebte ein Goldenes Zeitalter, Laissez-faire hieß die Parole, ganz wie heute. Aber damals war die Lage stabiler. England als Imperialmacht war bereit, Kriegsschiffe um den halben Globus zu schicken, um ein System zu erhalten, von dem es selbst am meisten profitierte. Die jetzige Supermacht hingegen, die USA, wollen nicht Weltpolizei spielen. Damals herrschte noch der Goldstandard; heute flottieren die Hauptwährungen frei und krachen gegeneinander wie Kontinentalplatten. Das freie Marktsystem, wie es vor hundert Jahren existierte, wurde durch den Ersten Weltkrieg zerstört. Totalitäre Ideologien traten auf den Plan, und am Ende des Zweiten Weltkriegs gab es praktisch keine internationalen Kapitalbewegungen mehr. Wieviel größer ist die Wahrscheinlichkeit, daß das gegenwärtige System zusammenbricht, wenn wir aus diesen Erfahrungen nicht lernen?   GEORGE SOROS[1]

Wir können das Rad der Geschichte nicht zurückdrehen. Doch möchte ich nicht aufhören zu glauben, daß eine Welt, die einigermaßen friedlich und bunt ist und in der jeder Teil seine eigene kulturelle Identität sowie Toleranz gegenüber den anderen entwickelt, kein utopischer Traum ist.   ISAIAH BERLIN[2]

Die globale Ökonomie entwickelt sich aufgrund der weltweiten Verbreitung neuer Technologien, nicht aufgrund der Erweiterung des freien Marktes. Jede Volkswirtschaft verändert sich, wenn sie neue Technologien aufnimmt und sich ihnen anpaßt. Kein Land kann sich vor dieser Welle schöpferischer Zerstörung schützen. Was dabei herauskommt, ist aber kein universaler freier Markt, sondern Anarchie.

Selbst die sozialistischen Kommandowirtschaften konnten sich nicht gegen die technische Virtuosität des Kapitalismus abschotten. Marx hat einmal gesagt, daß im Vergleich zum Kapitalismus alle früheren Produktionsformen »konservativ« gewesen seien.[3] Dies haben die Planwirtschaften des 20. Jahrhunderts auf fatale Weise bestätigt. Abgesehen von einigen wenigen Bereichen wie Rüstung und Raumfahrt konnten sie es mit dem Erfindungsreichtum des Kapitalismus nicht aufnehmen. Dessen Fähigkeit, sich selbst und seine Produktionsgrundlagen zu revolutionieren, fehlte ihnen völlig. Der Ausstieg aus den alten Leitindustrien Kohle und Stahl gelang ihnen ebensowenig wie der Einstieg in die neuen Informationstechnologien. Am Ende scheint es zum Kapitalismus keine Alternative zu geben, nur seine sich ständig verändernden Varianten. Diesen Wandlungen sind die freien Marktwirtschaften im engeren Sinn nicht weniger ausgesetzt als andere Formen des Kapitalismus. Ein Aspekt, den bereits Joseph Schumpeter mit unübertroffener Klarheit erfaßt hat: »Die Eröffnung neuer, fremder oder einheimischer Märkte und die organisatorische Entwicklung von Handwerksbetrieb und Fabrik zu solchen Konzernen wie dem U.S.-Steel illustrieren den gleichen Prozeß einer industriellen Mutation – wenn ich diesen biologischen Ausdruck verwenden darf –, der unaufhörlich die Wirtschaftsstruktur *von innen heraus* revolutioniert, unaufhörlich die alte Struktur zerstört und unaufhörlich eine neue schafft. Dieser Prozeß der ›schöpferischen Zerstörung‹ ist das für den Kapitalismus wesentliche Faktum.«[4]

Die Globalisierung der Wirtschaft ist nicht, wie Smith und Marx dachten, der Anfang einer universalen Zivilisation. Vielmehr läßt sie Raum für landes- und kulturspezifische Kapitalismen, die vom Ideal des freien Marktes, aber auch voneinander abweichen. Sie fördert politische Systeme, die moderne Verhältnisse auf der Grundlage der jeweiligen kulturellen Traditionen und nicht durch Nachahmung des Westens schaffen. Es gibt viele Arten, modern zu sein – und ebenso viele, es nicht zu werden.

Das Phänomen einer pluralistischen Weltwirtschaft bringt einen der stärksten Pfeiler des westlichen Denkens ins Wanken. Karl Marx und John Stuart Mill glaubten, moderne Gesellschaften würden weltweit zu Neuauflagen westlicher Gesellschaften. Der Westen werde zwangsläufig *das* Modell sein, seine Nachahmer säkulare und aufgeklärte Kulturen. Das Wirtschaftsleben mache sich von verwandtschaftlichen und persönlichen Beziehungen frei, und überall befördere der Kapitalismus Individualismus und rationale Kalkulation. Schließlich werde der Sozialismus die rationale Ökonomie weiterentwickeln, für die der Kapitalismus Pionierarbeit geleistet habe. Für beide Autoren waren Modernität und die Heraufkunft einer einzigen Weltzivilisation ein und dasselbe.

Die Geschichte hat diesen Aufklärungsglauben widerlegt. Moderne Gesellschaften können sehr verschieden sein. Wie Japan im 19. Jahrhundert, so entwickeln sich heute China, Rußland, Singapur, Taiwan und Malaysia zu modernen Gesellschaften, indem sie beim Westen selektive Anleihen machen, ohne ihn im ganzen jedoch als Vorbild zu akzeptieren. Die landestypischen Spielarten des Kapitalismus, die in China und im übrigen Asien entstehen, lassen sich nicht in einen freien Markt nach amerikanischem Muster einpassen. Die Regierungen dieser Länder lassen keine Politik zu, bei der die Wirtschaft in Widerspruch zur jeweiligen Landeskultur gerät oder unkontrollierbar wird.

Eine wachsende Weltwirtschaft könnte für die Menschheit ein großer Gewinn sein – der Anfang für eine Welt mit vielen Zentren, mit verschiedenen Kulturen und politischen Systemen, die ohne Vormachtstreben und ohne Krieg miteinander verkehren und zusammenarbeiten. Doch das ist nicht die Welt, die bei dem vergeblichen Versuch, einen freien Markt global durchzusetzen, um uns herum entsteht.

Sind die Kräfte des Marktes nicht der ständigen Kontrolle und Regulierung unterworfen, ist der Frieden permanent in Gefahr. Ein wilder, ungezügelter Kapitalismus zerstört die Umwelt und schürt

Konflikte um natürliche Ressourcen. Eine Politik, die lediglich minimale Eingriffe in die Wirtschaft für legitim hält, hat zur Folge, daß bald überall auf der Welt souveräne Staaten auf Gedeih und Verderb nicht nur um Märkte, sondern um ihr Überleben kämpfen müssen. So wie der Weltmarkt derzeit organisiert ist, macht er ein harmonisches Zusammenleben der Völker unmöglich. Er zwingt sie dazu, um Ressourcen zu konkurrieren, und hilft ihnen in keiner Weise, sparsam damit umzugehen.

Läßt sich das globale Laissez-faire reformieren?

Der Weltmarkt von heute zerrüttet Gesellschaften und schwächt Staaten. Länder mit kompetenten Regierungen oder starken, unverwüstlichen Kulturen haben einen gewissen Spielraum, den sie zur Wahrung der sozialen Balance nutzen können. Wo solche Voraussetzungen fehlen, brechen Staaten zusammen oder verlieren ihre Handlungsfähigkeit, Gesellschaften zerfallen, weil sie nicht imstande sind, die Marktkräfte zu kontrollieren.

Die Geschichte lehrt, daß sich der freie Markt nicht selbst reguliert. Er ist ein unbeständiges, launisches Gebilde, ein Spielball spekulativer Aufschwünge und Einbrüche. Als das Denken von Keynes noch etwas galt, wußte man, daß der freie Markt eine höchst unvollkommene Einrichtung ist. Damit er gut funktioniert, bedarf es nicht nur seiner Regulierung, sondern auch aktiven Managements. In der Nachkriegszeit waren es die nationalen Regierungen, die die Weltmärkte durch ein System internationaler Zusammenarbeit stabilisierten.

Erst vor kurzem wurde eine vorkeynesianische Ansicht zur neuen Orthodoxie: Mit einigen klaren Spielregeln, so meint man, werde der freie Markt den rationalen Erwartungen seiner Teilnehmer ohne weiteres entsprechen. Doch Märkte sind selbst von Erwartungen bestimmt, ihr Verhalten läßt rationale Prognosen nicht zu. Ihre

Antriebskräfte folgen nicht dem Kausalitätsprinzip von Maschinen. Mit George Soros könnte man sie vielmehr als »reflexive Interaktionen« fassen.[5] Märkte vermögen sich nicht selbst zu regulieren, weil sie durch ein äußerst empfindliches Hin und Her von unterschiedlichen Hoffnungen und Vorstellungen konstituiert werden.

Nach der gängigen Wirtschaftstheorie lassen sich ökonomische Prozesse mit den Funktionsabläufen von Maschinen vergleichen. Aber menschliche Gesellschaften sind immer in Bewegung und verändern sich ständig. Soziale Institutionen werden durch bestimmte Einstellungen und Überzeugungen geschaffen und erhalten: Ein Stück Papier gilt als Geld, weil wir annehmen, daß es Geld ist. Theorien, die sich Märkte wie Maschinen denken, lassen das Entscheidende außer acht: Märkte sind Produkte menschlicher Einbildungskraft und Erwartungshaltungen. Vor allem auf den Finanzmärkten prallen unterschiedliche Erwartungen chaotisch aufeinander. Solche Märkte streben keinem Gleichgewicht zu. Übertreibungen sind ihr Normalzustand. Es liegt an dieser Unbeständigkeit deregulierter Finanzmärkte, daß eine Weltwirtschaft aus freien Märkten im Kern labil ist.

Die These, freie Märkte böten die Möglichkeit, künftige Entwicklungen zu berechnen und vorherzusehen, nimmt den langen Aufschwung in Amerika seit den frühen achtziger Jahren als Beweis dafür, daß zyklische Verläufe der Wirtschaft zu den barbarischen Relikten der Geschichte gehören. Man vertraut darauf, daß Ökonomien, die den Forderungen des »Washington Consensus« entsprechen, die plötzlichen Zusammenbrüche und langen Depressionen der Vergangenheit nicht mehr zu fürchten brauchen. Eine Illusion, die auch Alan Greenspan, der Chef der Federal Reserve Bank, nährte. Bis 1989 glaubte er, der freie Markt sei in der menschlichen Natur begründet, und nur tyrannische Machenschaften hinderten die übrige Menschheit daran, sich ihm zu öffnen. In einem 1997 im Woodrow Wilson Center gehaltenen Vortrag bekannte Greenspan allerdings, er habe nach 1989 entdeckt, daß »viel von dem, was wir in unserem System der freien Marktwirtschaft für selbstverständlich hielten, nicht von Natur aus so war, sondern aus kulturellen Gründen. Die Beseitigung von zentralen Planungsfunktionen hat nicht, wie viele glaubten, automatisch die Entstehung eines Marktkapitalismus zur Folge.«[6]

Greenspan hat mittlerweile also die Bedeutung kultureller Normen für das Marktgeschehen eingeräumt. Doch zu welchen Katastrophen auf den Märkten muß es noch kommen, um ihn davon zu überzeugen, daß auch die sogenannte »Neue Ära« des stabilen Wachstums nur ein Mythos ist?

Es ist immerhin möglich, daß das globale Laissez-faire im Zuge einer Krise der globalen Aktienmärkte und Finanzinstitutionen zusammenbricht. Die gewaltige, praktisch überhaupt nicht mehr rational zu kalkulierende virtuelle Ökonomie der Finanzderivate birgt das Risiko, daß das gesamte System irgendwann kollabiert. Wie könnte die zerrüttete amerikanische Gesellschaft einen Kollaps des Aktienmarkts bewältigen, wie ihn Japan Anfang der neunziger Jahre erlebte? Ein Crash von solchem Ausmaß würde in den USA vermutlich zu gewaltigen wirtschaftlichen Erschütterungen und sozialen Unruhen führen. Was auch immer dann geschähe, eines ist sicher: Von der Doktrin der geringstmöglichen Staatstätigkeit wäre nie wieder etwas zu hören, könnte doch das internationale System freier Märkte eine ökonomische Katastrophe direkt in seinem Zentrum nicht überleben.

Die Vorstellung von der freien Marktwirtschaft als einem sich selbst stabilisierenden System ist überholt – ein kurioses Relikt des Aufklärungsrationalismus. Man wird diesen Irrglauben spätestens dann aufgeben, wenn der Markt die Investoren daran erinnert, daß all jene, die sich von der Geschichte ausgenommen glauben, in Wirklichkeit zu deren Wiederholung verurteilt sind. Doch ein Zusammenbruch des Marktes ist gar nicht das wahrscheinlichste Szenario für ein Ende des gegenwärtigen Laissez-faire. Eher wird die Führungsmacht Amerika es auf dem Weltmarkt mit der Konkurrenz der neuen Wirtschaftsnationen zu tun bekommen.

Wie die liberale Weltwirtschaftsordnung vor 1914 funktioniert auch der freie Weltmarkt heute nur so lange, wie seine Institutionen von einer durchsetzungsfähigen Weltmacht getragen werden. Die Vereinigten Staaten sind aber nicht bereit, vielleicht sogar nicht imstande, die Last einer imperialen Macht zu tragen, die der Großbritanniens in der Belle Époque vergleichbar wäre. Amerika ist eine nachmilitärische Gesellschaft, mehr als die meisten anderen Demokratien. Gleichwohl bleibt es die einzige Macht mit globaler Reichweite. Durch fortgesetzte Großinvestitionen auf dem Gebiet der neuesten Technologien sind die Vereinigten Staaten militärisch noch immer jedem anderen Land weit überlegen.

Aber dennoch: Ein länger dauerndes oder mit hohen Verlusten an Menschenleben verbundenes militärisches Engagement könnten sie nicht durchhalten. Gewiß, wenn die technische Überlegenheit ein strategischer Vorteil ist, wie im Golfkrieg, dann können sie einen größeren Krieg führen. Wo aber Amerikas Bereitschaft gefordert ist, bestimmte Regierungsfunktionen zu übernehmen und die Kosten dafür – einschließlich eigener Verluste – zu tragen, wird sich die Vormachtstellung der Vereinigten Staaten als Chimäre erweisen, wie das in Somalia der Fall war.

Je selbstverständlicher in der Spätmoderne die neuen Technologien werden, desto mehr schwindet das Machtpotential des Westens. Und je mehr ehemals vorindustrielle Länder ihre eigenen Formen des Kapitalismus entwickeln, desto weniger sind sie bereit, sich dem »Washington Consensus« zu unterwerfen. Sollte China mit der Modernisierung seiner Wirtschaft Erfolg haben, wird es sich gegenüber internationalen Organisationen, die versuchen sollten, ihm das amerikanische Freihandelssystem aufzuzwingen, als äußerst unnachgiebig erweisen. Das gleiche gilt für Rußland. Die expandierende Weltwirtschaft, soviel ist gewiß, wird die Institutionen des freien Weltmarkts überwinden.

Das globale Laissez-faire ist lediglich ein Moment in der Entstehung der Weltwirtschaft, nicht deren Endpunkt. Entweder entwickelt sich das gegenwärtige System ganz anders weiter, als seine Architekten es vor Augen oder gar geplant hatten, oder es bewirkt nichts mehr und verliert nach und nach an Bedeutung. Wenn die internationalen Institutionen, die das globale Laissez-faire vertreten, nicht allmählich über die Vielfältigkeit einer immer pluralistischeren Welt nachdenken, büßen sie auch noch den letzten Rest ihrer einstigen Autorität ein. Sie könnten rasch so machtlos und unbedeutend werden wie der Völkerbund zwischen den Weltkriegen.

Ändert man die Regeln des freien Weltmarktes nicht derart, daß sie den Bedürfnissen der neuen Wirtschaftsmächte entgegenkommen, wird sich bald keiner mehr um sie scheren. Man denke nur an Chinas Verletzungen von Urheberrechten, an seine Mißachtung der Rechte am geistigen Eigentum. Eine Weltwirtschaft, in der die von transnationalen Organisationen anerkannten Eigentumsrechte nicht durchgesetzt werden können, ist kein freier Markt. In ihr herrscht Anarchie.

Amerika wird sein Ziel, einen weltweit funktionierenden freien Markt zu schaffen, verfehlen. Aber seine Ressourcen als Großmacht sind groß genug, um sich gegen jeden Reformversuch des globalen Laissez-faire sperren zu können. Was wir brauchen, ist ein System globaler Lenkung, das den Weltmarkt so organisiert, daß der innere Zusammenhalt der Gesellschaften und die Handlungsfähigkeit der Staaten gewährleistet bleiben. Nur ein Rahmenwerk globaler Regulierung – von Währungen, Kapitalbewegungen, Handel und Umweltschutz – könnte dafür sorgen, daß die kreative Energie der Weltwirtschaft den Menschen und ihren Bedürfnissen zugute kommt.

Die Frage, welche politischen Maßnahmen solche Institutionen ergreifen sollten, scheint mir im Augenblick weniger wichtig, als zunächst einmal anzuerkennen, daß ein neues globales System notwendig ist. Eine weltweite Steuer auf Währungsspekulationen, wie sie der Ökonom James Tobin fordert,[7] wäre ein Beispiel für die Art von Regulierung, die zu einer Stabilisierung des Weltmarkts und einer Erhöhung seiner Produktivität beitragen würde. Ob sich solche Maßnahmen durchsetzen ließen, ist völlig offen. Fest steht nur, daß die Verhältnisse instabil werden, wenn man die Weltwirtschaft als einen einzigen freien Markt organisiert. Es ist nicht nur so, daß die Arbeitnehmer die Kosten der neuen Technologien und des uneingeschränkten Freihandels zu tragen haben. Auch wirksame Mittel zum Schutz des globalen ökologischen Gleichgewichts fehlen unter diesen Bedingungen. Wenn, was offenbar zutrifft, die Erwärmung der Erde eine wirkliche Bedrohung darstellt, dann mangelt es dem freien Weltmarkt an Institutionen, die damit fertig werden können. Die Weltwirtschaft als einen universalen freien Markt zu organisieren heißt, die Zukunft des Planeten auf die Annahme zu gründen, all diese Probleme erledigten sich von selbst, wenn man nur dem Profitmotiv freien Lauf lasse. Fahrlässiger kann man kaum sein.

Wie auch immer, die Ablösung des weltweiten Laissez-faire durch eine wirksame Lenkung der Weltwirtschaft ist gegenwärtig natürlich ein fast ebenso utopisches Projekt wie ein universaler freier Markt. Nur die großen Wirtschaftsmächte könnten ein solches System schaffen, wenn sie einvernehmlich handelten. Doch bei den vorhandenen Interessenkonflikten wird jede Art von Kooperation zu einer noch anspruchsvolleren Aufgabe als das ohnehin schon unendlich schwierige Krisenmanagement. Vor allem in den Bereichen Bevölkerungspolitik und Umweltschutz gibt es keinerlei Konsens.

Eine Reform der Weltwirtschaft ist ohne die Mitwirkung der bedeutendsten Weltmacht undenkbar. Ohne die aktive und kontinuierliche Unterstützung durch die Amerikaner wird es funktionierende Institutionen globaler Lenkung nicht geben. Solange die amerikanische Politik an der dem »Washington Consensus« zu-

grundeliegenden Ideologie des Laissez-faire festhält, besteht keinerlei Aussicht auf eine Reform der Weltökonomie.

Ist der »Washington Consensus« am Ende?

Das Ideal geringstmöglicher Regierungseingriffe, das den »Washington Consensus« beseelt, ist bestenfalls ein Anachronismus.
Es gehört einer Zeit an, in der die Hauptbedrohung für Freiheit und
Wohlstand von totalitären Staaten ausging. Heute gerät aber das
Wohlergehen von Menschen und Gesellschaften in erster Linie
durch schwache und zerfallende Staaten in Gefahr. Eine Reform
hätte mit der Rehabilitation des modernen Staates zu beginnen. Im
kommenden Jahrhundert werden die Zustände, die in einem Land
wie Somalia herrschen, eine größere Bedrohung für das Wohl der
Menschen darstellen als von Verbrechern geführte Staaten. Wie in
Somalia fehlen in weiten Teilen der Welt handlungsfähige Regierungen. In Liberia, Albanien, Tadschikistan, Pakistan, Kolumbien,
Sibirien oder Tschetschenien sind Frieden und ökonomischer
Fortschritt nicht durch tyrannische oder expansionistische Staaten gefährdet, sondern durch das Fehlen einer durchsetzungsfähigen, effektiven Regierung.

Nicht überall auf der Welt hat der moderne Staat Fuß gefaßt. In jenen Ländern, in denen er nur schwach entwickelt oder sogar zusammengebrochen ist, fehlt damit die wichtigste Voraussetzung
für Frieden und wirtschaftlichen Fortschritt, für humane Arbeitsbedingungen und wirksamen Umweltschutz. Der moderne Staat
kann also keineswegs als selbstverständliche Einrichtung gelten.
Im Gegenteil, für die meisten Menschen ist der Hobbessche Naturzustand – die Gefahr eines gewaltsamen Todes – alltägliche Realität. Wird dieses Problem nicht gelöst, sind nicht einmal die ele-
mentarsten Grundlagen menschlichen Wohlergehens vorhanden.
Ohne einen modernen Staat, der über die Kriegsmittel gebietet,

kann es keinen Frieden geben. Die Kriege in einer Nach-Clausewitz-schen Welt verhindern noch nachdrücklicher als normale Kriege zwischen souveränen Staaten jedes zivilisierte Leben. Denn es existiert keine Institution, die dem Konflikt ein Ende setzen könnte. Da es den Clausewitzschen Krieg nicht mehr gibt, läßt sich Frieden kaum noch erzwingen.

Des weiteren braucht man einen Staat mit starken Institutionen, um die Auswirkungen menschlichen Handelns auf die Umwelt überwachen und um gegen die verantwortungslose Ausbeutung der natürlichen Ressourcen einschreiten zu können. In Rußland wird die von einem totalitären Staat begonnene Umweltzerstörung vom Raubkapitalismus fortgesetzt. Und das wird so weitergehen, bis Rußland sein Hobbessches Problem der Etablierung von Recht und Ordnung gelöst hat.

Der »Washington Consensus« geht davon aus, es sei gelöst. Dabei sieht man nicht nur über die tatsächlichen Lebensbedingungen der meisten Menschen hinweg, die in schwachen oder zerfallenen Staaten leben, sondern verweigert sich auch der Einsicht, daß die unregulierten Weltmärkte den gesellschaftlichen Zusammenhalt und die Stabilität von Regierungen auf mannigfaltige Weise gefährden.

Nur wenige Staaten – Singapur, Malaysia, Japan, Holland, Großbritannien, Schweden und Norwegen – schaffen womöglich den Spagat zwischen sozialer Verantwortung und globalem Wettbewerb. Die meisten Länder sind dafür zu schwach, korrupt oder unfähig. Sie können nicht einmal darauf hoffen, die Erfordernisse des Weltmarkts mit den Bedürfnissen der Gesellschaft und dem Umweltschutz in Einklang zu bringen. Ist eine Reform des Weltmarkts denkbar, die die Entwicklung funktionsfähiger Staaten fördert? Allem Anschein nach sehen allmählich sogar einige jener transnationalen Organisationen, die zu den Architekten des freien Weltmarkts zählen, die Notwendigkeit ein, die Staatstätigkeit zu rehabilitieren. So hat die Weltbank, treibende Kraft hinter dem »Washington Consensus«, ihren Kampf gegen staatliche Eingriffe in die Wirtschaft aufgegeben. Sie hat erkannt, daß es ohne funktionsfähigen modernen Staat keinen ökonomischen Fortschritt geben kann. *The State in a Changing World*, der Bericht der Weltbank von 1997, beginnt mit der Erklärung: »Gewiß ist die staatlich gelenkte Entwicklung gescheitert. Gescheitert sind aber auch Entwicklungsansätze ohne Staat ... Die Geschichte hat wiederholt gezeigt, daß eine gute Regierung kein Luxus ist, sondern eine Notwendigkeit. Ohne wirksame Staatstätigkeit ist eine nachhaltige wirtschaftliche und soziale Entwicklung unmöglich.«[8]

Weiter empfiehlt der Bericht, sich jene Einsicht von Thomas Hobbes zu Herzen zu nehmen, die er in seiner Schrift *Leviathan* von 1651 formuliert hat, »daß nämlich ein Leben ohne eine staatliche Autorität, die die Ordnung aufrechterhält, einsam, arm, widerwärtig, roh und von kurzer Dauer sei«[9].

Ein lobenswerter Sinneswandel. Doch müssen wir noch weit gründlicher umdenken. Staaten, die mit dem Hobbesschen Problem nicht fertig werden, fehlt es überall an Legitimität. Die Menschen erwarten von ihren Regierungen nicht nur Schutz vor Anarchie und Gewaltverbrechen, sie wollen auch vor Elend, Not und Arbeitslosigkeit bewahrt bleiben und nicht an den Rand der Gesellschaft gedrängt werden. Reichen die Schutzfunktionen des Staates nicht so weit, um all das zu gewährleisten, dann mangelt es der Regierung an der nötigen Legitimationsgrundlage.

Gebetsmühlenartig wiederholt die Weltbank die wohlfeilen Weisheiten des vergangenen Jahrzehnts, wenn sie als »zentrale öffentliche Güter und Dienstleistungen die Etablierung eines Rechtssystems, eine stabile Makroökonomie, die Ansätze eines öffentlichen Gesundheitswesens, eine generelle Grundschulpflicht, ein angemessenes Verkehrs- und Transportwesen sowie zumindest ein minimales Sicherheitssystem« aufzählt.[10] Hier sind die eigentlichen Staatsfunktionen aus der ökonomischen Theorie der öffentlichen Güter hergeleitet. Zweifellos lassen sich auch einige Staatsfunktionen in diesem Sinne verstehen: Alle modernen Volkswirtschaften benötigen korruptionsfreie rechtsstaatliche Verhältnisse, wohldefinierte Eigentumsrechte und eine funktionierende Umweltpolitik, wenn sie den Menschen und ihren Bedürfnissen dienen sollen.

Es fällt jedoch auf, daß der Weltbankbericht nicht auf die ökonomische Rolle eingeht, die dem Staat bei der Bewahrung und Beförderung des gesellschaftlichen Zusammenhalts zukommt. Eine Politik, die dieser Verantwortung des Staates gerecht werden soll, läßt sich nicht aus den vermeintlich allgemeingültigen Wahrheiten der Wirtschaftstheorie ableiten. Sie hat sich vielmehr nach den jeweiligen kulturellen Traditionen und den landesspezifischen Formen des Kapitalismus zu richten.

Die Weltbank bleibt dem »Washington Consensus« verhaftet, wenn sie im Hinblick auf die ökonomische Rolle des Staates die Unterschiede zwischen bestimmten Kulturen, politischen Systemen und Kapitalismusvarianten für unwesentlich hält. Dabei sind diese Unterschiede das eigentlich Wichtige. Doch die Weltbank hat die Verschiedenartigkeit moderner Kapitalismen bisher nicht akzeptiert – vielleicht noch nicht einmal bemerkt.

Dafür zwei Beispiele. Die politische Legitimität des japanischen Kapitalismus hängt von der Erneuerung des Gesellschaftsvertrages über die Vollbeschäftigung ab. Ungeachtet dessen stehen die Beschäftigungspraktiken des Landes unter ständigem Beschuß seitens der transnationalen Organisationen, da es sich hier, wie man behauptet, um verdeckten Protektionismus handele. Deutschland steckt in einem ähnlichen ökonomischen Dilemma. Ein integraler Bestandteil des kapitalistischen Nachkriegskonsenses in der Bundesrepublik war soziale Sicherheit auf hohem Niveau. Der deutsche Staat kann sich weder aus seiner Garantiefunktion für Vollbeschäftigung zurückziehen, noch kann er hoffen, dieses Ziel dadurch zu erreichen, daß er eine Flexibilisierung des Arbeitsmarktes im amerikanischen Stil fördert. Dennoch hört man von Vertretern der internationalen ökonomischen Orthodoxie immer wieder, Deutschland müsse endlich das Hire and Fire des angelsächsischen freien Marktes übernehmen. Weder die Weltbank noch die anderen transnationalen Organisationen, die an der Etablierung eines weltweiten freien Marktes arbeiten, haben aus diesen Lektionen gelernt.

Die Regulierung, die wir für eine funktionierende Weltwirtschaft so dringend benötigen, muß einen Modus vivendi für das Zusammenwirken verschiedener Kapitalismen befördern, die auch verschieden bleiben werden. Nehmen wir den Handel. Handelsregeln, die von der Allgemeingültigkeit der amerikanischen Praktiken ausgehen, respektieren diese Verschiedenartigkeit nicht. Regularien, die Regierungen daran hindern, sich für den Zusammenhalt ihrer Gesellschaften und den Schutz ihres spezifischen kapitalistischen Wirtschaftssystems einzusetzen, privilegieren eine bestimmte Kapitalismusvariante im Wettbewerb mit anderen. Wir brauchen Rahmenbedingungen, die es den einzelnen Regierungen ermöglichen, das Besondere und Wertvolle ihrer ökonomischen Kulturen zu schützen.

Eine solche Politik muß nichts mit Protektionismus zu tun haben. Wie die Sozialdemokratie gehört der Protektionismus in eine Welt, die endgültig vergangen ist. Gewiß, souveräne Staaten werden weiterhin über Industrien wachen, die sie aus strategischer Sicht für lebenswichtig halten, aber die klassische Protektionspolitik quer durch ganze Volkswirtschaften ist inzwischen undurchführbar oder kontraproduktiv. Politische Protektion stößt genau dort an ihre Grenzen, wo große Konzerne ihre Unternehmungen aufteilen und an praktisch jeden Ort der Welt verlagern können, wo Dienstleistungen unter Einsatz moderner Informationstechnologien in fernen Ländern unter Vertrag genommen werden und Finanzmärkte im virtuellen Raum operieren.

Regularien, die jede Politik als Protektionismus ächten, die sich um die Erhaltung einer besonderen Kultur bemüht, schaffen alles andere als Harmonie zwischen den verschiedenen Ökonomien.

Sie machen langfristige Zusammenarbeit unmöglich. Hebt man derartige Regeln nicht auf und überdenkt sie neu, werden die neuen Wirtschaftsmächte sie ignorieren.

Wenn transnationale Organisationen versuchen, jeder Volkswirtschaft die Zwangsjacke des amerikanischen Kapitalismus anzulegen, dann nötigen sie die betroffenen Länder zu Maßnahmen, die ihrer Geschichte und ihren Bedürfnissen widersprechen. Die Organisationen sind in ihrem Handeln allerdings nicht frei, sie stehen im Schatten jener souveränen Staaten, deren Zielen und deren gesellschaftlichen und politischen Auffassungen sie dienen. Heute agieren sämtliche transnationalen Einrichtungen auf der Grundlage einer Neo-Wilsonianischen Philosophie, wie sie zur Zeit die amerikanische Außenpolitik in ihren Grundzügen bestimmt. Die internationalen Beziehungen werden so gestaltet, als müßten sich früher oder später alle Länder zum »demokratischen Kapitalismus« bekennen.

Die Vereinigten Staaten sind dabei, die Weltwirtschaft nach ihren Vorstellungen umzukrempeln. Mit ihrer Handels- und Wettbewerbspolitik verurteilen sie jede andere ökonomische Zivilisation zum Untergang. Wenn die kleinen Geschäftsbetriebe in Japan oder die europäischen Marktgarantien für Bananen dem Wettbewerbsprinzip widersprechen, was nach der amerikanischen Logik des freien Marktes der Fall ist, dann müssen sie verboten werden, gleichgültig welche Folgen das für die betroffenen Gesellschaften hat. Politiker und Meinungsmacher in den Vereinigten Staaten kümmern sich nicht darum, wie die im Namen des Marktes erhobenen Forderungen im Ausland aufgenommen werden, fragen sich nicht, warum sie in Europa und Asien auf Mißtrauen und Angst stoßen und der Anspruch auf ihre universale Geltung ungläubiges Staunen oder Verachtung hervorruft.

Der Vorsatz, sämtliche Ökonomien dem amerikanischen freien Markt zu unterwerfen oder ihm anzugliedern, verschärft nur die Interessenkonflikte zwischen den Wirtschaftsmächten der Welt

und provoziert Versuche, aus den von den USA beherrschten transnationalen Organisationen auszubrechen. So kam es Ende 1997 in
einigen asiatischen Ländern zu Diskussionen über eine mögliche
Ergänzung oder Ersetzung des Internationalen Währungsfonds
durch einen asiatischen Fonds. Das dauerhafteste Resultat amerikanischer Politik könnte am Ende sein, daß sich bestimmte Länder
und Regionen von jenen transnationalen Institutionen abkoppeln,
die für den globalen freien Markt stehen.

Mit dem »Washington Consensus« versucht Amerika, der gesamten Menschheit ein und dieselbe ökonomische Zivilisation aufzuzwingen, und läuft dabei Gefahr, handhabbare zwischenstaatliche
Differenzen in unbeherrschbare Konflikte zu verwandeln. Der
»Washington Consensus« wird nicht auf Dauer halten. Mit Sicherheit gerät er irgendwann durch wirtschaftliche Erschütterungen
und geopolitische Verschiebungen ins Wanken. Er ist nicht mehr
als eine Episode im amerikanischen Identitätsfindungsprozeß nach
dem Kalten Krieg und als solche nicht stabiler oder dauerhafter als
andere Aspekte der Politik der Vereinigten Staaten.

Doch das Kernprojekt, auf der ganzen Welt freie Märkte zu etablieren, wird wohl noch einige Zeit Bestand haben. Sollte die Welt erst
eine große wirtschaftliche, ökologische oder militärische Krise
durchmachen müssen, bevor die Vereinigten Staaten ihre Philosophie des Laissez-faire aufgeben und ihre unanfechtbare Vormachtstellung dafür nutzen, die Bedingungen für ein funktionsfähiges
System globaler Lenkung zu schaffen?

Nach dem Ende des Laissez-faire

Nach dem Ende des Kalten Krieges war man voller Euphorie angesichts der Möglichkeit einer neuen Weltordnung. Das ist nun vor-
über. Die politische Landschaft des kommenden Jahrhunderts läßt
sich noch nicht genau beschreiben, doch die zentralen Konfliktur-

sachen zeichnen sich bereits ab: Es sind die klassischen Spaltungen entlang ethnischer und territorialer Grenzen, die durch die wachsende Knappheit an lebenswichtigen natürlichen Ressourcen und das schreckliche Erbe der Massenvernichtungswaffen noch vertieft werden.

Das Risiko einer Neuauflage des »Großen Spiels« in Zentral- und Ostasien, in dem die Weltmächte um die Kontrolle der Ölvorräte konkurrieren, läßt ahnen, was auf uns zukommen kann. Erreicht Chinas Energieverbrauch gegen Ende des Jahrhunderts das Niveau der lateinamerikanischen Länder, wird sein Ölbedarf höher sein als der aller europäischen OECD-Länder zusammen. Und pendelt sich der chinesische Energieverbrauch auf dem Niveau von Südkorea ein, so ist er doppelt so hoch wie der amerikanische heute. 1995 bekräftigte China seine Hoheitsansprüche auf ölreiche Meeresregionen bei den Philippinen. China, Taiwan, Japan, Malaysia, Brunei, Indonesien und Vietnam erheben einander ausschließende Territorialansprüche im ost- und südchinesischen Meer. Fast alle sind sie brennend an Öl und anderen knappen natürlichen Ressourcen interessiert. Kein Wunder, daß sich Ostasien bereits in einem Rüstungswettlauf befindet.[11]

Der Frieden ist auch nach dem Ende des Kalten Krieges noch bedroht; allein das Wesen des Krieges hat sich verändert. Zu den Folgen der anarchischen Weltwirtschaft gehört, daß die Welt übersät ist mit Waffen. Der militärisch-industrielle Komplex der ehemaligen Sowjetunion ist ein reiner Waffenbasar geworden. Selbst die Gefahr der Zündung von Atomwaffen hat nicht abgenommen. Im Gegenteil, sie ist vielleicht sogar größer geworden, denn immerhin erleichterte die unregulierte Verbreitung der Nukleartechnik auch kleineren Staaten und politischen Organisationen den Erwerb und die Entwicklung atomarer Anlagen.[12] Auch die Gefahr des nuklearen Terrorismus scheint aufgrund der grenzüberschreitenden Reichweite des organisierten Verbrechens größer denn je. Diese unvorhergesehenen Konsequenzen einer offenen Weltwirtschaft fallen um so stärker ins Gewicht, als im Sinne des »Washington Consensus« auch noch aktiv an der Schwächung staatlicher Autorität gearbeitet wird.

Die welthistorische Bewegung, die wir Globalisierung nennen, hält unbeirrbar ihren Kurs. Wir sind nicht Herr über die Technologien, welche die Weltwirtschaft antreiben, sondern vielmehr in einer Weise von ihnen betroffen, die wir noch nicht einmal ansatzweise begriffen haben. Institutionen, die ihre gefährlichen Nebenfolgen beobachten und diesen entgegenwirken könnten, fehlen. Selbst wenn die technologische Entwicklung vitalen menschlichen Bedürfnissen zuwiderläuft, ist es mehr als zweifelhaft, ob irgendeine spätmoderne Gesellschaft sie bremsen kann. Diese Gesellschaften sind sich ihrer Werte nicht sicher genug, zu sehr daran gewöhnt, die Erde als ein Rohstofflager für grenzenlose Bedürfnisbefriedigung zu sehen, als daß sie zu einem solch heroischen Versuch in der Lage wären. Andererseits erweisen sich auch blinde Maschinenstürmer und Fundamentalisten, die das Rad des technologischen Wissensstands zurückdrehen wollen, ganz und gar als Kinder der modernen Welt, die sie doch angeblich ablehnen – weil sie die Überzeugung teilen, daß Menschheitsübel durch Willensakte zu kurieren seien.

Die Flut technologischer Erfindungen, die die Weltwirtschaft in Schwung halten, läßt sich nicht so kontrollieren, daß wir nur Vorteile davon haben. Die Nachteile neuer Technologien sind oft von ihrem Nutzen nicht zu trennen. Aber wir dürfen hoffen, dieses Verhältnis einmal so zu beeinflussen, daß die Folgen für die Menschen weniger gefährlich sind.

Wissenschaft und Technik sind ein Erbe der ganzen Menschheit. Daß man mit ihm womöglich, wie Isaiah Berlin einmal gesagt hat, »eine Welt zu schaffen vermag, die einigermaßen friedlich und bunt ist«, eine pluralistische Welt, in der verschiedene Kulturen zusammenleben können, ist kein unerreichbares Ideal. Darin äußert sich vielmehr die Hoffnung, daß ein von der Aufklärung bestimmtes Denken mit allen alten und modernen Religionen und Philosophien die Anerkennung des Ideals der Toleranz teilt. Erst das Dogma von einem sich selbst regulierenden freien Weltmarkt macht diese Vision eines friedlichen Modus vivendi zur Utopie.

So stehen wir nicht vor einer Ära von Reichtum und Überfluß, wie die Vertreter des freien Marktes glauben machen wollen, sondern am Beginn einer tragischen Epoche, in der souveräne Staaten durch die Anarchie der Märkte und die fortschreitende Verknappung von Rohstoffen in eine immer gefährlichere Rivalität gedrängt werden. So wie er sich gegenwärtig zeigt, ist der globale Kapitalismus aber völlig unzureichend auf die Risiken geopolitischer Konflikte vorbereitet. Ein Regelwerk, das die Koexistenz und Kooperation der verschiedenen Wirtschaftssysteme der Welt zu gewährleisten sucht, steht nirgendwo auf der politischen Tagesordnung.

Das Zusammenwirken von globaler Marktkonkurrenz und technologischen Innovationen hat uns eine anarchische Weltwirtschaft beschert, einen Schauplatz für große geopolitische Konflikte. Die Welt, die das globale Laissez-faire geschaffen hat, eine Welt, die mindestens ebensosehr von Krieg und Mangel bestimmt ist wie von den Segnungen des Wettbewerbs, läßt sich mit Thomas Hobbes und Thomas Malthus besser begreifen als mit Adam Smith oder Friedrich von Hayek. Alles deutet darauf hin, daß eine Reform des weltweiten Systems des Laissez-faire ausbleibt. Es wird im gleichen Maß bersten und zerbrechen, wie die internationale Zusammenarbeit aufgrund immer knapperer Ressourcen und wachsender Interessenkonflikte zwischen den großen Weltmächten schwieriger wird.

Wird die kritische Rationalität, die wir von der Aufklärung geerbt haben, uns befähigen, mit der Unordnung fertig zu werden, die deren jüngstes Projekt geschaffen hat? Oder ist die globale Anarchie, in der wir uns befinden, ein historisches Schicksal, gegen das wir zwar ankämpfen, aber nicht genug Kraft haben, es auch zu überwinden? Es wäre sicher eine der bittersten Ironien der Geschichte, würde dieses aufklärerische Projekt einer Weltzivilisation in einem Chaos enden, in dem souveräne Staaten und staatenlose Völker um ihre Lebensgrundlagen kämpfen.

Die weltweite Verbreitung neuer Technologien macht die Menschen nicht freier. Sie führt nur dazu, daß sich die Marktkräfte der Kontrolle durch Gesellschaft und Politik entziehen. Gewähren wir den Weltmärkten diese Freiheit, dann wird das Zeitalter der Globalisierung mit Sicherheit als eine weitere Wendung in der Geschichte der Knechtschaft in Erinnerung bleiben.

9 Nachwort

So, wie er sich gegenwärtig darstellt, zeichnet der globale Kapitalismus sich vor allem durch eines aus – Instabilität. Der freie Weltmarkt besitzt genausowenig selbstregulierende Kraft wie die freien nationalen Marktwirtschaften der Vergangenheit. Kaum zehn Jahre alt, hat er schon ein gefährliches Ungleichgewicht hervorgebracht, geeignet, die Weltwirtschaft, sofern radikale Reformen ausbleiben, auseinanderfallen zu lassen. Als Tragödie, doch auch als Farce könnte sich das aus den dreißiger Jahren bekannte Schauspiel der Handelskriege und wettbewerbsorientierten Währungsabwertungen, der wirtschaftlichen Zusammenbrüche und politischen Unruhen wiederholen.

Überall auf der Welt behaupten die großen Parteien, es gebe zu den globalen freien Märkten keine Alternative. Dem widerspreche ich in meinem Buch. Als es im Frühjahr 1998 in Großbritannien erschien, wurde es aus allen politischen Lagern attackiert und als übertrieben pessimistisch, als Produkt einer Weltuntergangsstimmung hingestellt. Kaum ein Jahr später hat sich meine dort ausgeführte These in vielerlei Hinsicht bewahrheitet.

Die Rezeption bestätigt, was ›Die falsche Verheißung‹ beschreibt: Die vorherrschende Denkweise – in Politik, Medien und Wirtschaft – hat sich so sehr vom wirklichen Leben der Menschen entfernt, daß sie Utopie und Realität nicht mehr auseinanderhalten kann. Auf die Rückkehr der Geschichte mit ihren altbekannten vertrackten Problemen und Konflikten, mit ihren tragischen Entscheidungen und zerstörten Illusionen ist sie nicht vorbereitet.

Was in der kurzen Zeit seit seinem Erscheinen geschah, bestätigt die argumentative Stoßrichtung meines Buchs. Selbst auf offizieller Ebene diskutiert man darüber, ob hinter den wirtschaftlichen Schwierigkeiten in Asien nicht doch mehr steckt als bloß besondere Probleme der Region. So wird man nicht um die Tatsache herumkommen, daß die sogenannte Krise des asiatischen Kapitalismus in Wahrheit eine Krise des Weltkapitalismus ist. Mittlerweile steht außer Zweifel, daß wir mit großen Erschütterungen des internationalen Wirtschaftssystems rechnen müssen. Ich wette darauf: In ein paar Jahren wird man kaum noch jemanden finden, der zugibt, das heutige System, das gemeinhin als unveränderbar gilt, jemals unterstützt zu haben.

Der freie Weltmarkt ist kein ehernes Gesetz historischer Entwicklung, sondern ein politisches Projekt. Dessen enorme Mängel haben viel unnötiges Leid verursacht. Und doch ist es nach wie vor erklärtes Ziel des Internationalen Währungsfonds und anderer transnationaler Organisationen, eine Weltökonomie nach dem Muster der angloamerikanischen freien Marktwirtschaften zu schaffen. Wie die Märkte der Vergangenheit bewegen sich aber auch die Weltmärkte nicht in sanften, stetigen Wellen vorwärts. Vielmehr entwickeln sie sich in zyklischen Aufschwüngen und Zusammenbrüchen, in spekulativen Überhitzungen und Finanzkrisen. Und wie der Kapitalismus der Vergangenheit erreicht auch der globale Kapitalismus seine ungeheure Produktivität nur durch die Zerstörung alter Industrien, Berufszweige und Lebensformen – das allerdings unumkehrbar und weltweit.

Bereits Joseph Schumpeter hat erkannt, daß eine kapitalistische Wirtschaftsweise den Zusammenhalt der Gesellschaft gefährdet. Sich selbst überlassen, kann sie sogar zur Zerstörung der liberalen Zivilisation führen. Aus diesem Grund vertrat er entschieden die Meinung, daß der Kapitalismus gezähmt werden muß. Das gilt ebenso für die heutigen Weltmärkte.

Die zahllosen Befürworter eines weltweiten Laissez-faire haben noch nicht bemerkt, daß ein freier Weltmarkt nicht nur neue Eliten, sondern auch neue Nationalismen und Fundamentalismen schafft. So schwächt der globale Kapitalismus die Grundlagen der bürgerlichen Gesellschaft, während er zugleich die Entwicklungsländer in chaotische Zustände und tiefste Unsicherheit treibt. Und deshalb stellt er eine massive Bedrohung der liberalen Zivilisation dar. Das weltweite Laissez-faire macht eine friedliche Koexistenz der verschiedenen Kulturen unmöglich, ja, es ist eine wachsende Gefahr für den Frieden.

Nicht bloß die Krise in Asien zeigt, daß die freien Weltmärkte unlenkbar geworden sind. Überall mehren sich die Zeichen, und überall sind sie ähnlicher Art: ein spekulativ aufgeblasener Wirtschaftsboom ohnegleichen in den Vereinigten Staaten; eine festgefahrene Deflation in Japan und eine sich ankündigende in China; Depression in Indonesien und einigen kleineren asiatischen Ländern; Finanz- und Wirtschaftskrisen in Rußland, die das politische System untergraben – Entwicklungen, die alles andere als Stabilität versprechen. Die gesamte Weltwirtschaft, so scheint es, ist ins Wanken geraten.

Deutet sich mit der Krise in Asien das Ende der dortigen kapitalistischen Modelle an, wie in westlichen Ländern eilends behauptet wurde? Kann Japan seine besondere Wirtschaftskultur erhalten? Kann sich die Europäische Union, die nunmehr über eine gemeinsame Währung verfügt, gegen die Erschütterungen der Weltmärkte abschotten? Vermag sich der deutsche Kapitalismus zu erneuern? Und was wird aus dem Bekenntnis der Amerikaner zum freien Markt, wenn ihre aufgeblähte Wirtschaft in sich zusammenbricht? Dies sind einige der Fragen, denen ich nachgehen möchte. Zuvor mag es jedoch nützlich sein, wenn ich den Gedankengang des Buches noch einmal zusammenfasse; er gliedert sich in acht Thesen.

Acht Thesen

1. Der freie Markt ist nicht, wie die heutige Wirtschaftsphilosophie gemeinhin annimmt, naturgegeben; er stellt sich auch nicht einfach her, wenn politische Eingriffe in das Marktgeschehen ausbleiben. Blickt man zurück in die Geschichte, so ist die freie Marktwirtschaft eine seltene und kurzlebige Abweichung vom normalen Lauf der Dinge. Die Norm sind regulierte Märkte; sie sind es, die in jeder Gesellschaft von selbst entstehen. Die freie Marktwirtschaft dagegen ist ein Geschöpf staatlicher Macht. Die zum Inventar der Neuen Rechten gehörende Vorstellung, freie Märkte und geringstmögliche Intervention der Regierung gehörten zusammen, stellt die Wahrheit auf den Kopf. Gesellschaften neigen gleichsam automatisch dazu, die Märkte zu zähmen, während *freie* Märkte nur durch die Machtmittel eines zentralisierten Staates geschaffen werden können. Als dessen Schöpfungen sind freie Märkte nicht in der Lage, ohne starken Staat zu bestehen.

All das läßt sich anhand der kurzen Geschichte des Laissez-faire im 19. Jahrhundert gut belegen. Die freie Marktwirtschaft im viktorianischen England wurde mit politischen Mitteln durchgesetzt. Jahrhundertelang garantierten freie Bauern die ökonomische Basis, und nur weil das Parlament seine Macht für eine Änderung der alten Eigentumsrechte einsetzte – besonders mittels der Einhegungsgesetze, durch die der wesentliche Teil des Gemeindelands in private Hände gelangte –, entstand ein Agrarkapitalismus von Großgrundbesitzern. Mitte des 19. Jahrhunderts ließen Einhegungen, Armengesetze sowie die Aufhebung des Korngesetzes Land, Arbeit und Brot zu Waren wie jede andere werden: Damit war der freie Markt zur zentralen Institution der Wirtschaft avanciert.

Doch sollte er in England kaum länger als eine Generation bestehen. Von den siebziger Jahren an schränkten neue gesetzliche Regelungen ihn immer mehr ein. Kurz vor dem Ersten Weltkrieg waren die Märkte im Interesse des Gemeinwohls und der wirtschaftlichen Effizienz wieder weitgehend reguliert, und die Regierung stellte eine Reihe von öffentlichen Diensten zur Verfügung, vor allem Schulen. Großbritannien zeichnete sich zwar weiterhin durch einen hoch individualistischen Kapitalismus aus, und der Freihandelsgedanke sollte noch bis zur Katastrophe der Weltwirtschaftskrise überleben. Gleichwohl wurde die Wirtschaft wieder politisch kontrolliert. Den freien Markt betrachtete man fortan als einen doktrinären Exzeß oder als Anachronismus – bis die Neue Rechte ihn in den achtziger Jahren wiederbelebte.

In jenen Ländern, in denen sie zur Macht kam, veränderte die Neue Rechte das politische und wirtschaftliche Leben auf unumkehrbare Weise. Dennoch verfügte sie am Ende nicht über die Hegemonie, die sie ursprünglich hatte erreichen wollen. In Großbritannien, den Vereinigten Staaten, Australien und Neuseeland, aber auch in Mexiko, Chile und Tschechien gelang es den Regierungen, die von der Idee des freien Marktes stark beeinflußt waren, das jeweilige korporatistische oder kollektivistische Erbe weitgehend zu beseitigen. Doch wurden sämtliche Koalitionen, die eine Politik des freien Marktes verfolgt hatten, von den mittelfristigen Folgen ihres eigenen Handelns in Mitleidenschaft gezogen.

Die Privatisierung öffentlicher Vermögenswerte und die Öffnung der Märkte waren so lange politisch erfolgreich, wie der wirtschaftliche Aufschwung die tiefer liegende Konsequenz dieser Maßnahmen – wachsende soziale Unsicherheit – verdeckte. Sobald der Aufschwung an Kraft verlor, war die Zeit der Neuen Rechten abgelaufen. Fast überall profitierte die gemäßigte Linke von den Folgen der neoliberalen Wirtschaftsreformen. Wie gegen Ende des 19., so auch im späten 20. Jahrhundert: Die zerstörerischen Auswirkungen des freien Marktes machten diesen politisch untragbar.

2. Demokratie und freier Markt sind keine Partner, sondern Konkurrenten. Der »demokratische Kapitalismus«, wie die nichtssagende Formel der Neokonservativen lautet, bezeichnet (und verbirgt) ein höchst problematisches Verhältnis. Gewöhnlich nämlich

werden den freien Markt begünstigende Maßnahmen nicht von einer stabilen demokratischen Politik getroffen, sondern von einer wechselhaften und unbeständigen Politik der Unsicherheit.

Heute wie früher nehmen fast alle Gesellschaften den Markt an die Zügel, um zu verhindern, daß er dem menschlichen Bedürfnis nach Sicherheit zuwiderläuft. So wie das Laissez-faire im England des vorigen Jahrhunderts im Zuge der Demokratisierung letztlich den Rückzug antreten mußte, so milderten auch in unserem Jahrhundert die Regierungen, die auf die Neue Rechte der Achtziger folgten, die schlimmsten Exzesse des freien Marktes. Auf globaler Ebene jedoch blieben die freien Märkte weiterhin unkontrolliert.

Das historische Projekt einer Versöhnung von Marktwirtschaft und demokratischer Politik sieht sich immer größeren Hindernissen gegenüber. Zwar stellt die europäische Sozialdemokratie zur Zeit eine Reihe von Regierungen. Doch diese haben längst nicht mehr den Einfluß auf das Wirtschaftsleben, wie es noch in der Nachkriegszeit der Fall war. Die globalen Rentenmärkte lassen Staatsverschuldungen im großen Umfang nicht zu. An Keynes orientierte Maßnahmen sind in offenen Volkswirtschaften, aus denen sich das Kapital jederzeit zurückziehen kann, zur Wirkungslosigkeit verurteilt. Bei der heute gegebenen weltweiten Mobilität der Produktion können Unternehmen einfach dorthin gehen, wo die Wirtschaft am wenigsten reguliert und die Besteuerung niedrig ist.

Die sozialdemokratischen Regierungen verfügen also nicht mehr über die notwendigen Mittel, um ihre traditionellen, einst gesetzten Ziele zu erreichen. Nicht zuletzt deshalb ist in den meisten europäischen Ländern für das Problem der Massenarbeitslosigkeit keine Lösung in Sicht. Nur in wenigen Fällen konnte die Sozialdemokratie noch einmal zum Zuge kommen, etwa in Norwegen, wo aufgrund der unverhofften Gewinne aus dem Ölgeschäft besonders günstige Umstände herrschen. Im großen und ganzen jedoch bleibt der Widerspruch zwischen sozialdemokratischer Politik und freien Weltmärkten unverändert bestehen.

3. Der Sozialismus ist nicht nur als politisches System unwiderruflich zusammengebrochen; auch die sozialistische Planwirtschaft und ihre Hinterlassenschaften haben sich für die Menschen als katastrophal erwiesen. Man kann der Sowjetunion noch nicht einmal zugute halten, daß sie, selbst unter bedauerlich hohen sozialen Kosten, rasch ökonomische Fortschritte erzielt hätte. Sie war ein totalitärer Staat, ein Staat, der Millionen von Menschen umgebracht oder ruiniert hat, zudem Natur und Umwelt in einem nahezu unvorstellbaren Ausmaß verwüstete. Allein im riesigen Militärsektor und in einigen Bereichen des Gesundheitswesens hat die Sowjetunion wirtschaftliche oder soziale Leistungen vorzuweisen.

Was auch immer das kommende Jahrhundert bringen mag, der Sozialismus scheint ein für allemal diskreditiert. Künftig wird es auf der Welt keine zwei Wirtschaftssysteme mehr geben, sondern nur noch verschiedene Kapitalismusvarianten.

4. Die Implosion des Sozialismus hat man im Westen, vor allem in den Vereinigten Staaten, als Triumph des kapitalistischen freien Marktes gefeiert – und das, obwohl es in den meisten der ehemaligen kommunistischen Länder überhaupt nicht zur Übernahme *westlicher* Wirtschaftsmodelle gekommen ist.

In Rußland wie in China traten mit dem Kollaps des Kommunismus wieder landesspezifische Spielarten des Kapitalismus auf den Plan. Die russische Wirtschaft wird von einer Art kriminellem Syndikalismus beherrscht. Die jüngeren Ursprünge dieses ganz eigenen ökonomischen Systems liegen in der illegalen Sowjetwirtschaft; darüber hinaus weist es aber auch einige Ähnlichkeiten mit dem in den letzten Jahrzehnten des Zarenreichs florierenden Mischkapitalismus aus großen, staatlich kontrollierten Unternehmen und einem wilden Unternehmertum auf. Der chinesische Kapitalismus dagegen ähnelt in vielem dem von Auslandschinesen in aller Welt praktizierten Kapitalismus, besonders was die Rolle von Verwandtschaftsbeziehungen im Geschäftsleben angeht.

Gemeinhin wurde der Niedergang des Kommunismus als Sieg für

»den Westen« verbucht. Dabei ist der marxistische Sozialismus selbst eine prototypisch westliche Ideologie. In einem größeren historischen Rahmen betrachtet, ist der Zusammenbruch des marxistischen Sozialismus in Rußland und China eine Niederlage für sämtliche westlichen Modernisierungsmodelle. Der Bankrott der zentralen Planwirtschaft in der Sowjetunion und ihr Abbau in China markieren nämlich das Ende eines Experiments forcierter Modernisierung, ein Experiment, das sein Vorbild in der kapitalistischen Fabrik des 19. Jahrhunderts hatte.

5. Der Marxismus-Leninismus und der ökonomische Rationalismus der freien Marktwirtschaft haben vieles gemeinsam. Beide verhalten sich prometheisch gegenüber der Natur, beide reagieren nicht sonderlich geduldig auf die Zufälligkeiten des wirtschaftlichen Fortschritts. Und beide sind sie Varianten jenes Aufklärungsprojekts, das die Vielfalt der Kulturen durch eine einzige, universale Zivilisation zu ersetzen sucht. Der freie Weltmarkt verkörpert das besagte Projekt in seiner spätesten, vielleicht sogar in seiner letzten Gestalt.

In der gegenwärtigen Debatte wird der Prozeß der Globalisierung, der sich seit Jahrhunderten vollzieht, gern mit dem kurzlebigen politischen Projekt eines freien Weltmarktes verwechselt. Globalisierung bedeutet, daß die Verbindungen, die zwischen den verschiedenen Formen des wirtschaftlichen und kulturellen Lebens in der Welt bestehen, immer enger werden – ein Prozeß, dessen Ursprünge im 16. Jahrhundert liegen, als europäische Mächte mit imperialistischen Zielen in andere Weltgegenden aufbrachen.

Heute wird diese Entwicklung vor allem durch die neuen Informationstechnologien vorangetrieben, mittels derer sich jede Entfernung mühelos überbrücken läßt. Viele konventionell denkende Köpfe verknüpfen mit der Globalisierung nach wie vor die Hoffnung, durch die weltweite Verbreitung westlicher – und das heißt vor allem angelsächsischer – Praktiken und Werte eine universale Zivilisation zu schaffen.

Die Dynamik der Weltökonomie weist jedoch genau in die entgegengesetzte Richtung. Die Globalisierung heute ist nicht mit dem internationalen Wirtschaftssystem gleichzusetzen, das in den vier oder fünf Jahrzehnten vor dem Ersten Weltkrieg unter imperialistischen Vorzeichen von Europa forciert wurde. Auch ist auf dem gegenwärtigen Weltmarkt keine westliche Macht so überlegen wie Großbritannien und andere europäische Staaten damals. Auf längere Sicht werden die neuen Technologien die Vorherrschaft des Westens und seiner Werte ohnehin aushöhlen. Die Verbreitung von Atomwaffen in Ländern mit antiwestlichen Regimen ist nur ein Symptom dafür.

Das angloamerikanische Modell der freien Marktwirtschaft wird sich auf den globalisierten Märkten letztlich nicht durchsetzen. Diese bringen nämlich sämtliche Spielarten des Kapitalismus in Bewegung – auch die der freien Marktwirtschaft. Die anarchischen Weltmärkte zerstören alte Kapitalismen und schaffen neue, und sie führen zu einer Instabilität, der sich keine Wirtschaftsform entziehen kann.

An der Aufklärungsidee einer universalen Zivilisation hält man nirgends stärker fest als in den Vereinigten Staaten, wo sie mit der allgemeinen Akzeptanz von westlichen – das heißt: amerikanischen – Werten und Institutionen gleichgesetzt wird.[1] Daß sich die USA selbst als universales Vorbild begreifen, ist seit langem ein Merkmal ihrer Kultur. In den achtziger Jahren gelang es der Rechten, sich dieses Bewußtsein einer nationalen Sendung für die Ideologie des freien Marktes zunutze zu machen. Für die meisten Amerikaner ist die globale Präsenz der Wirtschaftsmacht ihres Landes und die Vorstellung von einer universalen Zivilisation inzwischen deckungsgleich. Allerdings trifft der Anspruch der Vereinigten Staaten, Vorbild für die ganze Welt zu sein, auf wenig Resonanz. Kein europäisches oder asiatisches Land wäre bereit, die sozialen Folgeschäden des amerikanischen Wirtschaftserfolgs – die hohen Verbrechensraten, die überfüllten Gefängnisse, die rassischen und ethnischen Konflikte, den Zusammenbruch von Familie und Nachbarschaften – zu tragen.

Die USA stoßen mit ihrer Innen- und Außenpolitik in anderen »westlichen« Staaten zunehmend auf Unverständnis. Ihre Bereitschaft, ein so großes gesellschaftliches Konfliktpotential in Kauf zu nehmen, und ihr militantes Eintreten für Marktfreiheit rufen zunehmend Unwillen hervor. Zwar haben Europa und die USA nach wie vor viele gemeinsame Interessen, aber kulturell und in ihren Wertvorstellungen driften sie auseinander. Im historischen Rückblick könnte man die enge Zusammenarbeit zwischen Amerika und Europa in der Zeit vom Zweiten Weltkrieg bis unmittelbar nach dem Kalten Krieg für eine Ausnahme halten.

Amerika besinnt sich wieder stärker auf jene Stränge seiner Geschichte, die es von der Alten Welt trennen. Ironischerweise scheint gerade die neokonservative Wiederbelebung des amerikanischen Glaubens an eine universale Sendung den Prozeß zu beschleunigen, durch den die Vereinigten Staaten aufhören, ein europäisches, »westliches« Land zu sein.

6. Der Glaube an eine amerikanische Sonderstellung verschmilzt mit der Ideologie des freien Marktes. Der freie Weltmarkt ist ein Projekt der Vereinigten Staaten. Unter bestimmten Bedingungen, beispielsweise wenn freie Märkte bislang geschützte Ökonomien erreichen konnten, hat die amerikanische Wirtschaft davon profitiert. Aber das heißt nicht, daß das weltweite Laissez-faire eine bloße Rationalisierung amerikanischer Wirtschaftsinteressen wäre. Langfristig gibt es auf dem freien Weltmarkt keinen Sieger; der Markt arbeitet für die amerikanische Wirtschaft nicht mehr als für irgendeine andere. Bei einer größeren Erschütterung des Weltmarktes wäre sie wahrscheinlich sogar stärker betroffen als die Ökonomien einiger anderer Länder.

Das weltweite Laissez-faire ist keine Verschwörung amerikanischer Konzerne, sondern eine der vielen Tragödien des 20. Jahrhunderts: Eine selbstherrliche, rücksichtslose Ideologie tritt die vitalen menschlichen Bedürfnisse, von denen sie nichts versteht, mit Füßen.

7. Besonders das Bedürfnis nach Sicherheit und sozialer Identität wird mißachtet. Eine intakte bürgerliche Kultur ist mit den Imperativen des globalen Kapitalismus daher nicht zu vereinbaren. Die chronische Unsicherheit, die der spätmoderne Kapitalismus, vor allem aber seine aggressivste marktwirtschaftliche Spielart mit sich bringt, untergräbt die zentralen Institutionen und Werte des bürgerlichen Lebens.

Eine der wichtigsten sozialen Institutionen ist der berufliche Lebensweg. In traditionellen bürgerlichen Gesellschaften konnten Angehörige der Mittelschicht davon ausgehen, daß sie ihr Arbeitsleben in ein und demselben beruflichen Bereich verbringen. Das ist heute nicht mehr zu erwarten. Die wirtschaftliche Unsicherheit hat nicht nur zur Folge, daß man viele verschiedene Jobs durchläuft, sondern auch, daß die Vorstellung von einer kontinuierlichen beruflichen Laufbahn an sich hinfällig wird. Damit unterscheidet sich das Berufsleben der Mittelschichtsangehörigen kaum noch von dem der Arbeiter. Der lange herrschende Nachkriegstrend einer allgemeinen Verbürgerlichung kehrt sich also um: die arbeitende Bevölkerung hat sich bis zu einem gewissen Grad wieder proletarisiert.

Diese »Entbürgerlichung« ist in den Vereinigten Staaten wahrscheinlich am weitesten fortgeschritten, doch wächst die ökonomische Unsicherheit in fast allen Volkswirtschaften der Welt. Das ist auch eine Begleiterscheinung des freien Weltmarktes, dessen Arbeitsweise das Greshamsche Gesetz – wonach schlechtes Geld gutes Geld vertreibt – erneut zur Geltung bringt und dafür sorgt, daß sozial verantwortliche Kapitalismusspielarten einen immer schlechteren Stand haben. Die weltweite Mobilität von Kapital und Produktion hat eine »Harmonisierung nach unten« ausgelöst, in dem humaner orientierte kapitalistische Ökonomien gezwungen werden, zu deregulieren und Steuern wie Sozialleistungen zurückzuschneiden. Diese neue Konkurrenzsituation transformiert sämtliche Kapitalismusvarianten, die in der Nachkriegszeit miteinander in Wettbewerb traten.

8. Die Vereinigten Staaten verfügen nicht über die notwendige Führungskraft, um die Idee eines globalen freien Marktes auch nur für kurze Zeit in die Tat umzusetzen. Gleichwohl sind sie mächtig genug, um Reformen des Weltwirtschaftssystems zu blockieren. Solange man in den USA nicht vom »Washington Consensus« über das weltweite Laissez-faire lassen kann, wird es keine Reform der Weltmärkte geben. Vorschläge wie die »Tobin-Steuer« – eine nach ihrem Erfinder, einem amerikanischen Ökonomen, benannte weltweite Abgabe auf spekulative Devisentransaktionen – bleiben Makulatur.

Doch ohne tiefgreifende Reformen bricht die Weltwirtschaft auseinander; dann nämlich, wenn das Ungleichgewicht, das sie schafft, unerträglich wird. Die internationale Zusammenarbeit wird durch Handelskriege erschwert werden und die Weltwirtschaft in Blöcke zerbrechen, die sich durch Auseinandersetzungen um regionale Führungspositionen aufreiben. Das »Große Spiel«, in dem die Großmächte vor hundert Jahren um die Kontrolle der zentralasiatischen Ölvorräte kämpften, kann sich im kommenden Jahrhundert durchaus wiederholen. Je mehr die Staaten um knappe Rohstoffe rivalisieren, desto schwerer lassen sich militärische Konflikte abwenden.

Krise in Asien, aufgeblähte Wirtschaft in den USA – das Ende des weltweiten Laissez-faire?

In den westlichen Ländern nahm man die Krise in Asien als Beweis dafür, daß der freie Markt die einzige überlebensfähige Spielart des Kapitalismus ist. Kaum jemand bestreitet, daß die asiatischen Kapitalismen in früheren Phasen der wirtschaftlichen Entwicklung Bemerkenswertes geleistet haben; gleichwohl gelten sie heute allgemein als veraltet. Dabei wurden die Wirtschaftssysteme einiger asiatischer Länder noch vor wenigen Jahren hoch gelobt: als Vorbilder für den Westen. Doch das ist Episode und längst vergessen. Der freien Marktwirtschaft wird es da ganz ähnlich ergehen.

Vielleicht befinden wir uns derzeit in einer jener kurzen Phasen historischer Diskontinuität, in denen herrschende politische und theoretische Paradigmen abrupt aufgegeben werden. Auch der Triumph des Keynesianismus nach dem Zweiten Weltkrieg war eine solche Phase. Die Depression in Asien könnte der Ideologie des freien Marktes das gleiche Schicksal bereiten, das Weltwirtschaftskrise und Zweiter Weltkrieg den Finanz- und Wirtschaftsorthodoxien der dreißiger Jahre beschert haben.

Zu keinem Zeitpunkt ihres Verlaufs haben westliche Beobachter realisiert, wie schwer die Krise in Asien ist. Die transnationalen Organisationen, die Verfechter des freien Weltmarkts, wurden von den Ereignissen vollkommen überrollt. Zunächst meinte man, die Probleme Ostasiens hätten vor allem mit den dortigen Finanzinstitutionen zu tun, ernsthafte wirtschaftliche Rückwirkungen seien nicht zu erwarten. Als diese Position nicht mehr zu halten war, hieß es, Asien durchlaufe eine strukturell bedingte Rezession. Auch das wurde dem Ausmaß der Krise nicht gerecht. In der zweiten Hälfte des Jahres 1998 sagten westliche Banken voraus, das Bruttoinlandsprodukt werde in Indonesien um zwanzig, in Thailand um elf und in Südkorea um siebeneinhalb Prozent fallen.[2] In Indonesien betrage die Zahl der Arbeitslosen mehr als zwanzig Millionen; Ende des Jahres würde dort mindestens die Hälfte der Bevölkerung an der Armutsgrenze leben. Ein ökonomischer Einbruch dieser Größenordnung deutet nicht auf eine bevorstehende Rezession, sondern auf den Beginn einer Depression.

Selbst wenn die Dimension der Asienkrise inzwischen allen klar sein dürfte, hat man ihre Ursachen und ihre Folgen für die Weltwirtschaft immer noch nicht ausreichend begriffen. Die dortige Depression ist nämlich der erste historische Hinweis darauf, welch verheerende Konsequenzen die globale Mobilität des Kapitals für die Stabilität der Wirtschaft haben kann. Über Nacht zog sich das frei bewegliche Kapital aus den asiatischen Märkten zurück: Die Auswirkungen dieses Rückzugs werden in manchen Ökonomien noch Jahrzehnte zu spüren sein.

Die Bewegungen der asiatischen Währungen Ende der neunziger Jahre werden nicht als vorübergehende finanzielle Fluktuationen in die Geschichtsschreibung eingehen, sondern als erste Anzeichen einer globalen Krise. Die Erschütterungen haben eine Tragweite, die Europa seit den dreißiger Jahren nicht mehr kennt. Geht man davon aus, wie das im Westen meist der Fall ist, daß dies alles ohne Regierungswechsel oder politische Umwälzungen vonstatten geht, dann zeigt man damit nur historischen Unverstand. Zumindest steht in Asien eine längere Periode politischer Unsicherheit bevor. Und sollte sich die Depression verschärfen, dann werden antiwestliche und nationalistische Bewegungen, Umwälzungen im Parteiensystem, erneut aufbrechende ethnische Konflikte, große Bevölkerungswanderungen und neue Experimente mit autoritären oder diktatorischen Regimen die politische Landschaft dort tiefgreifend verändern. Käme es zu einer solchen Entwicklung, spielten westliche Vorstellungen eines freien Marktes keine Rolle mehr.

Wie jede Volkswirtschaft wandeln sich auch die asiatischen Ökonomien ständig, mit unabsehbaren Folgen für die soziale Balance und die politische Stabilität. Die Asienkrise bedeutet keineswegs, daß sich die freie Marktwirtschaft als das weltweit leistungsfähigste System erwiesen hat. Im Gegenteil, sie ist das Vorspiel zu größeren Erschütterungen des Weltkapitalismus.

In den Vereinigten Staaten wertet man die Schwierigkeiten der ostasiatischen Länder gleichwohl als Zeichen einer endgültigen Krise des asiatischen Kapitalismus. Gewiß, die asiatischen Volkswirtschaften stehen vor massiven, zum Teil tatsächlich unlösbaren Problemen, doch wird ihre derzeitige Schwäche sicher nicht mit einer Übernahme der freien Marktwirtschaft enden. Die kapitalistischen Systeme der betreffenden Länder sind von spezifischen Familien- und Gesellschaftsstrukturen geprägt, von besonderen politischen und religiösen Traditionen. Sie lassen sich nicht einfach nach den Wünschen transnationaler Wirtschafts- und Finanzorganisationen umkrempeln.

Nur wer so geschichtsblind ist wie jene, die für die Politik des Internationalen Währungsfonds verantwortlich sind, vermag sich vorzustellen, daß sich die asiatischen Länder von ihrem kulturellen und historischen Erbe trennen. Wenn wir uns von geschichtlichen Erfahrungen leiten lassen, können wir sicher sein, daß es aufgrund der Krise zu einem tiefen Wandel der asiatischen Kapitalismen kommt, einem Wandel, dessen Konturen nicht vorhersehbar sind. Nur eines ist gewiß: Dem westlichen Modell wird er nicht entsprechen. Setzte man dieses jedoch gegen alle Widerstände durch, müßten wir mit traumatischen kulturellen und politischen Umbrüchen rechnen, mit Prozessen, die mehrere Generationen in Atem hielten.

Trotz der krisenhaften Zuspitzung glaubt man in den Vereinigten Staaten noch immer, weitermachen zu können wie bisher. Man glaubt auch, der wirtschaftliche Zusammenbruch in Asien werde für das eigene Land kaum Folgen haben – und wenn, dann nur positive. Gleichzeitig betonen einige amerikanische Politiker jedoch nachdrücklich, daß Umbrüche in einem bestimmten Land oder in einer bestimmten Region aufgrund der globalisierten Märkte das Wirtschaftsleben weltweit in Mitleidenschaft ziehen können. Einerseits begreifen sich die USA als Motor der Globalisierung. Andererseits bilden sie sich ein, vor Störungen und Erschütterungen des Globalisierungsprozesses gefeit zu sein. Man will einfach nicht sehen, daß nicht nur der Kapitalismus globale Dimensionen angenommen hat, sondern auch die mit der Globalisierung untrennbar verbundenen Unsicherheiten.

Blicken Amerikas Propheten des »Neuen Paradigmas« zurück in die Vergangenheit, sehen sie durchaus, daß der Kapitalismus beides ist: zerstörerisch *und* schöpferisch. Seine beispiellose Produktivität hat er durch die Vernichtung bestehender Industrien und die Umwälzung gewachsener Lebensformen erreicht. Schauen sie aber auf die Gegenwart oder in die Zukunft, dann bringen sie es fertig, ebendiese beunruhigende Ambivalenz nicht zu erkennen. Sie erwarten, daß die gewaltige Produktivität des Kapitalismus anhält, allerdings frei von den schmerzlichen und chaotischen Begleiterscheinungen, die bislang stets zu ihm gehörten.

Nun sind die USA selbst ein Beispiel für diese Doppelgesichtigkeit, für Produktivität gepaart mit Instabilität. So verdankt sich der amerikanische Aktienboom nur zu einem geringen Teil der ökonomischen Neustrukturierung. Zwar hat sich die Wettbewerbssituation der amerikanischen Wirtschaft durch den Vorsprung im Bereich der Informationstechnologien erheblich verbessert. Auch haben sich die amerikanischen Unternehmen durch ihren rücksichtslosen Personalabbau und häufige Umstrukturierungen in den frühen neunziger Jahren bedeutende Kostenvorteile verschafft. Insofern beruht der Boom tatsächlich auf realen wirtschaftlichen Effizienzgewinnen.

Doch die schwindelerregend hohen Kurse an der Wall Street haben noch einen anderen, wichtigeren Grund: Sie sind Ausdruck des Glaubens, Amerika habe geostrategisch einen historischen Sieg errungen. Der Zusammenbruch des Kommunismus, die scheinbare ökonomische Schwäche Europas, die Auflösungserscheinungen in Asien – alle diese Veränderungen, die sich in weniger als einem Jahrzehnt vollzogen, tragen dazu bei, daß die meisten Amerikaner endgültig von der Richtigkeit des »amerikanischen Credos« überzeugt sind. Mehr noch: Die kuriose Vorstellung, die Wirtschaftszyklen gehörten der Vergangenheit an, ist zum orthodoxen Glauben avanciert. Eine »Rückkehr der Geschichte«, die für Europäer und Asiaten außer Zweifel steht, hält man hier nicht für möglich.

Der lange amerikanische Boom ist eine spekulativ aufgeblähte Blase, entstanden aus einer eigentümlichen Stimmung nationaler Überheblichkeit.

Diese Seifenblase kann aus vielen Gründen platzen. So geht sie auch auf Annahmen über die militärische Führungskraft der Vereinigten Staaten zurück, die von Ereignissen in Asien längst erschüttert wurden. Zwar gefährdet der nukleare Rüstungswettlauf auf dem indischen Subkontinent nicht unmittelbar die amerikanische Sicherheit, doch schwächt die Rivalität zwischen Indien und Pakistan die hauptsächlich von den Vereinigten Staaten ausgehenden internationalen Bemühungen, die Verbreitung von Atomwaffen zu beschränken. Die Welt wird also gefährlicher.

Zweifellos machen die USA ihren ganzen Einfluß geltend, um einen atomaren Rüstungswettlauf in Südasien zu verhindern. Dabei haben sie etwas Unangenehmes erfahren müssen: Die Globalisierung stärkt die Macht Amerikas nicht, sie schwächt diese eher. Zwar sind die Vereinigten Staaten weiterhin die bedeutendste Militärmacht der Welt, aber sie können nicht unterbinden, daß sich etliche Länder jener Technologien bemächtigen, von denen militärische Stärke heute abhängt.

Auch die amerikanische Wirtschaftsmacht stößt an ihre Grenzen. So würde eine die Wettbewerbsposition Chinas fördernde Abwertung der chinesischen Währung die Deflation in der Region verstärken und zu einer protektionistischen Gegenreaktion im amerikanischen Kongreß führen. An der Wall Street käme es zu heftigen Reaktionen. Es ist für die Vereinigten Staaten von allergrößtem Interesse, eine solche Entwicklung zu verhindern. Doch direkten Einfluß darauf haben sie kaum.

Westliche Regierungen preisen China gern als einen sicheren Fels inmitten einer krisengeschüttelten Region. Das trifft insofern zu, als China sich bis zu einem gewissen Grad aus dem freien Weltmarkt herausgehalten hat. Die chinesische Regierung übt noch immer eine starke Kontrolle über die Wirtschaft aus. Stimmen westliche Regierungen ein Loblied auf China an, übersehen sie dabei, daß dessen relative Stabilität nicht zuletzt auf seine konsequente und wohlbegründete Mißachtung westlicher Ratschläge zurückzuführen ist.

Chinas Wirtschaftskurs richtet sich hauptsächlich nach innenpolitischen Faktoren. Kein Angebot der amerikanischen Regierung kann die Bedrohung eindämmen, die sich für die chinesische Führung aus der wachsenden Arbeitslosigkeit ergibt. Schon über hundert Millionen Menschen sind ohne Beschäftigung – eine Zahl, die nun, da die Politik auch Staatsbetriebe bankrott gehen läßt, nach oben zu korrigieren ist. Die chinesische Regierung versucht, die Arbeiter wenigstens zum Teil in den Exportindustrien unterzubringen. Aber es mehren sich die Anzeichen, daß bestimmte Sektoren der Wirtschaft von Deflation betroffen sind. Unter diesen Umständen ist die Verhinderung eines weiteren Ansteigens der Arbeitslosigkeit von allergrößtem Interesse für die Führung, sofern sie politisch überleben möchte.

Im Westen vertraut man darauf, daß das derzeitige chinesische Regime die Depression in Asien ohne große Schwierigkeiten übersteht. Ob die chinesische Führung diese Haltung teilt, sei dahingestellt. Sie mußte mit ansehen, wie das scheinbar unerschütterliche Sowjetregime zerfiel. Und sie konnte in Indonesien beobachten, wie ein ähnlich fest verankertes autoritäres Regime innerhalb weniger Monate durch eine Wirtschaftskrise zu Fall gebracht wurde. Wie soll sie sich also sicher sein, daß es in China zu keiner solch revolutionären Umwälzung kommen kann?

Die chinesische Führung hat, im Unterschied zu den meisten westlichen Regierungen, Sinn für Geschichte. Sie wird wissen, daß es eine bemerkenswerte politische Leistung wäre, wenn sie die Depression überlebt, von der die Nachbarländer betroffen sind. Sie wird jedes Mittel anwenden, um an der Macht zu bleiben. Eine der Strategien, auf die sie zurückgreifen kann, sollten sich die wirtschaftlichen Bedingungen verschlechtern und die politischen Unruhen zunehmen, ist die Abwertung, um den Export zu steigern. Dann muß man fürchten, daß es erneut zu solchen Geschehnissen wie auf dem Tiananmen-Platz kommt.

Eine Abwertungsspirale in Ostasien könnte die Weltwirtschaft in eine tiefe Krise stürzen. Das gleiche gilt aber auch für einen Zusammenbruch des russischen Rubel. Eine weitere Talfahrt der russischen Wirtschaft würde wohl nicht nur zu einem Regierungswechsel führen, sondern zu einem tiefgreifenden Wandel des politischen Systems. Das wiederum hätte Auswirkungen auf »den Westen«, wobei man dort ja eher glaubt, Rußlands demokratische Entwicklung sei nicht mehr rückgängig zu machen. Die westlichen Regierungen sind also schlecht vorbereitet auf eine Wiederkehr des russischen Despotismus, die so unwahrscheinlich nicht ist. Umgekehrt wird ein neues Regime in Rußland jeden ungeschickten Versuch westlicher Regierungen oder transnationaler Organisationen, in Rußland den Kapitalismus durchzusetzen, dazu nutzen, antiwestliche Gefühle zu schüren. Auf jeden Fall wird ein Regimewechsel die internationale wirtschaftliche Zusammenarbeit nicht einfacher machen.

Ökonomischer Kollaps in Rußland, Deflation in Japan und eine weitere Schwächung seines Finanzsystems, die zwangsläufig zu einer Rücknahme der von Japan gehaltenen amerikanischen Staatsanleihen führen würde, eine Finanzkrise in Brasilien und Argentinien oder ein Crash an der Wall Street – all das kommt, wie andere, völlig unvorhersehbare Ereignisse, als möglicher Auslöser für eine schwere Krise der Weltwirtschaft in Frage. Unmittelbare Konsequenz einer solchen Entwicklung wäre, daß es in den Vereinigten Staaten und zuallererst im Kongreß zu heftigen protektionistischen Reaktionen käme.

Nicht zuletzt aufgrund des Abbaus der Sozialleistungen empfänden die Amerikaner eine steigende Arbeitslosigkeit als unerträglich. Verlören bei einem Zusammenbruch des Marktes über hundert Millionen Besitzer von Anteilen an Investmentfonds große

Teile ihres Vermögens, würde eine protektionistische Politik unweigerlich breite Unterstützung finden. Es ist ein Gemeinplatz der Wirtschaftsgeschichte, daß Länder ohne sozialstaatliche Leistungen bei internationalen Rezessionen ihre Zuflucht im Schutz der einheimischen Produktion suchen. Sollte sich die Depression in Asien verschärfen, wird sich dieses Muster wiederholen.

Die Verschuldung privater Haushalte hat in den Vereinigten Staaten ein bislang unbekanntes Ausmaß erreicht. Viele Amerikaner vertrauen darauf, daß die Aktienkurse hoch bleiben, ja sogar darauf, daß sie weiter steigen. Ein plötzlicher Einbruch der Aktienwerte wie Ende der achtziger Jahre in Japan würde in den USA große Teile der Mittelschicht in Armut stürzen. Und die Folgen für all jene, die heute bereits arm sind, wären schlichtweg fatal.

Wie auch immer, wir wissen, daß das politische Engagement für den freien Markt in den Vereinigten Staaten nicht von Dauer sein wird. Blickt man zurück auf die amerikanische Geschichte, ist dieses Engagement ohnehin untypisch, während der Protektionismus immer wieder auf den Plan trat. Der neokonservative Konsens der letzten zwei Jahrzehnte läßt sich also nicht einfach als Ausdruck tiefverwurzelter amerikanischer Überzeugungen deuten.

Eine rasante ökonomische Talfahrt würde der Ehrfurcht vieler Amerikaner vor dem Modell der freien Marktwirtschaft wohl ein Ende machen. Deren abrupte Ersetzung durch einen Wirtschaftsnationalismus wäre eine ironische Wendung der Dinge, denn immerhin haben amerikanische Politiker den freien Markt unermüdlich und mit großem Sendungsbewußtsein propagiert.[3]

Ich habe nicht die Absicht, Rezepte zu entwickeln, nach denen sich die notwendigen Wirtschaftsreformen in den Vereinigten Staaten durchführen ließen. Aber an einem Punkt möchte ich festhalten: Keine Kapitalismusvariante ist für eine allgemeine »Anwendung« geeignet. Jede Kultur sollte die Möglichkeit haben, ihre eigene Spielart zu entwickeln und einen Modus vivendi mit den anderen Wirtschaftsformen zu finden.

Die Vereinigten Staaten würden einen schweren Fehler begehen, wenn sie die besondere Praxis des europäischen oder asiatischen Kapitalismus nachahmten – ebenso falsch wäre es, wenn sie anderen die eigene Praxis aufzwingen wollten. Sollen Wirtschaftsreformen nachhaltig greifen, so müssen sie von den Werten der jeweiligen Kulturen geleitet sein.

In den USA sollte man nicht nach Alternativen zur freien Marktwirtschaft suchen, sondern vor allem nach Mitteln und Wegen, diese humaner zu gestalten und in den Dienst menschlichen Wohls zu stellen. Sollte der amerikanische Markt jedoch heftige Erschütterungen erleben, wird es mit Sicherheit zu einem kräftigen Wirtschaftsnationalismus kommen, der die Reformen, auf die es ankäme, unmöglich macht.[4]

Kann Japan seine besondere Wirtschaftskultur erhalten?

Japan ist die einzige Wirtschaftsgroßmacht in Asien, und das wird auf absehbare Zeit auch so bleiben. Als das erste asiatische Land, das sich industrialisiert hat, und als größtes Gläubigerland der Welt ist es in einer günstigeren Position als alle anderen Volkswirtschaften der Region. Mit seinem hohen Bildungsstandard und seinen enormen Kapitalreserven scheint es für die in besonderem Maße von technologischen Innovationen abhängige Wirtschaft des 21. Jahrhunderts besser gerüstet als sämtliche westlichen Staaten. Derzeit aber steht Japan am Rand einer Finanz- und Wirtschaftskrise, in der die ökonomische Kultur des Landes auf dem Spiel steht.

Die Vermögensverluste und die Einbrüche der Wirtschaftätigkeit haben hier ein Ausmaß angenommen, wie es die USA und andere Staaten seit den dreißiger Jahren nicht mehr erlebt haben. Lassen sich die ökonomischen Probleme Japans nicht lösen, wird sich die Asienkrise unweigerlich zuspitzen. Die Weltwirtschaft liefe dann Gefahr, Japan in Deflation und Depression zu folgen.

Die verschiedenen Rezepte, die für eine Erholung Japans vorgelegt wurden, widersprechen sich. Die transnationalen Organisationen bestehen nach wie vor darauf, daß Japan seine Finanz- und Wirtschaftsinstitutionen nach westlichem, das heißt amerikanischem Vorbild umstrukturiert. Ganz so, als ob Japan seine Probleme nur lösen könne, wenn es aufhört, Japan zu sein. In einer neokonservativen Zeitschrift fand sich tatsächlich der Satz: »Amerika hat den Internationalen Währungsfonds, damit der die Arbeit von Commodore Perry erledigt.«[5]

Mit einer solchen Politik forcierter Verwestlichung würde nicht nur eine einzigartige, unersetzbare Kultur ausgelöscht. Es ginge auch der Zusammenhalt der japanischen Gesellschaft verloren – ohne daß die gegenwärtige Krise entschärft wäre.

Japan solle, so die westlichen Regierungen, eine keynesianische Politik verfolgen – als einzige fortgeschrittene Industrienation, wie es scheint. Es solle Steuern senken, das öffentliche Auftragsniveau anheben und Haushaltsdefizite zulassen. Zugleich verlangen die transnationalen Organisationen, daß Japan seine Arbeitsmarktinstitutionen, die in den letzten fünfzig Jahren die Vollbeschäftigung gesichert haben, dereguliert. Ließe sich Japan auf all das ein, würde es sich die vertrackten Probleme der westlichen Gesellschaften ins Land holen und doch keines der eigenen lösen.

Eine keynesianische Politik müßte damit rechnen, daß die Japaner in unsicheren Zeiten sparen wollen. Durch Steuersenkungen frei werdendes Geld würde nicht etwa in den Konsum fließen, sondern auf Bankkonten. Auch eine höhere staatliche Kreditaufnahme wird kaum zu dem gewünschten Ergebnis führen. Angesichts der weltweiten Mobilität des Kapitals ist es höchst unwahrscheinlich, daß die einheimische Wirtschaftstätigkeit dadurch angeregt wird. Bereits Keynes selbst hat erkannt, daß eine defizitäre Finanzpolitik der öffentlichen Hand nur in geschlossenen Volkswirtschaften sinnvoll ist. Bei frei beweglichem Kapital kann eine solche Politik nicht greifen.

Wirklich schlimm wäre jedoch, wenn Japan den westlichen Forderungen nach einer Deregulierung seines Arbeitsmarktes nachkäme. Würde der japanische Arbeitsmarkt nach westlichem, sprich amerikanischem Vorbild organisiert, verdoppelte oder verdreifachte das die Arbeitslosigkeit. Der Westen übersieht, daß dies das Gefühl der Unsicherheit in der Bevölkerung extrem erhöhen und die Sparneigung verstärken würde. Steuersenkungen blieben damit wirkungslos. Der einzige Ausweg für die japanische Regierung wäre die Herbeiführung einer inflationären Entwicklung, so daß es sich nicht lohnen würde zu sparen. Nur weiß man aus anderen Ländern, daß inflationäre Prozesse mit einer noch höheren Spartätigkeit beantwortet wurden. Warum sollte das in Japan nicht so sein? Mit Sicherheit käme es zu einem gewaltigen Kursverfall des Yen. Darauf aber würden die asiatischen Länder, besonders China, mit gleicher Münze reagieren, und am Ende stünde genau das Ergebnis, das die westlichen Regierungen am meisten fürchten.

Die Zunahme der Arbeitslosigkeit, worauf eine Deregulierung des Arbeitsmarktes hinauslaufen würde, hätte in Japan noch schlimmere soziale Folgen als in den westlichen Staaten. Japan ist kein Wohlfahrtsstaat, und die Erfahrungen anderer Länder zeigen, daß sich ein solcher nicht von heute auf morgen aufbauen läßt. Riskiert Japan eine Arbeitslosenquote, wie es sie im Westen gibt, muß es zuvor auch einen Sozialstaat nach westlichem Muster etablieren. Nun sind die meisten europäischen Regierungen wiederum gerade dabei, die staatlichen Sozialleistungen zu beschneiden, weil sie angeblich die Entstehung einer asozialen Unterklasse fördern. Es ist immer dasselbe Muster: Man ermuntert Japan, Probleme zu importieren, die keine westliche Gesellschaft bislang auch nur annähernd zu lösen vermochte.

Ob mit oder ohne Wohlfahrtsstaat nach westlichem Vorbild, die steigende Arbeitslosigkeit wird auf jeden Fall die wirtschaftliche Ungleichheit verschärfen. Die transnationalen Organisationen bestehen darauf, daß Japan seine Politik der Vollbeschäftigung aufgibt, und sie verlangen damit nicht weniger, als daß es sich von jener egalitären Spielart des Kapitalismus trennt, die bisher den sozialen Frieden des Landes zu bewahren in der Lage war.

Im Unterschied zum westlichen Kapitalismus, wo vor allem die Interessen der Aktionäre maßgeblich sind, bezieht der japanische Kapitalismus seine gesellschaftliche und politische Legitimität daraus, daß er Arbeit schafft. Bestimmte Maßnahmen, die die japanische Regierung unter dem unablässigen Druck der transnationalen Organisationen ergriff, haben vielleicht schon jetzt dazu geführt, daß sich die besondere japanische Kapitalismusspielart nicht mehr halten läßt. So war der »große Knall« von 1998, mit dem die japanischen Finanzinstitutionen dereguliert wurden, ein verhängnisvoller Schritt. Ein dereguliertes Finanzwesen läßt sich mit Japans Arbeitsbeschaffungskapitalismus nicht vereinbaren. Die Bewertung der wirtschaftlichen Leistungen japanischer Unternehmen durch ausländische Banken richtet sich nach den Interessen von Aktionären, nicht nach den japanischen Kriterien der Erhaltung des Beschäftigungsniveaus. Bei Joint Ventures zwischen japanischen und westlichen Firmen herrscht ein einseitiger Druck, nämlich insofern, als angloamerikanische Erfolgs- und Produktivitätsmaßstäbe angelegt werden. Durch die vorgesehene Deregulierung des Finanzwesens wird sich das Netzwerk von Banken und Unternehmen, das bislang für Vollbeschäftigung gesorgt hat, mit der Zeit auflösen.

Wenn sich Japan unter externem Druck eine Arbeitslosigkeit westlichen Stils ins Land holt, wäre dies das Ende jenes ungeschriebenen Gesellschaftsvertrags, der seit den fünfziger Jahren soziale Konflikte und Arbeitskämpfe verhindert. Werden dafür keine neuen, für alle Beteiligten tragbaren Formen gefunden, bricht die japanische Gesellschaft auseinander. Japan wäre politisch ebenso labil wie andere asiatische Staaten; sogar eine Umwälzung seines politischen Systems ließe sich nicht ausschließen.

Kurz, den wirtschaftlichen Schwierigkeiten Japans kann man nur mit Reformen begegnen, die seiner landestypischen Wirtschaftskultur gerecht werden. Der entscheidende Fehler des Westens ist die Annahme, Japan sei bis zu einem gewissen Grad ein westliches Land oder werde früher oder später dazu werden. Doch nichts in der japanischen Geschichte deutet darauf hin. Japan erlebte zwar eine Reihe plötzlicher und radikaler Wechsel, aber auf seine ureigene Kultur hat es nie verzichtet. Die Modernisierung in der Meidschi-Ära war vor allem deshalb so erfolgreich, weil sie sich im Rahmen nationaler Traditionen vollzog. Auch heute kann eine ökonomische Modernisierung nur dann gelingen, wenn sie *nicht* als forcierte Verwestlichung erfolgt.

Hinzu kommt, daß die japanischen Wähler keiner Wirtschaftsreform zustimmen werden, die die soziale Balance des Landes bedroht. Ließe sich der japanische Arbeitsmarkt flexibler gestalten, ohne daß die Arbeitslosigkeit zunimmt? Sollte Japan Methoden anderer fortgeschrittener Industriegesellschaften übernehmen, um sein Wirtschaftswachstum anzukurbeln? Oder sollte es den Begriff des Wirtschaftswachstums neu definieren, so nämlich, daß damit nicht mehr, sondern verbesserte Produkte und Dienstleistungen sowie steigende Lebensqualität erfaßt werden? Das sind Fragen, für die Japan in den nächsten Jahren Antworten finden muß. Gleichwohl trägt keine von ihnen zu einer Lösung der gegenwärtigen Krise bei.

Daß eine sich verschärfende Deflation in Japan eine weltweite Depression auszulösen vermag, ist nicht so unwahrscheinlich, wie viele glauben. Das westliche Beharren auf politische Maßnahmen, die das Land nicht aus der Deflation herausholen werden, dafür aber der gesellschaftlichen Solidarität die Grundlage entziehen, ist nicht nur für Japan gefährlich. Das Drängen auf Deregulierung der Märkte läßt der japanischen Regierung wenig Wahlmöglichkeiten, und jede von ihnen birgt enorme Risiken für die Weltwirtschaft.

Haben die sozialen Marktwirtschaften Europas eine Zukunft?

Die gemeinsame Währung, die sich die Europäische Union gegeben hat, wird ihr auf den Weltmärkten eine Stellung verschaffen, die stärker ist als je zuvor. Bisher hat sich die Diskussion jedoch eher auf innereuropäische Fragen konzentriert als darauf, was die Währungsgemeinschaft für die Weltwirtschaft bedeutet.[6]

Die Europäische Union kann sich durch ihre gemeinsame Währung nicht von den Weltmärkten abschotten. Doch sie verfügt über eine wirtschaftliche Macht, die es ihr erlaubt, mit den Vereinigten Staaten auf gleicher Ebene zu verhandeln. Mit Beitritt aller derzeitigen EU-Mitglieder wird die Euro-Zone zum größten Wirtschaftsbereich der Welt und der Euro zu einer Konkurrenz für den Dollar als weltweite Leitwährung. Etabliert sich der Euro als zuverlässige Währung, wird das den Dollar schwer in Mitleidenschaft ziehen. Möglicherweise beginnt mit der Einführung des Euro ein Zeitalter, in dem die Vereinigten Staaten nicht mehr der Welt größter Schuldner sein und zugleich florieren können. In vielleicht gar nicht so ferner Zukunft wird sich die internationale ökonomische Machtbalance ändern.

Bislang freilich fehlen die internen Bedingungen für den Erfolg der neuen Währung. Bei einem einzigen Zinssatz werden einige Länder und Regionen einknicken, andere dagegen blühen und gedeihen. Die EU hat nicht die Voraussetzungen wie die USA, um mit solchen Unterschieden fertig zu werden. Eine europaweite Mobilität der Arbeitskraft sowie finanz- und steuerpolitische Mechanismen, die ein starkes Ansteigen der Arbeitslosigkeit in den wirtschaftlich schwachen Gebieten Europas verhindern könnten, gibt es noch nicht. Die europäischen Institutionen müssen diese Mängel beheben und politische Maßnahmen ergreifen, die die Wirtschaft in die Lage versetzen, auf die Imperative und die Zwänge des gemeinsamen Währungssystems flexibler zu reagieren. Doch sie dürfen dabei nie vergessen, daß Europa nicht Amerika ist und es auch nie sein wird. In Europa, einem seit langem besiedelten Kontinent mit geschichtlich gewachsenen Gesellschaften, ist eine Mobilität, wie sie auf dem amerikanischen Arbeitsmarkt herrscht, nicht durchzusetzen und kaum wünschenswert. Auch wird es, so behaupte ich, nie zu einem europäischen Staat kommen, der über so viel Macht verfügt wie die amerikanische Bundesregierung. Die europäischen Institutionen entwickeln sich weiter und bleiben doch künstliche Gebilde. Die Politik auf diesem Kontinent wird weiterhin von der Verständigung zwischen den nationalen Regierungen und den supranationalen Institutionen abhängen.

Auch in Zukunft werden sich die europäischen Kapitalismen von der amerikanischen Ideologie des freien Marktes erheblich unterscheiden. Kein europäisches Land, nicht einmal Großbritannien, ist bereit, das Ausmaß an sozialem Elend hinzunehmen, das die freie Marktwirtschaft in den Vereinigten Staaten zu verantworten hat. Die Grenzen zwischen Staat und Gesellschaft bleiben – wie in der Vergangenheit – durchlässig und verhandelbar. Aus all diesen Gründen werden die freien Märkte die sozialen Marktwirtschaften in den europäischen Ländern nicht vollends verdrängen.

So, wie sie gegenwärtig beschaffen sind, können die sozialen Marktwirtschaften Europas allerdings nicht überleben. Die Arbeitslosigkeit hat ein Niveau erreicht – im europäischen Durchschnitt liegt sie über elf Prozent –, das nicht länger tragbar ist. Aufgrund der Überalterung der Bevölkerung sind die finanzpolitischen Implikationen einer derart hohen Arbeitslosenquote ernüchternd.

Überall in Europa führt die Massenarbeitslosigkeit zu Politikverdrossenheit. Immer mehr Menschen sind vom gesellschaftlichen Leben ausgeschlossen. Kein Wunder, daß es in den meisten Ländern auf dem Kontinent einflußreiche rechtsradikale Parteien gibt. In Frankreich und Österreich schreiben sie aufgrund ihres großen Zulaufs den gemäßigten Parteien sogar etliche Themen der politischen Auseinandersetzung vor.

In der Anfangsphase der gemeinsamen Währung haben die europäischen Institutionen damit zu kämpfen, daß die Bürger sie unmittelbar mit der Massenarbeitslosigkeit in Verbindung bringen. Wähler, die die europäischen Institutionen so wahrnehmen, sind eine leichte Beute für rechte Parteien. Es ist unwahrscheinlich, daß die radikale Rechte in den nächsten Jahren an der Regierung eines EU-Landes beteiligt sein wird, doch kann sie das Klima, in dem die Schwerpunkte der Regierungspolitik formuliert werden, nachhaltig bestimmen. Und im gesamteuropäischen Rahmen können weit rechts stehende Parteien noch größeren Einfluß gewinnen. Schwache Staaten sind der Gefahr der »Balkanisierung« ausgesetzt, Länder mit bedeutenden Minderheiten Zündherde des ethnischen Nationalismus. Besonders die Ereignisse in Teilen des postkommunistischen Europa erinnern daran, daß der Kontinent noch immer nicht zur Ruhe gekommen ist.[7]

Unter den Bedingungen eines freien Weltmarktes werden ganze gesellschaftliche Gruppen von der Teilnahme am wirtschaftlichen Leben ausgeschlossen sein – ein idealer Nährboden für extremistische politische Bewegungen. Dazu Zygmunt Bauman: »Ein fester Bestandteil des Globalisierungsprozesses ist die fortschreitende räumliche Segregation, Separation und Exklusion. Neotribalistische und fundamentalistische Tendenzen, die die Erfahrungen von Menschen zum Ausdruck bringen, die zu den Leidtragenden der Globalisierung gehören, sind ebenso Resultat der Globalisierung wie die weithin mit Beifall bedachte Mischkultur an ihrer Spitze.«[8]

Viele Sozialdemokraten glauben, daß sich die sozialen Marktwirtschaften im Rahmen des weltweiten Laissez-faire erneuern lassen.[9] Doch mit der weltweiten Mobilität des Kapitals wird die keynesianische Politik, auf die sozialdemokratische Regierungen früher zurückgriffen, um Vollbeschäftigung zu erreichen, ineffektiv.[10] In einer Situation des weltweiten Freihandels wird es für die Wirtschaft in sozial verantwortlichen Kapitalismen immer schwerer, die gesetzlichen Auflagen einzuhalten und die entsprechende Steuerlast zu tragen. Das heißt nicht, daß das rheinische Modell des Kapitalismus verschwindet. Im Gegenteil, der deutsche Kapitalismus ist aus den Mühen der Vereinigung als die herrschende Wirtschaftsmacht in Europa hervorgegangen. Die Frage, ob das rheinische Modell weiterhin die Interessen der Aktionäre den Interessen der Anspruchsgruppen unterordnen kann, muß man jedoch mit einem klaren Nein beantworten.

Die Weltmärkte werden die Aktienkurse von sozial verantwortlich geführten Unternehmen unerbittlich in den Keller drücken. Selbst in einem durch eine gemeinsame Währung vereinten Europa kann die deutsche soziale Marktwirtschaft nicht so bleiben, wie sie ist. Zwar gleichen sich die sozialen Marktwirtschaften weder in Deutschland noch in einem anderen kontinentaleuropäischen Land den angelsächsischen freien Marktwirtschaften an, doch werden sie schon in einer Generation aufgrund zahlreicher Wandlungsprozesse kaum noch wiederzuerkennen sein.

Auch mit dem Euro kann sich Europa nicht vor den Folgen wirtschaftlicher Erschütterungen in den Nachbarländern schützen. Falls Rußland nach einem Kollaps des Rubel im ökonomischen Chaos versinkt, wird die Europäische Union mit den unmittelbaren wirtschaftlichen Konsequenzen, die sich für sie daraus ergeben, wahrscheinlich noch fertig. Aber die sozialen und politischen Flurschäden wären enorm. Wie sollten Länder wie Polen riesige Bevölkerungsbewegungen aus Rußland über seine östlichen Grenzen hinweg bewältigen? Und was würde bei einem derartigen Flüchtlingsstrom aus den Osterweiterungsplänen der Europäischen Union?

Die gemeinsame Währung kann bei der Lösung solcher Probleme keine große Hilfe sein, wohl aber bei einer Krise des weltweiten Laissez-faire. Wenn die Weltmärkte dem Druck, der auf ihnen lastet, nicht mehr standhalten und auseinanderfallen, wird Europa der mächtigste Wirtschaftsblock sein. Dank seiner Größe und seines Reichtums wird es seinerseits Druck ausüben können, damit es zu Reformen kommt, die die Kapitalmobilität einschränken. Aufgrund der zentralen Rolle des Euro hätte es ein gewichtiges Wort mitzureden und könnte auf eine Regulierung des spekulativen Devisenhandels drängen. Selbst wenn es – im schlimmsten Fall – zu einer Weltwirtschaftskrise wie in den dreißiger Jahren kommt, wäre Europa davon wahrscheinlich weniger stark betroffen als die USA oder die asiatischen Staaten. Weil die freie Marktwirtschaft in Europa nie eine derart beherrschende Rolle eingenommen hat wie periodisch in den englischsprachigen Ländern, ist es durchaus vorstellbar, daß die EU bei der Neugestaltung der weltwirtschaftlichen Rahmenbedingungen eine führende Rolle spielt.

Was tun?

In den transnationalen Organisationen und den großen politischen Parteien ist man überwiegend der Ansicht, die Depression in Asien sei aufzuhalten. Noch hat man nicht begriffen, daß die Weltwirtschaft in einer Krise steckt und radikaler Reformen bedarf. Darum besteht, was die künftige Entwicklung betrifft, genügend Grund, pessimistisch zu sein.

Man hat die Asienkrise schon deshalb nicht verstanden, weil sie ja nach weltweit verbreiteter Meinung überhaupt nicht eintreten konnte; schließlich, so glaubt man bis heute, sorge der freie Kapitalfluß für maximale ökonomische Effizienz. Dies soll auch dann noch gelten, wenn er – wie in Indonesien – ganze Volkswirtschaften ruiniert. Offenbar hat wirtschaftliche Effizienz wenig mit dem Wohl der Menschen zu tun.

Dringend notwendig ist also ein grundlegender Wandel der herrschenden Wirtschaftsphilosophie. Die Freiheit des Marktgeschehens ist kein Selbstzweck, sondern ein Mittel, ein Entwurf, von Menschen für menschliche Ziele ersonnen. Die Märkte sind dazu da, den Menschen zu dienen, nicht umgekehrt.[11] Auf dem freien

Weltmarkt hat sich das wirtschaftliche Instrumentarium aber in gefährlicher Weise aus gesellschaftlicher Kontrolle und politischer Steuerung gelöst.

Mittlerweile deuten allerdings einige wenige Zeichen darauf hin, daß die fundamentalistische Ideologie des freien Marktes nun selbst in den transnationalen Organisationen nicht mehr gänzlich unumstritten ist. Hier und da hört man Stimmen, die das Dogma der uneingeschränkten Mobilität des Kapitals und andere Säulen des »Washington Consensus« kritisieren. Gleichwohl dient der freie Markt angelsächsischen Zuschnitts weiterhin als allgemeingültiges Modell für Wirtschaftsreformen. Daß die Weltökonomie als ein einziger, universaler Markt zu organisieren sei, scheint nach wie vor ein unangefochtener Glaubensgrundsatz zu sein.

Die eigentliche Erklärung für die Macht des freien Marktes findet sich nicht in irgendwelchen Wirtschaftstheorien, sondern im immer wieder hervorbrechenden Utopismus der westlichen Kultur. Der globale freie Markt verkörpert das Aufklärungsideal einer universalen Zivilisation. Das macht seine Popularität, seine Faszination aus, besonders in Amerika. Und daher ist er auch so gefährlich.

Globalisierung – die weltweite Verbreitung von neuen, jegliche Entfernung überwindenden Technologien – ist aber nicht gleichbedeutend mit der Universalisierung westlicher Werte. Sie schafft vielmehr eine unwiderruflich pluralistische Welt. Die Vernetzung der verschiedenen Wirtschaftskulturen steht mitnichten für das Heranwachsen einer einzigen ökonomischen Zivilisation. Im Gegenteil, die unterschiedlichen Wirtschaftskulturen werden immer unterschiedlich bleiben – ebendeshalb muß ein Modus vivendi gefunden werden.

Es sollte Aufgabe der transnationalen Organisationen sein, einen regulierenden Rahmen zu schaffen, innerhalb dessen die diversen Marktsysteme gedeihen können. Zur Zeit verfolgen sie jedoch genau das Gegenteil: Sie versuchen, den mannigfaltigen Wirtschafts-

kulturen der Welt handstreichartig ein und dieselbe Form aufzuzwingen.

Die Geschichte gibt wenig Anlaß zur Hoffnung, daß sich das weltweite Laissez-faire leicht reformieren läßt. Immerhin haben sich
die westlichen Regierungen erst nach den Katastrophen der Weltwirtschaftskrise und des Zweiten Weltkriegs aus dem Griff älterer
Orthodoxien des freien Marktes befreit. Unwahrscheinlich also,
daß man gangbare Alternativen zum weltweiten Laissez-faire findet, bevor es nicht erneut zu einer Wirtschaftskrise kommt. Diese
allerdings wird dann wesentlich gravierender sein als alles, was
wir bislang erlebt haben. Die Depression in Asien muß wohl auf
weite Teile der Welt überspringen, bevor die Wirtschaftsphilosophie, auf die sich das Programm des globalen freien Marktes stützt,
endlich aufgibt.

Voraussetzung für alle Reformansätze ist ein grundsätzlicher Wandel der amerikanischen Politik. Zur Zeit pochen die Vereinigten
Staaten in absolutistischer Manier auf ihre nationale Souveränität
und erheben zugleich den Anspruch auf die allgemeine Gültigkeit
ihrer Werte. Dies paßt überhaupt nicht in die pluralistische Welt,
die durch die Globalisierung entstanden ist. Die Politik der Amerikaner kann eigentlich nur dazu führen, daß andere Mächte unilate-
ral handeln, wenn die Instabilität der Weltmärkte zu groß wird. Genau dann aber wird das unsolide Gebäude des weltweiten Laissez-
faire zu bröckeln beginnen.

Das Projekt des freien Weltmarktes war von Beginn an zum Scheitern verurteilt. Darin, wie überhaupt in vielem, gleicht es dem anderen utopischen Gesellschaftsexperiment des 20. Jahrhunderts,
dem marxistischen Sozialismus. Beide Ansätze gehen davon aus,
daß der Fortschritt der Menschheit zu einer Weltzivilisation führt.
Beide leugnen, daß die moderne Ökonomie viele Erscheinungsfor-
men hat. Beide verlangen für die Durchsetzung ihrer Vision den
Menschen enorme Opfer ab. Und beide haben vitale menschliche
Bedürfnisse mißachtet.

Wenn wir uns von unserer historischen Erfahrung leiten lassen, dann können wir eigentlich nur erwarten, daß der weltweite freie Markt bald unwiderruflich der Vergangenheit angehören wird. Wie andere Utopien des 20. Jahrhunderts wird auch das weltweite Laissez-faire – mit all dem Unglück, das es anrichtet und angerichtet hat – in den Tiefen der Geschichte verschwinden.

Dank

Es gibt eine ganze Reihe von Personen, ohne die ich dieses Buch nicht hätte schreiben können. Ohne die Ermutigung von Neil Belton hätte ich es nie begonnen und noch weniger zu Ende gebracht. In jeder Arbeitsphase waren sein unermüdlicher Zuspruch und seine scharfsinnige Kritik von größter Bedeutung. Mehr konnte ich von keinem Lektor verlangen.

Viele haben mich freundlicherweise mit Kommentaren und Hinweisen unterstützt. David Barron, Nick Butler, Colin Clarke, Tony Giddens, Will Hutton, James Sherr, Geoff Smith und George Walden waren mir eine enorme Hilfe, und die Gespräche mit ihnen hielten meine Gedanken zu etlichen Themenkomplexen in diesem Buch in Bewegung. Jane Robertson hat als Korrekturleserin zahlreiche Vorschläge von unschätzbarem Wert gemacht.

Da ich einerseits nicht jedem der Ratschläge, die mir gegeben wurden, gefolgt bin, andererseits auch keiner meiner Ratgeber mit allem, was ich geschrieben habe, einverstanden sein wird, gilt, daß ich für den Inhalt des Buches allein verantwortlich bin.

Das Nachwort habe ich anläßlich der englischen Paperbackausgabe geschrieben. Neil Beltons Hinweise waren dabei für mich, wie immer, außerordentlich wichtig. Auch Gesprächen mit George Soros verdanke ich zahlreiche Anregungen. Gleichwohl sind die von mir hier vorgetragenen Argumente und eingenommenen Positionen ausschließlich die meinen.

John Gray

Anmerkungen

1 Von der Großen Transformation zum freien Weltmarkt

1 George Soros, *Soros über Soros*, Frankfurt am Main 1996, S. 187.
2 Karl Polanyi, *The Great Transformation*, Frankfurt am Main 1995, S. 54.
3 Ebd.
4 Zu meinem Verständnis der Aufklärung vgl. John Gray, *Enlightenment's Wake. Politics and Culture at the Close of the Modern Age*, London und New York 1995.
5 Barrington Moore, *Soziale Ursprünge von Diktatur und Demokratie*, Frankfurt am Main 1987, S. 41, 45.
6 Eric J. Hobsbawm, *Industrie und Empire. Britische Wirtschaftsgeschichte seit 1750*, Bd. I, Frankfurt am Main 1969, S. 88ff.
7 David Ricardo, *Über die Grundsätze der politischen Ökonomie und der Besteuerung*, Marburg 1994, S. 90.
8 Arthur J. Taylor, *Laissez-faire and State Intervention in Nineteenth Century Britain*, London 1972, S. 43.
9 Polanyi, *The Great Transformation*, a.a.O., S. 88f.
10 Ebd., S. 89.
11 Alan Macfarlane, *The Origins of English Individualism*, Oxford 1978, S. 199.
12 Ebd., S. 202.
13 Für eine ausgewogene Darstellung des ökonomischen Gewinns und der sozialen Kosten in der Viktorianischen Zeit siehe R. A. Church, *The Great Victorian Boom 1850–1873*, London 1975.
14 Zum Education Act vgl. Taylor, *Laissez-faire and State Intervention*, a.a.O., S. 57.
15 Corelli Barnett, *The Collapse of British Power*, Stroud 1984, S. 493.
16 Polanyi, *The Great Transformation*, a.a.O., S. 103.

2 Experimente mit den freien Märkten

1 Polanyi, *The Great Transformation*, a.a.O., S. 194.
2 Vgl. Roderic Ai Camp, *Politics in Mexico*, Oxford und New York 1996, S. 219f.
3 A. V. Dicey, *Lectures on the Relationship between Law and Public Opinion in England during the Nineteenth Century*, London 1905, S. 306.
4 Vgl. Simon Jenkins, *Accountable to None. The Tory Nationalization of Britain*, London 1995.
5 Zu *Stepping Stones* siehe Hugo Youngs hervorragende Studie über Margaret Thatcher: *One of Us*, London 1993, S. 115–118.

6 So der National Survey by the Health Visitors Association nach einem Bericht im *Independent* v. 25. November 1996.

7 *Transition and Transformation. Employee Satisfaction in the 1990s*, London 1996.

8 Vgl. Ruth Lister, The Family and Women, in: D. Kavanagh und A. Seldon (Hg.), *The Major Effect*, London 1994.

9 Zum Zusammenhang zwischen der vom Arbeitsmarkt geforderten Mobilität und dem Zusammenbruch der Familie siehe Matthew D'Ancona, *The Ties That Bind*, London 1996.

10 Nach einer an der London School of Economics von Paul Gregg und Jonathan Wadsworth durchgeführten Untersuchung. Vgl. den Bericht im *Observer* v. 10. Januar 1997, S. 10.

11 Quelle: House of Common Library, zusammengestellt von Peter Hain MP, nach einem Artikel im *Independent* v. 23. Dezember 1996.

12 Leitartikel der *Financial Times* v. 27. August 1996.

13 Vgl. A. Sked und C. Cook, *Post-War Britain. A Political History*, Harmondsworth 1990, S. 354.

14 T. Morris, Crime and Penal Policy, in: Kavanagh und Seldon (Hg.), *The Major Effect*, a.a.O., S. 313.

15 Sked und Cook, *Post-War Britain*, a.a.O., S. 354.

16 Morris, Crime and Penal Policy, a.a.O., S. 316.

17 *Joseph Rowntree Foundation Inquiry into Income and Wealth*, Bd.1, York 1995, S.15.

18 Ebd., Bd. 2, S. 23.

19 Vgl. Young, *One of Us*, a.a.O., S. 435–458.

20 Zum Ende der Sozialdemokratie siehe John Gray, *Endgames. Questions in Late Modern Political Thought*, Cambridge 1997, Kap. 2.

21 Friedrich A. Hayek, *Die Verfassung der Freiheit*, Tübingen 1991.

22 Francis Fukuyama, *Der Konflikt der Kulturen. Wer gewinnt den Kampf um die wirtschaftliche Zukunft?*, München 1997, S. 410f.

23 Ein früher Versuch über die Selbstzerstörung des Konservativismus im Großbritannien von Margaret Thatcher findet sich in: Gray, *Enlightenment's Wake*, a.a.O., Kap. 7.

24 Zur Kritik des Prinzips der Kurzfristigkeit siehe die exzellente Polemik von Will Hutton, *The State We're In*, London 1995.

25 Jane Kelsey, *Economic Fundamentalism*, London 1995, S. 5. Ich bin Jane Kelsey für ihre unverzichtbare Untersuchung über das Experiment in Neuseeland zu großem Dank verpflichtet.

26 Ebd., S. 271.

27 Ebd., S. 297.

28 Ebd., S. 275.

29 Zu dieser Rhetorik vgl. Charles Murray, *Loosing Ground. American Social Policy 1950–1980*, New York 1984.

30 Vgl. *The Economist* v. 5. November 1994, S. 19.

31 Kelsey, *Economic Fundamentalism*, a.a.O., S. 348.

32 Mexico Replays Loan Early, in: *Financial Times* v. 16. Januar 1997, S. 6.

33 Ai Camp, *Politics in Mexico*, a.a.O., S. 215; N. Lustig, *Mexico. The Remaking of an Economy*, Washington 1992, Kap. 2.

34 Jorge G. Castañeda, *The Mexican Shock. Its Meaning for the U.S.*, New York 1995, S. 34.

35 Ebd., S. 33.
36 Andres Oppenheimer, *Bordering On Chaos. Guerillas, Stockbrokers, Politicians and Mexico's Road to Prosperity*, New York und London 1996, S. 293f.
37 Carlos Salinas, A New Hope for the Hemisphere, in: *New Perspectives Quarterly*, Winter 1991, S. 128.
38 Castañeda, *The Mexican Shock*, a.a.O., S. 184.
39 Fernando Perez Correa, Modernización y mercado del trabajo, in: *Este Pais*, Februar 1995, S. 27. Zitiert nach: Ai Camp, *Politics in Mexico*, a.a.O., S. 220.
40 Vgl. etwa den einschlägigen Bericht in der Zeitschrift *Forbes*, Winter 1994.
41 Castañeda, *The Mexican Shock*, a.a.O., S. 35f., 38.
42 Ai Camp, *Politics in Mexico*, a.a.O., S. 212f.
43 Castañeda, *The Mexican Shock*, a.a.O., S. 215.
44 Oppenheimer, *Bordering on Chaos*, a.a.O., S. 293.
45 Quelle: *Financial Times* v. 28. Oktober 1996.
46 Vgl. dazu Oppenheimer, *Bordering on Chaos*, a.a.O., S. 307ff.
47 Vgl. *The Times* v. 18. Februar 1997.
48 Zur Verhaftung des obersten Beamten von Mexikos Drogenbehörde siehe *Financial Times* v. 20. Februar 1997, S. 4. Zu den Anschuldigungen gegen den Gouverneur von Sonora vgl. den Artikel im *Guardian* v. 24. Februar 1997, S. 10. Zu der Behauptung, »die Macht der Drogenkartelle in Mexiko« sei »weitaus größer als die mexikanischen Behörden zugeben«, siehe Leslie Crawford, Drugs Scandal Hits US-Mexico Trust, in: *Financial Times* v. 28. Februar 1997.
49 Octavio Paz, The Border of Time, in: *New Perspectives Quarterly*, Winter 1991, S. 36.

3   Was Globalisierung nicht ist

1 Joseph Schumpeter, The Instability of Capitalism, in: *Economic Journal*, Bd. 38 (1928), S. 368.
2 David Held, David Goldblatt, Anthony McGrew, Jonathan Perraton, The Globalization of Economic Activity, in: *New Political Economy*, Bd. 2, (1997), S. 257–277, S. 258. Vgl. auch von denselben Autoren *Global Flows, Global Transformations. Concepts, Theories and Evidence*, Cambridge 1997. Ich danke David Held, daß er mir seinen wegweisenden Aufsatz, auf den ich mich oben beziehe, vor der Veröffentlichung zugänglich gemacht hat.
3 Anthony Giddens, *Konsequenzen der Moderne*, Frankfurt am Main 1995, S. 85.
4 John Micklethwaite und Adrian Wooldridge, *The Witch Doctors*, London 1996, S. 294.
5 Tom Nierop, *Systems and Regions in Global Politics*, London 1994, Kap. 3.
6 Micklethwaite und Wooldridge, *The Witch Doctors*, a.a.O., S. 245.
7 Siehe dazu Paul Krugman, Growing World Trade: Causes and Consequences, in: *Brookings Paper on Economic Activity*, Nr. 1 (1995).
8 J. Frankel, *The Internationalization of Equity Markets*, Chicago 1994; H. Akdogan, *The Integration of International Capital Markets*, London 1995.
9 Zu der Tendenz, Aktienwerte in Weltmarktpreisen auszudrücken vgl. Lowell Bryan und Diana Farrell, *Der entfesselte Markt. Die Befreiung des globalen Kapitalismus*, Wien 1997, Kap. 2.
10 GATT *International Trade 1993–94*, Bd. 1, Genf 1994; UN Development

Programme, *Human Development Report 1994*, Oxford 1994; UNCTAD, *World Investment Report 1994*, Genf 1994.

11 *Wall Street Journal* v. 24. Oktober 1995; Bank of International Settlements, *Annual Report* 1995.

12 Michel Albert, *Kapitalismus kontra Kapitalismus*, Frankfurt am Main/ New York 1992, S. 183.

13 UNCTAD, *World Investment Report 1994*.

14 Micklethwaite und Wooldridge, *The Witch Doctors*, a.a.O., S. 246.

15 W. Ruigrok und R. van Tulder, *The Logic of International Restructuring*, London 1995.

16 Paul Hirst und Graham Thompson, Globalization, in: *Soundings*, Nr. 4 (1996), S. 56.

17 Vgl. Micklethwaite und Wooldridge, *The Witch Doctors*, a.a.O., S. 243f.

18 Kenichi Ohmae, *Der neue Weltmarkt. Das Ende des Nationalstaats und der Aufstieg der regionalen Wirtschaftszonen*, Hamburg 1996, S. 20.

19 Paul Hirst und Graham Thompson, *Globalization in Question*, Cambridge 1996, S. 6. Ähnliche Argumente finden sich bei P. Bairoch, Globalization, Myths and Realities, in: R. Boyer und D. Drache, *States Against Markets - The Limits of Globalization*, London 1996. Vgl. auch P. Bairoch und R. Kozul-Wright, *Globalization Myths. Some Historical Reflections on Integration, Industrialisation and Growth in the World Economy*, UNCTAD Discussion Paper Nr. 113.

20 Hirst und Thompson, *Globalization in Question*, a.a.O., S. 31.

21 Held u.a., *New Political Economy*, a.a.O., S. 6.

22 Hirst und Thompson, *Globalization in Question*, a.a.O., S. 10.

23 Ebd., S. 163ff.

24 Held u.a., *New Political Economy*, a.a.O.

25 Ohmae, *Der neue Weltmarkt*, a.a.O., S. 31, 37.

26 Nicholas Negroponte, *Total digital*, München 1995.

27 Bryan und Farrell, *Der entfesselte Markt*, a.a.O.

28 Robert B. Reich, *The Work of Nations. Preparing Ourselves for 21st Century Capitalism*, New York 1991.

29 John Naisbitt, *Global Paradox*, London 1995, S. 40.

30 Ruigrok und Van Tulder, *Logic of International Restructuring*, a.a.O.

31 Hirst und Thompson, *Globalization in Question*, a.a.O., S. 12.

32 Zu einigen Aspekten meiner Überlegungen vgl. auch Scott Lash und John Urry, *The End of Organised Capitalism*, Cambridge 1987.

33 Vgl. Susan Strange, *Casino Capitalism*, Oxford 1986.

34 Vgl. die glänzende Abhandlung über den Niedergang des Clausewitzschen Krieges von Martin van Creveld, *On Future War*, London 1991.

35 Vgl. die interessante Studie über Betriebsorganisation als Wissensproduktion von Ikujiro Nonaka und Hirotaka Takeuchi, *Die Organisation des Wissens. Wie japanische Unternehmen eine brachliegende Ressource nutzbar machen*, Frankfurt am Main/New York 1992.

36 Zum Zusammenhang von Ressourcenknappheit und militärischen Konflikten siehe T. Homer-Dixon, On the Threshold: Environmental Changes as Causes of Acute Conflict, in: *International Security*, Herbst 1991.

4   Wie der freie Weltmarkt die schlimmsten Formen des Kapitalismus begünstigt: ein neues Greshamsches Gesetz?

1   W. Stanley Jevons, *Money and the Mechanisms of Exchange,* London 1910, S. 81.

2   Wichtige Einwände gegen den freien Welthandel finden sich bei Herman E. Daly, From Adjustment to Sustainable Development. The Obstacle of Free Trade, in: *The Case Against Free Trade. GATT, NAFTA, and the Globalization of Corporate Power,* San Francisco 1993, S. 121–32. Vgl. auch Jerry Mander und Edward Goldsmith, *The Case Against the Global Economy and For a Turn Toward the Local,* San Francisco 1996.

3   Ricardo, *Über die Grundsätze der politischen Ökonomie,* a.a.O., S. 117.

4   Michael Porter schreibt in seinem klassischen Werk *Nationale Wettbewerbsvorteile. Erfolgreich konkurrieren auf dem Weltmarkt,* Wien 1993, S. 32: »Die Standardtheorie (des komparativen Faktorvorteils) unterstellt, daß es keine Einsparungen durch Erhöhung der Produktionskapazität gibt, daß die Technologien überall identisch sind, daß die Produkte undifferenziert sind und daß der Bestand an nationalen Faktoren fest ist. Die Theorie nimmt ferner an, daß Faktoren wie qualifizierte Arbeit und Kapital nicht zwischen den Ländern wandern. All diese Annahmen haben für die meisten Branchen wenig Bezug zum tatsächlichen Wettbewerb.« Zu einer neueren, wichtigen Fassung der Theorie des komparativen Kostenvorteils siehe R. Dornbusch, S. Fisher und Paul Samuelson, Comparative Advantage, Trade and Payments in a Ricardian Model with a Continuum of Goods, in: *American Economic Review,* Bd. 67 (1977), S. 823–839.

5   So argumentieren zwei bedeutende zeitgenössische Autoren, die für einen uneingeschränkten weltweiten Freihandel eintreten: Douglas A. Irwin, *Against the Tide. An Intellectual History of Free Trade,* Princeton 1996; Paul Krugman, *Pop Internationalism,* Cambridge 1996. Eine klassisch moderne Version der Theorie des komparativen Kostenvorteils findet sich bei Betil Ohlin, *Interregional and International Trade,* Cambridge 1933.

6   Zu diesem Vergleich siehe Peter Marsh, A Shift to Flexibility, in: *Financial Times* v. 21. Februar 1997.

7   Come to Low-wage Wales, in: *Independent* v. 13. Januar 1997.

8   Siehe dazu Marsh, A Shift to Flexibility, a.a.O.

9   R. Freeman, Are Your Wages Set in Peking?, in: *Journal of Economic Perspectives,* Bd. 9 (1995).

10   *World Labour Report,* Genf 1992.

11   Michael Lind, *The Next American Nation. The New Nationalism and the Fourth American Revolution,* New York 1995, S. 203.

12   Siehe zu den genannten Fällen: Who Competes? Changing Landscapes of Corporate Control, in: *The Ecologist,* Bd. 26 (1996), S. 135.

13   Vgl. dazu Jeremy Rifkin, *Das Ende der Arbeit und ihre Zukunft,* Frankfurt am Main 1997.

14   Ricardo, *Über die Grundsätze der politischen Ökonomie,* a.a.O., S. 332f. Für eine neuere Argumentation, die sich auf Ricardo stützt, siehe Paul Samuelson, Mathematical Vindication of Ricardo on Machinery, in: *Journal of Political Economy,*

Bd. 96, 1988, S. 274–282, und ders., Ricardo Was Right!, in: *Scandinavian Journal of Economics*, Bd. 91 (1989), S. 47–62.

15 Vgl. Patrick Minford, Free Trade and Long Wages - Still in the General Interest, in: *Journal des Économistes et des Études Humaines*, Bd. 7 (1996), S. 123–129.

16 William Pfaff, Job Security is Disappearing Around the World, in: *International Herald Tribune* v. 8. Juli 1996, S. 8.

17 Vgl. Adrian Wood, *North-South Trade, Employment and Inequality - Changing Fortunes in a Skill-Driven World*, Oxford 1994, und How Trade Hurts Unskilled Workers, in: *Journal of Economic Perspectives*, Bd. 9 (1995), S. 57–80. Vgl. auch S. Minford u. a., The Elixir of Growth, in: Snower und de La Dehesa (Hg.), *Unemployment Policy*, London 1996. Dagegen richtet sich die Argumentation, die die Bedeutung von Einwanderungskontrollen hervorhebt, mit denen die Nationalstaaten ihre Arbeitnehmer vor dem globalen Wettbewerb schützen könnten, vor allem im gewerkschaftlich nicht organisierten Dienstleistungsbereich. In dieser Hinsicht war die Globalisierung der Arbeit im späten 19. Jahrhundert fortgeschrittener als heute. Vgl. Vincent Cable, in: *Daedalus*, Bd. 124 (1995).

18 Living with Tax Rivalry, in: *Financial Times* v. 14. Januar 1997.

19 Zur Kritik an Rawls siehe John Gray, *Liberalisms*, London 1989, Kap. 6.

20 Auf diesen Punkt bin ich in meinem Text *After Social Democracy*, London 1996, systematischer eingegangen.

21 Eine wichtige Kritik der ökonomischen Gleichgewichtstheorien der »rationalen Erwartungen« findet sich bei G. Shackle, *Epistemics and Economics*, Cambridge 1976.

22 George Soros, Can Europe Work? A Plan to Rescue the Union, in: *Foreign Affairs*, Bd. 75 (1996), S. 9.

23 Paul Hirst und Graham Thompson, Globalization, in: *Soundings*, Nr. 4 (1996), S. 58.

24 William Greider, *Endstation Globalisierung. Der Kapitalismus frißt seine Kinder*, München 1998, S. 425.

25 Die Ansicht, daß im sozialdemokratischen Schweden eine drohende Massenarbeitslosigkeit nicht durch die aktive Arbeitsmarktpolitik des Staates, sondern aufgrund seiner Bereitschaft, notfalls als Arbeitgeber aufzutreten, verhindert werden konnte, wird überzeugend vertreten von: R. B. Freeman, B. Swedenborg und R. Topel, in: *Reforming the Welfare State. Economic Troubles in Sweden's Welfare State*, Stockholm 1995.

26 Michel Albert, *Kapitalismus kontra Kapitalismus*, Frankfurt am Main 1992.

27 Ebd., S. 185.

28 Nach David Goodhart, *The Reshaping of the German Social Market*, London o. J., S. 22. Zur Zukunft der europäischen Industrie siehe Olivier Cadot und Pierre Blime, *Can Industrial Europe be Saved?*, London 1996.

29 Ich habe die Philosophie des Ordoliberalismus in *The Postcommunist Societies in Transition. A Social Market Perspective*, London 1994, ausführlicher und systematischer behandelt. Wiederabgedruckt als Kap. 5 von *Enlightenment's Wake*, a. a. O.

30 Angeblich wurde Erhard von zwei alliierten Wirtschaftsberatern, Karl Bode und E. F. Schumacher, dem späteren Autor des Buches *Small is Beautiful* [Die Rückkehr zum menschlichen Maß], empfohlen, die Liberalisierung der deutschen

Wirtschaft einzuleiten. Vgl. Neal Ascherson, When Soros Debunks Capitalism, in: *Independent on Sunday* v. 2. Februar 1997, S. 22.

31 Goodhart, *The Reshaping of the German Social Market*, a.a.O., S. 80.
32 Interview, in: *The European* v. 16. Januar 1997, S. 28.
33 Zur flexiblen Spezialisierung in Deutschland siehe Goodhart, *The Reshaping of the German Social Market*, a.a.O., S. 59–62.
34 Zu der Vereinbarung zwischen Osram und der IG Metall vgl. Marsh, A Shift to Flexibility, a.a.O.
35 Hirst und Thompson, *Globalization*, a.a.O.

5 Die Vereinigten Staaten und die Utopie des Weltkapitalismus

1 Edmund Stillman und William Pfaff, *The Polities of Hysteria. The Sources of Twentieth Century Conflict*, London 1964, S. 222f.
2 Henry Kissinger, *Diplomacy*, New York 1994, S. 811.
3 Zum Aufstieg des Konservativismus in Amerika während der letzten zwanzig Jahre siehe Godfrey Hodgson, *The World Turned Right Side Up. A History of the Conservative Ascendancy in America*, Boston und New York 1996.
4 David Stockman, *Der Triumph der Politik. Die Krise des Reagan-Regimes und ihre Auswirkungen auf die Weltwirtschaft*, München 1986, S. 421f.
5 Hodgson, *The World Turned Right Side Up*, a.a.O., S. 303.
6 Den liberalen Legalismus in Amerika in seiner linken wie in seiner rechten Version habe ich in *Enlightenment's Wake*, a.a.O., Kap. 1, und in *Endgames*, Kap. 2, untersucht.
7 J. K. Galbraith, *Die Herrschaft der Bankrotteure. Der wirtschaftliche Niedergang Amerikas*, Hamburg 1992, S. 21f.
8 *Statistical Abstract of the United States*, Washington 1991, Tabellen 129, 133, S. 87.
9 D. Puga, *The Rise and Fall of Regional Inequalities*, London 1996.
10 *The State of Working America*, Washington 1996.
11 Richard Layard, Clues to Prosperity, in: *Financial Times* v. 17. Februar 1997.
12 Edward Luttwak, Turbo-charged Capitalism and Its Consequences, in: *London Review of Books* v. 2. November 1995, S. 7.
13 Bureau of Labor Statistics, 29. Januar 1996; L. Mishel und J. Bernstein, *The State of Working America*, Washington 1994.
14 Edward Luttwak, *Weltwirtschaftskrieg. Export als Waffe - aus Partnern werden Gegner*, Reinbek 1994, S. 208.
15 Kevin Phillips, *The Politics of Rich and Poor. Wealth and the Electorate in the Reagan Aftermath*, New York 1991, S. 82.
16 Hodgson, *The World Turned Right Side Up*, a.a.O., S. 302.
17 Vgl. Robert H. Frank und Philip J. Cook, *The Winner-Take-All Society*, London und New York 1995.
18 Graef Crystal, *In Search of Excess. The Overcompensation of American Executives*, New York 1991, S. 207–209.
19 Michael Lind, *The Next American Nation. The New Nationalism and the Fourth American Revolution*, New York und London 1995, S. 189.

20 Richard Layard und John Parker, *The Coming Russian Boom*, New York 1996, S. 301: »Die Ungleichheit (im nachkommunistischen Rußland) ist noch nicht so groß wie die in Amerika; sie kommt etwa der in England gleich.«

21 Felix Rohatyn, Requiem for a Democrat, Rede vor der Wake Forest University, Winston-Salem, 17. März 1995. Ich verdanke diesen Hinweis Simon Head, The New, Ruthless Economy, in: *New York Review of Books* v. 29. Februar 1996, S. 47.

22 Many Seek Security in Private Communities, in: *New York Times* v. 3. September 1995.

23 *The Times* v. 11. Dezember 1995, S. 38.

24 Louise I. Shelley, American Crime. An International Anomaly?, in: *Comparative Social Research* 1985, S. 81f.

25 Crime and Punishment, in: *Financial Times* v. 8./9. März 1997, S. 7.

26 Richard Layard, Clues to Prosperity, in: *Financial Times* v. 17. Februar 1997.

27 *The Times* v. 11. Dezember 1995, S. 38.

28 *New Republic* v. 25. Mai 1992, S. 7.

29 Zu meiner These der Brasilianisierung Amerikas siehe: The Brazilianization of the United States, in: *Fortune*, Bd. 122 (1990).

30 Lind, *The Next American Nation*, a.a.O., S. 216. Zur Wiederbelebung des konservativen Rassismus in den Vereinigten Staaten vgl. ders., *Up from Conservatism. Why the Right is Wrong for America*, New York 1996, Kap. 8.

31 Ein wichtiges Plädoyer für eine Reform der amerikanischen Drogenpolitik findet sich bei George Soros, A New Leaf for the Law, in: *Guardian* v. 22. Februar 1997.

32 *The Economist* v. 22. Oktober 1994, S. 4.

33 S. M. Lipset, *American Exceptionalism. A Double-Edged Sword*, New York und London 1996, S. 227.

34 Layard und Parker, *The Coming Russian Boom*, a.a.O., S. 150.

35 Quelle: Center for Disease Control and Prevention, Young America and how it dies, in: *International Herald Tribune* v. 8./9. Februar 1997.

36 Christopher Davis und Murray Feisbach, *Rising Infant Mortality in the USSR in the 1970s*, Series P-25, Nr. 74, Washington 1980.

37 N. D. Kristof und S. Wudunn, *China erwacht,* Düsseldorf 1995, S. 336.

38 *Statistical Abstract of the United States 1991*, Washington, S. 188; Tabelle 2, S. 7; Tabelle 319, S. 188.

39 Lipset, *American Exceptionalism*, a.a.O., S 227f.

40 Francis Fukuyamas ursprünglicher Artikel, The End of History, erschien in *National Interest*, Sommer 1989. Das Buch *The End of History and the Last Man*, in dem er seine Thesen ohne bedeutsame Veränderungen wiederholt, kam 1992 heraus (Dt.: *Das Ende der Geschichte,* München 1992).

41 In einem Artikel über Fukuyamas Thesen schrieb ich im Oktober 1989: »Wir bewegen uns zurück in eine geschichtliche Epoche und nicht vorwärts in eine leere, posthistorische Ära, wie Fukuyama in seinem Artikel behauptet. Wir befinden uns in einem Zeitalter, in dem politische Ideologien, liberale wie marxistische, immer weniger Einfluß auf die Ereignisse haben und ursprünglichere nationalistische, religiöse, fundamentalistische und vielleicht auch bald malthusianische Kräfte im Kampf miteinander liegen ... Wenn die Sowjetunion wirklich auseinanderfällt, dann wird dies keine neue Ära der posthistorischen Harmonie einleiten, sondern eine Rückkehr auf das klassische Terrain der Geschichte – zu Großmachtrivalitäten, Geheimdiplomatie und irredentistischen Forderungen und Kriegen.«

National Review v. 27. Oktober 1989, S. 33 ff.; wiederabgedruckt als Kap. 17 von: *Post-liberalism. Studies in Political Thought,* London und New York 1993.

42 Samuel P. Huntington, *Der Kampf der Kulturen,* München und Wien 1997.

43 Ebd., S. 24.

44 Robert D. Kaplan, *The Ends Of the Earth. A Journey at the Dawn of the Twenty-First Century,* New York 1996, S. 270.

45 Zu Isaiah Berlins Darstellung der Gegenaufklärung siehe John Gray, *Berlin,* London und Princeton 1995.

46 Mit dem zeitgenössischen Relativismus habe ich mich anhand seiner plausibelsten Variante, dem Werk von Richard Rorty, auseinandergesetzt: *Endgames,* a.a.O., Kap. 4.

47 Huntington, *Kampf der Kulturen,* a.a.O., S. 513.

48 Samuel P. Huntington, The West v. the Rest, in: *Guardian* v. 23. November 1996.

49 God's Soldiers Get Political', in: *Independent on Sunday* v. 27. Juli 1997, S. 16.

50 Lipset, *American Exceptionalism,* a.a.O.

51 Huntington, *Kampf der Kulturen,* a.a.O., S. 503.

52 Hispanic Numbers Explode in US, in: *Guardian* v. 31. März 1997, S. 8.

53 Zum »kalifornischen Modell« siehe Charles Leadbeater, *Britain – the California of Europe,* London 1997.

54 Lind, *The Next American Nation,* a.a.O., S. 198 f.

6 Anarchokapitalismus im postkommunistischen Rußland

1 Bertrand Russell, *Praxis und Theorie des Bolschewismus* (1920), in: Politische Schriften I, Russell Studienausgabe, München 1972, S. 151.

2 L. Shestov, *All Things Are Possible,* London 1920, S. 238.

3 Zum Zusammenhang von europäischen und russischen Traditionen im Leninismus siehe Alain Besançon, *Les origines intellectuelles du Léninisme,* Paris 1996.

4 Richard Pipes, *Die russische Revolution,* Bd. 2: *Die Macht der Bolschewiki,* Berlin 1992, S. 558.

5 Orlando Figes, *Die Tragödie eines Volkes. Die Epoche der russischen Revolution 1891 bis 1924,* Berlin 1998, S. 775.

6 Eine verläßliche Darstellung von Taylors Leben und Werk erschien erst 1991. Vgl. Charles D. Wrege und Ronald J. Greenwood, *Federick W. Taylor. Myth and Reality,* Homewood 1991.

7 Siehe dazu Figes, *Die Tragödie eines Volkes,* a.a.O., S. 787.

8 Ebd., S. 765 f.

9 Pipes, *Die russische Revolution,* a.a.O., S. 559.

10 Ebd., S. 598 f.

11 M. Nekrich und A. Heller, *Utopia in Power. The History of the Soviet Union from 1917 to the Present,* New York 1986, S. 120.

12 Zitiert in Nekrich und Heller, a.a.O., S.120. Als Quelle wird angegeben: Prokopovich, *Narodnoe khoziaistvo SSR,* S. 59.

13 J. Becker, *Hungry Ghosts. China's Secret Famine,* London 1996, S. 38.

14 Ebd.

15   Robert Conquest, *Ernte des Todes. Stalins Holocaust in der Ukraine 1929–1933*, Frankfurt am Main 1991.

16   Michael Ellman, A Note On the Number of 1993 Famine Victims, in: *Soviet Studies* 1989. Zitiert nach: Becker, *Hungry Ghosts*, a.a.O., S. 46.

17   Zu den Ursprüngen des sowjetischen Totalitarismus siehe John Gray, Totalitarianism, Reform and Civil Society in: ders. *Post-liberalism*, a.a.O., Kap. 12.

18   Vgl. dazu Aleksandr Sinowjew, *The Reality of Communism*, London 1984; *Homo Sovieticus*, Zürich 1984; *Perestroika in Partygrad*, London 1990; *Katastroika. Gorbatschows Potemkinsche Dörfer*, Frankfurt am Main/Berlin 1988.

19   Dimitri Wolkogonow, *Lenin. Utopie und Terror*, Düsseldorf 1994, S. 356.

20   Russian Farm Reform's Fruit. A Rural Underclass, in: *International Herald Tribune* v. 2. April 1997.

21   Siehe auch Gray, Totalitarianism, Reform and Civil Society, a.a.O.

22   John Gray, The Risks of Collapse Into Chaos, in: *Financial Times* v. 13. September 1989, S. 25.

23   Eine kurz nach dem Staatsstreich geschriebene Beurteilung findet sich in *The Strange Death of Perestroika. Causes and Consequences of the Soviet Coup*, hg. vom Institute for European Defence and Strategic Studies, London 1991.

24   *OECD Economic Survey. The Russian Federation*, Paris 1995.

25   Vgl. John Gray, *Post-Communist Societies in Transition. A Social Market Perspective*, London 1994. Zur Kritik der Schocktherapie siehe Jonathan Steele, *Eternal Russia*, London 1994; Marshall Goldman, *Lost Opportunity. Why Economic Reforms in Russia Have Not Worked*, New York 1994; M. Ellman, Shock Therapy in Russia. Failure or Partial Success?, in: *Radio Free Europe/Radio Liberty Research Report* v. 3. April 1992. Jeffrey Sachs antwortete auf meine Kritik in: *Understanding Shock Therapy*, London 1994. Eine gute Darstellung unserer Differenzen findet sich bei Samuel Brittan, Post-communism. The Rival Models, in: *Financial Times* v. 24. Februar 1994; weiter ausgeführt ist die Debatte in Robert Skidelsky, *The World After Communism*, London 1995, S. 166–172. Vgl. auch ders. (Hg.), *Russia's Stormy Path to Reform*, London 1995.

26   Jonathan Steele, Russia. Boom or Bust, in: *Observer* v. 29. Dezember 1996, S. 16.

27   Russell, *Praxis und Theorie des Bolschewismus*, a.a.O., S. 141.

28   Jeffrey Sachs, Nature, Nurture and Growth, in: *The Economist* v. 14. Juni 1997, S. 24.

29   Zur Verteidigung von Sachs' Ansichten siehe ders., *Understanding Shock Therapy*, a.a.O.

30   Skidelsky, *The World After Communism*, a.a.O., S. 152.

31   Zum Privatisierungsprogramm in Rußland siehe J.R. Blasi, M. Kroumova und D. Ruse, *Kremlin Capitalism. Privatizing the Russian Economy*, London und Ithaca 1997.

32   James Sherr, Russia's Defence Industry - Conversion or Rescue?, in: *Jane's Intelligence Review*, Juli 1992, S. 299.

33   So etwa Richard Layard und Jon Parker, *The Coming Russian Boom*, New York 1996, S. 65 ff.

34   Peter Truscott, *Russia First. Breaking with the West*, London 1997, S. 128.

35   Martin Wolf, Russia's Missed Chance, in: *Financial Times* v. 18. März 1997, S. 18.

36   *Russian Economic Trends* v. 12. Juni 1996, S. 5, 16. Zitiert nach: Truscott, *Russia First*, a.a.O., S. 130, 145.

37   Ebd., S. 130.

38 Layard und Parker, *The Coming Russian Boom*, a.a.O., S. 301.
39 I. Birman, Gloomy Prospects for the Russian Economy, in: *Europe-Asia Studies* Bd. 48 (1996), S. 745.
40 *Russian Unemployment and Enterprise Restructuring. Reviving Dead Souls*, Genf: ILO 1997.
41 Russian GDP Continues to Shrink, in: *Financial Times*.
42 Zitiert nach: *The Economist* v. 12. Juli 1997.
43 Grim Jobs Picture Emerges in Russia, in: *Financial Times* v. 6. Februar 1997, S. 2.
44 UNICEF, Crisis in Mortality, Health and Nutrition. Central and Eastern Europe in Transition, in: *Economic and Transition Studies*, Nr.2 (1994), S. 53.
45 Truscott, *Russia First*, a.a.O., S. 139.
46 Report of Russian Presidential Commission on Women, the Family and Demographics. Nach: *Independent* v. 15. Mai 1997.
47 Murray Feisbach und Alfred Friendly Jr., *Ecocide in the USSR. Health and Nature under Siege*, London 1992, S. 4, 9.
48 Zum Zusammenhang von Umweltzerstörung und Marxschem Humanismus siehe John Gray, *Beyond the New Right. Markets, Government and the Common Environment*, London und New York 1993, S. 130–133.
49 Russia's Hidden Chernobyl, in: *Guardian* v. 15. Juli 1997, S. 10.
50 Feisbach und Friendly, *Ecocide in the USSR*, a.a.O., S. 4.
51 Layard und Parker, *The Coming Russian Boom*, a.a.O., S. 300.
52 Ebd., S. 115.
53 Russian Death Rate Alarms Doctors, in: *The Times* v. 9. Juni 1997. Vgl. auch M. Ellman, The Increase in Death and Disease Under »katastroika«, in: *Cambridge Journal of Economics* (1994), S. 329–355, und J.C. Shapiro, The Russian Mortality Crisis and its Causes, in: Anders Aslund (Hg.), *Russian Economic Reform at Risk*, London 1995.
54 Vom amerikanischen Population Reference Service übergebener Bericht der Russian Presidential Commission on Women Family and Demography. Nach: *Independent* v. 15. Mai 1997.
55 *The Economist* v. 12.Juli 1997.
56 Truscott, *Russia First*, a.a.O., S. 131.
57 P. Morvant, Alarm over Falling Life Expectancy, in: *Transitions* v. 25. Oktober 1995, S. 44f. Nach Truscott, *Russia First*, a.a.O., S. 132, 145.
58 Stephen F. Cohen, In Fact, Russians Are Deep in Terrible Tragedy, in: *International Herald Tribune* v. 13. Dezember 1996, S. 8.
59 Zum späten Zarismus siehe John Gray, Totalitarianism, Reform and Civil Society, a.a.O. Zu der im Vergleich zur Sowjetunion weitaus geringeren Repression im zaristischen Rußland siehe John D. Dziak, *Chekisty. A History of the KGB*, Lexington 1988.
60 Layard und Parker, *The Coming Russian Boom*, a.a.O., S. 28.
61 Eine aufschlußreiche Darstellung der Unreformierbarkeit der sowjetischen Wirtschaft gibt Peter Rutland, *The Myth of the Plan. Lessons of Soviet Planning Experience*, London 1985.
62 Alain Besançon, *The Soviet Syndrome*, New York und London 1978, S. 30f.
63 Zur Kriminalisierung der sowjetischen Wirtschaft und der Regierung, siehe Valery Chalidze, *Criminal Russia. Essays in Crime in the Soviet Union*, New York 1977; Konstantin Simis, *USSR. The Corrupt Society. The Secret World of Soviet*

Capitalism, New York 1982; Arkadij Vaksberg, *Die sowjetische Mafia. Organi-siertes Verbrechen in der Sowjetunion*, München 1992.

64 David Pryce-Jones, *Der Untergang des sowjetischen Reichs*, Reinbek 1995, S. 574.
65 Stephen Handelman, *Comrade Criminal*, New Haven und London 1995, S. 335f.
66 Die Schätzung stammt vom British National Criminal Intelligence Service, zitiert nach Truscott, *Russia First*, a.a.O., S. 138.
67 Handelman, *Comrade Criminal*, a.a.O., S.18ff.
68 Ebd., S. 127f.
69 Ebd., S. 233f.
70 Yaroslav Golovanov, Mech i molet, Vek 1993. Nach: Yevgenia Arbats, *KGB. State within a State*, London und New York 1995, S. 388.
71 Arbats, *KGB*, a.a.O., S. 335f.
72 Truscott, *Russia First*, a.a.O., S. 114.
73 James Sherr, Russia: Geopolitics and Crime, in: *The World Today* v. Februar 1995, S. 36.
74 Jim Rogers, No New Money For an Old Empire, in: *Financial Times* v. 5. Oktober 1990, S. 2.
75 Eine hervorragende Diskussion der europäischen Idee in den nachkommunisti-schen Ländern findet sich bei Tony Judt, *Große Illusion Europa. Gefahren und Herausforderungen einer Idee*, München 1996.
76 Boris Yeltsin, *Programme of Action for 1996–2000*, 27. Mai 1996, S. 109. Zitiert nach Truscott, *Russia First*, a.a.O., S. 8.
77 Prinz Nikolai Trubestskoi, George Florovsky und Pyotr Savitsky, *Iskhod k vostoku* (Exodus in den Osten), Sofia 1921.
78 Layard und Parker, *The Coming Russian Boom*, a.a.O., S. 34.
79 Nekrich und Heller, *Utopia in Power*, a.a.O., S. 178. Auf die eurasische Bewegung komme ich kurz zu sprechen in: Totalitarianism, Reform and Civil Society, a.a.O., S. 177f.
80 Eine gute Darstellung des Denkens von Leontiew findet sich bei N. Berdyaev, *Leontiev*, London 1940.
81 Truscott, *Russia First*, a.a.O., S. 2, 5f.
82 Layard und Parker, *The Coming Russian Boom*, a.a.O., S. 281f.
83 Economist Intelligence Unit, *EIU Country Profile 1995–6. The Russian Federation*, 1997, S. 12.
84 Attitude is what Gives Russians the Edge, in: *Times Educational Supplement* v. 1. Januar 1992.
85 Zur Stärke der russischen Familie in der Sowjetzeit siehe Klaus Mehnert, *Der Sowjetmensch*, Stuttgart 1958.
86 Layard und Parker, *The Coming Russian Boom*, S. 106.

7 Zwielicht im Westen und der Aufstieg des Kapitalismus in Asien

1 Lee Kuan Yew, Interview, in: *New Perspectives Quarterly*, Bd. 13 (1996), S. 4.
2 Takeshi Umehara, Ancient Japan Shows Post-modernism the Way, in: *New Progressive Quarterly*, Bd. 9, S. 10.

3 Qiao Shi, Interview, in: *New Perspectives Quarterly*, Bd. 14 (1997), S. 9f.

4 Jasper Ridley, *Lord Palmerston*, London 1970, S. 387.

5 Vgl. M. Hill und Lian Kwen Fee, *The Politics of Nation Building und Citizenship in Singapore*, London und New York 1995. Eine sehr kritische Darstellung der wirtschaftlichen Entwicklung in Singapur und den anderen kleinen »Drachen« findet sich bei W. Bello und Stephanie Rosenfeld, *Dragons In Distress. Asia's Miracle Economies in Crisis*, London 1992.

6 Diese einzigartige Periode schildert eindrucksvoll Noel Perrin, *Keine Feuerwaffen mehr. Japans Rückkehr zum Schwert. 1543–1879*, Frankfurt am Main 1982.

7 Vgl. Arthur Walworth, *Black Ships Off Japan*, New York 1946.

8 Perrin, *Keine Feuerwaffen mehr*, a.a.O., S. 91.

9 Die These, daß aufgrund des japanischen Beispiels viele Annahmen der westlichen Sozialwissenschaften widerlegt seien oder zumindest eingeschränkt werden müßten, findet sich bei David Williams, *Japan and the Enemies of Open Political Science*, London und New York 1996.

10 Ann Waswo, *Modern Japanese Society 1868–1994*, Oxford 1996, S. 102.

11 Paul Kennedy, *Aufstieg und Fall der großen Mächte. Ökonomischer Wandel und militärischer Konflikt von 1500 bis 2000*, Frankfurt am Main 1989, S. 318.

12 Murray Sayle, Japan Victorious, in: *New York Review of Books* v. 28. März 1985, S. 35.

13 Peter F. Drucker, *Die postkapitalistische Gesellschaft*, Düsseldorf 1993, S. 188.

14 Einige Autoren sind sogar der Meinung, das japanische Wirtschaftssystem könne überhaupt nicht als Kapitalismusspielart bezeichnet werden. Vgl. E. Sakakibara, *Beyond Capitalism. The Japanese Model of Market Economics*, Lanham 1993.

15 R.E. Caves und M. Uekusa, *Industrial Organisation in Japan*, Washington 1976, S. 59.

16 Graham Searjeant, Economically, Jails Cost More than Corner Shops, in: *The Times* v. 11. Dezember 1995.

17 Diese Zahlen stammen aus dem Bericht der OECD für Januar 1997, zitiert nach Martin Wolf, Too Great a Sacrifice, in: *Financial Times* v. 14. Januar 1997.

18 Kennedy, *Aufstieg und Fall der großen Mächte*, a.a.O., S. 318.

19 S. Tsuru, *Japan's Capitalism*, Cambridge 1993.

20 Zu den Überlegungen Mills siehe John Gray, *Beyond the New Right. Markets, Government and the Common Environment*, London und New York 1993, S. 140–54.

21 Mao Tse-tung, zitiert in: Becker, *Hungry Ghosts*, a.a.O., S. 37.

22 Jonathan D. Spence, *Chinas Weg in die Moderne*, München 1995, S. 310f.

23 Simon Leys, *The Burning Forest. Essays on Chinese Culture and Politics*, New York 1983, S. 114.

24 Ebd., S.133f.

25 Klaus Mehnert, *Peking und Moskau*, Stuttgart 1962, S. 117.

26 Ebd., S. 155.

27 Ebd., S. 97. Mehnert bezieht sich auf John Lossing Buck, *Chinese Farm Economy*, Nanking 1937. Bucks Frau, Pearl S. Buck, erhielt für ihren Roman *Die gute Erde* den Nobelpreis für Literatur.

28 Becker, *Hungry Ghosts*, a.a.O., S. 37.

29 Ebd., S. 28f.

30 Ebd., S. 48.

31 Spence, *Chinas Weg in die Moderne*, a.a.O., S. 688.

32 Becker, *Hungry Ghosts*, a.a.O., S. 48.

33 Leys, *The Burning Forest*, a.a.O., S. 167.

34 Becker, *The Hungry Ghosts*, a.a.O., S. 77.

35 Vaclav Smil, *The Bad Earth. Environmental Degradation in China*, London 1983. Vgl. auch ders., *China's Environmental Crisis. An Inquiry into the Limits of National Development*, Armonk 1992.

36 Vaclav Smil, A Land Stretching to Support Its People, in: *International Herald Tribune* v. 30. Mai 1994, S. 8.

37 Smil, *China's Environmental Crisis*, a.a.O., S. 129–137.

38 Smil, A Land Stretching to Support Its People, a.a.O.

39 Roderick MacFarquhar, Demolition Man, in: *New York Review of Books* v. 27. März 1997, S. 14.

40 S. Gordon Redding, *The Spirit of Chinese Capitalism*, Berlin 1990.

41 S. Gordon Redding und Richard D. Whitley, Beyond Bureaucracy. Analysis of Resource Coordination and Control, in: S. R. Clegg und S. G. Redding (Hg.), *Capitalism in Contrasting Cultures*, Berlin 1990, S. 86.

42 Yu-Shan Wu, Marketization of Politics, the Taiwan Experience, in: *Asian Survey* v. 4. April 1989, S. 387. Wus Feststellung wird zitiert von Dick Wilson, *China. The Big Tiger*, London 1996, S. 365.

43 Ebd., S. 379.

44 Redding und Whitley, Beyond Bureaucracy, a.a.O., S. 79.

45 Zur idealtypischen Vergleichbarkeit von chinesischen und japanischen Unternehmen: Simon Tam, Centrifugal versus Centripetal Growth Processes. Contrasting Ideal Types for Conceptualizing the Developmental Patterns of Chinese and Japanese Firms, in: Clegg und Redding (Hg.), *Capitalism in Contrasting Cultures*, a.a.O., S. 153–184.

46 H. Koo, The Interplay of State, Social Class, and World System in East Asian Development: the Cases of South Korea and Taiwan, in: F. C. Deyo (Hg.), *The Political Economy of the New Asian Industrialism*, Ithaca 1987, S. 41–61.

47 N. Woolsey Biggart, Institutionalized Patrimonialism in Korean Business, in: M. Orru, N. Woolsey Biggart und G.G. Hamilton, *The Economic Organization of East Asian Capitalism*, London 1995, S. 215–236.

48 Wilson, *China*, a.a.O., S. 394.

49 Die Kriegsgefahr in Ostasien ist real. Vgl. dazu Kent E. Calder, *Asia's Deadly Triangle. How Arms, Energy and Growth Threaten to Destabilize Asia-Pacific*, London 1997.

50 Zu Biggs' Auffassung siehe Andrew Serwer, The End of the World is Nigh – or is it?, in: *Fortune* v. 2. Mai 1994. Biggs brachte seine Meinung in einer Debatte über Robert Kaplans Buch *The Ends of the Earth. A Journey at the Dawn of the 21st Century*, New York 1996, zum Ausdruck. Kaplan zitiert Biggs auf den Seiten 297 und 300.

51 Die beste Studie über Deng ist Richard Evans, *Deng Xiaoping and the Making of Modern China*, London 1997. Dengs Einfluß skizzierten auch D.S. Goodman und Gerald Segal, *China Without Deng*, Sydney und New York 1997. Vgl. ebenfalls D. Shambaugh, (Hg.), *Deng Xiaoping. Portrait of a Chinese Statesman*, Oxford 1995, und Deng Maomao, *Deng Xiaoping. My Father*, New York 1995.

52 Zum Verhältnis von Zentrum und Provinz in der maoistischen und nachmaoistischen Ära siehe M. Boisoit und J. Child, Efficiency, Ideology and Tradition in the Choice of Transactions and Governance Structures. The Case of China as a Modernizing Society, in: Clegg und Redding (Hg.), *Capitalism in Contrasting Cultures*, a.a.O., S. 281–314.

53 Thoughts of Jiang Spell End to State Planning, in: *The Times* v. 8. August 1997, S. 12.

54 Vgl. dazu Ian Little, *Picking Winners. The East Asian Experience*, London 1996, Kap. 5.

55 Martin Woolf, A Country Divided by Growth, in: *Financial Times* v. 20. Februar 1996.

56 MacFarquhar, Demolition Man, a.a.O., S. 16.

57 William Pfaff, In China, the Interregnum Won't Necessarily Be Peaceful, in: *The International Herald Tribune* v. 25. Februar 1997.

58 Vgl. Teresa Poole, China Ready for World's Ultimate Privatisation, in: *Independent* v. 12. September 1997, S. 11.

59 Socialism »Leaves Its Post« in Shanghai, in: *Guardian* v. 11. März 1997, S. 11.

60 MacFarquhar, Demolition Man, a.a.O., S. 16.

61 Jim Rohwer, *Asia Rising*, London 1996, S. 162.

62 Für eine Verteidigung der asiatischen Werte von einem islamischen Standpunkt aus siehe Anwar Ibrahim, A Global Convivencia vs. the Clash of Civilizations, in: *New Perspectives Quarterly*, Bd. 14, (1997), S. 31–43.

63 Eine asiatische Stellungnahme zu der Auffassung, daß die Wirtschaft der Kultur, aus der sie kommt, zu dienen habe, findet sich bei Mahathir Mohamad und Shintaro Isihara, *The Voice of Asia*, Tokio 1995.

8 Das Ende des Laissez-faire

1 George Soros, The Capitalist Threat, in: *The Atlantic Monthly*, September 1996.

2 Nathan Gardels, Two Concepts of Nationalism: An Interview with Isaiah Berlin, in: *New York Review of Books* v. 21. November 1991, S. 21.

3 Karl Marx, *Das Kapital*, Bd. 1, MEW Bd. 23, S. 511. Zitiert nach: G. A. Cohen, *Karl Marx's Theory of History. A Defence*, Oxford 1978, S. 169.

4 Joseph Schumpeter, *Kapitalismus, Sozialismus und Demokratie*, Tübingen 1950, S. 137f.

5 Soros' Darstellung der reflexiven Prozesse im Marktgeschehen findet sich in *The Alchemy of Finance. Reading the Mind of the Market*, New York 1987, Teil 1, und in *Underwriting Democracy*, New York 1991, Teil 3. Eine ähnliche Position nimmt G.L.S. Shackle, einer der großen, aber vernachlässigten Ökonomen dieses Jahrhunderts, ein. Siehe *Epistemics and Economics. A Critique of Economic Doctrines*, Cambridge 1972.

6 Die Äußerung von Greenspan findet sich bei William Pfaff, Genuflecting at the Altar of Market Economics, in: *International Herald Tribune* v. 14. Juli 1997, S. 8.

7 James Tobin, A Proposal for International Monetary Reform, in: *Eastern Economic Journal*, Juli–Oktober 1978, S. 153–159.

8 *The State in a Changing World. World Development Report 1997*, Oxford 1997, S. ii. Eine scharfe Kritik der Entwicklungspolitik der Weltbank liefert Catherine

Caufield, *Masters of Illusion. The World Bank and the Poverty of Nations*, London 1996.

9 *The State in a Changing World*, a.a.O., S. 19.

10 Ebd., S. 59.

11 Siehe Kent E. Calder, *Asia's Deadly Triangle. How Arms, Energy and Growth Threaten to Destabilize Asia-Pacific*, London 1997, S. 50, 122, 120.

12 Zu der neuen nuklearen Gefahr siehe Fred Charles Ikle, The Second Coming of the Nuclear Age, in: *Foreign Affairs*, Bd. 75 (1996), S. 119–128.

9 Nachwort

1 Nicht alle Denker der Aufklärung faßten eine universale Zivilisation in eurozentristische Kategorien. Vgl. dazu auch John Gray, *Voltaire and Enlightenment*, London 1998.

2 Diese Zahlen sind Schätzungen der Dresdner Kleinwort Benson, zitiert nach: Larry Elliot, Fairytale Turns to Horror Story, in: *Guardian* v. 20. Juli 1998, S. 19.

3 Vgl. die aufschlußreiche Untersuchung über die Politik der Unsicherheit in den Vereinigten Staaten: Richard C. Longworth, *Global Squeeze. The Coming Crisis for First-World Nations*, Chicago 1998, Kap. 4.

4 Ende 1997 schrieb ich:»Wenn westliche Anhänger der freien Marktwirtschaft in Freudengeheul über die ökonomischen Schwierigkeiten der asiatischen Länder ausbrechen, dann zeigen sie – nicht zum erstenmal –, wie kurzsichtig und überheblich sie sind. Sicher benötigen einige Volkswirtschaften in Asien weitreichende Reformen. Gleichwohl kündigt die Finanzkrise in Asien nicht die weltweite Verbreitung der freien Marktwirtschaft an. Sie ist eher das Vorspiel zu einer globalen deflationären Krise, in deren Verlauf die Vereinigten Staaten selbst von dem System des Freihandels und der deregulierten Märkte, das sie gegenwärtig in Asien und auf der ganzen Welt durchzusetzen suchen, abrücken werden.« John Gray, Forget Tigers, Keep an Eye on China, in: *Guardian* v. 17. Dezember 1997, S. 17.

5 Sebastian Mallaby, In Asia's Mirror: From Commodore Perry to the IMF, in: *The National Interest*, Nr. 52 (1998), S. 21.

6 Eine aufschlußreiche Diskussion findet sich bei C. Fred Bergsten, *Weak Dollar, Strong Euro? The International Impact of EMU*, London 1998.

7 Vgl. dazu M. Hunter, Nationalism Unleashed. Le Pen Moves East, in: *Transitions*, Bd. 5 (1998), S. 18–28.

8 Zygmunt Bauman, *Globalization. The Human Consequences*, Cambridge 1998, S. 3.

9 Ein gutes Beispiel für diese sozialdemokratische Sichtweise liefert Frank Vandenbroucke, *Globalisation, Inequality and Social Democracy*, London 1998.

10 Ausführlichere Überlegungen zur Sozialdemokratie finden sich in John Gray, *After Social Democracy*, London 1996.

11 Eine gute philosophische Untersuchung über das Verhältnis von Markt und menschlichem Wohl liefert John O'Neill, *The Market. Ethics, Knowledge and Politics*, London 1998.

Die englische Originalausgabe erschien 1998 unter dem Titel
›False Dawn‹ The Delusions of Global Capitalism‹ im Verlag Granta Books, London

© 1998 by John Gray

Deutsche Ausgabe:
© 1999 Alexander Fest Verlag, Berlin
Gekürzte Fassung

2. Auflage 1999

Alle Rechte vorbehalten,
auch das der photomechanischen Wiedergabe
Umschlaggestaltung: Ott + Stein, Berlin
Umschlagreproduktion: CitySatz & Nagel, Berlin
Buchgestaltung: Ⓢ sans serif, Berlin
Gesetzt aus der Melior und der ITC Quay Sans
Druck und Bindung: Clausen & Bosse, Leck
Printed in Germany 1999
ISBN 3-8286-0086-7